해석이 쉬워지는

해커스 구문독해 100

해커스 어학연구소

해석이 쉬워지는

해커스 구문독해 100

100개 필수 구문으로 영어 직독직해 완성

초판 8쇄 발행 2023년 12월 4일

초판 1쇄 발행 2019년 6월 10일

지은이 해커스 어학연구소
펴낸곳 (주)해커스 어학연구소
펴낸이 해커스 어학연구소 출판팀

주소 서울특별시 서초구 강남대로61길 23 (주)해커스 어학연구소
고객센터 02-537-5000
교재 관련 문의 publishing@hackers.com
동영상강의 HackersIngang.com
gosi.Hackers.com
HackersUT.com

ISBN 978-89-6542-294-5 (13740)
Serial Number 01-08-01

[해석이 쉬워지는 해커스 구문독해 100]

어려웠던 영어 문장 해석, 오늘부터 점점 쉬워집니다.

단어는 다 아는데 해석이 전혀 되지 않는 이 답답함.
도대체 어떻게 하면 영어 문장 해석이 쉬워질 수 있을까요?
그 방법을 **[해석이 쉬워지는 해커스 구문독해 100]**이 제안합니다.

영어 문장 해석이 쉬워지는 3 STEPS!

필수 구문 배우기

영어 지문을 빠르고 정확하게 독해하기 위해 꼭 알아야 할 100개의 필수 구문을 배우세요.

문장 해석 연습하기

배운 구문을 바로 적용해볼 수 있는 1,000개 문장 해석 문제로 문장 해석 실력을 높이세요.

STEP

해석 정확도 높이기

교재의 모든 문장이 분석된 해설집과 내 해석을 비교하며 해석의 정확도를 높이세요.

[해석이 쉬워지는 해커스 구문독해 100]과 함께

영어 문장 해석에 자신감을 가지세요!

CONTENTS

Chapter 06 동사의 시제 정복하기

Chapter 07 조동사의 다양한 의미 정복하기 (1)

Chapter 08 조동사의 다양한 의미 정복하기 (2)

Chapter 09 수동태 정복하기

Chapter 10 등위·상관 접속사 정복하기

Chapter 16 to 부정사 정복하기

Chapter 17 분사와 분사구문 정복하기

Chapter 18 비교 구문 정복하기

Chapter 19 독해에 자주 나오는 필수구문 정복하기

Chapter 20 전치사와 함께 쓰이는 독해 필수구문 정복하기

정답 · 해석 · 해설 [책 속의 책]

교재 **구성** 및 **특징**

01 문법이 부족해도 영어 문장을 해석할 수 있습니다.

영어 문법 실력이 부족해도 걱정하지 않아도 됩니다. 《해석이 쉬워지는 해커스 구문독해 100》에는 본문을 학습하기 전 꼭 알아야 할 기본 개념을 정리해두어, 영어 문법에 약하더라도 영어 문장을 해석하는 방법을 배울 수 있습니다.

기본 개념 쌓기

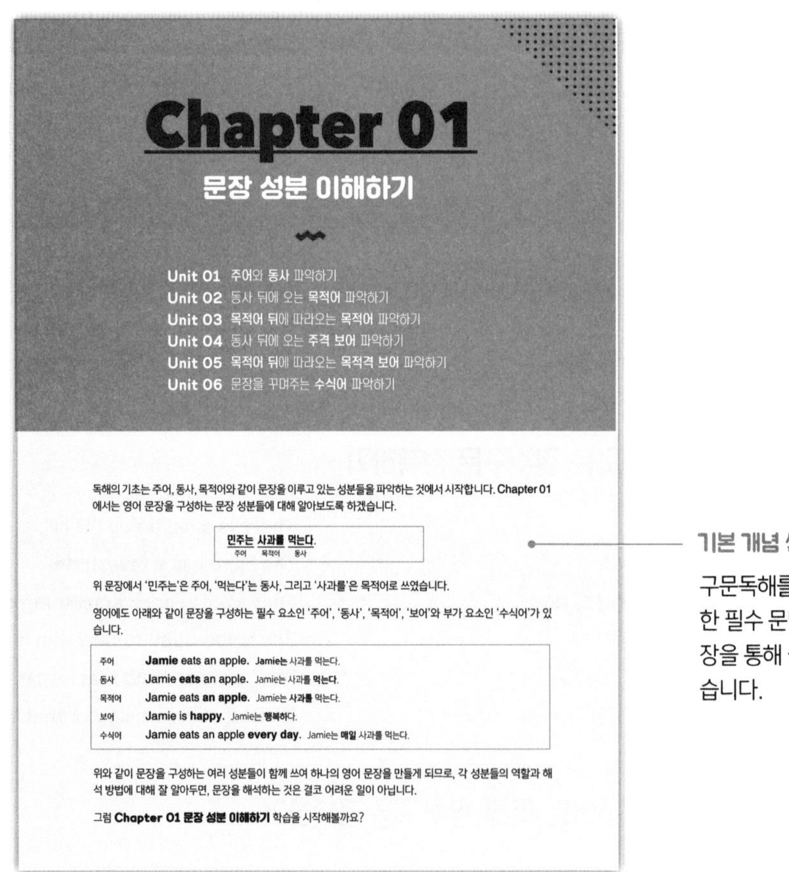

Chapter 01

문장 성분 이해하기

Unit 01 주어와 동사 파악하기
Unit 02 동사 뒤에 오는 목적어 파악하기
Unit 03 목적어 뒤에 따라오는 목적어 파악하기
Unit 04 동사 뒤에 오는 주격 보어 파악하기
Unit 05 목적어 뒤에 따라오는 목적격 보어 파악하기
Unit 06 문장을 꾸며주는 수식어 파악하기

독해의 기초는 주어, 동사, 목적어와 같이 문장을 이루고 있는 성분들을 파악하는 것에서 시작합니다. Chapter 01에서는 영어 문장을 구성하는 문장 성분들에 대해 알아보도록 하겠습니다.

민주는(주어) 사과를(목적어) 먹는다(동사).

위 문장에서 '민주는'은 주어, '먹는다'는 동사, 그리고 '사과를'은 목적어로 쓰였습니다.

영어에도 아래와 같이 문장을 구성하는 필수 요소인 '주어', '동사', '목적어', '보어'와 부가 요소인 '수식어'가 있습니다.

주어	**Jamie** eats an apple. **Jamie는** 사과를 먹는다.
동사	Jamie **eats** an apple. Jamie는 사과를 **먹는다.**
목적어	Jamie eats **an apple.** Jamie는 **사과를** 먹는다.
보어	Jamie is **happy**. Jamie는 **행복하**다.
수식어	Jamie eats an apple **every day**. Jamie는 **매일** 사과를 먹는다.

위와 같이 문장을 구성하는 여러 성분들이 함께 쓰여 하나의 영어 문장을 만들게 되므로, 각 성분들의 역할과 해석 방법에 대해 잘 알아두면, 문장을 해석하는 것은 결코 어려운 일이 아닙니다.

그럼 **Chapter 01 문장 성분 이해하기** 학습을 시작해볼까요?

기본 개념 쌓기

구문독해를 배울 때 꼭 필요한 필수 문법 개념을 한글 문장을 통해 쉽게 이해할 수 있습니다.

02 영어 문장을 보다 쉽고 명쾌하게 해석할 수 있습니다.

영어 지문을 잘 이해하기 위해서는 지문의 각 문장을 명쾌하게 해석할 수 있어야 합니다. 《해석이 쉬워지는 해커스 구문독해 100》에는 100개의 구문 해석법과 이를 연습할 수 있는 문제가 있어, 영어 문장을 보다 쉽고 명쾌하게 해석할 수 있습니다. 또한, 상단 QR코드를 통해 각 Unit에서 학습한 문장을 MP3로 들어볼 수 있습니다.

100개의 구문 해석법

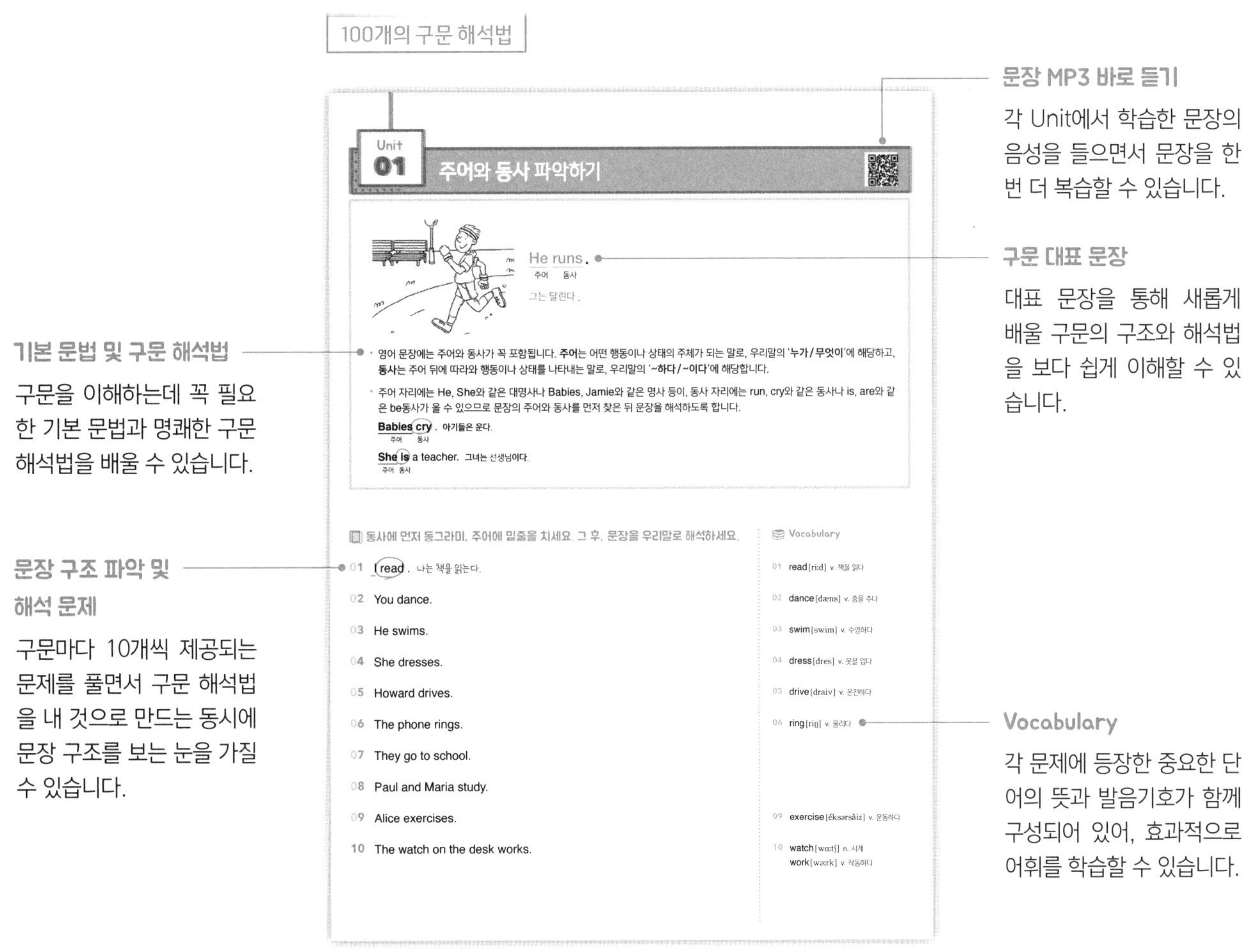

Unit 01 주어와 동사 파악하기
He runs.
주어 동사
그는 달린다.
· 영어 문장에는 주어와 동사가 꼭 포함됩니다. 주어는 어떤 행동이나 상태의 주체가 되는 말로, 우리말의 '누가/무엇이'에 해당하고, 동사는 주어 뒤에 따라와 행동이나 상태를 나타내는 말로, 우리말의 '~하다/~이다'에 해당합니다.
· 주어 자리에는 He, She와 같은 대명사나 Babies, Jamie와 같은 명사 등이, 동사 자리에는 run, cry와 같은 동사나 is, are와 같은 be동사가 올 수 있으므로 문장의 주어와 동사를 먼저 찾은 뒤 문장을 해석하도록 합니다.
Babies cry. 아기들은 운다.
She is a teacher. 그녀는 선생님이다.
동사에 먼저 동그라미, 주어에 밑줄을 치세요. 그 후, 문장을 우리말로 해석하세요.
01 I read. 나는 책을 읽는다.
02 You dance.
03 He swims.
04 She dresses.
05 Howard drives.
06 The phone rings.
07 They go to school.
08 Paul and Maria study.
09 Alice exercises.
10 The watch on the desk works.
Vocabulary
01 read v. 책을 읽다
02 dance v. 춤을 추다
03 swim v. 수영하다
04 dress v. 옷을 입다
05 drive v. 운전하다
06 ring v. 울리다
09 exercise v. 운동하다
10 watch n. 시계
work v. 작동하다

문장 MP3 바로 듣기
각 Unit에서 학습한 문장의 음성을 들으면서 문장을 한 번 더 복습할 수 있습니다.

구문 대표 문장
대표 문장을 통해 새롭게 배울 구문의 구조와 해석법을 보다 쉽게 이해할 수 있습니다.

기본 문법 및 구문 해석법
구문을 이해하는데 꼭 필요한 기본 문법과 명쾌한 구문 해석법을 배울 수 있습니다.

문장 구조 파악 및 해석 문제
구문마다 10개씩 제공되는 문제를 풀면서 구문 해석법을 내 것으로 만드는 동시에 문장 구조를 보는 눈을 가질 수 있습니다.

Vocabulary
각 문제에 등장한 중요한 단어의 뜻과 발음기호가 함께 구성되어 있어, 효과적으로 어휘를 학습할 수 있습니다.

03 복잡하고 긴 문장도 자신감 있게 해석할 수 있습니다.

영어는 한 문장에 여러 구문이 섞여 복잡하고 길어지기도 합니다. 《해석이 쉬워지는 해커스 구문독해 100》의 매 챕터의 마지막에서 본문에서 배웠던 구문들이 섞인 문제를 제공하여, 복잡하고 긴 문장의 해석에 대해 자신감을 가질 수 있습니다. 또한, 상단 QR코드를 통해 각 지문을 MP3로 들어볼 수 있습니다.

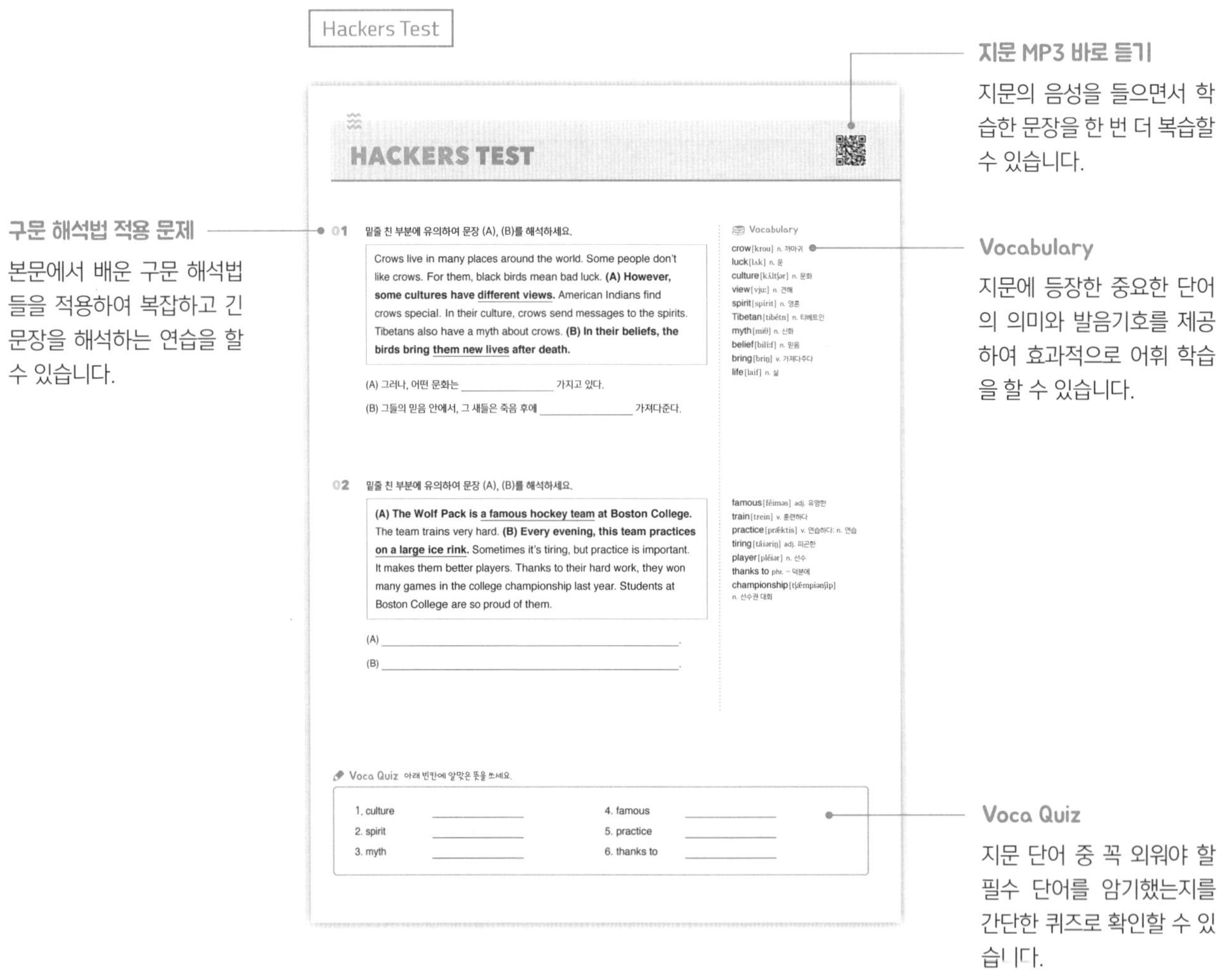

04 보다 빠르고 정확하게 해석할 수 있습니다.

영어 시험에서는 문장을 빠르고 정확하게 해석하는 것이 중요합니다. 《해석이 쉬워지는 해커스 구문독해 100》의 해설집에서는 수록된 모든 문장에 대한 문장 분석과 정확한 해석을 제공하여, 해석 속도와 정확도를 더 높이 끌어올릴 수 있습니다.

정답·해석·해설

Chapter 01 문장 성분 이해하기

Unit 01 주어와 동사 파악하기 p.16

01	I / read. 나는 / 책을 읽는다	나는 책을 읽는다.
02	You / dance. 너는 / 춤을 춘다	너는 춤을 춘다.
03	He / swims. 그는 / 수영한다	그는 수영한다.
04	She / dresses. 그녀는 / 옷을 입는다	그녀는 옷을 입는다.
05	Howard / drives. Howard는 / 운전한다	Howard는 운전한다.
06	The phone / rings. 전화기가 / 울린다	전화기가 울린다.
07	They / go / to school. 그들은 / 간다 / 학교에	그들은 학교에 간다.
08	Paul and Maria / study. Paul과 Maria는 / 공부한다	Paul과 Maria는 공부한다.
09	Alice / exercises. Alice는 / 운동한다	Alice는 운동한다.
10	The watch on the desk / works. 책상 위에 있는 시계는 / 작동한다	책상 위에 있는 시계는 작동한다.

Unit 02 동사 뒤에 오는 목적어 파악하기 p.17

01	He / has / a car. 그는 / 가지고 있다 / 차를	그는 차를 가지고 있다.
02	I / make / sandwiches. 나는 / 만든다 / 샌드위치를	나는 샌드위치를 만든다.
03	We / want / a dog. 우리는 / 원한다 / 개를	우리는 개를 원한다.
04	They / move / the chairs. 그들은 / 옮긴다 / 의자들을	그들은 의자들을 옮긴다.

직독직해를 위한 끊어 읽기 표시

모든 문장에 끊어 읽기가 표시되어 있어, 문장 구조와 의미 단위를 명확하게 파악하고 직독직해 실력을 키울 수 있습니다.

정확한 문장 / 지문 해석

모든 문장에 대한 정확한 해석이 있어, 해석하기 어려웠던 문장의 뜻과 구조를 정확하게 알 수 있습니다.

교재 학습 플랜

해석 실력을 단기에 집중적으로 높이는

20일 완성 학습 플랜

※ 매일 학습이 끝난 후, □에 체크해가며 학습 진행 상황을 파악하세요.

	1일	2일	3일	4일	5일
1주	□ Unit 01 □ Unit 02 □ Unit 03 □ Unit 04 □ Unit 05 □ Unit 06	□ Ch01 HT □ Unit 07 □ Unit 08 □ Unit 09 □ Unit 10 □ Ch02 HT	□ Unit 11 □ Unit 12 □ Unit 13 □ Unit 14 □ Ch03 HT □ Unit 15	□ Unit 16 □ Unit 17 □ Unit 18 □ Ch04 HT □ Unit 19 □ Unit 20	□ Unit 21 □ Unit 22 □ Unit 23 □ Unit 24 □ Ch05 HT □ Unit 25
2주	□ Unit 26 □ Unit 27 □ Unit 28 □ Unit 29 □ Unit 30 □ Ch06 HT	□ Unit 31 □ Unit 32 □ Unit 33 □ Unit 34 □ Unit 35 □ Unit 36	□ Ch07 HT □ Unit 37 □ Unit 38 □ Unit 39 □ Unit 40 □ Unit 41	□ Unit 42 □ Ch08 HT □ Unit 43 □ Unit 44 □ Unit 45 □ Unit 46	□ Ch09 HT □ Unit 47 □ Unit 48 □ Unit 49 □ Unit 50 □ Ch10 HT
3주	□ Unit 51 □ Unit 52 □ Unit 53 □ Unit 54 □ Unit 55 □ Unit 56	□ Ch11 HT □ Unit 57 □ Unit 58 □ Unit 59 □ Unit 60 □ Unit 61	□ Unit 62 □ Ch12 HT □ Unit 63 □ Unit 64 □ Unit 65 □ Unit 66	□ Ch13 HT □ Unit 67 □ Unit 68 □ Unit 69 □ Unit 70 □ Ch14 HT	□ Unit 71 □ Unit 72 □ Unit 73 □ Unit 74 □ Ch15 HT □ Unit 75
4주	□ Unit 76 □ Unit 77 □ Unit 78 □ Unit 79 □ Unit 80 □ Ch16 HT	□ Unit 81 □ Unit 82 □ Unit 83 □ Unit 84 □ Unit 85 □ Unit 86	□ Ch17 HT □ Unit 87 □ Unit 88 □ Unit 89 □ Unit 90 □ Ch18 HT	□ Unit 91 □ Unit 92 □ Unit 93 □ Unit 94 □ Unit 95 □ Unit 96	□ Ch19 HT □ Unit 97 □ Unit 98 □ Unit 99 □ Unit 100 □ Ch20 HT

*HT는 Hackers Test를 의미합니다.

해석 실력과 영어 기본기를 함께 높이는

40일 완성 학습 플랜

※ 매일 학습이 끝난 후, □에 체크해가며 학습 진행 상황을 파악하세요.

	1일	2일	3일	4일	5일
1주	□ Unit 01 □ Unit 02 □ Unit 03	□ Unit 04 □ Unit 05 □ Unit 06	□ Ch01 HT □ Unit 07 □ Unit 08	□ Unit 09 □ Unit 10 □ Ch02 HT	□ Unit 11 □ Unit 12 □ Unit 13
2주	□ Unit 14 □ Ch03 HT □ Unit 15	□ Unit 16 □ Unit 17 □ Unit 18	□ Ch04 HT □ Unit 19 □ Unit 20	□ Unit 21 □ Unit 22 □ Unit 23	□ Unit 24 □ Ch05 HT □ Unit 25
3주	□ Unit 26 □ Unit 27 □ Unit 28	□ Unit 29 □ Unit 30 □ Ch06 HT	□ Unit 31 □ Unit 32 □ Unit 33	□ Unit 34 □ Unit 35 □ Unit 36	□ Ch07 HT □ Unit 37 □ Unit 38
4주	□ Unit 39 □ Unit 40 □ Unit 41	□ Unit 42 □ Ch08 HT □ Unit 43	□ Unit 44 □ Unit 45 □ Unit 46	□ Ch09 HT □ Unit 47 □ Unit 48	□ Unit 49 □ Unit 50 □ Ch10 HT
5주	□ Unit 51 □ Unit 52 □ Unit 53	□ Unit 54 □ Unit 55 □ Unit 56	□ Ch11 HT □ Unit 57 □ Unit 58	□ Unit 59 □ Unit 60 □ Unit 61	□ Unit 62 □ Ch12 HT □ Unit 63
6주	□ Unit 64 □ Unit 65 □ Unit 66	□ Ch13 HT □ Unit 67 □ Unit 68	□ Unit 69 □ Unit 70 □ Ch14 HT	□ Unit 71 □ Unit 72 □ Unit 73	□ Unit 74 □ Ch15 HT □ Unit 75
7주	□ Unit 76 □ Unit 77 □ Unit 78	□ Unit 79 □ Unit 80 □ Ch16 HT	□ Unit 81 □ Unit 82 □ Unit 83	□ Unit 84 □ Unit 85 □ Unit 86	□ Ch17 HT □ Unit 87 □ Unit 88
8주	□ Unit 89 □ Unit 90 □ Ch18 HT	□ Unit 91 □ Unit 92 □ Unit 93	□ Unit 94 □ Unit 95 □ Unit 96	□ Ch19 HT □ Unit 97 □ Unit 98	□ Unit 99 □ Unit 100 □ Ch20 HT

본 교재 동영상강의

Chapter 01

문장 성분 이해하기

Unit 01 **주어**와 **동사** 파악하기
Unit 02 동사 뒤에 오는 **목적어** 파악하기
Unit 03 **목적어 뒤**에 따라오는 **목적어** 파악하기
Unit 04 동사 뒤에 오는 **주격 보어** 파악하기
Unit 05 **목적어 뒤**에 따라오는 **목적격 보어** 파악하기
Unit 06 문장을 꾸며주는 **수식어** 파악하기

독해의 기초는 주어, 동사, 목적어와 같이 문장을 이루고 있는 성분들을 파악하는 것에서 시작합니다. Chapter 01에서는 영어 문장을 구성하는 문장 성분들에 대해 알아보도록 하겠습니다.

민주는	**사과를**	**먹는다.**
주어	목적어	동사

위 문장에서 '민주는'은 주어, '먹는다'는 동사, 그리고 '사과를'은 목적어로 쓰였습니다.

영어에도 아래와 같이 문장을 구성하는 필수 요소인 '주어', '동사', '목적어', '보어'와 부가 요소인 '수식어'가 있습니다.

주어	**Jamie** eats an apple. **Jamie는** 사과를 먹는다.
동사	Jamie **eats** an apple. Jamie는 사과를 **먹는다**.
목적어	Jamie eats **an apple**. Jamie는 **사과를** 먹는다.
보어	Jamie is **happy**. Jamie는 **행복하**다.
수식어	Jamie eats an apple **every day**. Jamie는 **매일** 사과를 먹는다.

위와 같이 문장을 구성하는 여러 성분들이 함께 쓰여 하나의 영어 문장을 만들게 되므로, 각 성분들의 역할과 해석 방법에 대해 잘 알아두면, 문장을 해석하는 것은 결코 어려운 일이 아닙니다.

그럼 **Chapter 01 문장 성분 이해하기** 학습을 시작해볼까요?

Unit 01 주어와 동사 파악하기

He runs.
주어 동사

그는 달린다.

- 영어 문장에는 주어와 동사가 꼭 포함됩니다. **주어**는 어떤 행동이나 상태의 주체가 되는 말로, 우리말의 '**누가/무엇이**'에 해당하고, **동사**는 주어 뒤에 따라와 행동이나 상태를 나타내는 말로, 우리말의 '**~하다/~이다**'에 해당합니다.
- 주어 자리에는 He, She와 같은 대명사나 Babies, Jamie와 같은 명사 등이, 동사 자리에는 run, cry와 같은 동사나 is, are와 같은 be동사가 올 수 있으므로 문장의 주어와 동사를 먼저 찾은 뒤 문장을 해석하도록 합니다.

Babies **cry**. 아기들은 운다.
주어 동사

She **is** a teacher. 그녀는 선생님이다.
주어 동사

동사에 먼저 동그라미, 주어에 밑줄을 치세요. 그 후, 문장을 우리말로 해석하세요.

01 I read. 나는 책을 읽는다.

02 You dance.

03 He swims.

04 She dresses.

05 Howard drives.

06 The phone rings.

07 They go to school.

08 Paul and Maria study.

09 Alice exercises.

10 The watch on the desk works.

Vocabulary

01 read [riːd] v. 책을 읽다

02 dance [dæns] v. 춤을 추다

03 swim [swim] v. 수영하다

04 dress [dres] v. 옷을 입다

05 drive [draiv] v. 운전하다

06 ring [riŋ] v. 울리다

09 exercise [éksərsàiz] v. 운동하다

10 watch [wɑːtʃ] n. 시계
work [wəːrk] v. 작동하다

Unit 02 동사 뒤에 오는 목적어 파악하기

Amy **likes** a cat.
주어 동사 목적어

Amy는 고양이를 좋아한다.

- 영어 문장에는 Amy likes(Amy는 좋아한다)처럼 동사 뒤에 목적어를 필요로 하는 문장도 있습니다. **목적어**는 동사가 나타내는 행동의 대상이 되는 말로 우리말의 '~**을/를**'에 해당합니다.
- 목적어 자리에는 him, them과 같은 대명사나 a cat, Jason과 같은 명사 등이 올 수 있습니다.

I love **him**. 나는 그를 사랑한다.
(목적어: him)

Natalie helps **Jay**. Natalie는 Jay를 돕는다.
(목적어: Jay)

☐ 동사에 먼저 동그라미, 주어에 밑줄을 치세요. 그 후, 목적어에 밑줄을 긋고 문장을 우리말로 해석하세요.

01 He (has) a car. 그는 차를 가지고 있다.

02 I make sandwiches.

03 We want a dog.

04 They move the chairs.

05 Emily wears glasses.

06 The police catch a thief.

07 She greets her family.

08 Kelly doesn't need a pencil.

09 David rides the bus.

10 The shop sells cakes.

Vocabulary

01 car [kɑ:r] n. 차

04 move [mu:v] v. 옮기다

05 wear [wεər] v. 쓰다
glasses [glǽsiz] n. 안경

06 catch [kætʃ] v. 잡다
thief [θi:f] n. 도둑

07 greet [gri:t] v. 맞이하다

08 need [ni:d] v. 필요로 하다

09 ride [raid] v. 타다

Unit 03 목적어 뒤에 따라오는 목적어 파악하기

Brad gave Jane flowers.
주어 동사 간접목적어 직접목적어

Brad는 Jane에게 꽃을 주었다.

- 위 문장의 Jane 뒤에 flowers가 나온 것처럼 목적어 뒤에 목적어가 또 나오는 문장도 있습니다. 이때, 앞에 나온 **간접목적어**는 우리말의 '**~에게**'에 해당하고, 뒤에 나온 **직접목적어**는 우리말의 '**~을/를**'에 해당합니다.

  Kate's mother sent **her a package**. Kate의 어머니는 **그녀에게 소포를** 보냈다.
  간접목적어 직접목적어

- 주로 give, send와 같이 '~을 (해)주다'와 같은 의미를 나타내는 동사들이 두 개의 목적어를 가질 수 있습니다.

동사에 먼저 동그라미, 주어에 밑줄을 치세요. 그 후, 간접목적어와 직접목적어에 밑줄을 긋고 문장을 우리말로 해석하세요.

01 I gave him a book. 나는 그에게 책을 줬다.

02 My friend sent me a postcard.

03 Sam lent me a shirt.

04 She tells the children stories.

05 Lily bought her father a necktie.

06 Ethan sold the woman his old car.

07 Jasmine wrote Mr. Phillips a long letter.

08 Daniel sings his girlfriend songs.

09 The waitress brought us food and drinks.

10 Henry's mother made him some snacks.

Vocabulary

02 postcard [póustkɑ̀:rd] n. 엽서
03 lend [lend] v. 빌려주다
05 necktie [néktài] n. 넥타이
06 sell [sel] v. 팔다
09 waitress [wéitris] n. 여종업원
bring [briŋ] v. 가져다주다
10 snack [snæk] n. 간식

Unit 04 동사 뒤에 오는 주격 보어 파악하기

George **is** a farmer.
주어 동사 주격 보어

George는 농부이다.

- 위 문장의 a farmer는 주어인 George가 무엇(누구)인지 설명해주고 있습니다. 이처럼 동사 뒤에 나와서 주어가 무엇인지, 어떤 상태인지 등을 보충 설명해주는 말을 **주격 보어**라고 합니다.

Susan and Mary are **friends**. Susan과 Mary는 친구다.
주격 보어

Lemon tastes **sweet and sour**. 레몬은 **달고 신** 맛이 난다.
주격 보어

동사에 먼저 동그라미, 주어에 밑줄을 치세요. 그 후, 주격 보어에 밑줄을 긋고 문장을 우리말로 해석하세요.

01 Cindy (is) happy. Cindy는 행복하다.

02 You look hungry.

03 The view was beautiful.

04 He seemed angry this morning.

05 I am a student at Bayside High School.

06 Anne's presentation was excellent.

07 My sister is a fashion designer.

08 The bread smells good.

09 John's office is close to his home.

10 Jackson became an engineer.

Vocabulary

02 look [luk] v. ~해 보이다

03 view [vjuː] n. 경치

04 seem [siːm] v. (~인 것처럼) 보이다
angry [ǽŋgri] adj. 화난

05 student [stúːdənt] n. 학생

06 presentation [prìːzəntéiʃən] n. 발표
excellent [éksələnt] adj. 훌륭한

07 designer [dizáinər] n. 디자이너

08 bread [bred] n. 빵
smell [smel] v. ~한 냄새가 나다

09 office [ɔ́ːfis] n. 사무실
close [klous] adj. 가까운

10 engineer [èndʒiníər] n. 기술자

Unit 05 목적어 뒤에 따라오는 목적격 보어 파악하기

The movie made him sad.
주어 동사 목적어 목적격 보어

그 영화는 그를 슬프게 만들었다.

- 위 문장에서 sad는 영화가 목적어인 그를 어떤 상태로 만들었는지 설명해주고 있습니다. 이처럼 목적어 뒤에 와서 목적어가 무엇인지, 어떤 상태인지 등을 보충 설명해주는 말을 **목적격 보어**라고 합니다. 목적격 보어 자리에는 명사나 형용사 등이 올 수 있습니다.

My friends call me **Leo**. 내 친구들은 나를 Leo라고 부른다.
목적어 목적격 보어

Julia considers history **interesting**. Julia는 역사가 **흥미롭**다고 생각한다.
목적어 목적격 보어

동사에 먼저 동그라미, 주어에 밑줄을 치세요. 그 후, 목적어와 목적격 보어에 밑줄을 긋고 문장을 우리말로 해석하세요.

01 Amanda keeps her desk clean. Amanda는 그녀의 책상을 깨끗하게 유지한다.

02 They found the show boring.

03 We call him Peter Pan.

04 The news made me angry.

05 Richard thought the test easy.

06 The staff considered her a good leader.

07 The war leaves many people homeless.

08 They elected Adrian school president.

09 We painted the walls yellow and grey.

10 Lucy and Owen named their cat Coco.

Vocabulary

01 keep [ki:p] v. (~하게) 유지하다
clean [kli:n] adj. 깨끗한

02 find [faind] v. (~라고) 생각하다
boring [bɔ́:riŋ] adj. 지루한

05 easy [í:zi] adj. 쉬운

06 consider [kənsídər] v. ~로 여기다
leader [lí:dər] n. 리더, 지도자

07 war [wɔ:r] n. 전쟁
homeless [hóumləs] n. 노숙자

08 elect [ilékt] v. ~으로 선출하다
school president phr. 학생회장

09 wall [wɔ:l] n. 벽

10 name [neim]
v. ~라고 이름 짓다, ~으로 임명하다

Unit 06 문장을 꾸며주는 수식어 파악하기

(Every morning), she reads a magazine.
수식어 / 주어 / 동사 / 목적어

매일 아침, 그녀는 잡지를 읽는다.

- 위 문장에서 그녀가 언제 잡지를 읽는지 나타내기 위해 every morning(매일 아침)을 썼습니다. 이처럼 주어, 동사, 목적어, 보어와 같은 필수 요소 외의 부가 요소로 문장을 더 풍부하게 하는 말을 **수식어**라고 합니다.
- 수식어는 문장의 앞이나 뒤, 중간 등 여러 위치에 비교적 자유롭게 나올 수 있고, 여러 수식어가 함께 나올 수도 있습니다.

She reads newspapers (**every morning**) (**for an hour**). 그녀는 **매일 아침 1시간 동안** 신문을 읽는다.
주어 / 동사 / 목적어 / 수식어 / 수식어

동사에 먼저 동그라미, 주어에 밑줄을 치세요. 그 후, 수식어에 괄호를 치고 문장을 우리말로 해석하세요.

01 The horses run (all day). 그 말들은 하루 종일 뛴다.

02 We saved money for our summer vacation.

03 Mary makes her family brunch on Sundays.

04 They found the island empty 20 years ago.

05 Jenny looks active all the time.

06 Last night, I watched a movie with my friend.

07 Carol feels happy on Thanksgiving Day.

08 One day, Peter brought his mother flowers.

09 The team names someone new captain each season.

10 My grandfather exercises every day for an hour.

Vocabulary

02 save [seiv] v. 저축하다
vacation [veikéiʃən] n. 휴가

04 island [áilənd] n. 섬
empty [émpti] adj. 비어 있는

05 active [ǽktiv] adj. 활동적인

06 watch [wɑːtʃ] v. 보다
movie [múːvi] n. 영화

07 Thanksgiving Day phr. 추수감사절

09 captain [kǽptin] n. 주장

10 grandfather [grǽnfɑːðər] n. 할아버지
exercise [éksərsàiz] v. 운동하다

HACKERS TEST

01 밑줄 친 부분에 유의하여 문장 (A), (B)를 해석하세요.

Crows live in many places around the world. Some people don't like crows. For them, black birds mean bad luck. **(A) However, some cultures have different views.** American Indians find crows special. In their culture, crows send messages to the spirits. Tibetans also have a myth about crows. **(B) In their beliefs, the birds bring them new lives after death.**

(A) 그러나, 어떤 문화는 ________________ 가지고 있다.

(B) 그들의 믿음 안에서, 그 새들은 죽음 후에 ________________ 가져다준다.

Vocabulary

crow [krou] n. 까마귀
luck [lʌk] n. 운
culture [kʌ́ltʃər] n. 문화
view [vjuː] n. 견해
spirit [spírit] n. 영혼
Tibetan [tibétn] n. 티베트인
myth [miθ] n. 신화
belief [bilíːf] n. 믿음
bring [briŋ] v. 가져다주다
life [laif] n. 삶

02 밑줄 친 부분에 유의하여 문장 (A), (B)를 해석하세요.

(A) The Wolf Pack is a famous hockey team at Boston College. The team trains very hard. **(B) Every evening, this team practices on a large ice rink.** Sometimes it's tiring, but practice is important. It makes them better players. Thanks to their hard work, they won many games in the college championship last year. Students at Boston College are so proud of them.

(A) ____.

(B) ____.

famous [féiməs] adj. 유명한
train [trein] v. 훈련하다
practice [prǽktis] v. 연습하다; n. 연습
tiring [táiəriŋ] adj. 피곤한
player [pléiər] n. 선수
thanks to phr. ~ 덕분에
championship [tʃǽmpiənʃip] n. 선수권 대회

Voca Quiz 아래 빈칸에 알맞은 뜻을 쓰세요.

1. culture ________________
2. spirit ________________
3. myth ________________
4. famous ________________
5. practice ________________
6. thanks to ________________

[03~04] 다음 지문을 읽고 질문에 답하세요.

(A) Many people have cavities in their teeth. They need treatment, and this is expensive and painful. So, dental care is important. Several actions keep your teeth healthy. For one, don't eat sweet foods. Sugar makes your teeth weak. Also, drink lots of water. The water removes bacteria and food in your mouth. Finally, brush your teeth two or three times every day.
(B) The toothpaste gets your teeth clean.

03 밑줄 친 부분에 유의하여 문장 (A), (B)를 해석하세요.

(A) ______________________________.

(B) ______________________________.

04 지문의 내용과 일치하도록 주어진 단어를 빈칸에 넣어 문장을 완성하세요.

ⓐ important	ⓑ sweet	ⓒ clean	ⓓ expensive

(A) __________ foods are not good for teeth.

(B) Brushing keeps our teeth __________.

정답·해석·해설 p.6

Vocabulary

cavity [kǽvəti] n. 충치
teeth [tiːθ] n. 치아
treatment [tríːtmənt] n. 치료
expensive [ikspénsiv] adj. 비싼
painful [péinfəl] adj. 고통스러운
dental [déntl] adj. 치아의
important [impɔ́ːrtənt] adj. 중요한
sweet [swiːt] adj. 단
lots of phr. 많은
remove [rimúːv] v. 제거하다
bacteria [bæktíriə] n. 세균
toothpaste [túːθpèist] n. 치약
get [get] v. ~하게 하다
clean [kliːn] adj. 깨끗한

Voca Quiz 아래 빈칸에 알맞은 뜻을 쓰세요.

1. cavity __________	4. important __________
2. treatment __________	5. remove __________
3. painful __________	6. clean __________

Chapter 02

주어 정복하기

Unit 07 주어 자리에 온 **동명사** 해석하기
Unit 08 주어 자리에 온 **to 부정사** 해석하기
Unit 09 주어 자리에 온 **가짜 주어 it** 해석하기 (1)
Unit 10 주어 자리에 온 **가짜 주어 it** 해석하기 (2)

Chapter 01에서 영어 문장에는 주어와 동사가 꼭 포함된다는 것을 학습했지요? Chapter 02에서는 그 중 '주어'에 대해 더 자세히 알아보도록 하겠습니다.

	주어	동사
농구는 재미있다.	농구는	재미있다
농구를 하는 것은 재미있다.	농구를 하는 것은	재미있다

'농구는'과 '농구를 하는 것은' 모두 문장에서 주어 역할을 하고 있지요?

영어에서도 '농구'처럼 짧고 간단한 단어는 물론 '농구를 하는 것'처럼 여러 단어들이 함께 쓰여 길어진 주어 등 다양한 형태가 주어 자리에 올 수 있습니다.

명사	**Basketball** is fun.	**농구는** 재미있다.
동명사	**Playing basketball** is fun.	**농구를 하는 것은** 재미있다.
to 부정사	**To play basketball** is fun.	**농구를 하는 것은** 재미있다.
가짜 주어 it	**It** is fun **to play basketball**.	**농구를 하는 것은** 재미있다.

위와 같이 다양한 형태의 주어들은 문장의 주어인지 한눈에 파악하기 힘들어 해석하기 어려워 보일 수 있지만, 그 형태와 해석 방법에 대해 학습한다면 쉽게 해석할 수 있습니다.

그럼 **Chapter 02 주어 정복하기** 학습을 시작해볼까요?

주어 자리에 온 동명사 해석하기

Swimming is her hobby.
주어 동사

수영하는 것은 그녀의 취미이다.

- 동사원형 swim에 ing가 붙은 swimming이 주어 자리에 오면 '수영하는 것은'이라고 해석합니다. 이처럼 **동사원형+ing** 형태의 **동명사**가 문장의 주어 자리에 오면, '**~하는 것은/~하기는**'이라고 해석합니다.
- Swimming in the ocean처럼 동명사 뒤에 여러 단어가 함께 쓰여 주어가 길어질 수도 있습니다.

Swimming in the ocean is her hobby. **바다에서 수영하는 것은** 그녀의 취미이다.
주어 동사

동사에 먼저 동그라미 치고, 주어에 밑줄을 그은 후, 문장을 우리말로 해석하세요.

01 Dancing makes people happy. 춤추는 것은 사람들을 행복하게 만든다.

02 Eating regularly is good for your health.

03 Shopping online has many benefits.

04 Keeping secrets is not easy for me.

05 For many people, saving money is important.

06 Watching horror movies alone scares me.

07 Reading books in the dark hurts your eyes.

08 Wearing seatbelts protects the passengers in a car.

09 Renting a house in this city is really expensive.

10 Going camping this weekend doesn't sound like a good plan.

Vocabulary

02 regularly [régjələrli] adv. 규칙적으로

03 benefit [bénəfit] n. 혜택

04 keep a secret phr. 비밀을 지키다

05 important [impɔ́:rtənt] adj. 중요한

06 horror movie phr. 공포 영화
scare [skεər] v. 겁나게 하다

07 dark [dɑ:rk] n. 어둠
hurt [hə:rt] v. 해치다

08 protect [prətékt] v. 보호하다
passenger [pǽsəndʒər] n. 승객

09 rent [rent] v. 임대하다

10 sound like phr. ~처럼 들리다

Unit 08 주어 자리에 온 to 부정사 해석하기

To dance is exciting.
주어 동사

춤추는 것은 신난다.

- 동사원형 dance 앞에 to가 붙은 to dance가 주어 자리에 오면 '춤추는 것은'이라고 해석합니다. 이처럼 **to+동사원형** 형태의 **to 부정사**가 문장의 주어 자리에 오면, 동명사와 마찬가지로 '**~하는 것은/~하기는**'이라고 해석합니다.
- To dance with friends처럼 to 부정사 뒤에도 여러 단어가 함께 쓰여 주어가 길어질 수 있습니다.

To dance with friends is exciting. **친구들과 춤추는 것은** 신난다.
주어 동사

※ 참고로, 진짜 주어인 to 부정사는 문장 뒤로 보내고 주어 자리에는 가짜 주어 it을 더 자주 사용합니다.
(Unit 09 주어 자리에 온 가짜 주어 it 해석하기 (1)을 참고하세요.)

동사에 먼저 동그라미 치고, 주어에 밑줄을 그은 후, 문장을 우리말로 해석하세요.

01 To understand Prof. Kim's class is not easy.
Kim 교수님의 수업을 이해하는 것은 쉽지 않다.

02 To learn a new language takes time.

03 On rainy days, to drive fast is not a good idea.

04 To listen to classical music relaxes Harold.

05 For some people, to make new friends is hard.

06 In a marriage, to express your feelings is important.

07 To receive an award at the contest made John happy.

08 To finish the project on time is our goal.

09 To find a quiet café in this town seems impossible.

10 At the library, to borrow a book is not difficult.

Vocabulary

01 easy [í:zi] adj. 쉬운

02 take time phr. 시간이 걸리다

04 classical [klǽsikəl] adj. 클래식의
relax [rilǽks] v. (마음을) 편안하게 하다

05 hard [hɑ:rd] adj. 어려운

06 marriage [mǽridʒ] n. 결혼 생활
express [iksprés] v. 표현하다

07 receive [risí:v] v. 받다
award [əwɔ́:rd] n. 상

08 on time phr. 제때에

09 impossible [impɑ́:səbəl] adj. 불가능한

10 library [láibrèri] n. 도서관
borrow [bɑ́:rou] v. 빌리다

Unit 09 주어 자리에 온 가짜 주어 it 해석하기 (1)

To go camping is fun.

It is fun to go camping.

가짜 주어 진짜 주어

캠핑을 가는 것은 재미있다.

- To go camping처럼 to 부정사는 주어 자리에 올 수 있지만, 일반적으로 **to 부정사**를 문장 뒤로 보내고 주어 자리에는 **가짜 주어 it**을 더 자주 사용합니다.
- 가짜 주어 it은 to 부정사를 대신하는 주어이므로 '그것'이라고 해석하지 않고, 뒤에 있는 진짜 주어인 to 부정사를 주어 자리에 넣어 해석합니다.

동사에 먼저 동그라미 치고, 가짜 주어 it이 대신하는 진짜 주어에 밑줄을 그은 후, 문장을 우리말로 해석하세요.

01 It (is) very important to sleep well. 잠을 잘 자는 것은 매우 중요하다.

02 It is not easy to concentrate on one goal.

03 Is it exciting to watch a baseball game?

04 It is hard to learn a new instrument.

05 It doesn't cost a lot of money to buy a book.

06 In many countries, it is rude to point at people.

07 Sometimes, it hurts people's feelings to hear the truth.

08 It is difficult to memorize the names of all the students.

09 Usually, it takes several people to lift a piano.

10 Kate has an important exam tomorrow. It gives her a headache to think about it.

Vocabulary

02 concentrate on phr. ~에 집중하다

03 exciting [iksáitiŋ] adj. 흥미진진한

04 learn [ləːrn] v. 배우다
instrument [ínstrəmənt] n. 악기

05 cost [kɔːst] v. (값·비용이) 들다
a lot of phr. 많은

06 rude [ruːd] adj. 무례한
point [pɔint] v. 손가락질하다

07 truth [truːθ] n. 진실

08 memorize [méməràiz] v. 기억하다

09 take [teik] v. 필요하다
lift [lift] v. 들다

10 headache [hédèik] n. 두통

주어 자리에 온 가짜 주어 it 해석하기(2)

That she is angry is clear.

It is clear that she is angry.

가짜 주어 진짜 주어

그녀가 화가 난 것은 분명하다.

- 위 문장의 That she is angry처럼 **that ~**은 주어 자리에 올 수 있으며, '**~라는 것은**'이라고 해석할 수 있습니다.
- 하지만 일반적으로 진짜 주어인 that ~은 문장 뒤로 보내고 주어 자리에는 **가짜 주어 it**을 더 자주 사용합니다. 이때도 가짜 주어 it은 해석하지 않고, 뒤에 있는 진짜 주어인 that ~을 주어 자리에 넣어 해석합니다.

☐ 동사에 먼저 동그라미 치고, 가짜 주어 it이 대신하는 진짜 주어에 밑줄을 그은 후, 문장을 우리말로 해석하세요.

01 It (was) great that everyone came to the party.
모두가 파티에 왔던 것은 정말 좋았다.

02 It is sweet that Ken bought Sally flowers.

03 It was terrible that Kate forgot her own birthday.

04 It was amazing that Lucas lost weight so quickly.

05 It appears that the Internet is down right now.

06 It was sad that I missed my favorite singer's concert.

07 It is convenient that the subway station is near my house.

08 It is not surprising that Tamara failed the math exam.

09 It is sure that Angela wants to move. Her apartment is tiny.

10 Henry looks really tired. It seems that he didn't sleep well last night.

Vocabulary

02 sweet[swiːt] adj. 다정한

03 terrible[térəbəl] adj. 끔찍한
own[oun] adj. 자신의

04 lose weight phr. 살을 빼다
quickly[kwíkli] adv. 빨리

05 appear[əpír] v. ~인 것 같다
down[daun] adj. 작동하지 않는

06 miss[mis] v. 놓치다

07 convenient[kənvíːniənt] adj. 편리한
subway[sʌ́bwèi] n. 지하철

08 surprising[sərpráiziŋ] adj. 놀라운

09 apartment[əpáːrtmənt] n. 아파트
tiny[táini] adj. 아주 작은

HACKERS TEST

01 밑줄 친 부분에 유의하여 문장 (A), (B)를 해석하세요.

> Making jewelry is my hobby. **(A) It is fun to go shopping for the different materials.** I buy chains and small jewels from many different stores. **(B) Designing each piece of jewelry is also fun.** It is exciting to have my own unique rings and earrings. Usually, I give them to my friends. Seeing their reactions makes me happy.

(A) ______________________ 재미있다.

(B) ______________________ 또한 재미있다.

Vocabulary

jewelry [dʒú:əlri] n. 장신구
hobby [há:bi] n. 취미
different [dífərənt] adj. 여러 가지의, 다른
material [mətíriəl] n. 재료
jewel [dʒú:əl] n. 보석
own [oun] adj. 자신의
unique [ju:ní:k] adj. 유일한
reaction [riǽkʃən] n. 반응

02 밑줄 친 부분에 유의하여 문장 (A), (B)를 해석하세요.

> Andy Warhol was a famous modern artist. **(A) It is well known that he drew everyday items.** Turning these common objects into pop-art made him a star. We see Andy Warhol's art in galleries all over the world today. One day, I saw some of his paintings at the Dongdaemun Design Plaza. **(B) To see them with my own eyes was really amazing.**

(A) ______________________________.

(B) ______________________________.

famous [féiməs] adj. 유명한
modern [má:dərn] adj. 현대의
well known phr. 잘 알려진
everyday [évridei] adj. 일상적인
common [ká:mən] adj. 흔한
object [á:bdʒikt] n. 물건
art [a:rt] n. 작품
gallery [gǽləri] n. 미술관
all over the world phr. 여러 나라, 전 세계에
amazing [əméiziŋ] adj. 굉장한

Voca Quiz 아래 빈칸에 알맞은 뜻을 쓰세요.

1. material	________	4. modern	________
2. own	________	5. common	________
3. unique	________	6. gallery	________

[03~04] 다음 지문을 읽고 질문에 답하세요.

Eating with others is a big part of Chinese culture. Family and friends sit at large dining tables and talk about their days. **(A) So, having good table manners is important to them.** For example, young people start their meals after old people. Passing dishes with two hands is polite. Also, leaving some food on the plate is correct etiquette. **(B) Keeping these rules makes the meal enjoyable for everyone.**

03 밑줄 친 부분에 유의하여 문장 (A), (B)를 해석하세요.

(A) ______________________________.

(B) ______________________________.

04 지문의 내용과 일치하도록 주어진 단어를 빈칸에 넣어 문장을 완성하세요.

ⓐ polite	ⓑ enjoyable	ⓒ young	ⓓ important

(A) Showing good table manners is ______________ to Chinese people.

(B) It is not ______________ to eat before elders in China.

정답·해석·해설 p.10

Vocabulary

dining table phr. 식탁
manner [mǽnər] n. 예절
young [jʌŋ] adj. 어린
meal [miːl] n. 식사
pass [pæs] v. 건네주다
polite [pəláit] adj. 예의 바른
leave [liːv] v. 남기다
plate [pleit] n. 접시
correct [kərékt] adj. 올바른
etiquette [étiket] n. 예절
enjoyable [indʒɔ́iəbəl] adj. 즐거운
elder [éldər] n. 어른

Voca Quiz 아래 빈칸에 알맞은 뜻을 쓰세요.

1. dining table ______________
2. manner ______________
3. pass ______________
4. leave ______________
5. correct ______________
6. enjoyable ______________

본 교재 동영상강의

해커스인강 HackersIngang.com
해커스공무원 gosi.Hackers.com
해커스편입 HackersUT.com

Chapter 03

목적어 정복하기

Chapter 01에서 '목적어'란 동사가 나타내는 행동의 대상이 되는 말로, 우리말의 '~을/를'에 해당하는 것이라고 학습했지요? Chapter 03에서는 이 '목적어'에 대해 더 자세히 알아보도록 하겠습니다.

나는 **공포 영화를** 좋아한다.
(목적어: 공포 영화를)

나는 **공포 영화를 보는 것을** 좋아한다.
(목적어: 공포 영화를 보는 것을)

'공포 영화를'과 '공포 영화를 보는 것을' 모두 문장에서 목적어 역할을 하고 있지요?

영어에서도 아래와 같이, '공포 영화'처럼 짧고 간단한 단어는 물론 '공포 영화를 보는 것'처럼 여러 단어들이 함께 쓰여 길어진 형태가 목적어 자리에 올 수 있습니다.

명사	I like **horror movies**. 나는 **공포 영화를** 좋아한다.
동명사	I like **watching horror movies**. 나는 **공포 영화를 보는 것을** 좋아한다.
to 부정사	I like **to watch horror movies**. 나는 **공포 영화를 보는 것을** 좋아한다.
that ~	I think **that he likes horror movies**. 나는 **그가 공포 영화를 좋아한다고** 생각한다.

위와 같이 다양한 형태의 목적어들은 문장의 목적어인지 한눈에 파악하기 힘들어 해석하기 어려워 보일 수 있지만, 그 형태와 해석 방법에 대해 학습한다면 쉽게 해석할 수 있습니다.

그럼 **Chapter 03 목적어 정복하기** 학습을 시작해볼까요?

Unit 11 목적어 자리에 온 동명사 해석하기

She **enjoys** cooking.
주어 동사 목적어

그녀는 요리하는 것을 즐긴다.

- 동사원형 cook에 ing가 붙은 cooking이 목적어 자리에 오면 '요리하는 것을'이라고 해석합니다. 이처럼 **동명사**가 문장의 목적어 자리에 오면, '**~하는 것을 / ~하기를**'이라고 해석합니다.
- cooking for her family처럼 동명사 뒤에 여러 단어가 함께 쓰여 목적어가 길어질 수도 있습니다.

  She enjoys **cooking for her family**. 그녀는 **가족들을 위해 요리하는 것을** 즐긴다.
  (목적어)

동사에 먼저 동그라미 치고, 목적어에 밑줄을 그은 후, 문장을 우리말로 해석하세요.

01 Joe likes riding a bicycle. Joe는 자전거 타는 것을 좋아한다.

02 Do you love traveling abroad?

03 Some drivers hate waiting at red lights.

04 He started studying Spanish two years ago.

05 Natalie doesn't prefer eating breakfast.

06 Sean stopped playing soccer last month.

07 Lucy doesn't mind washing the dishes.

08 Miranda suggested going to the beach this Saturday.

09 Brandon eats so fast. He always finishes eating before others.

10 I don't enjoy listening to music with headphones. It hurts my ears.

Vocabulary

01 ride [raid] v. 타다
bicycle [báisikəl] n. 자전거

02 abroad [əbrɔ́:d] adv. 해외로

03 hate [heit] v. 싫어하다
wait [weit] v. 기다리다

04 start [stɑ:rt] v. 시작하다
study [stʌ́di] v. 공부하다

05 prefer [prifə́:r] v. 좋아하다
breakfast [brékfəst] n. 아침(밥)

07 mind [maind] v. 꺼리다
wash the dishes phr. 설거지하다

08 suggest [səgdʒést] v. 제안하다
beach [bi:tʃ] n. 해변

09 finish [fíniʃ] v. 끝내다

10 hurt [hə:rt] v. 아프게 하다

Unit 12 목적어 자리에 온 to 부정사 해석하기

Kevin wants to smoke.

주어 / 동사 / 목적어

Kevin은 담배 피우기를 원한다.

- 동사원형 smoke 앞에 to가 붙은 to smoke가 목적어 자리에 오면 '담배 피우기를'이라고 해석합니다. 이처럼 **to + 동사원형** 형태의 **to 부정사**가 문장의 목적어 자리에 오면, 동명사와 마찬가지로 '**~하는 것을 / ~하기를**'이라고 해석합니다.
- to smoke at the restaurant처럼 to 부정사 뒤에도 여러 단어가 함께 쓰여 목적어가 길어질 수 있습니다.

Kevin wants **to smoke at the restaurant**. Kevin은 **식당에서 담배 피우기를** 원한다.
(목적어)

동사에 먼저 동그라미 치고, 목적어에 밑줄을 그은 후, 문장을 우리말로 해석하세요.

01 Mark (wants) to meet Julia this afternoon.
Mark는 오늘 오후에 Julia를 만나기를 원한다.

02 The Smith family likes to live in the city.

03 Tom failed to notice Lisa's new hairstyle.

04 Jeff didn't choose to sit in the front row.

05 Mr. Stevens planned to clean the house with his son.

06 Did Robin promise to call you back?

07 Sally and Roger hope to move to a new house.

08 Surprisingly, Kate didn't refuse to answer any questions.

09 The students expect to get their grades next week.

10 Patricia decided to participate in the music festival.

Vocabulary

02 city [síti] n. 도시

03 fail [feil] v. ~하지 못하다
notice [nóutis] v. 알아채다

04 row [rou] n. (극장 등의 좌석) 줄

05 plan [plæn] v. 계획하다
son [sʌn] n. 아들

06 promise [prá:mis] v. 약속하다

08 surprisingly [sərpráiziŋli] adv. 놀랍게도

09 expect [ikspékt] v. 기대하다
grade [greid] n. 성적

10 participate in phr. 참가하다
festival [féstəvəl] n. 축제

Unit 13 목적어 자리에 온 that ~ 해석하기

They **think** that he talks too loudly.
주어 동사 목적어

그들은 그가 너무 시끄럽게 말한다고 생각한다.

- that he talks too loudly처럼 **that** ~이 목적어 자리에 오면 '**~라고, ~라는 것을**'이라고 해석합니다. that ~이 목적어 자리에 올 때는 that이 생략되는 경우도 많습니다.

They think **(that) he talks too loudly**. 그들은 **그가 너무 시끄럽게 말한다고** 생각한다.
목적어

The report shows **(that) the company lost money**. 그 보고서는 **회사가 돈을 잃었다는 것을** 보여준다.
목적어

동사에 먼저 동그라미 치고, 목적어에 밑줄을 그은 후, 문장을 우리말로 해석하세요.

01 Robert (forgot) that his job interview was today.
Robert는 그의 취업 면접이 오늘이었다는 것을 잊어버렸다.

02 Nobody knows that Susan has two daughters.

03 Some children believe Santa Claus is real.

04 George did not realize that his father was angry at him.

05 Kathy thinks her classmates are friendly.

06 The photos showed that everyone enjoyed the party.

07 Hospital rules ask that nurses wash their hands often.

08 Melissa regretted that she didn't listen to my advice.

09 Scientists found that animals feel happiness too.

10 I heard that Jason got a good score on the test. He studied really hard.

Vocabulary

01 forget [fərgét] v. 잊어버리다
job interview phr. 취업 면접

02 daughter [dɔ́:tər] n. 딸

03 real [rí:əl] adj. 진짜의

04 realize [rí:əlàiz] v. 알아차리다

05 classmate [klǽsmeit] n. 반 친구
friendly [fréndli] adj. 친절한

06 show [ʃou] v. 보여주다

07 rule [ru:l] n. 규정
ask [æsk] v. 요구하다

08 regret [rigrét] v. 후회하다
listen to phr. 귀 기울이다

09 find [faind] v. (연구 끝에) 알아내다

10 score [skɔ:r] n. 점수

Unit 14 목적어 자리에 온 가짜 목적어 it 해석하기

She found to use chopsticks hard. (X)
진짜 목적어 / 목적격 보어

She found it hard to use chopsticks.
가짜 목적어 / 진짜 목적어

그녀는 젓가락을 사용하는 것이 어렵다고 생각했다.

- to use chopsticks처럼 목적격 보어 앞의 목적어가 길 경우, 진짜 목적어는 문장 뒤로 보내고 목적어 자리에는 가짜 목적어 it이 옵니다. 이때, **가짜 목적어 it**은 '그것'이라고 해석하지 않고, 진짜 목적어를 목적어 자리에 넣어 해석합니다.
- 동명사, to 부정사, that ~과 같이 긴 목적어들이 가짜 목적어 it과 함께 쓰일 수 있습니다.

I consider **it** brave **moving to a foreign country**. 나는 **외국으로 이사하는 것이** 용감하다고 생각한다.

The teacher thought **it** strange **that Jen was absent**. 선생님은 **Jen이 결석한 것이** 이상하다고 생각했다.

동사에 먼저 동그라미 치고, 가짜 목적어 it이 대신하는 진짜 목적어에 밑줄을 그은 후, 문장을 우리말로 해석하세요.

01 Doctors consider it unhealthy to eat too much.
의사들은 과식하는 것이 건강에 해롭다고 생각한다.

02 Monica finds it lonely living alone.

03 Crystal thought it difficult to sit for a long time.

04 Taylor made it clear that he didn't like the plan.

05 Many people don't find it comfortable driving in the city.

06 Smartphones make it simple to share photos with others.

07 Most people don't find it easy to speak in public.

08 I find it strange that many people like black coffee.

09 Harriet considered it sweet that Ned visited her in the hospital.

10 Last night, a hurricane hit the city. It made it impossible to go outside.

Vocabulary

01 unhealthy [ʌnhélθi] adj. 건강에 해로운

02 lonely [lóunli] adj. 외로운
alone [əlóun] adv. 혼자

03 difficult [dífikəlt] adj. 어려운

04 clear [klir] adj. 분명한

05 comfortable [kʌ́mfərtəbəl] adj. 편한

06 simple [símpəl] adj. 간단한
share [ʃεər] v. 공유하다

07 in public phr. 대중 앞에서

08 strange [streindʒ] adj. 이상한

09 sweet [swi:t] adj. 다정한

10 hit [hit] v. (폭풍 등이) 덮치다
impossible [impɑ́:səbəl] adj. 불가능한

HACKERS TEST

01 밑줄 친 부분에 유의하여 문장 (A), (B)를 해석하세요.

> **(A) Last year, I wanted to take boxing classes, but my parents said no.** They believed that it was not a sport for girls. **(B) But I started practicing alone in my room.** One day, my father saw me. He knew that I was serious. So he finally took me to a gym. Taking boxing lessons made me so happy.

(A) 작년에, 나는 ________________ 원했지만, 나의 부모님은 안 된다고 말했다.

(B) 하지만 나는 내 방에서 ________________ 시작했다.

Vocabulary

take a class phr. 수업을 받다
boxing [bɑ́:ksiŋ] n. 권투
parent [pɛ́ərənt] n. 부모(님)
believe [bilí:v] v. 생각하다
practice [prǽktis] v. 연습하다
serious [síriəs] adj. 진지한
gym [dʒim] n. 체육관

02 밑줄 친 부분에 유의하여 문장 (A), (B)를 해석하세요.

> People around the world have different New Year's traditions. **(A) In Spain, people consider it lucky to eat grapes on New Year's Day.** On December 31, many people go to the town square. And everyone eats 12 grapes at 12:00 a.m. The 12 grapes mean the 12 months of the year. **(B) Spanish people believe the tradition brings fortune for the year.**

(A) ____.

(B) ____.

different [dífərent] adj. 서로 다른
New Year phr. 새해
tradition [trədíʃən] n. 전통
consider [kənsídər] v. 여기다
lucky [lʌ́ki] adj. 행운을 가져오는
town [taun] n. 마을
square [skwɛər] n. 광장
fortune [fɔ́:rtʃən] n. 운

Voca Quiz 아래 빈칸에 알맞은 뜻을 쓰세요.

1. parent ________________
2. practice ________________
3. serious ________________
4. different ________________
5. tradition ________________
6. fortune ________________

[03~04] 다음 지문을 읽고 질문에 답하세요.

(A) Many animals find it hard to live in cold weather. So they have their own clever solutions. For example, some birds move to warm southern areas. Then they fly back in the spring. **(B) Bears choose to sleep for almost eight months.** They eat a lot of food in the summer and become very fat. Their fat keeps them alive during the winter. In the spring, they wake up and start finding food again.

03 밑줄 친 부분에 유의하여 문장 (A), (B)를 해석하세요.

(A) ______________________________.

(B) ______________________________.

04 지문의 내용과 일치하도록 주어진 단어를 빈칸에 넣어 문장을 완성하세요.

ⓐ start ⓑ move ⓒ sleep ⓓ eat

(A) In the winter, birds decide to ____________ to a warm place.

(B) Bears choose to ____________ a lot of food to survive the winter.

정답·해석·해설 p.16

Vocabulary

hard [hɑːrd] adj. 힘든
weather [wéðər] n. 날씨
clever [klévər] adj. 영리한
solution [səlúːʃən] n. 해결책
move [muːv] v. 이동하다
southern [sʌ́ðərn] adj. 남쪽의
area [ɛ́əriə] n. 지역
sleep [sliːp] v. 자다
eat [iːt] v. 먹다
fat [fæt] adj. 뚱뚱한; n. 지방
alive [əláiv] adj. 살아있는
during [dúriŋ] prep. ~동안
wake up phr. 일어나다
find [faind] v. 찾다

Voca Quiz 아래 빈칸에 알맞은 뜻을 쓰세요.

1. hard ____________
2. clever ____________
3. southern ____________
4. area ____________
5. fat ____________
6. during ____________

Chapter 04

주격 보어 정복하기

Chapter 01에서 주어나 목적어를 보충 설명해주는 '보어'에 대해 학습했지요? Chapter 04에서는 주어를 보충 설명해주는 '주격 보어'에 대해 더 자세히 알아보도록 하겠습니다.

> 우리 형은 **학생**(보어)이다.
>
> 우리 형의 꿈은 **가수가 되는 것**(보어)이다.

위 문장에서 '학생'은 주어인 '우리 형'이 무엇(누구)인지 보충 설명해주고 있고, '가수가 되는 것'은 주어인 '우리 형의 꿈'이 무엇인지 보충 설명해주고 있지요?

영어에서도 아래와 같이, 주어를 보충 설명해주기 위해 다양한 형태의 주격 보어가 쓰일 수 있습니다.

명사	He is **a student**. 그는 **학생**이다.
to 부정사	His dream is **to be a singer**. 그의 꿈은 **가수가 되는 것**이다.
형용사	He is **tall**. 그는 **키가 크**다.

위와 같이 주어를 보충 설명해주는 다양한 보어들의 형태와 의미를 잘 알아두면, 문장에 나왔을 때 쉽게 해석할 수 있습니다.

그럼 **Chapter 04 주격 보어 정복하기** 학습을 시작해볼까요?

Unit 15 주격 보어 자리에 온 명사 해석하기

Mike is a dentist.
주어 / 동사 / 주격 보어

Mike는 치과의사이다.

- 위 문장의 a dentist처럼, 주격 보어 자리에는 **명사**가 와서 주어가 무엇(누구)인지 보충하여 설명해줄 수 있습니다.

Sandy became **a reporter**. Sandy는 **기자**가 되었다.
(a reporter: 주격 보어)

Writing poems is **her job**. 시를 쓰는 것이 **그녀의 일**이다.
(her job: 주격 보어)

동사에 먼저 동그라미 치고, 주격 보어에 밑줄을 그은 후, 문장을 우리말로 해석하세요.

01 Van Gogh (was) a talented artist. 반 고흐는 재능 있는 화가였다.

02 Bruno's favorite music is jazz.

03 The cheetah is a very fast land animal.

04 Mario became a fire fighter two years ago.

05 Rice remains an important food all over the world.

06 For a campfire, this is not the perfect place.

07 Rose's strength is her sense of humor.

08 Skipping meals is not a good idea.

09 Making cupcakes appeared a simple task.

10 The author's novel became a national bestseller. Now, her book is everywhere.

Vocabulary

01 talented [tǽləntid] adj. 재능 있는
artist [ɑ:rtist] n. 화가

02 favorite [féivərit] adj. 가장 좋아하는

03 cheetah [tʃí:tə] n. 치타
land animal phr. 육지 동물

04 fire fighter phr. 소방관

05 remain [riméin] v. 여전히 ~이다

06 perfect [pə́:rfikt] adj. 완벽한

07 strength [streŋθ] n. 장점
sense of humor phr. 유머 감각

08 skip [skip] v. 거르다
meal [mi:l] n. 식사

09 appear [əpír] v. ~처럼 보이다
task [tæsk] n. 일

10 author [ɔ́:θər] n. 작가
novel [nɑ́:vəl] n. 소설
national [nǽʃənəl] adj. 전국적인

Unit 16 주격 보어 자리에 온 동명사, to 부정사 해석하기

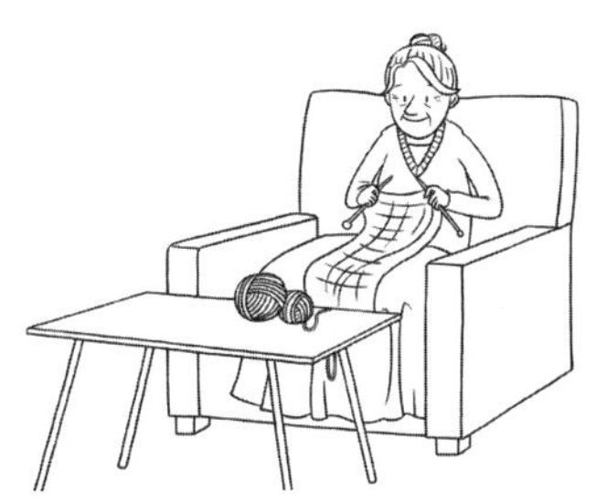

Ariana's hobby is knitting.
(Ariana's hobby: 주어 / is: 동사 / knitting: 주격 보어)

Ariana의 취미는 뜨개질하는 것이다.

- 위 문장의 knitting처럼, 주격 보어 자리에는 동명사가 올 수 있습니다. 이때 **동명사**는 '**~하는 것 / ~하기**'라고 해석합니다.
- 주격 보어 자리에는 to 부정사도 올 수 있습니다. 이때 **to 부정사**도 동명사와 마찬가지로 '**~하는 것 / ~하기**'라고 해석합니다.

Ariana's hobby is **to knit**. Ariana의 취미는 **뜨개질하는** 것이다.
(to knit: 주격 보어)

동사에 먼저 동그라미 치고, 주격 보어에 밑줄을 그은 후, 문장을 우리말로 해석하세요.

01 Ken's plan (is) to travel on foot. Ken의 계획은 도보로 여행하는 것이다.

02 The teacher's role is to inspire her students.

03 The last job on the list was doing the laundry.

04 Sandy trained hard. Her goal was to win the race.

05 Charlie's dream is to visit Rome with his family.

06 A big fear of many students is failing the test.

07 Irene's aim this year is to improve her math grade.

08 The store policy is not to give refunds.

09 The key in business is attracting the right customers.

10 I often have a stomachache. The doctor's advice was to drink warm water.

Vocabulary

01 on foot phr. 도보로

02 role [roul] n. 역할
inspire [inspáiər] v. 격려하다

03 last [læst] adj. 마지막의
do the laundry phr. 빨래를 하다

04 train [trein] v. 훈련하다

05 visit [vízit] v. 방문하다

06 fear [fir] n. 두려움
fail [feil] v. 낙제하다

07 aim [eim] n. 목표
improve [imprú:v] v. 향상시키다

08 policy [pá:ləsi] n. 방침
give a refund phr. 환불하다

09 attract [ətrǽkt] v. 끌어모으다
customer [kʌ́stəmər] n. 고객

10 stomachache [stʌ́məkèik] n. 복통

Unit 17 주격 보어 자리에 온 that ~ 해석하기

The problem is that she forgot the lyrics.
주어 동사 주격 보어

문제는 그녀가 가사를 잊어버렸다는 것이다.

- 위 문장의 that she forgot the lyrics처럼, 주격 보어 자리에는 that ~이 올 수 있습니다. 이때 **that** ~은 '**~라는 것**'이라고 해석합니다.

The bad news is **that my camera is broken**. 나쁜 소식은 **내 카메라가 고장 났다는 것**이다.
주격 보어

Marie's belief is **that money isn't happiness**. Marie의 믿음은 **돈은 행복이 아니라는 것**이다.
주격 보어

동사에 먼저 동그라미 치고, 주격 보어에 밑줄을 그은 후, 문장을 우리말로 해석하세요.

01 Our wish (is) that the rain stops soon. 우리의 바람은 비가 곧 그치는 것이다.

02 My opinion is that everyone needs a miracle in their lives.

03 The sad news was that Mary left the company.

04 The truth is that Alex didn't do his homework.

05 Wendy's secret is that she has a twin sister.

06 The important thing is that you did your best.

07 Sarah's big worry is that her car breaks down often.

08 The team's concern was that they needed more practice.

09 Jessica's point was that her laptop needed some extra repairs.

10 Glen lives with a roommate. The problem is that his roommate doesn't clean the apartment.

Vocabulary

01 wish [wiʃ] n. 바람

02 opinion [əpínjən] n. 의견
miracle [mírəkəl] n. 기적

03 leave [li:v] v. 떠나다

04 truth [tru:θ] n. 진실

05 secret [sí:krit] n. 비밀
twin [twin] n. 쌍둥이

06 do one's best phr. 최선을 다하다

07 break down phr. 고장 나다

08 concern [kənsə́:rn] n. 걱정, 우려
practice [prǽktis] n. 연습

09 extra [ékstrə] adj. 추가의
repair [ripɛ́ər] n. 수리

10 roommate [rú:mmèit] n. 룸메이트
apartment [əpá:rtmənt] n. 아파트

Unit 18 주격 보어 자리에 온 형용사 해석하기

The kids **look** happy.
주어 / 동사 / 주격 보어

아이들은 행복해 보인다.

They **look** excited.
주어 / 동사 / 주격 보어

그들은 신이 나 보인다.

- 위 문장의 happy와 excited처럼, 주격 보어 자리에는 **형용사** 또는 형용사 역할을 하는 **동사원형 + (e)d** 형태의 **과거분사**나 **동사원형 + ing** 형태의 **현재분사**가 와서 주어의 성질이나 상태를 보충하여 설명해줄 수 있습니다.
- 형용사나 분사 주격 보어가 아래 동사들과 함께 쓰이면 어떤 의미가 되는지 알아두면 문장에 나왔을 때 쉽게 해석할 수 있습니다.

become/get/turn ~하게 되다, ~해지다	look ~해 보이다	feel ~한 느낌이 들다
smell ~한 냄새가 나다	sound ~하게 들리다	taste ~한 맛이 나다

동사에 먼저 동그라미 치고, 주격 보어에 밑줄을 그은 후, 문장을 우리말로 해석하세요.

01 Jim's vacation plans (sound) <u>fun</u>. Jim의 휴가 계획은 재미있게 들린다.

02 The students looked bored in history class.

03 Barbara suddenly felt sad for no reason.

04 The food at the new restaurant tasted terrible.

05 Anne became tired after the marathon.

06 The flower smells good.

07 During the rainy season, the sky is usually grey.

08 Norbert called me last night. His voice sounded strange.

09 The oven didn't get hot enough. We needed to wait.

10 Angela's face turned red after just one drink.

Vocabulary

01 vacation [veikéiʃən] n. 휴가

02 bored [bɔːrd] adj. 지루한

03 suddenly [sʌ́dnli] adv. 갑자기
reason [ríːzən] n. 이유

04 terrible [térəbəl] adj. 끔찍한

05 marathon [mǽrəθɑːn] n. 마라톤

07 usually [júːʒuəli] adv. 보통
grey [grei] adj. 흐린

08 strange [streindʒ] adj. 이상한

09 enough [inʌ́f] adv. 충분히

HACKERS TEST

01 밑줄 친 부분에 유의하여 문장 (A), (B)를 해석하세요.

> **(A) It is soft and sticky.** It is yellow in color. It is inside our ears. What is it? It's earwax! Some people think that earwax is dirty, so they try to remove it. **(B) However, the truth is that earwax is very useful.** It catches dirt and keeps our ears clean. It also fights bacteria and protects our ears. So earwax is important for our health.

(A) 그것은 ______________________________다.

(B) 하지만, 진실은 __________________________이다.

Vocabulary

sticky [stíki] adj. 끈적끈적한
inside [ìnsáid] prep. ~ 안에
earwax [írwæks] n. 귀지
dirty [də́:rti] adj. 더러운
remove [rimú:v] v. 없애다, 제거하다
truth [tru:θ] n. 진실, 사실
useful [jú:sfəl] adj. 유용한
catch [kætʃ] v. 잡다
dirt [də:rt] n. 먼지
bacteria [bæktíriə] n. 세균
protect [prətékt] v. 보호하다

02 밑줄 친 부분에 유의하여 문장 (A), (B)를 해석하세요.

> Before the Middle Ages, many Europeans liked cats. But then they changed. **(A) Their new belief was that cats were evil.** So people even tried killing cats. They threw the animals from high places. **(B) Amazingly, the cats survived and were totally fine.** After that, people started to believe that cats had a unique power, and they had nine lives.

(A) ____.

(B) ____.

belief [bilí:f] n. 믿음
evil [í:vəl] adj. 사악한
throw [θrou] v. 던지다
place [pleis] n. 곳, 장소
amazingly [əméiziŋli] adv. 놀랍게도
survive [sərváiv] v. 살아남다
totally [tóutəli] adv. 완전히
fine [fain] adj. 괜찮은
unique [ju:ní:k] adj. 특별한, 독특한
power [páuər] n. 힘
life [laif] n. 목숨, 생명

Voca Quiz 아래 빈칸에 알맞은 뜻을 쓰세요.

1. sticky	____________	4. evil	____________
2. remove	____________	5. place	____________
3. useful	____________	6. unique	____________

[03~04] 다음 지문을 읽고 질문에 답하세요.

Rick Allen's story is amazing. **(A) He is a drummer in a famous band.** One day, he had a car accident. He lost his left arm and his career seemed over. However, he never gave up. He learned to play the drums with one hand. He also created a new drumming style. His band made a new album, and it was a big hit. This moved many people. **(B) "My wish is to give hope to people," says Allen.**

03 밑줄 친 부분에 유의하여 문장 (A), (B)를 해석하세요.

(A) ____.

(B) ____.

04 지문의 내용과 일치하도록 주어진 단어를 빈칸에 넣어 문장을 완성하세요.

ⓐ created	ⓑ seemed	ⓒ moved	ⓓ lost

(A) Drummer Rick Allen ______________ his arm in a car accident.

(B) He didn't give up and ______________ a new drumming style.

정답·해석·해설 p.21

Vocabulary

amazing [əméiziŋ] adj. 놀라운
drummer [drʌ́mər] n. 드럼 연주자
famous [féiməs] adj. 유명한
accident [ǽksidənt] n. (불의의) 사고
career [kərír] n. 경력
seem [siːm] v. ~것처럼 보이다
over [óuvər] adj. 끝난
give up phr. 포기하다
create [kriéit] v. 만들어 내다
big hit phr. 큰 성공
move [muːv] v. 감동시키다
wish [wiʃ] n. 소망, 소원
hope [houp] n. 희망

Voca Quiz 아래 빈칸에 알맞은 뜻을 쓰세요.

1. amazing	______________	4. over	______________
2. famous	______________	5. create	______________
3. career	______________	6. move	______________

본 교재 동영상강의

해커스인강 HackersIngang.com
해커스공무원 gosi.Hackers.com
해커스편입 HackersUT.com

Chapter 05

목적격 보어 정복하기

Chapter 04에서 주어를 보충 설명해주는 '주격 보어'에 대해 학습했지요? Chapter 05에서는 목적어를 보충 설명해주는 '목적격 보어'에 대해 더 자세히 알아보도록 하겠습니다.

그 노래는 **그녀를**(목적어) **스타**(목적격 보어)로 만들었다.

그 노래는 **그녀를**(목적어) **행복하**(목적격 보어)게 만들었다.

위 문장에서 '스타'는 목적어인 '그녀'가 무엇(누구)인지 보충 설명해주고 있고, '행복한'은 목적어인 '그녀'가 어떤 상태인지 보충 설명해주고 있지요?

영어에서도 아래와 같이, 목적어를 보충 설명해주기 위해 다양한 형태의 목적격 보어가 쓰일 수 있습니다.

명사	The song made her **a star**. 그 노래는 그녀를 **스타**로 만들었다.
형용사	The song made her **happy**. 그 노래는 그녀를 **행복하**게 만들었다.
to 부정사	She wanted me **to sing**. 그녀는 내가 **노래하기를** 원했다.
동사원형	She made me **sing**. 그녀는 나를 **노래하**게 만들었다.

위와 같이 목적어를 보충 설명해주는 다양한 보어들의 형태와 의미를 잘 알아두면, 문장에 나왔을 때 문장 구조를 잘 파악하여 쉽게 해석할 수 있습니다.

그럼 **Chapter 05 목적격 보어 정복하기** 학습을 시작해볼까요?

Unit 19 목적격 보어 자리에 온 명사 해석하기

Jessica called the dog Molly.
(the dog: 목적어 / Molly: 목적격 보어)

Jessica는 그 개를 Molly라고 불렀다.

- 위 문장의 Molly처럼, 목적격 보어 자리에는 **명사**가 올 수 있습니다.
- 목적격 보어 자리에 명사가 오면, 목적어와 목적격 보어가 '**목적어 = 목적격 보어**'와 같은 관계를 가지는 것을 알아두면 해석하는 데 도움이 됩니다.

Many people thought him **a liar**. 많은 사람들이 그를 **거짓말쟁이**라고 생각했다. (그 = 거짓말쟁이)
(him: 목적어 / a liar: 목적격 보어)

동사에 먼저 동그라미 치고, 목적어와 목적격 보어에 밑줄을 그은 후, 문장을 우리말로 해석하세요.

01 The parents (named) their baby Martin.
그 부모는 그들의 아기를 Martin이라고 이름 지었다.

02 Some chefs believe the tomato a vegetable.

03 Did Paul keep his plan a secret from his family?

04 The company appointed Mia the team leader.

05 Rita's difficult life made her a strong person.

06 My aunt calls Michael Jackson a great singer.

07 The club members elected Mr. Smith their president.

08 For an old laptop, Suzy didn't find $1,800 a reasonable price.

09 Maria didn't think the news a joke. She took it seriously.

10 European leaders considered Napoleon a danger. They sent him to Elba Island.

Vocabulary

01 name [neim] v. ~라고 이름 짓다

02 chef [ʃef] n. 요리사
vegetable [védʒtəbəl] n. 채소

03 plan [plæn] n. 계획

04 appoint [əpɔ́int] v. ~으로 임명하다

05 difficult [dífikəlt] adj. 힘든

06 aunt [ænt] n. 이모, 고모

07 elect [ilékt] v. ~으로 선출하다
president [prézidənt] n. 회장

08 laptop [lǽptɑːp] n. 노트북
reasonable [ríːzənəbəl] adj. 합리적인

09 joke [dʒouk] n. 농담

10 consider [kənsídər] v. ~라고 생각하다
danger [déindʒər] n. 위험한 사람

목적격 보어 자리에 온 형용사 해석하기

The snow made the boys happy.
(the boys: 목적어 / happy: 목적격 보어)

눈은 소년들을 행복하게 만들었다.

- 위 문장의 happy처럼, 목적격 보어 자리에는 **형용사**가 올 수 있습니다.
- 목적격 보어 자리에 형용사가 오면, 목적격 보어가 목적어의 상태 등을 보충 설명하여 '**목적어가 목적격 보어하다**'와 같은 관계를 가지는 것을 알아두면 해석하는 데 도움이 됩니다.

They found the car **expensive**. 그들은 그 차가 **비싸**다고 생각했다. (그 차가 비싸다)
(the car: 목적어 / expensive: 목적격 보어)

동사에 먼저 동그라미 치고, 목적어와 목적격 보어에 밑줄을 그은 후, 문장을 우리말로 해석하세요.

01 Connor (painted) the walls white. Connor는 벽을 흰색으로 칠했다.

02 Salty food makes you thirsty.

03 Kate considers her work important.

04 The air conditioner keeps the room cool.

05 Jess didn't find her English teacher kind.

06 Sabrina thought the prices at the restaurant expensive.

07 The mud made the kid's boots dirty.

08 Logan had a math exam yesterday. He didn't think it easy.

09 Be careful. Too much sunlight turns your skin red.

10 I heard that you got career counseling. Did you find the advice helpful?

Vocabulary

01 wall [wɔːl] n. 벽

02 thirsty [θə́ːrsti] adj. 갈증 나는

04 air conditioner phr. 에어컨
cool [kuːl] adj. 시원한

05 find [faind] v. ~라고 생각하다
kind [kaind] adj. 친절한

06 expensive [ikspénsiv] adj. 비싼

07 mud [mʌd] n. 진흙

08 math [mæθ] n. 수학
exam [igzǽm] n. 시험

09 sunlight [sʌ́nlait] n. 햇빛
skin [skin] n. 피부

10 career counseling phr. 직업 상담
advice [ædváis] n. 조언
helpful [hélpfəl] adj. 도움이 되는

Unit 21 목적격 보어 자리에 온 to 부정사 해석하기

Emily wanted him to draw her.

him: 목적어 / to draw her: 목적격 보어

Emily는 그가 그녀를 그려주기를 원했다.

- 위 문장의 to draw her처럼, 목적격 보어 자리에는 to 부정사가 올 수 있습니다. **to 부정사**가 목적격 보어 자리에 오면, '**(목적어)가 ~하기를 / ~하는 것을**'이라고 해석합니다.
- 목적격 보어로 to 부정사를 갖는 아래 동사들을 참고하여 알아두면 문장에 나왔을 때 쉽게 해석할 수 있습니다.

want -가 ~하기를 원하다	advise -가 ~하기를 충고하다	ask -가 ~하기를 요청하다
expect -가 ~하기를 기대하다	require -가 ~하기를 요구하다	force -가 ~하기를 강요하다
allow -가 ~하는 것을 허락하다	help -가 ~하는 것을 돕다	

동사에 먼저 동그라미 치고, 목적어와 목적격 보어에 밑줄을 그은 후, 문장을 우리말로 해석하세요.

01 We expected the rain to stop soon. 우리는 비가 곧 그치기를 기대했다.

02 Did Nell's parents force him to study hard?

03 Coaches require their players to practice every day.

04 Watching French movies helped Judy to learn French.

05 Suzanne didn't want John to take her to the station.

06 Dylan asked his brother to bring an umbrella.

07 Mrs. Reed doesn't allow her daughter to play outside at night.

08 The restaurant requires guests to dress formally.

09 Rachel was sick. Her friend advised her to go to the hospital.

10 That store doesn't accept cards. It asks customers to pay with cash.

Vocabulary

03 coach [koutʃ] n. 코치

04 learn [ləːrn] v. 배우다

05 take [teik] v. (사람을) 데려다주다
station [stéiʃən] n. 역

07 outside [àutsáid] adv. 밖에서

08 dress formally phr. 정장을 입다

10 accept [æksépt] v. (신용 카드를) 받아 주다
cash [kæʃ] n. 현금

Unit 22 목적격 보어 자리에 온 동사원형 해석하기

The girl made the dogs sit down.

(the dogs: 목적어 / sit down: 목적격 보어)

소녀는 개들이 앉게 했다.

- 위 문장의 sit down처럼, 목적격 보어 자리에는 동사원형도 올 수 있습니다. **동사원형**이 목적격 보어 자리에 오면, '**(목적어)가 ~하게/~하는 것을**'이라고 해석합니다.
- 목적격 보어로 동사원형을 갖는 아래 동사들을 참고하여 알아두면 문장에 나왔을 때 쉽게 해석할 수 있습니다. 주로 '시키다'라는 의미나 감각과 관련된 의미의 동사들이 동사원형을 목적격 보어로 갖습니다.

make/have/let -가 ~하게 하다	see/watch -가 ~하는 것을 보다
hear/listen to -가 ~하는 것을 듣다	feel -가 ~하는 것을 느끼다

☐ 동사에 먼저 동그라미 치고, 목적어와 목적격 보어에 밑줄을 그은 후, 문장을 우리말로 해석하세요.

01 I had the driver take me home. 나는 그 기사가 나를 집에 데려다주게 했다.

02 We felt the wind blow softly.

03 Julia heard the phone ring loudly.

04 Sebastian watched the barista make his coffee.

05 Angela didn't see her puppy eat the cookies.

06 Global warming makes many animals' habitats disappear.

07 Sally listened to the birds sing in the trees.

08 His parents only let him play video games on the weekend.

09 My science teacher doesn't have students do presentations during class.

10 Evelyn's sister has a job interview this Friday. Evelyn let her sister borrow her business suit.

Vocabulary

02 blow [blou] v. 불다

03 ring [riŋ] v. 울리다

04 barista [bəríːstə] n. 바리스타

05 puppy [pʌ́pi] n. 강아지

06 global warming phr. 지구 온난화
habitat [hǽbitæt] n. 서식지

08 weekend [wíːkend] n. 주말

09 presentation [prìːzəntéiʃən] n. 발표

10 job interview phr. 취업 면접
business suit phr. 정장

Unit 23 목적격 보어 자리에 온 현재분사 해석하기

He saw the birds flying.
목적어 / 목적격 보어

그는 새들이 날고 있는 것을 보았다.

- 위 문장의 flying처럼, 목적격 보어 자리에는 현재분사도 올 수 있습니다. **현재분사**가 목적격 보어 자리에 오면, 어떤 동작이 진행 중이라는 의미를 담아 '**(목적어)가 ~하고 있는 것을/~하는 것을**'이라고 해석합니다.
- 목적격 보어로 현재분사를 갖는 아래 동사들을 참고하여 알아두면 문장에 나왔을 때 쉽게 해석할 수 있습니다. 주로 앞에서 배운 감각과 관련된 의미의 동사들이 현재분사를 목적격 보어로 가질 수 있습니다.

see/watch -가 ~하는 것을 보다	hear/listen to -가 ~하는 것을 듣다	feel -가 ~하는 것을 느끼다

☐ 동사에 먼저 동그라미 치고, 목적어와 목적격 보어에 밑줄을 그은 후, 문장을 우리말로 해석하세요.

01 Jake (heard) Aria singing beautifully. Jake는 Aria가 아름답게 노래하는 것을 들었다.

02 Tiffany watched her son sleeping in his bed.

03 Last night, we heard the neighbors talking loudly.

04 We listened to the speaker telling a story.

05 The passengers watched the train coming.

06 Betty didn't hear her cell phone ringing in her pocket.

07 The guard saw a stranger entering the building.

08 Alice had a presentation soon. She felt her heart beating fast.

09 Tom saw the subway doors closing. He stopped running.

10 The students listened to the professor talking about the country's history.

Vocabulary

01 beautifully [bjú:tifəli] adv. 아름답게

03 neighbor [néibər] n. 이웃
loudly [láudli] adv. 시끄럽게

05 passenger [pǽsəndʒər] n. 승객

06 cell phone phr. 휴대폰
pocket [pá:kit] n. 주머니

07 guard [gɑ:rd] n. 경비원
stranger [stréindʒər] n. 낯선 사람

08 presentation [prì:zəntéiʃən] n. 발표
beat [bi:t] v. 뛰다

09 subway [sʌ́bwèi] n. 지하철

10 professor [prəfésər] n. 교수
history [hístəri] n. 역사

Unit 24 목적격 보어 자리에 온 과거분사 해석하기

Her father had the package delivered.
(the package: 목적어 / delivered: 목적격 보어)

그녀의 아버지는 소포가 배달되게 했다.

- 위 문장의 delivered처럼, 목적격 보어 자리에는 과거분사도 올 수 있습니다. **과거분사**가 목적격 보어 자리에 오면, 어떤 동작을 당하게 되었다는 의미를 담아 '**(목적어)가 ~되게 / ~해지게, ~되는 것을**'이라고 해석합니다.

I got my computer **fixed**. 나는 내 컴퓨터가 **수리되게** 했다.
(my computer: 목적어 / fixed: 목적격 보어)

Liz had her wound **treated**. Liz는 그녀의 상처가 **치료되게** 했다.
(her wound: 목적어 / treated: 목적격 보어)

동사에 먼저 동그라미 치고, 목적어와 목적격 보어에 밑줄을 그은 후, 문장을 우리말로 해석하세요.

01 He found his bike broken. 그는 그의 자전거가 고장 난 것을 발견했다.

02 Victoria had her hair permed.

03 Owen got his wisdom tooth removed.

04 After the storm, they had the roof repaired.

05 The waiter kept their water glasses filled.

06 We heard our names called through a speaker.

07 Olivia did not want her fish fried in oil.

08 For Christmas, they had their house decorated.

09 Ethan found the city changed a lot after 10 years.

10 My car didn't work. I got it checked at the service center.

Vocabulary

01 break [breik] v. 고장 나다
02 perm [pəːrm] v. 파마하다
03 wisdom tooth phr. 사랑니
remove [rimúːv] v. 제거하다
04 roof [ruːf] n. 지붕
repair [ripέər] v. 수리하다
05 fill [fil] v. 채우다
06 through [θruː] prep. ~을 통해
07 fry [frai] v. 튀기다
08 decorate [dékərèit] v. 장식하다
09 change [tʃeindʒ] v. 변하다
10 work [wəːrk] v. 작동하다
service center phr. 정비소

HACKERS TEST

01 밑줄 친 부분에 유의하여 문장 (A), (B)를 해석하세요.

> Every year, one person uses about 200 plastic shopping bags. Then they throw them away. **(A) This fact made <u>many people nervous</u>.** They found plastic bags harmful to the environment. **(B) In some countries, governments had <u>the laws changed</u>.** Plastic bags were free, but new laws required people to buy them. This made shoppers bring their own shopping bags from home.

(A) 이 사실은 ________________하게 했다.

(B) 몇몇 나라에서, 정부는 ________________ 했다.

Vocabulary

about [əbáut] adv. 약, 대략
throw away phr. 버리다
fact [fækt] n. 사실
nervous [nə́:rvəs] adj. 불안한
plastic bag phr. 비닐봉지
harmful [há:rmfəl] adj. 해로운
environment [inváirənmənt] n. 환경
government [gʌ́vərnmənt] n. 정부
free [fri:] adj. 무료의
shopper [ʃá:pər] n. 쇼핑객

02 밑줄 친 부분에 유의하여 문장 (A), (B)를 해석하세요.

> Basil pesto is a famous Italian pasta sauce. **(A) Its simple recipe and rich taste made <u>it become</u> popular all over the world.** The home of basil pesto is Genoa, Italy. People in this region crushed basil, garlic, and nuts with a stone tool. 'Pesto' means 'crush'. So they called the sauce pesto. Italians say this traditional method is the best. **(B) It helps <u>the flavors to mix</u> properly.**

(A) ____.

(B) ____.

basil [béizel] n. 바질(허브의 일종)
pesto [péstou] n. 페스토(이탈리아 음식 소스의 하나)
recipe [résəpi] n. 요리법
rich [ritʃ] adj. 진한, 풍부한
taste [teist] n. 맛
popular [pá:pjələr] adj. 인기 있는
Genoa [dʒénouə] n. 제노바
region [rí:dʒən] n. 지역
crush [krʌʃ] v. 으깨다
garlic [gá:rlik] n. 마늘
nut [nʌt] n. 견과
traditional [trədíʃənəl] adj. 전통적인
method [méθəd] n. 방법
flavor [fléivər] n. 맛
properly [prá:pərli] adv. 적절히

Voca Quiz 아래 빈칸에 알맞은 뜻을 쓰세요.

1. throw away	________	4. recipe	________
2. nervous	________	5. taste	________
3. environment	________	6. traditional	________

[03~04] 다음 지문을 읽고 질문에 답하세요.

Classic mystery novels have a general pattern. Someone does a bad thing and runs away. **(A) We call that person the villain.** The story also has a detective. The detective solves the crime and becomes a hero. However, this pattern feels boring to some people. So, writers of mysteries try to make the story interesting. Sometimes, they give the detective an unusual personality. Sherlock Holmes is one example. **(B) Readers find these characters attractive, and it keeps people reading.**

03 밑줄 친 부분에 유의하여 문장 (A), (B)를 해석하세요.

(A) ____.

(B) ____.

04 지문의 내용과 일치하도록 주어진 단어를 빈칸에 넣어 문장을 완성하세요.

ⓐ detective	ⓑ personality	ⓒ reader	ⓓ example

(A) In classic mysteries, the ______________ solves the problem.

(B) A detective sometimes has a unique ______________ in a mystery.

정답·해석·해설 p.27

Vocabulary

classic [klǽsik] adj. 전형적인
mystery novel phr. 추리 소설
general [dʒénərəl] adj. 일반적인
pattern [pǽtərn] n. 패턴, 양상
villain [vílən] n. 악당
detective [ditéktiv] n. 탐정
crime [kraim] n. 범죄
unusual [ʌnjúːʒuəl] adj. 독특한, 특이한
personality [pə̀ːrsənǽləti] n. 성격
example [igzǽmpəl] n. 예
reader [ríːdər] n. 독자
character [kǽrəktər] n. 등장인물
attractive [ətrǽktiv] adj. 매력적인

Voca Quiz 아래 빈칸에 알맞은 뜻을 쓰세요.

1. classic ______________
2. general ______________
3. villain ______________
4. crime ______________
5. personality ______________
6. attractive ______________

본 교재 동영상강의

해커스인강 HackersIngang.com
해커스공무원 gosi.Hackers.com
해커스편입 HackersUT.com

Chapter 06

동사의 시제 정복하기

Chapter 01에서 모든 영어 문장에는 동사가 꼭 포함된다는 것을 학습했지요? 동사는 문장에서 표현하려는 일이 언제 일어났는지에 따라 형태가 달라집니다. Chapter 06에서는 동사가 표현하는 시제에 따라 어떤 형태를 갖는지, '동사의 시제'에 대해 알아보도록 하겠습니다.

수지는 서울에 **산다**.
수지는 서울에 **살았다**.
수지는 서울에 **살 것이다**.

우리말의 동사 '살다'가 '산다', '살았다', '살 것이다'와 같이 형태를 바꾸어가며 언제 일어나는 일인지 표현하고 있지요?

영어에서도 아래와 같이, 표현하려는 일이 언제 일어나는지에 따라 동사의 형태가 달라집니다.

현재 시제	I **live** in Seoul. 나는 서울에 **산다**.
과거 시제	I **lived** in Seoul. 나는 서울에 **살았다**.
미래 시제	I **will live** in Seoul. 나는 서울에 **살 것이다**.

위와 같이 기본적인 현재, 과거, 미래 시제와 더불어, 영어 문장에 자주 등장하는 진행 시제나 완료 시제의 형태와 의미까지 잘 알아두면 다양한 시제의 문장을 쉽게 해석할 수 있습니다.

그럼 **Chapter 06 동사의 시제 정복하기** 학습을 시작해볼까요?

현재 시제와 현재진행 시제 해석하기

Nick plays football every morning.

Nick은 매일 아침 축구를 한다.

Nick is playing football now.

Nick은 지금 축구를 하고 있다.

- 위 문장의 plays처럼, **동사원형** 또는 **동사원형+(e)s** 형태의 **현재 시제**는 '**~한다**'라고 해석합니다.
- 위 문장의 is playing처럼, **am/is/are+동사원형+ing** 형태의 **현재진행 시제**는 '**~하고 있다, ~하는 중이다**'라고 해석합니다.
- **현재진행 시제**는 미래의 일을 나타낼 수도 있으며, 이때는 '**~할 것이다**'라고 해석합니다.
  She **is visiting** her grandmother next Monday. 그녀는 다음 주 월요일에 그녀의 할머니를 **방문할 것이다**.

동사에 먼저 동그라미 치고, 문장을 우리말로 해석하세요.

01 Tina always (walks) to school. Tina는 항상 학교에 걸어간다.

02 The sun sets in the west.

03 The store manager is counting the money.

04 Natalie is cooking chicken for her family.

05 In autumn, leaves turn yellow and red.

06 Henry usually reads newspapers in the morning.

07 Is Sally holding a birthday party this Saturday?

08 Frank is really sweet. He never forgets my birthday.

09 The mayor is attending the event next week.

10 The women are not dancing right now. They are sitting at the table.

Vocabulary

01 always [ɔ́:lweiz] adv. 항상

02 set [set] v. (해·달 등이) 지다
west [west] n. 서쪽

03 manager [mǽnidʒer] n. 관리자
count [kaunt] v. 세다

05 autumn [ɔ́:təm] n. 가을
turn [tə:rn] v. (~한 상태로) 변하다

06 read [ri:d] v. 읽다

07 hold [hould] v. (회의·행사 등을) 열다

08 sweet [swi:t] adj. 다정한
forget [fərgét] v. 잊다

09 mayor [méiər] n. 시장

Unit 26 미래 시제와 미래진행 시제 해석하기

She will drink coffee tomorrow.

그녀는 내일 커피를 마실 것이다.

She will be drinking coffee at 2 p.m. tomorrow.

그녀는 내일 오후 2시에 커피를 마시고 있을 것이다.

- 위 문장의 will drink처럼, **will+동사원형** 형태의 **미래 시제**는 '**~할 것이다**'라고 해석합니다. **am/is/are going to+동사원형**도 **미래 시제**를 나타낼 수 있으며, '**~할 것이다**'라고 해석합니다.
  She **is going to drink** coffee tomorrow. 그녀는 내일 커피를 **마실 것이다**.
- 위 문장의 will be drinking처럼, **will be+동사원형+ing** 형태의 **미래진행 시제**는 미래의 특정한 시점에 진행되고 있을 일 등을 나타내며, '**~하고 있을 것이다**'라고 해석합니다.

☐ 동사에 먼저 동그라미 치고, 문장을 우리말로 해석하세요.

01 Tom will leave the hotel soon. Tom은 곧 호텔을 떠날 것이다.

02 The plane is going to land 30 minutes early.

03 The team will be competing in the finals next week.

04 They are going to paint the bedroom this weekend.

05 Jim will not arrive on time for the meeting.

06 I am busy now. I will read this book later.

07 Harry will be waiting for Ron at the station at two o'clock.

08 Janet is going to find a new apartment next month.

09 The doctor is not in the office now. He will come back in an hour.

10 Cindy will not be taking exams next week. She is going to write an essay instead.

Vocabulary

01 leave [liːv] v. 떠나다

02 land [lænd] v. 착륙하다
early [ə́ːrli] adv. 일찍

03 compete [kəmpíːt] v. 출전하다
final [fáinəl] n. 결승전

04 weekend [wíːkend] n. 주말

05 on time phr. 정각에

06 busy [bízi] adj. 바쁜

07 station [stéiʃən] n. 역

08 apartment [əpɑ́ːrtmənt] n. 아파트

09 office [ɔ́ːfis] n. 사무실

10 take an exam phr. 시험을 치다
instead [instéd] adv. 대신에

과거 시제와 과거진행 시제 해석하기

Henry listened to music yesterday.

Henry는 어제 음악을 들었다.

Henry was listening to music at 9 p.m. yesterday.

Henry는 어제 오후 9시에 음악을 듣고 있었다.

- 위 문장의 listened처럼, 주로 **동사원형+(e)d** 형태인 **과거 시제**는 '**~했다**'라고 해석합니다.
- 위 문장의 was listening처럼, **was/were+동사원형+ing** 형태의 **과거진행 시제**는 과거의 특정한 시점에 진행 중이었던 일 등을 나타내며, '**~하고 있었다, ~하는 중이었다**'라고 해석합니다.

동사에 먼저 동그라미 치고, 문장을 우리말로 해석하세요.

01 Lisa received a letter from Travis. Lisa는 Travis에게서 편지를 받았다.

02 Emma grew up in Spain.

03 Austin was shopping in a mall with his mom.

04 We didn't study at the library last Monday.

05 They were attending a meeting at 10 a.m.

06 I went to the zoo with my friend last week.

07 At nine o'clock, Tom was watching a movie with his friends.

08 Last night, over 10,000 people were cheering at the baseball game.

09 Jenny wasn't waiting for Luke at the café. She was at home.

10 The mechanic repaired the same car two months ago.

Vocabulary

01 receive [risíːv] v. 받다

02 grow up phr. 자라다

03 mall [mɔ́ːl] n. 쇼핑몰

04 library [láibreri] n. 도서관

05 attend [əténd] v. 참석하다

06 zoo [zuː] n. 동물원

07 movie [múːvi] n. 영화

08 cheer [tʃir] v. 환호하다
baseball game phr. 야구 경기

10 mechanic [məkǽnik] n. 정비공
repair [ripέər] v. 수리하다

Unit 28 현재완료 시제 해석하기 (1)

He has fixed his computer.

그는 그의 컴퓨터를 고쳤다. (과거에 고치기 시작해서 지금은 다 고쳤다.)

- 위 문장의 has fixed는 과거에 컴퓨터를 고치기 시작해서 지금은 다 고쳤다는 것을 나타냅니다. 이처럼 **have/has + 과거분사** 형태의 **현재완료 시제**는 과거에 일어난 일을 현재와 관련 지어 나타낼 수 있습니다.
- **현재완료 시제**는 과거 시제와 비슷하게 '**~했다**'라고 해석될 수 있지만, 현재완료 시제에는 과거에 일어난 일이 현재 상황까지 영향을 미치고 있다는 의미가 포함되어 있습니다.

Tom **has lost** his key. Tom은 열쇠를 **잃어버렸다**. (지금도 잃어버린 상태이다.)

동사에 먼저 동그라미 치고, 문장을 우리말로 해석하세요.

01 We have completed the difficult project. 우리는 그 어려운 과제를 끝냈다.

02 The old man has painted his house blue and white.

03 The trees in the garden have grown a lot.

04 We have just finished the first chapter.

05 Nick has not changed his phone number.

06 Noah has called his girlfriend three times.

07 Grace has decided to change her major to French.

08 Owen has already heard the shocking news.

09 Max is a famous journalist. He has written a lot of articles.

10 Sarah hasn't booked a hotel for her vacation next week.

Vocabulary

01 complete [kəmplíːt] v. 끝내다
project [prɑ́ːdʒekt] n. 과제, 연구

03 garden [gɑ́ːrdn] n. 정원

04 finish [fíniʃ] v. 마치다

05 change [tʃeindʒ] v. 바꾸다

07 decide [disáid] v. 결정하다
major [méidʒər] n. 전공

08 shocking [ʃɑ́ːkiŋ] adj. 충격적인

09 journalist [dʒə́ːrnəlist] n. 기자
article [ɑ́ːrtikəl] n. 기사

10 book [buk] v. 예약하다
vacation [veikéiʃən] n. 휴가, 방학

현재완료 시제 해석하기 (2)

She has played golf before.

그녀는 전에 골프를 쳐본 적이 있다.

She has played golf since 2018.

그녀는 2018년부터 계속 골프를 쳐왔다.

- 위 문장의 has played처럼, 현재완료 시제는 과거부터 지금까지의 경험 등을 나타낼 수도 있습니다. 이때 **현재완료 시제**는 '**~해본 적이 있다**'라고 해석합니다.
- 현재완료 시제는 과거에 시작해서 지금까지 계속되는 일 등을 나타낼 수도 있습니다. 이때 **현재완료 시제**는 '**(계속) ~해왔다, ~하고 있다**'라고 해석합니다.

동사에 먼저 동그라미 치고, 문장을 우리말로 해석하세요.

01 Amy has lived in Seoul since 2018. Amy는 2018년부터 서울에서 계속 살아왔다.

02 Sean has lost weight since last month.

03 Miles has taken violin lessons for two years.

04 The woman has ridden horses in the past.

05 I haven't seen her at the school before.

06 Have you been to the new museum?

07 Most students have gone camping at least once.

08 Jack has worked in the company for about 10 years.

09 Mrs. Jones has taught at Anderson high school for five years.

10 My parents haven't tried Indian food before. They want to try it.

Vocabulary

01 since [sins] prep. ~부터, ~이래로

02 lose weight phr. 살을 빼다

03 take [teik] v. (수업 등을) 받다
lesson [lésən] n. 수업

04 ride [raid] v. (말을) 타다
past [pæst] n. 과거

06 have been to phr. ~에 가본 적이 있다
museum [mjuzí:əm] n. 박물관

07 at least phr. 적어도, 최소한

09 teach [ti:tʃ] v. 가르치다

10 try [trai] v. 먹어보다
Indian [índiən] adj. 인도의

Unit 30 과거완료 시제 해석하기

They had lived in Paris before they moved to New York.

그들은 뉴욕으로 이사하기 전에 파리에 살았다.

- 위 문장의 had lived는 그들이 뉴욕으로 이사 온 과거 시점을 기준으로, 그전에는 파리에 살았다는 것을 나타냅니다. 이처럼 **had + 과거분사** 형태의 **과거완료 시제**는 과거에 일어난 어떤 일을 기준으로 그보다 전에 일어난 일에 대해 나타낼 수 있습니다.

  When he got to the station, the train **had** already **left**.

  그가 역에 도착했을 때, 기차는 이미 **떠났다**. (= 그가 역에 도착한 과거 시점을 기준으로, 그전에 기차가 떠났다.)

동사에 먼저 동그라미 치고, 문장을 우리말로 해석하세요.

01 We had run three miles by 9 a.m. 우리는 오전 9시까지 3마일을 뛰었다.

02 The train had just gone when I got to the station.

03 Edward had worked in a factory before he came here.

04 When Luna woke up, her roommate had already left.

05 Ashley had not studied Spanish before her trip.

06 I had already listened to the album before Rose told me about it.

07 When they arrived at the theater, the movie had already begun.

08 Frida Kahlo had painted almost 150 paintings before she died in 1954.

09 Amber had cleaned the living room before her son spilt milk on the floor.

10 Ian and Ruby had known each other for 10 years before they got married.

Vocabulary

02 get to phr. ~에 도착하다

03 factory [fǽktəri] n. 공장

04 wake up phr. 일어나다
leave [liːv] v. 떠나다

05 trip [trip] n. 여행

07 theater [θíːətər] n. 극장
begin [bigín] v. 시작하다

09 living room phr. 거실
spill [spil] v. 쏟다

10 get married phr. 결혼하다

HACKERS TEST

01 밑줄 친 부분에 유의하여 문장 (A), (B)를 해석하세요.

> **(A) For a long time, people have believed that drinking coffee is bad for their health.** But now, scientists have good news. They say that coffee is sometimes good for us. **(B) For example, it lowers the risk of some cancers.** It also reduces fat and builds muscle. So it is helpful to have a cup of coffee every day.

(A) 오랫동안, 사람들은 ______________________________.

(B) 예를 들어, 그것은 ______________________________.

Vocabulary

scientist [sáiəntist] n. 과학자
lower [lóuər] v. 낮추다, 내리다
risk [risk] n. 위험
cancer [kǽnsər] n. 암
reduce [ridú:s] v. 줄이다
fat [fæt] n. 지방
muscle [mʌ́səl] n. 근육
helpful [hélpfəl] adj. 도움이 되는

02 밑줄 친 부분에 유의하여 문장 (A), (B)를 해석하세요.

> **(A) Nowadays, farmers are using a lot of chemical sprays.** They think the sprays will keep crops safe from harmful insects. However, these chemicals have killed good insects. Some insects are important for plants. For example, bees and butterflies move from flower to flower for food. This helps the flowers make seeds and bloom. So, farmers need to stop spraying chemicals. **(B) Or we will be losing all of the crops, too.**

(A) ______________________________.

(B) ______________________________.

nowadays [náuədèiz] adv. 요즘
farmer [fá:rmər] n. 농부
chemical [kémikəl] adj. 화학적인; n. 화학 물질
crop [kra:p] n. 농작물
harmful [há:rmfəl] adj. 유해한
insect [ínsekt] n. 곤충
plant [plænt] n. 식물
seed [si:d] n. 씨, 씨앗
bloom [blu:m] v. 꽃이 피다

Voca Quiz 아래 빈칸에 알맞은 뜻을 쓰세요.

1. lower	________	4. chemical	________
2. reduce	________	5. crop	________
3. helpful	________	6. bloom	________

[03~04] 다음 지문을 읽고 질문에 답하세요.

(A) In the 1950s, the Soviet Union and the United States were competing in "The Space Race." The goal of this race was getting a human into space for the first time. At first, the Soviet Union led the race. They sent out the first satellite *Sputnik I*. Then the United States sent the satellite *Explorer I* to space four months later. **(B) By 1969, the United States had finally put a man on the moon.** With that, they became the winner of "The Space Race."

Vocabulary

Soviet Union phr. 소련
United States phr. 미국
compete [kəmpíːt] v. 경쟁하다
space race phr. 우주 개발 경쟁
goal [goul] n. 목표
lead [liːd] v. 앞서다
send [send] v. 보내다
satellite [sǽtəlàit] n. 인공위성
become [bikʌ́m] v. ~이 되다
winner [wínər] n. 승자

03 밑줄 친 부분에 유의하여 문장 (A), (B)를 해석하세요.

(A) ______________________________.

(B) ______________________________.

04 지문의 내용과 일치하도록 주어진 단어를 빈칸에 넣어 문장을 완성하세요.

ⓐ led	ⓑ competed	ⓒ became	ⓓ sent

(A) The United States and the Soviet Union ______________ to send the first human to space.

(B) The Soviet Union ______________ the first satellite into space.

정답·해석·해설 p.33

Voca Quiz 아래 빈칸에 알맞은 뜻을 쓰세요.

1. compete ______________
2. space race ______________
3. goal ______________
4. send ______________
5. satellite ______________
6. winner ______________

본 교재 동영상강의

해커스인강 **HackersIngang.com**
해커스공무원 **gosi.Hackers.com**
해커스편입 **HackersUT.com**

Chapter 07

조동사의 다양한 의미 정복하기(1)

조동사는 동사와 함께 쓰여 문장에 능력, 추측, 의무, 충고 등 다양한 의미를 더해줍니다. Chapter 07에서는 조동사 중 can, might 등이 문장에 쓰여 각각 어떤 의미를 더해주는지, '조동사의 다양한 의미'에 대해 알아보도록 하겠습니다.

그는 그 콘서트에 **갈 수 있다**.
그는 그 콘서트에 **갈지도 모른다**.

우리말의 동사 '가다'가 '갈 수 있다', '갈지도 모른다'와 같이 쓰여 다른 의미를 갖게 되었지요?

영어에서도 아래와 같이, can, might와 같은 조동사가 동사원형과 함께 쓰여 문장에 여러 의미를 더해줄 수 있습니다.

can	He **can go** to the concert. 그는 그 콘서트에 **갈 수 있다**.
might	He **might go** to the concert. 그는 그 콘서트에 **갈지도 모른다**.

위와 같이 동사가 조동사와 함께 쓰이면 문장에서 여러 의미를 나타낼 수 있기 때문에, 각 조동사가 갖는 의미를 잘 알아두면 문장의 의미를 쉽게 파악할 수 있습니다.

그럼 **Chapter 07 조동사의 다양한 의미 정복하기(1)** 학습을 시작해볼까요?

Unit 31 가능을 나타내는 can, could 해석하기

Joseph can ride a motorcycle.

Joseph은 오토바이를 탈 수 있다.

- 위 문장의 can ride처럼, **can / could**는 어떤 일을 할 수 있는 능력을 가지고 있거나 어떤 일을 하는 것이 가능하다는 것을 나타내며 '**~할 수 있다 / ~할 수 있었다**'라고 해석합니다.

Taylor **could finish** his research on time. Taylor는 보고서를 제시간에 **끝낼 수 있었다**.

- **cannot**과 **could not**은 어떤 일을 할 수 없다는 부정의 의미를 나타내며, '**~할 수 없다 / ~할 수 없었다**'라고 해석합니다.

Clara **cannot drink** milk. Clara는 우유를 **마실 수 없다**.

I **could not remember** his name. 나는 그의 이름을 **기억할 수 없었다**.

동사에 먼저 동그라미 치고, 문장을 우리말로 해석하세요.

01 Emily can drive a car. Emily는 자동차를 운전할 수 있다.

02 My grandmother can knit a sweater.

03 This elevator can carry about 10 people.

04 Brian could ski like a pro by the age of 12.

05 Five years ago, John could run 100 meters in 16 seconds.

06 Can we meet at the café instead of the library?

07 Jerry couldn't find his car keys.

08 Amanda can't see well without glasses.

09 The planes cannot fly because of the storm.

10 Thomas could not understand the lesson. He asked his teacher for help.

Vocabulary

02 knit [nit] v. 뜨다
sweater [swétər] n. 스웨터

03 carry [kǽri] v. 수용하다

04 pro [prou] n. 프로 선수

06 instead of prep. ~ 대신에
library [láibrèri] n. 도서관

08 without [wiðáut] prep. ~ 없이

09 plane [plein] n. 비행기
storm [stɔːrm] n. 폭풍우

10 lesson [lésən] n. 수업

Unit 32 가능을 나타내는 be able to 해석하기

· **am/is/are able to**

can과 같이 어떤 일을 할 수 있는 능력을 가지고 있거나 어떤 일을 하는 것이 가능하다는 것을 나타내며, '**~할 수 있다**'라고 해석합니다.

I **am able to speak** five different languages. 나는 다섯 개의 다른 언어를 **말할 수 있다**.

Michael **is able to move** this box. Michael은 이 상자를 **옮길 수 있다**.

· **was/were able to**

과거에 어떤 일을 할 수 있었다는 의미를 나타내며 '**~할 수 있었다**'라고 해석합니다.

Abigail **was able to buy** pretty earrings at a low price. Abigail은 낮은 가격에 예쁜 귀걸이를 **살 수 있었다**.

We **were able to reach** the top of the hill. 우리는 언덕 꼭대기에 **도달할 수 있었다**.

· **am/is/are not able to**와 **was/were not able to**

어떤 일을 할 수 없다는 부정의 의미를 나타내며, '**~할 수 없다/~할 수 없었다**'라고 해석합니다.

He **is not able to meet** her today. 그는 오늘 그녀를 **만날 수 없다**.

Sandra **wasn't able to sleep** last night. Sandra는 어젯밤에 **잠을 잘 수 없었다**.

☐ 동사에 먼저 동그라미 치고, 문장을 우리말로 해석하세요.

01 I am able to help you now. 나는 지금 너를 도와줄 수 있다.

02 Donald was able to keep his promise.

03 Are Natalie and Gemma able to come to our party?

04 My friends weren't able to buy concert tickets.

05 Fortunately, Piper was able to catch the last bus.

06 Leo isn't able to walk fast because of his new shoes.

07 In LA, I was able to jog on the beach every morning.

08 Susan was able to get a high score on her test. She studied hard.

09 We were not able to fix the TV. We called an engineer.

10 Jim found an old letter. He was able to notice his mom's handwriting.

Vocabulary

02 keep one's promise phr. 약속을 지키다

05 fortunately [fɔ́:rtʃənətli] adv. 다행히
catch [kætʃ] v. (버스·기차 등을) 타다

07 jog [dʒɑ:g] v. 조깅하다
beach [bi:tʃ] n. 해변

09 engineer [èndʒinír] n. 수리공

10 notice [nóutis] v. 알아차리다
handwriting [hǽndràitiŋ] n. 글씨체

Unit 33 추측을 나타내는 could 해석하기

Weather Forecast	
MONDAY	50%
TUESDAY	90%

It could snow next Monday.

다음 주 월요일에 눈이 올지도 모른다.

- 위 문장의 could snow처럼, **could**는 현재나 미래의 확실하지 않은 일에 대한 추측을 나타낼 수 있으며, '**~할지도 모른다**'라고 해석합니다.
- **could not**은 어떤 일이 일어나는 것이 불가능하다는 강한 추측을 나타내며, '**~할 리 없다**'라고 해석합니다. **can't**도 같은 의미로 쓰일 수 있습니다.

  Rain **could not damage** the car. 비가 그 차를 **손상시킬 리 없다**.

  The pond **can't be very deep**. 그 연못은 **매우 깊을 리 없다**.

동사에 먼저 동그라미 치고, 문장을 우리말로 해석하세요.

01 Brent has a fever. He could be sick. Brent는 열이 있다. 그는 아플지도 모른다.

02 Scott could be the first person to finish the race.

03 The bus could be late because of the rain.

04 It is late now. Ryan could be asleep already.

05 That phone can't be mine. Mine is in my bag.

06 That could be Tom's brother. He looks like Tom.

07 The movie couldn't be over yet. It has just started.

08 Lucy can't find the keys. They could be in her office.

09 The ring can't be that expensive. It is not even a real diamond.

10 She couldn't know about the surprise party. I kept it a secret.

Vocabulary

01 fever [fíːvər] n. 열

02 finish [fíniʃ] v. 끝내다
race [reis] n. 경주

04 asleep [əslíːp] adj. 잠든

07 over [óuvər] adv. 끝난

08 office [ɔ́ːfis] n. 사무실

09 that [ðæt] adv. 그렇게
expensive [ikspénsiv] adj. 비싼

10 surprise party phr. 깜짝 파티
secret [síːkrit] n. 비밀

Unit 34 could have + 과거분사 해석하기

· could have + 과거분사

과거의 확실하지 않은 일에 대한 추측을 나타내며, '**(과거에) ~했을지도 모른다**'라고 해석합니다.

Esther is not here. She **could have gone** home. Esther는 여기에 없다. 그녀는 집에 **갔을지도 모른다**.

could have + 과거분사는 과거에 어떤 일을 할 수 있었지만 하지 않았다는 것을 나타낼 수도 있으며, 이때는 '**(과거에) ~할 수도 있었다**(그러나 하지 않았다)'라고 해석합니다.

Robert **could have stayed** longer. Robert는 더 오래 **머물 수도 있었다**. (그러나 더 오래 머물지 않았다.)

· couldn't have + 과거분사

과거에 어떤 일이 일어나는 것이 불가능했다는 강한 추측을 나타내며, **couldn't have + 과거분사**는 '**(과거에) ~했을 리 없다**'라고 해석합니다. **can't have + 과거분사**도 같은 의미로 쓰일 수 있습니다.

He **couldn't have known** the answer. 그는 정답을 **알았을 리 없다**.

Hailey isn't wearing a ring. Josh **can't have proposed** yet. Hailey는 반지를 끼고 있지 않다. Josh가 아직 **프러포즈했을 리 없다**.

☐ 동사에 먼저 동그라미 치고, 문장을 우리말로 해석하세요.

01 Alex looks tired. She could have worked late.
Alex는 피곤해 보인다. 그녀는 늦게까지 일했을지도 모른다.

02 Simon is late. He could have missed the bus.

03 You could have bought the jacket. It looked great on you.

04 Dave couldn't have baked this cake. He can't cook.

05 Mr. Wilson cannot have lied. I believe him.

06 I can't find my book. I could have left it at school.

07 He can't have forgotten my birthday again!

08 Mason can't have eaten all the food. It was enough for five people.

09 You didn't speak clearly. People could have misunderstood you.

10 Margaret is not at the party. She could have changed her mind.

Vocabulary

01 look [luk] v. ~해 보이다

02 miss [mis] v. 놓치다

03 look great on phr. ~에게 잘 어울리다

04 bake [beik] v. 굽다

05 lie [lai] v. 거짓말하다

06 leave [liːv] v. 두고 오다

07 forget [fərgét] v. 잊어버리다
birthday [bə́ːrθdèi] n. 생일

09 clearly [klírli] adv. 분명하게
misunderstand [mìsʌndərstǽnd] v. 오해하다

Unit 35

추측을 나타내는 might 해석하기

She might buy the longer skirt.

그녀는 더 긴 치마를 살지도 모른다.

- 위 문장의 might buy처럼, **might**는 could와 같이 현재나 미래의 확실하지 않은 일에 대한 추측을 나타내며, '**~할지도 모른다**'라고 해석합니다.
- **might not**은 어떤 일이 일어나지 않을지도 모른다는 추측을 나타내며, '**~하지 않을지도 모른다**(그러나 할 가능성도 있다)'라고 해석합니다.

  Sophia **might not like** the flowers. Sophia는 꽃을 **좋아하지 않을지도 모른다**. (그러나 꽃을 좋아할 가능성도 있다.)

동사에 먼저 동그라미 치고, 문장을 우리말로 해석하세요.

01 Some people might fail the exam. 어떤 사람들은 그 시험에 떨어질지도 모른다.

02 Rain might come this afternoon.

03 The salesperson might give you a discount.

04 Felix and Ella might not come to the party.

05 Students might not have class this Friday.

06 I heard that Harrison might move to Australia.

07 It is already 10 o'clock. It might be too late for a movie.

08 Jude might go to the bank tomorrow. He is very busy today.

09 Ruby might not arrive on time because of the bad weather. Traffic is moving slowly.

10 The thin jacket might not keep you warm enough. Bring a sweater too.

Vocabulary

01 fail [feil] v. 떨어지다

03 salesperson [séilzpə̀:rsən] n. 판매원
discount [dískaunt] n. 할인

05 class [klæs] n. 수업

06 move [mu:v] v. 이사하다

09 on time phr. 제시간에
traffic [trǽfik] n. 차

10 thin [θin] adj. 얇은
warm [wɔ:rm] adj. 따뜻한

Unit 36 might have + 과거분사 해석하기

· might have + 과거분사

과거의 확실하지 않은 일에 대한 추측을 나타내며, '**(과거에) ~했을지도 모른다**'라고 해석합니다.

Ann **might have forgotten** the meeting. Ann은 회의를 **잊어버렸을지도 모른다**.

He **might have left** his job. 그는 그의 일을 **그만뒀을지도 모른다**.

She **might have gotten** lost. 그녀는 길을 **잃어버렸을지도 모른다**.

· might not have + 과거분사

might have + 과거분사처럼 과거의 확실하지 않은 일에 대한 추측을 나타내며, '**(과거에) ~하지 않았을지도 모른다**'라고 해석합니다.

The driver **might not have seen** the traffic sign. 그 운전사는 교통 표지판을 **보지 않았을지도 모른다**.

She **might not have received** a receipt. 그녀는 영수증을 **받지 않았을지도 모른다**.

☐ 동사에 먼저 동그라미 치고, 문장을 우리말로 해석하세요.

01 The cat might have broken the dish. 고양이가 그 접시를 깼을지도 모른다.

02 The delivery man might have left the package outside.

03 Glen and Kim might have eaten dinner already.

04 I might not have locked the door.

05 Jen might not have heard the phone ring.

06 Henry keeps yawning. He might not have slept well.

07 Eric is not in his office. He might have gone home already.

08 Larry didn't wave to us. He might not have seen us.

09 I can't find my laptop. I might have put it in my bag.

10 Ian is still sick. He might not have taken enough medicine.

Vocabulary

01 dish [diʃ] n. 접시

02 delivery man phr. 배달부
package [pǽkidʒ] n. 소포

04 lock [lɑːk] v. 잠그다

06 yawn [jɔːn] v. 하품하다

08 wave [weiv] v. (팔·손을) 흔들다

09 laptop [lǽptɑːp] n. 노트북

10 still [stil] adv. 여전히
take medicine phr. 약을 먹다

HACKERS TEST

01 밑줄 친 부분에 유의하여 문장 (A), (B)를 해석하세요.

> Many people worry about the future of books. **(A) A common concern is that books could disappear forever.** However, books will always exist in different forms. For example, sellers can create e-book rental websites. Customers could pay some money and read all of the books on the sites. **(B) The easy service might make people read more books.**

(A) 일반적인 걱정은 책이 영원히 ______________는 것이다.

(B) 그 손쉬운 서비스는 사람들이 더 많은 책을 읽게 ______________.

Vocabulary

future [fjú:tʃər] n. 미래
common [ká:mən] adj. 일반적인
concern [kənsə́:rn] n. 걱정
disappear [dìsəpír] v. 사라지다
form [fɔ:rm] n. 형태
seller [sélər] n. 판매자
create [kriéit] v. ~을 만들어 내다
rental [réntl] n. 대여

02 밑줄 친 부분에 유의하여 문장 (A), (B)를 해석하세요.

> To live in a big city is great. City people can easily get to their jobs. They are able to find fun activities like going to concerts and festivals. But living in a city is not always fun. The house prices are too high. **(A) So, many people can't buy homes in the city.** Also, the crime rate is high. **(B) This might cause people to feel unsafe.**

(A) ______________________________.

(B) ______________________________.

easily [í:zəli] adv. 쉽게
job [dʒɑ:b] n. 직장
activity [æktívəti] n. 활동
festival [féstəvəl] n. 축제
price [prais] n. 값
crime rate phr. 범죄율
cause [kɔ:z] v. ~로 하여금 …하게 하다
unsafe [ʌnséif] adj. 위험한

Voca Quiz 아래 빈칸에 알맞은 뜻을 쓰세요.

1. common	__________	4. easily	__________
2. disappear	__________	5. activity	__________
3. create	__________	6. cause	__________

[03~04] 다음 지문을 읽고 질문에 답하세요.

Historians have finally solved the mystery of the Egyptian pyramids. For a long time, they asked, "How were the Egyptians able to move huge stones to the top?" **(A) Their conclusion is that the Egyptians might have used a small hill. (B) The stones were very heavy, so workers could have made a small hill and pulled the stones up with ropes.** We have some proof of this. We can see small hills in some Egyptian paintings and at pyramid sites.

03 밑줄 친 부분에 유의하여 문장 (A), (B)를 해석하세요.

(A) ______________________________.

(B) ______________________________.

04 지문의 내용과 일치하도록 주어진 단어를 빈칸에 넣어 문장을 완성하세요.

ⓐ solved ⓑ pulled ⓒ used ⓓ asked

(A) Some people think a small hill could have been __________ for moving the stones.

(B) The Egyptians might have made a small hill and __________ the stones up along it.

정답·해석·해설 p.41

Vocabulary

historian [histɔ́:riən] n. 역사가
solve [sɑ:lv] v. 풀다, 해결하다
mystery [místəri] n. 수수께끼
Egyptian [idʒípʃən] adj. 이집트인의; n. 이집트인
huge [hju:dʒ] adj. 거대한
conclusion [kənklú:ʒən] n. 결론
use [ju:z] v. 이용하다
hill [hil] n. 언덕
heavy [hévi] adj. 무거운
pull [pul] v. 끌다
rope [roup] n. 밧줄
proof [pru:f] n. 증거
site [sait] n. 유적지
along [əlɔ́:ŋ] prep. ~을 따라

Voca Quiz 아래 빈칸에 알맞은 뜻을 쓰세요.

1. historian	__________	4. hill	__________
2. mystery	__________	5. rope	__________
3. conclusion	__________	6. site	__________

Chapter 08

조동사의 다양한 의미 정복하기(2)

Chapter 07에서 조동사 can, might 등이 어떤 의미를 갖는지 학습했지요? Chapter 08에서는 조동사 중 must, should 등이 문장에 쓰여 각각 어떤 의미를 더해주는지, '조동사의 다양한 의미'에 대해 더 알아보도록 하겠습니다.

다영이는 내일 치과에 **가야 한다**. 다영이는 내일 치과에 **가는 것이 좋겠다**.

우리말의 동사 '가다'가 '가야 한다', '가는 것이 좋겠다'와 같이 쓰여 다른 의미를 갖게 되었지요?

영어에서도 아래와 같이, must, should와 같은 조동사가 동사원형과 함께 쓰여 문장에 여러 의미를 더해줄 수 있습니다.

must	Michael **must go** to the dentist. Michael은 치과에 **가야 한다**.
should	Michael **should go** to the dentist. Michael은 치과에 **가는 것이 좋겠다**.

위와 같이 동사가 조동사와 함께 쓰이면 문장에서 여러 의미를 나타낼 수 있기 때문에, 각 조동사가 갖는 의미를 잘 알아두면 문장의 의미를 쉽게 파악할 수 있습니다.

그럼 **Chapter 08 조동사의 다양한 의미 정복하기(2)** 학습을 시작해볼까요?

Unit 37

추측을 나타내는 must 해석하기

Clara's apartment is always neat.

She must clean her apartment every day.

그녀는 분명히 그녀의 아파트를 매일 청소할 것이다.

- 위 문장의 must clean처럼, **must**는 어떤 일에 대한 강한 추측을 나타내며, '**분명히 ~할 것이다**'라고 해석합니다.
- **must not** 역시 강한 추측을 나타내며, '**분명히 ~하지 않을 것이다**(~하지 않을 것이라고 거의 확신한다)'라고 해석합니다.
  Steve is skinny. He **must not eat** very much. Steve는 말랐다. 그는 **분명히** 많이 **먹지 않을 것이다**.

동사에 먼저 동그라미 치고, 문장을 우리말로 해석하세요.

01 Jina has several dogs and cats. She must love animals.
Jina는 개와 고양이 몇 마리를 키운다. 그녀는 분명히 동물을 사랑할 것이다.

02 Sue must shop often. She has a lot of stylish clothes.

03 Adam's car still looks new. He must take good care of it.

04 That restaurant must make a lot of money. It is always busy.

05 Liam never wears ties. He must not like them.

06 The plants must not be healthy. They are turning brown.

07 This dress looks very small. It must not be my size.

08 Roy won an award. His parents must be proud of him.

09 Blair has been to many countries. She must enjoy traveling.

10 The sign says we can't enter the road. It must be the end of the road.

Vocabulary

01 several [sévərəl] adj. 몇

02 stylish [stáiliʃ] adj. 멋진

03 take care of phr. 관리하다

04 make money phr. 돈을 벌다
busy [bízi] adj. 붐비는

06 turn [təːrn] v. (~한 상태로) 변하다

08 win an award phr. 상을 받다
be proud of phr. ~을 자랑스러워하다

10 sign [sain] n. 표지판
say [sei] v. ~라고 쓰여 있다

Unit 38 must have + 과거분사 해석하기

· must have+과거분사

과거의 일에 대한 강한 추측을 나타내며, '**(과거에) 분명히 ~했을 것이다**'라고 해석합니다.

It **must have rained** last night. 어젯밤에 **분명히** 비가 **왔을 것이다**.

They **must have missed** the train. 그들은 **분명히** 기차를 **놓쳤을 것이다**.

I **must have left** my wallet at home. 나는 **분명히** 집에 내 지갑을 **두고 왔을 것이다**.

· must not have+과거분사

must have+과거분사처럼 과거의 일에 대한 강한 추측을 나타내며, '**(과거에) 분명히 ~하지 않았을 것이다**'라고 해석합니다.

Teddy **must not have heard** the news. Teddy는 **분명히** 그 소식을 **듣지 못했을 것이다**.

The boy **must not have been** rude to the old man. 그 소년은 **분명히** 노인에게 무례하게 **대하지 않았을 것이다**.

She **must not have missed** her favorite band's concert. 그녀는 **분명히** 그녀가 좋아하는 밴드의 콘서트를 **놓치지 않았을 것이다**.

☐ 동사에 먼저 동그라미 치고, 문장을 우리말로 해석하세요.

01 Stella (must have left) the house by now.
Stella는 지금쯤 분명히 집을 떠났을 것이다.

02 My brother must have forgotten to lock the door.

03 He must have gone to work. It is 11 o'clock already.

04 Chloe must have practiced the piano a lot. She played well.

05 Dean got a perfect score on the test. He must have studied hard.

06 James must not have fixed the bicycle. It still doesn't work.

07 He must not have received my email. He didn't write back.

08 The chicken is still cold. We must not have cooked it long enough.

09 Laurie made a mistake. She must not have understood the instructions.

10 Thomas didn't come to the meeting. He must not have known about it.

Vocabulary

01 leave [liːv] v. 떠나다

02 lock [lɑːk] v. 잠그다

03 go to work phr. 일하러 가다

04 practice [prǽktis] v. 연습하다

05 perfect score phr. 만점

06 fix [fiks] v. 고치다

07 receive [risíːv] v. 받다
write back phr. 답장하다

09 instruction [instrʌ́kʃən] n. 설명서

10 meeting [míːtiŋ] n. 회의

Unit 39 의무를 나타내는 must 해석하기

You must drive under 50 miles per hour.
당신은 시속 50마일 이하로 운전해야 한다.

- 위 문장의 must drive처럼, **must**는 어떤 일을 반드시 해야 한다는 의무를 나타낼 수도 있으며, 이때는 '**(반드시) ~해야 한다**'라고 해석합니다.
  The students **must finish** their homework by tomorrow. 학생들은 내일까지 그들의 과제를 **끝내야 한다**.
- **must not**은 어떤 일을 해서는 안 된다는 금지의 의미를 나타내며, '**~해서는 안 된다**'라고 해석합니다.
  People **must not fish** in the pond. 사람들은 연못에서 **낚시해서는 안 된다**.

동사에 먼저 동그라미 치고, 문장을 우리말로 해석하세요.

01 We must learn to work together. 우리는 함께 일하는 것을 배워야 한다.

02 The police must always protect the people.

03 Passengers must check in before the flight.

04 Travelers must carry their passports at all times.

05 At the zoo, visitors must not feed the animals.

06 Guests must not smoke in their rooms. It can be dangerous.

07 Students must not leave the classroom during class.

08 People must turn off their mobile phones at the theater.

09 Students must wear school uniforms every day except weekends.

10 You must not take photos inside the museum. The flash can damage the paintings.

Vocabulary

02 protect [prətékt] v. 보호하다

03 passenger [pǽsəndʒər] n. 승객
check in phr. 탑승 수속을 밟다

04 carry [kǽri] v. 가지고 다니다
passport [pǽspɔːrt] n. 여권

05 feed [fiːd] v. 먹이를 주다

06 smoke [smouk] v. 담배를 피우다

07 classroom [klǽsrùːm] n. 교실

08 turn off phr. 끄다
theater [θíːətər] n. 영화관

09 school uniform phr. 교복
except [iksépt] prep. 제외하고는

10 museum [mjuːzíːəm] n. 박물관
damage [dǽmidʒ] v. 손상을 주다

Unit 40 의무를 나타내는 have to 해석하기

They have to call the police.

그들은 경찰을 불러야 한다.

- 위 문장의 have to call처럼, **have/has to**도 must와 같이 어떤 일을 반드시 해야 한다는 의미를 나타내며, '**~해야 한다**'라고 해석합니다. **had to**는 과거의 의미로 '**~해야 했다**'라고 해석합니다.
  We **had to wait** for Eva for a long time. 우리는 Eva를 오랫동안 **기다려야 했다**.
- **don't/doesn't/didn't have to**는 어떤 일을 할 필요가 없다는 의미를 나타내며, '**~할 필요가 없다/없었다**'라고 해석합니다.
  They **don't have to call** the police. 그들은 경찰을 **부를 필요가 없다**.

☐ 동사에 먼저 동그라미 치고, 문장을 우리말로 해석하세요.

01 Noah (has to pay) his monthly rent. Noah는 그의 월세를 내야 한다.

02 Leo had to make sandwiches for his baseball team.

03 Yesterday we had to cancel the meeting.

04 Do we have to book a table at the restaurant for 10 people?

05 You don't have to bring anything to the party.

06 Paul doesn't have to go to work on Sundays.

07 Teresa is going to travel to Italy. She has to pack for her trip.

08 Tom didn't have to worry about money. He had a good job.

09 All of my clothes are dirty. I have to do laundry this afternoon.

10 Rachel had a test yesterday. She had to wake up early in the morning.

Vocabulary

01 monthly rent phr. 월세

03 cancel [kǽnsəl] v. 취소하다

04 book [buk] v. 예약하다

05 bring [briŋ] v. 가져오다
anything [éniθiŋ] n. 아무것도

07 pack [pæk] v. (짐을) 싸다

09 do laundry phr. 빨래를 하다

Unit 41 충고를 나타내는 should 해석하기

You should wash your hands.

너는 손을 씻는 것이 좋겠다.

- 위 문장의 should wash처럼, **should**는 어떤 일을 하는 것이 좋겠다는 충고나 조언을 나타내며, '**~하는 것이 좋겠다**'라고 해석합니다.
- **should not** 역시 충고나 조언을 나타낼 수 있으며, '**~하지 않는 것이 좋겠다**'라고 해석합니다.
The weather is bad. You **should not go** outside. 날씨가 안 좋다. 너는 밖에 **나가지 않는 것이 좋겠다**.

동사에 먼저 동그라미 치고, 문장을 우리말로 해석하세요.

01 You should read at least one book a month.
너는 한 달에 적어도 책 한 권은 읽는 것이 좋겠다.

02 Henry should cut his hair. It is too long.

03 I think that he should ask his father for help.

04 Daniel thought that Beth should listen more carefully.

05 You should not throw trash on the ground.

06 The roads are wet. You should not drive so fast.

07 It is late at night. She should not walk home alone.

08 Marvin should call his mother more often. She misses him.

09 Children love candy, but they should not have it too much.

10 She should not drink too much beer. It is not good for her health.

Vocabulary

01 at least phr. 적어도

02 cut [kʌt] v. 자르다

04 carefully [kɛ́ərfəli] adv. 주의 깊게

05 throw [θrou] v. 던지다
trash [træʃ] n. 쓰레기

08 miss [mis] v. 그리워하다

09 have [həv] v. 먹다

Unit 42 should have + 과거분사 해석하기

· should have+과거분사

과거의 일에 대한 후회나 유감을 나타내며, '**(과거에) ~했어야 했다**(그러나 하지 않았다)'라고 해석합니다.

I **should have brought** an umbrella. 나는 우산을 **가져왔어야 했다**. (그러나 가져오지 않았다)

He **should have called** you earlier. 그는 너에게 더 일찍 **전화했어야 했다**. (그러나 더 일찍 전화하지 않았다)

We **should have prepared** more food. 우리는 더 많은 음식을 **준비했어야 했다**. (그러나 더 많이 준비하지 않았다)

· should not have+과거분사

과거에 어떤 일을 하지 말았어야 했다는 후회나 유감을 나타내며, '**(과거에) ~하지 말았어야 했다**(그러나 했다)'라고 해석합니다.

I **should not have come** here today. 나는 오늘 여기에 **오지 말았어야 했다**. (그러나 왔다)

She **should not have disturbed** you. 그녀는 너를 **방해하지 말았어야 했다**. (그러나 방해했다)

CH 08 해석이 쉬워지는 해커스 구문독해 100

☐ 동사에 먼저 동그라미 치고, 문장을 우리말로 해석하세요.

01 Serena should have ordered a small popcorn.
Serena는 작은 팝콘을 주문했어야 했다.

02 This is an important event. You should have worn a tie.

03 Tom should have come with us. The trip was really exciting.

04 We didn't know Lydia was so sick. She should have told us.

05 Kate broke my camera. I shouldn't have lent it to her.

06 Jonah looks tired. He should not have stayed up so late last night.

07 This restaurant is terrible. We should not have eaten here.

08 We should have left an hour ago. We will be late for the flight.

09 Kristine shouldn't have bought the pants last week. They are on sale now.

10 They should not have arrived so early. The concert starts in three hours.

Vocabulary

01 order [ɔ́ːrdər] v. 주문하다

02 wear a tie phr. 넥타이를 매다

05 break [breik] v. 고장 내다
lend [lend] v. 빌려주다

06 stay up phr. (늦게까지) 깨어 있다

07 terrible [térəbəl] adj. 형편없는

09 on sale phr. 할인 중인

HACKERS TEST

01 밑줄 친 부분에 유의하여 문장 (A), (B)를 해석하세요.

Please remember to follow the rules of the Fairfax Library. **(A) First of all, you must not eat any food or snacks in the library.** You can bring drinks inside, but they have to be in bottles with caps. **(B) Also, you should speak quietly.** For long conversations, you should use our meeting rooms. You can book a room at the front desk.

(A) 우선, 당신은 도서관 내에서 어떤 음식이나 간식도 ________________.

(B) 또한, 당신은 조용하게 ________________.

Vocabulary

remember [rimémbər] v. 기억하다
follow [fá:lou] v. 따르다
rule [ru:l] n. 규정
snack [snæk] n. 간식
bottle [bá:tl] n. 병
cap [kæp] n. 뚜껑
quietly [kwáiətli] adv. 조용하게
conversation [kà:nvərséiʃən] n. 대화
meeting room phr. 회의실
front desk phr. 안내 데스크

02 밑줄 친 부분에 유의하여 문장 (A), (B)를 해석하세요.

Building designers have to consider local weather conditions. **(A) But the designer of the Royal Ontario Museum in Canada must have failed to do so.** In winter, the building's design allows large icicles to form on the building. So people near the building must be careful. **(B) Workers in the building have to put up warning signs.** The designer of the museum should not have ignored local weather.

(A) ____.

(B) ____.

local [lóukəl] adj. 지역의
weather condition phr. 기후조건
royal [rɔ́iəl] adj. 왕립의
fail [feil] v. 실패하다
icicle [áisikəl] n. 고드름
form [fɔ:rm] v. 형성되다
careful [kέərfəl] adj. 조심하는
put up phr. 세우다
warning sign phr. 경고판
museum [mju:zí:əm] n. 박물관
ignore [ignɔ́:r] v. 무시하다

Voca Quiz 아래 빈칸에 알맞은 뜻을 쓰세요.

1. follow	________	4. icicle	________
2. cap	________	5. careful	________
3. conversation	________	6. ignore	________

[03~04] 다음 지문을 읽고 질문에 답하세요.

Kip Tiernan is the founder of a homeless shelter for women. In 1960, no shelters for homeless women existed. They couldn't avoid sleeping on the streets. **(A) Someone should have helped these women, but nobody did.** So, Tiernan decided to do something. In 1974, she made a women's shelter and called it Rosie's Place. It offered the women food, clothing, and beds. **(B) This must have improved the lives of homeless women.** Since then, many shelters have opened and have used Rosie's Place as a model.

Vocabulary

founder [fáundər] n. 설립자
homeless [hóumləs] adj. 노숙자의
shelter [ʃéltər] n. 쉼터, 보호소
exist [igzíst] v. 존재하다
avoid [əvɔ́id] v. 피하다
street [striːt] n. 길거리
nobody [nóubɑːdi] n. 아무도 ~않다
offer [ɔ́ːfər] v. 제공하다
bed [bed] n. 잠자리
improve [imprúːv] v. 향상시키다
life [laif] n. 삶
model [mɑ́ːdl] n. 본보기
example [igzǽmpəl] n. 본보기

03 밑줄 친 부분에 유의하여 문장 (A), (B)를 해석하세요.

(A) ______________________________.

(B) ______________________________.

04 지문의 내용과 일치하도록 주어진 단어를 빈칸에 넣어 문장을 완성하세요.

ⓐ founder	ⓑ shelter	ⓒ street	ⓓ example

(A) Tiernan thought that making a(n) ____________ could help homeless women.

(B) Rosie's Place became a(n) ____________ for other homeless women's shelters.

정답·해석·해설 p.48

Voca Quiz 아래 빈칸에 알맞은 뜻을 쓰세요.

1. founder ____________
2. shelter ____________
3. avoid ____________
4. offer ____________
5. improve ____________
6. model ____________

본 교재 동영상강의

해커스인강 **HackersIngang.com**
해커스공무원 **gosi.Hackers.com**
해커스편입 **HackersUT.com**

Chapter 09

수동태 정복하기

동사는 주어가 동사가 나타내는 행위의 주체인지 혹은 행위의 대상인지에 따라 형태가 달라집니다. Chapter 09에서는 주어가 동사가 나타내는 행위의 대상이 되면 동사의 형태가 어떻게 달라지는지 '수동태'에 대해 알아보도록 하겠습니다.

사자가(주어) 토끼를 **잡아먹었다**(동사). (능동태)

토끼가(주어) **잡아먹혔다**(동사). (수동태)

'사자가 토끼를 잡아먹었다'는 주어인 사자가 '잡아먹는' 행위의 주체이고, '토끼가 잡아먹혔다'는 주어인 토끼가 '잡아먹는' 행위의 대상이 되었지요? 이처럼 주어가 행위의 주체가 되는 것을 **능동태**라고 하고, 주어가 행위의 대상이 되는 것을 **수동태**라고 합니다.

영어에서도 아래와 같이, 주어가 행위의 주체인지 대상인지에 따라 동사의 형태가 달라집니다.

능동태	She **made** the pie. 그녀는 파이를 **만들었다**.
수동태	The pie **was made**. 파이는 **만들어졌다**.

위와 같이 문장의 동사가 능동태인지 수동태인지에 따라 문장의 의미가 달라지므로, 수동태의 형태와 의미에 대해 잘 알아두면 문장에 나왔을 때 쉽게 해석할 수 있습니다.

그럼 **Chapter 09 수동태 정복하기** 학습을 시작해볼까요?

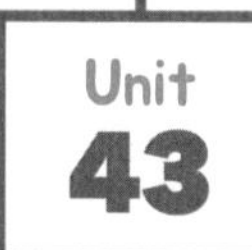

Unit 43 am/is/are + 과거분사 해석하기

능동태 They bake bread every day.

수동태 **Bread** is baked **every day.**
주어 동사

빵은 매일 구워진다.

- 위 문장의 is baked처럼, **am/is/are+과거분사** 형태의 수동태는 주어가 동사가 나타내는 행위의 대상이라는 것을 나타냅니다. 이때 **am/is/are+과거분사**는 '**~된다, ~해진다**'라고 해석합니다.

The meals **are served** at the cafeteria. 식사는 구내식당에서 **제공된다**.

동사에 먼저 동그라미 치고, 문장을 우리말로 해석하세요.

01 Milk is delivered every morning. 우유는 매일 아침 배달된다.

02 The library is closed at 10 o'clock.

03 The festival is held every year in July.

04 Is this meeting room cleaned once a week?

05 The concert tickets are not sold online.

06 Tomatoes are not used in this pasta dish.

07 Most of the oil in the world is produced in the Middle East.

08 English is spoken in many countries, like the United States and Australia.

09 Mangoes and bananas are tropical fruits. They are grown in warm climates.

10 Diana is a successful artist. Her paintings are displayed in a lot of galleries.

Vocabulary

01 deliver [dilívər] v. 배달하다

02 library [láibrèri] n. 도서관

03 festival [féstəvəl] n. 축제
hold [hould] v. (행사 등을) 개최하다

04 meeting room phr. 회의실
clean [kli:n] v. 청소하다

07 produce [prədú:s] v. 생산하다
Middle East phr. 중동

08 speak [spi:k] v. (특정 언어를) 쓰다

09 tropical fruit phr. 열대 과일
grow [grou] v. (식물 등을) 재배하다
climate [kláimət] n. 기후

10 successful [səksésfəl] adj. 성공한
display [displéi] v. 전시하다
gallery [gǽləri] n. 미술관

Unit 44 was/were + 과거분사 해석하기

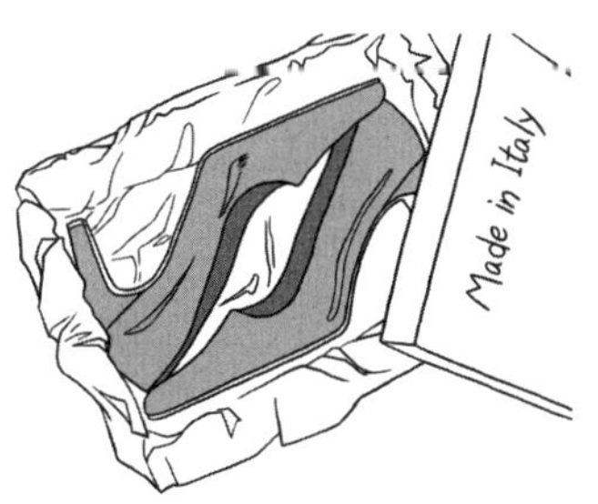

The shoes were made in Italy.
동사

그 신발은 이탈리아에서 만들어졌다.

- 위 문장의 were made처럼, **was/were+과거분사** 형태의 수동태는 과거의 일을 나타낼 수 있습니다. 이때 **was/were+과거분사**는 '**~되었다, ~해졌다**'라고 해석합니다.

The car **was parked** in the parking lot. 그 차는 주차장에 **주차되었다**.

CH 09 해석이 쉬워지는 해커스 구문독해 100

동사에 먼저 동그라미 치고, 문장을 우리말로 해석하세요.

01 The report was reviewed yesterday. 그 보고서는 어제 검토되었다.

02 Some pages in the book were damaged.

03 The gift was wrapped with pretty paper.

04 The city of Pompeii was destroyed in 79 AD.

05 Was the book written in Chinese?

06 Margaret was not elected as school president.

07 Kyle was not blamed for his mistake.

08 The plates were set on the table. Then, everyone took a seat.

09 We were invited to Daniel and Mary's wedding. It is on Saturday.

10 The church was built 100 years ago. It is now a famous tourist attraction.

Vocabulary

01 review [rivjú:] v. 검토하다

02 damage [dǽmidʒ] v. 손상시키다

03 wrap [ræp] v. 포장하다, 싸다

04 destroy [distrɔ́i] v. 파괴하다
AD [èidí:] n. 서기

06 elect [ilékt] v. 선출하다
school president phr. 학생회장

07 blame [bleim] v. 비난하다

08 set [set] v. 놓다
take a seat phr. 자리에 앉다

09 invite [inváit] v. 초대하다

10 church [tʃə:rtʃ] n. 교회
tourist attraction phr. 관광 명소

Unit 45 will / can / must be + 과거분사 해석하기

The painting will be completed soon.
동사

그 그림은 곧 완성될 것이다.

- 위 문장의 will be completed처럼, will / can / must 등의 조동사와 함께 쓰인 수동태 **will / can / must 등 + be + 과거분사**는 각 조동사의 의미를 담아 '**~될 것이다 / ~될 수 있다 / ~되어야 한다**'와 같이 해석합니다.

Eggs **can be cooked** in different ways. 계란은 여러 가지 방법으로 **요리될 수 있다**.

The food **must be kept** in the fridge. 그 음식은 냉장고에 **보관되어야 한다**.

동사에 먼저 동그라미 치고, 문장을 우리말로 해석하세요.

01 Our meeting will be delayed. 우리의 회의는 연기될 것이다.

02 The items can be bought online.

03 The essay topics must be decided by next week.

04 The winners will be announced soon.

05 This watch can be fixed by Tuesday.

06 The clothes cannot be washed before tomorrow morning.

07 The old computers will be changed with new ones.

08 The movie will not be filmed in London. It will be shot in Rome.

09 The medicine must not be taken with alcohol. It can be dangerous.

10 A credit card number is important personal information. It must not be shared with others.

Vocabulary

01 delay [diléi] v. 연기하다, 미루다

02 buy [bai] v. 구입하다

03 topic [tá:pik] n. 주제

04 announce [ənáuns] v. 발표하다

05 fix [fiks] v. 수리하다

06 wash [wa:ʃ] v. 세탁하다

08 film [film] v. 촬영하다
shoot [ʃu:t] v. 촬영하다

09 medicine [médisən] n. 약
dangerous [déindʒərəs] adj. 위험한

10 credit card phr. 신용카드
personal information phr. 개인 정보

수동태 + by ~ 해석하기

The windows were cleaned by the man.
동사

창문은 그 남자에 의해 청소되었다.

- 위 문장의 by the man처럼, **수동태 be+과거분사** 뒤에 쓰인 **by** ~는 누구 또는 무엇에 의해서 일어나는 일인지를 나타내며, '**~에 의해**'라고 해석합니다.

The food **was made by a famous chef**. 그 음식은 **유명한 요리사에 의해 만들어졌다**.

The bicycle **will be repaired by Teddy**. 그 자전거는 **Teddy에 의해 수리될 것이다**.

☐ 동사에 먼저 동그라미 치고, 문장을 우리말로 해석하세요.

01 Natasha was raised by her grandmother.
Natasha는 그녀의 할머니에 의해 길러졌다.

02 Many car accidents are caused by bad weather.

03 Basketball was invented by James Naismith.

04 That picture was painted by Salvador Dali.

05 Alex's house was built by his father five years ago.

06 Sadly, Jim was not chosen by the company.

07 The reply must be sent by the manager before this afternoon.

08 Daisy is loved by everyone. She is very kind.

09 That dress was worn by the lead actress in the movie.

10 Lights in this building are controlled by computers.

Vocabulary

01 raise [reiz] v. 기르다

02 accident [ǽksidənt] n. 사고
cause [kɔːz] v. 야기하다, 일으키다

03 invent [invént] v. 발명하다

06 choose [tʃuːz] v. 선택하다

07 reply [riplái] n. 답장

08 kind [kaind] adj. 친절한

09 lead actress phr. 주연 여배우

10 control [kəntróul] v. 통제하다

HACKERS TEST

01 밑줄 친 부분에 유의하여 문장 (A), (B)를 해석하세요.

> **(A) The first cars were made hundreds of years ago.** However, they were very expensive at that time. So Henry Ford decided to make cheap cars for everybody. In 1908, he made the Ford Model T. The price of this new model was half the price of other cars. **(B) People's lives were changed a lot by this vehicle.** They could get to work, school, and other places in a short time.

(A) 최초의 자동차는 수백 년 전에 ______________.

(B) 사람들의 삶은 이 운송 수단에 의해 많이 ______________.

Vocabulary

expensive [ikspénsiv] adj. 비싼
at that time phr. 그 당시
cheap [tʃi:p] adj. 저렴한
price [prais] n. 가격
half the price phr. 반값
life [laif] n. 삶
change [tʃeindʒ] v. 바꾸다
vehicle [ví:hikəl] n. 운송 수단, 차

02 밑줄 친 부분에 유의하여 문장 (A), (B)를 해석하세요.

> The process of making chocolate is not simple. First, cocoa beans are roasted in a machine. Next, the shells of the beans are removed. **(A) The insides of the beans are heated and mixed together into cocoa butter.** Other items such as milk and sugar are added to make liquid chocolate. **(B) The creamy chocolate is then poured into bars.** Now, we can enjoy a delicious bar of chocolate in an hour.

(A) ____.

(B) ____.

process [prɑ́:ses] n. 과정
simple [símpəl] adj. 간단한
cocoa bean phr. 카카오 열매
roast [roust] v. 볶다
machine [məʃí:n] n. 기계
shell [ʃəl] n. 껍질
remove [rimú:v] v. 제거하다
inside [ìnsáid] n. 내부
heat [hi:t] v. 가열하다
mix [miks] v. 섞다
item [áitəm] n. 재료
add [æd] v. 첨가하다
liquid [líkwid] adj. 액체의
creamy [krí:mi] adj. 크림 같은
pour [pɔ:r] v. 붓다, 따르다
bar [bɑ:r] n. 막대기 (모양의 것), 바

Voca Quiz 아래 빈칸에 알맞은 뜻을 쓰세요.

1. expensive	________	4. roast	________
2. half the price	________	5. liquid	________
3. vehicle	________	6. pour	________

[03~04] 다음 지문을 읽고 질문에 답하세요.

(A) Plastic bags and paper cups are often used by supermarkets and cafés. Usually, they are used once and then thrown away. This might be convenient, but it is bad for the environment. **(B) Instead, businesses must be encouraged to provide recycled items.** "Recycled" means "used again." These items are made from waste, so garbage is reduced. In this way, the environment can be protected. Using recyclable items allows us all to work together for the environment.

03 밑줄 친 부분에 유의하여 문장 (A), (B)를 해석하세요.

(A) ______________________________.

(B) ______________________________.

04 지문의 내용과 일치하도록 주어진 단어를 빈칸에 넣어 문장을 완성하세요.

ⓐ used	ⓑ protected	ⓒ made	ⓓ thrown away

(A) Paper cups or plastic bags are ______________ by businesses.

(B) Recycled items are ______________ from waste.

정답·해석·해설 p.54

Vocabulary

plastic bag phr. 비닐봉지
paper cup phr. 종이컵
use [ju:z] v. 사용하다
throw away phr. 버리다
convenient [kənvíːniənt] adj. 편리한
environment [inváirənmənt] n. 환경
business [bíznis] n. 기업
encourage [inkə́ːridʒ] v. 권장하다
provide [prəváid] v. 제공하다
recycle [riːsáikəl] v. 재활용하다
waste [weist] n. 폐기물
garbage [gáːrbidʒ] n. 쓰레기
reduce [ridúːs] v. 줄이다
protect [prətékt] v. 보호하다
recyclable [riːsáikləbəl] adj. 재활용할 수 있는

Voca Quiz 아래 빈칸에 알맞은 뜻을 쓰세요.

1. throw away	______________	4. waste	______________
2. environment	______________	5. reduce	______________
3. encourage	______________	6. recyclable	______________

Chapter 10

등위·상관 접속사 정복하기

등위 접속사와 상관 접속사는 문장과 문장, 단어와 단어 등을 연결해 줍니다. Chapter 10에서는 이러한 접속사가 문장에 쓰이면 어떻게 해석하는지 알아보도록 하겠습니다.

혜원이는 간호사이다. **그리고** 혜원이의 어머니도 간호사이다.

우리말의 '혜원이는 간호사이다'와 '혜원이의 어머니도 간호사이다'라는 문장이 '그리고'로 연결되어 있지요? 이처럼 문장과 문장, 단어와 단어 등을 연결해주는 것을 **접속사**라고 합니다.

영어에서도 아래와 같이, 문장과 문장, 단어와 단어 등을 대등하게 연결해주는 **등위 접속사**가 있습니다.

and	Sue is a nurse, **and** her mother is also a nurse. Sue는 간호사**이고**, 그녀의 어머니도 간호사이다.

둘 이상의 단어가 서로 짝을 이루어 쓰이는 **상관 접속사**도 있습니다.

both A and B	**Both** Sue **and** her mother are nurses. Sue**와** 그녀의 어머니 **둘 다** 간호사이다.

위와 같이 문장이나 단어 등을 연결하는 등위·상관 접속사는 접속사마다 나타내는 의미가 다르기 때문에, 접속사별로 어떤 의미를 가지고 있는지 잘 알아두면 문장의 흐름을 쉽게 파악할 수 있습니다.

그럼 **Chapter 10 등위·상관 접속사 정복하기** 학습을 시작해볼까요?

Unit 47 and, but, or 해석하기

Irene studied hard. She got a good grade.

Irene studied hard, and she got a good grade.

Irene은 열심히 공부했고, 그녀는 좋은 성적을 받았다.

- 위 문장의 and처럼, and는 두 문장을 하나로 연결할 때 쓰입니다. **and**는 '**그리고, ~이고, ~와**'라고 해석합니다.
- but과 or도 두 문장을 하나로 연결할 때 쓰일 수 있습니다. **but**은 '**그러나, ~이지만**', **or**는 '**또는, 아니면, ~이나**'라고 해석합니다.
  Irene studied hard, **but** she didn't get a good grade. Irene은 열심히 공부했**지만**, 그녀는 좋은 성적을 받지 못했다.
  Alex watches TV **or** he reads books on the weekends. Alex는 주말에 TV를 보거**나** 책을 읽는다.
- and, but, or 뒤에 반복되는 내용은 생략되기도 합니다.
  Dylan bought apples **and** (Dylan bought) bananas. Dylan은 사과**와** 바나나를 샀다.
  He didn't like my opinion **but** (he) accepted it. 그는 내 의견을 좋아하지 않았**지만** 그것을 받아들였다.
  Eve will buy a red skirt **or** (Eve will buy) blue pants. Eve는 빨간 치마 **또는** 파란 바지를 살 것이다.

아래 문장을 우리말로 해석하세요.

01 Hailey likes dogs and cats. Hailey는 개와 고양이를 좋아한다.

02 We finished our meal and ordered dessert.

03 Clare wants to become a teacher or a dentist.

04 I read the book many times but couldn't understand it.

05 Some birds have wings but can't fly.

06 Nancy took many pictures, and she showed them to her friends.

07 Sam's family watched the movie, but they didn't like it.

08 Paul might use his dad's truck or he might rent one.

09 The bookstore near my school doesn't sell comic books or magazines.

10 During summer vacation, Sarah will take an art class or join the gym.

Vocabulary

02 meal [miːl] n. 식사

03 dentist [déntist] n. 치과의사

04 understand [ʌ̀ndərstǽnd] v. 이해하다

05 wing [wiŋ] n. 날개

06 take a picture phr. 사진을 찍다

07 watch [wɑːtʃ] v. 보다

08 rent [rent] v. 빌리다, 임대하다

09 comic book phr. 만화책
magazine [mæ̀gəzíːn] n. 잡지

10 join [dʒɔin] v. 가입하다
gym [dʒim] n. 체육관

so, for 해석하기

It is sunny. She can go on a picnic.

It is sunny, so she can go on a picnic.

날씨가 좋아서, 그녀는 소풍을 갈 수 있다.

- 위 문장의 so처럼, so도 두 문장을 하나로 연결할 때 쓰입니다. **so**는 '**그래서, ~해서**'라고 해석합니다.
- for도 두 문장을 하나로 연결할 때 쓰일 수 있습니다. **for**는 '**왜냐하면 ~**'이라고 해석합니다.

  I hate to waste a drop of gas, **for** it is very expensive these days.
  나는 기름 한 방울도 낭비하는 것을 싫어한다, **왜냐하면** 그것은 요즘 매우 비싸기 때문이다.

- **for**와 동일한 의미로 because가 쓰입니다. **because**도 '**왜냐하면 ~**'이라고 해석합니다.

  Thomas will be late to work, **for** he has a dental appointment.
  Thomas는 직장에 늦을 것이다, **왜냐하면** 그는 치과 예약이 있기 때문이다.

  He succeeded **because** he worked hard. 그는 성공했다, **왜냐하면** 그는 열심히 일했기 때문이다.

아래 문장을 우리말로 해석하세요.

01 It was cold, so Neil closed the window. 추워서, Neil은 창문을 닫았다.

02 He was very hungry, so he ate all the pizza.

03 I have to go to the store today, for I am out of milk.

04 Natalie drank a lot of coffee, so she couldn't sleep at night.

05 I need to go home early today because I am not feeling well.

06 The picnic will be canceled, for it is going to rain all day tomorrow.

07 Mary is a vegetarian now, so she doesn't eat meat or seafood.

08 Mark was sweating a lot, for it was nearly 40 degrees.

09 We were happy to arrive home, for we had been stuck in traffic.

10 Robert thought that he might be late, so he took a taxi instead of a bus.

01 cold [kould] adj. 추운

02 hungry [hʌ́ŋgri] adj. 배고픈

03 out of phr. (필요한 것이) 떨어져서

05 feel well phr. 건강 상태가 좋다

06 cancel [kǽnsəl] v. 취소하다

07 vegetarian [vèdʒətɛ́əriən] n. 채식주의자

08 sweat [swet] v. 땀을 흘리다
nearly [nírli] adv. 거의

09 be stuck in traffic phr. 교통 혼잡에 갇히다

10 instead of prep. ~ 대신에

Unit 49 both A and B 해석하기

Both Max and Daniel are policemen.

Max와 Daniel 둘 다 경찰관이다.

- 위 문장의 Both Max and Daniel처럼, both A and B는 both와 and가 짝을 이루어 함께 쓰입니다. **both A and B**는 '**A와 B 둘 다**'라고 해석합니다.
- both A and B와 비슷한 의미로 not only A but also B도 쓰입니다. **not only A but also B**는 '**A뿐만 아니라 B도**'라고 해석합니다.

  This drink is **not only** cool **but also** delicious. 이 음료는 시원할 **뿐만 아니라** 맛도 있다.

아래 문장을 우리말로 해석하세요.

01 Isaac enjoys both tennis and golf. Isaac은 테니스와 골프 둘 다 즐긴다.

02 Are both Brittany and Ashley pianists?

03 Donald ordered both a cheeseburger and a salad.

04 Not only roses but also lilacs smell sweet.

05 In Canada, both English and French are spoken.

06 Both carrots and potatoes are vegetables.

07 At the party, Jack lost not only his watch but also his glasses.

08 Both Kyle and Lisa are going to Paris on vacation next week.

09 It is important not only to receive love but also to share it.

10 Achieving a goal not only makes you happy but also gives you confidence.

Vocabulary

01 enjoy [indʒɔ́i] v. 즐기다

02 pianist [piǽnist] n. 피아니스트

03 order [ɔ́:rdər] v. 주문하다

04 sweet [swi:t] adj. 달콤한

05 speak [spi:k] v. (언어를) 사용하다

06 vegetable [védʒtəbəl] n. 채소

08 vacation [veikéiʃən] n. 휴가

09 receive [risí:v] v. 받다
share [ʃɛər] v. 나누다

10 achieve [ətʃí:v] v. 달성하다
confidence [kɑ́:nfədəns] n. 자신감

Unit 50

either A or B 해석하기

She is going to make either gloves or a sweater.

그녀는 장갑과 스웨터 둘 중 하나를 만들 것이다.

- 위 문장의 either gloves or a sweater처럼, either A or B는 either와 or가 짝을 이루어 함께 쓰입니다. **either A or B**는 '**A와 B 둘 중 하나**'라고 해석합니다.
- either A or B와 비슷한 형태로 neither A nor B도 쓰입니다. **neither A nor B**는 '**A와 B 둘 다 아닌**'이라고 해석합니다.
  Neither Jim **nor** his father brought an umbrella. Jim과 그의 아버지 **둘 다** 우산을 가지고 오지 **않**았다.

아래 문장을 우리말로 해석하세요.

01 We will eat either pizza or chicken. 우리는 피자와 치킨 둘 중 하나를 먹을 것이다.

02 Neither Tina nor Linda wears high heels.

03 Bella wants to buy either a laptop computer or a tablet PC.

04 Neither cell phones nor smart watches are allowed in the exam room.

05 Alice will study either German or Spanish at university.

06 Leo is going to see either a comedy or an action movie.

07 Sandwiches are served with either French fries or a salad.

08 I heard that neither Stephanie nor Elizabeth has traveled abroad.

09 You can choose either to stay or to leave. It depends on you.

10 Frank had neither a suit nor a tie, so he bought them for a job interview.

Vocabulary

02 high heel phr. 하이힐

03 laptop computer phr. 노트북

04 cell phone phr. 휴대폰
allow [əláu] v. 허용하다

05 university [jù:nəvə́:rsəti] n. 대학교

07 serve [sə:rv] v. 제공하다

08 travel abroad phr. 해외 여행하다

09 depend on phr. ~에 달려 있다

10 suit [su:t] n. 정장
job interview phr. 취업 면접

HACKERS TEST

01 밑줄 친 부분에 유의하여 문장 (A), (B)를 해석하세요.

Juliet's Cupcake Shop is now open! **(A) All of our cupcakes have either fruit or candy on top. (B) We sell not only cupcakes but also cookies and cakes.** This week, we are having a special event. Every cupcake comes with either coffee or tea. Also, all of our cakes have a 10% discount. We hope to see you soon!

(A) 저희의 모든 컵케이크는 과일_____ 사탕 ________________가 위에 있습니다.

(B) 저희는 컵케이크 ________________ 쿠키와 케이크_____ 판매합니다.

Vocabulary

fruit [fru:t] n. 과일
on top phr. 위에
sell [sel] v. 판매하다
special [spéʃəl] adj. 특별한
event [ivént] n. 행사
come [kʌm] v. (상품 등이) 나오다
discount [dískaunt] n. 할인

02 밑줄 친 부분에 유의하여 문장 (A), (B)를 해석하세요.

Badminton is a sport for either two or four players. It can be played both inside and outside. **(A) Players use racquets and hit a shuttlecock over a net. (B) Neither their hands nor their feet can touch the shuttlecock.** They must make the shuttlecock land on the other team's side. This gives the players one point. A team gets 21 points and the game is finished.

(A) ____.

(B) ____.

player [pléiər] n. 선수
inside [insáid] adv. 실내에서
outside [àutsáid] adv. 바깥에서
racquet [rǽkit] n. 라켓
hit [hit] v. 쳐서 날리다
shuttlecock [ʃʌ́tlkɑ:k] n. (배드민턴의) 셔틀콕
over [óuvər] prep. ~ 위로
land [lænd] v. 떨어지다
side [said] n. 쪽

Voca Quiz 아래 빈칸에 알맞은 뜻을 쓰세요.

1. sell	________	4. player	________
2. event	________	5. hit	________
3. discount	________	6. land	________

[03~04] 다음 지문을 읽고 질문에 답하세요.

Four-leaf clovers are considered signs of good luck. Around the world, many stories about this plant exist. One is about the French leader Napoleon. During a battle, he found a four-leaf clover in a field. **(A) He thought it was beautiful, so he sat down and watched it. (B) At the same time, an enemy shot at Napoleon, but the bullet missed.** It was because he was bending toward the clover. For him, finding a four-leaf clover was very lucky indeed.

Vocabulary

four-leaf clover phr. 네 잎 클로버
consider[kənsídər] v. ~으로 여기다
luck[lʌk] n. 운
plant[plænt] n. 식물
exist[igzíst] v. 존재하다
leader[lí:dər] n. 지도자
enemy[énəmi] n. 적, 적군
shoot[ʃu:t] v. (총 등을) 쏘다
bullet[búlit] n. 총알
miss[mis] v. 빗나가다
toward[tɔ́:rd] prep. ~ 쪽으로
indeed[indí:d] adv. 정말로

03 밑줄 친 부분에 유의하여 문장 (A), (B)를 해석하세요.

(A) ____________________.

(B) ____________________.

04 지문의 내용과 일치하도록 주어진 단어를 빈칸에 넣어 문장을 완성하세요.

ⓐ bullet	ⓑ luck	ⓒ signs	ⓓ stories

(A) People around the world have their own __________ about four-leaf clovers.

(B) Napoleon wasn't hit by a __________ thanks to a four-leaf clover.

정답·해석·해설 p.59

Voca Quiz 아래 빈칸에 알맞은 뜻을 쓰세요.

1. consider __________
2. plant __________
3. leader __________
4. shoot __________
5. miss __________
6. indeed __________

Chapter 11

명사 역할을 하는 명사절 정복하기

'주어+동사' 앞에 that, if, when 등이 오면 문장에서 명사 역할을 하는 명사절이 됩니다. 이때 that, if, when 등을 명사절 접속사라고 합니다. Chapter 11에서는 다양한 명사절 접속사들이 만드는 명사절에 대해 알아보도록 하겠습니다.

나는 **그녀가 상을 받은 것**을 알고 있다.

주어와 동사로 이루어진 '그녀가 상을 받다'가 '그녀가 상을 받은 것'이라는 명사절로 바뀌어 문장의 목적어 자리에 왔습니다.

영어에서도 아래와 같이, 주어, 목적어, 보어 등 명사가 오는 자리에 '명사절 접속사+주어+동사' 형태의 명사절이 올 수 있습니다.

주어	**That Eva won the award** was a big surprise. **Eva가 상을 받은 것은** 놀라운 일이었다.
목적어	Charles knows **that Eva won the award**. Charles는 **Eva가 상을 받은 것을** 알고 있다.
보어	The important thing is **that Eva won the award**. 중요한 것은 **Eva가 상을 받은 것**이다.

위와 같이 명사 자리에 올 수 있는 명사절은 어떤 명사절 접속사가 왔는지에 따라 의미가 달라지므로, 각 명사절 접속사가 갖는 의미를 잘 알아두면 문장의 의미를 쉽게 파악할 수 있습니다.

그럼 **Chapter 11 명사 역할을 하는 명사절 정복하기** 학습을 시작해볼까요?

Unit 51 that ~ 해석하기

Mia realized that her phone was ringing.

Mia는 그녀의 전화가 울리고 있는 것을 알아챘다.

- 위 문장의 that her phone was ringing처럼, 명사절 that ~은 문장에서 명사 역할을 하여 주어, 목적어, 보어 등 명사 자리에 올 수 있습니다. **that ~**은 '**~하는 것**'이라고 해석합니다.
- **that ~**이 주어 자리에 오면, 일반적으로 that ~을 문장의 맨 뒤로 보내고 주어 자리에는 대신 **가짜 주어 it**을 자주 사용합니다. (Unit 10 주어 자리에 온 가짜 주어 it 해석하기 (2)를 참고하세요.)

It is shocking **that Jane told a lie to me**. Jane이 나에게 거짓말을 했다는 것은 충격적이다.

아래 문장을 우리말로 해석하세요.

01 I heard that the waiters at that restaurant are friendly.
나는 저 식당에 있는 종업원들이 친절하다는 것을 들었다.

02 It was clear that everyone enjoyed the trip to Mexico.

03 The police noted that the window was broken.

04 That cars create pollution is the main message of the report.

05 It is good news that the hurricane didn't hit the city.

06 It was sad that Emma didn't come to the party.

07 The hairdresser didn't notice that Kelly's hair was damaged.

08 The good thing about the new software is that it updates regularly.

09 The truth was that the painting in our home wasn't original. We were really surprised.

10 Scientists said that they found a new planet and it is similar to Earth.

Vocabulary

01 friendly [fréndli] adj. 친절한

02 clear [klir] adj. 분명한

03 police [pəlíːs] n. 경찰
note [nout] v. ~에 주목하다

04 pollution [pəlúːʃən] n. 오염
report [ripɔ́ːrt] n. 보고서

05 hurricane [hə́ːrəkèin] n. 허리케인
hit [hit] v. (폭풍 등이) 덮치다

07 hairdresser [hɛ́ərdrèsər] n. 미용사
damaged [dǽmidʒd] adj. 손상된

08 regularly [régjulərli] adv. 정기적으로

09 original [ərídʒənəl] adj. 진품인

10 planet [plǽnit] n. 행성
similar [símələr] adj. 유사한

Unit 52 if ~/whether ~ 해석하기

Tom is asking if the dish is spicy.

Tom은 그 요리가 매운지 아닌지 물어보고 있다.

- 위 문장의 if the dish is spicy처럼, 명사절 if ~도 문장에서 명사 역할을 하여 명사 자리에 올 수 있습니다. **if ~** 는 '**~인지 아닌지**'라고 해석합니다.
- 명사절 whether ~도 문장에서 명사 역할을 하여 명사 자리에 올 수 있습니다. **whether ~**도 '**~인지 아닌지**'라고 해석합니다.
  I want to know **whether he will go to the party tonight**. 나는 **그가 오늘 밤 파티에 갈지 안 갈지** 알고 싶다.

아래 문장을 우리말로 해석하세요.

01 We are wondering if Mark is sick. 우리는 Mark가 아픈지 아닌지 궁금해하고 있다.

02 Whether Sam and Mary will get married is uncertain.

03 Vivian asked if she could take the art class next month.

04 It isn't clear whether the man caused the accident.

05 I want to know whether the hotel is near the subway station.

06 The big question is whether Andrew can buy a new car.

07 Katherine's major concern is if she will arrive at the airport on time.

08 I don't know if Sylvia is still waiting for me at the café.

09 Lucy got a job offer from a company in England. Whether she will take the job is her choice.

10 Yesterday's math exam was difficult. Many students worried about whether they passed the exam.

Vocabulary

01 wonder[wʌ́ndər] v. 궁금해하다
sick[sik] adj. 아픈

02 get married phr. 결혼하다
uncertain[ʌnsə́:rtn] adj. 불확실한

04 cause[kɔ:z] v. 일으키다
accident[ǽksidənt] n. 사고

05 subway station phr. 지하철역

06 question[kwéstʃən] n. 의문

07 major[méidʒər] adj. 주된
concern[kənsə́:rn] n. 걱정

09 job offer phr. 일자리 제의
take[teik] v. 받아들이다

10 math[mæθ] n. 수학
difficult[dífikəlt] adj. 어려운
pass[pæs] v. 통과하다

Unit 53 when ~ / where ~ 해석하기

Dorothy is eating too slowly.

They are wondering when she will finish her meal.

그들은 그녀가 언제 식사를 마칠 것인지 궁금해하고 있다.

- 위 문장의 when she will finish her meal처럼, 명사절 when ~은 문장에서 명사 역할을 하여 명사 자리에 올 수 있습니다. **when ~** 은 '**언제 ~하는지**'라고 해석합니다.
- 명사절 where ~도 문장에서 명사 역할을 하여 명사 자리에 올 수 있습니다. **where ~**는 '**어디서 ~하는지**'라고 해석합니다.
  I know **where he bought his new coat**. 나는 **그가 그의 새 코트를 어디서 샀는지** 안다.

아래 문장을 우리말로 해석하세요.

01 I forgot where I put my passport. 나는 내가 내 여권을 어디에 뒀는지 잊어버렸다.

02 The patient described when the pain first began.

03 Do you remember where you first met your husband?

04 Alex hasn't decided where he will have the party.

05 When the event will be held has finally been announced.

06 Chloe is a famous actress. Where she lives is a secret.

07 The businessmen talked about when they should open a new store.

08 When the couple will go on their honeymoon is not fixed yet.

09 No one knows where the photo was taken. It looks very old.

10 Adam went to bed really late last night. I'm not sure when he will wake up.

Vocabulary

01 passport [pǽspɔːrt] n. 여권

02 patient [péiʃənt] n. 환자
describe [diskráib] v. 설명하다

04 decide [disáid] v. 결정하다

05 hold [hould] v. (행사·시합 등을) 열다
announce [ənáuns] v. 발표하다

06 famous [féiməs] adj. 유명한
actress [ǽktris] n. 여배우

07 businessman [bíznəsmæn] n. 사업가

08 go on one's honeymoon phr. 신혼여행을 가다
fix [fiks] v. 정하다

10 wake up phr. 깨어나다

Unit 54 why ~ / how ~ 해석하기

They wondered why the water was coming in.

그들은 왜 물이 들어오고 있는지 궁금했다.

- 위 문장의 why the water was coming in처럼, 명사절 why ~는 문장에서 명사 역할을 하여 명사 자리에 올 수 있습니다. **why ~** 는 '**왜 ~하는지**'라고 해석합니다
- 명사절 how ~도 문장에서 명사 역할을 하여 명사 자리에 올 수 있습니다. **how ~** 는 '**어떻게 ~하는지**'라고 해석합니다.
  He didn't know **how his dog could open the door**. 그는 **그의 개가 어떻게 그 문을 열 수 있었는지** 알지 못했다.

아래 문장을 우리말로 해석하세요.

01 I don't know why Grace is smiling now. 나는 왜 Grace가 지금 웃고 있는지 모른다.

02 The travelers asked how the pyramids were made.

03 How the thief escaped is still a mystery.

04 Researchers have studied why sugar is unhealthy.

05 Do you know why they broke up suddenly?

06 The dentist explained why brushing teeth is so important.

07 One of his interests is how fish breathe under the water.

08 How people treat their friends shows a lot about their character.

09 Patrick couldn't understand why Clara didn't call him back.

10 Melanie's parents have brown hair. The question is why her hair is red.

Vocabulary

01 smile [smail] v. 웃다

02 traveler [trǽvələr] n. 여행자

03 escape [iskéip] v. 탈출하다
mystery [místəri] n. 수수께끼

04 study [stʌ́di] v. 조사하다

05 break up phr. 헤어지다
suddenly [sʌ́dnli] adv. 갑자기

06 dentist [déntist] n. 치과의사
explain [ikspléin] v. 설명하다

07 interest [íntərəst] n. 관심사
breathe [bri:ð] v. 호흡하다, 숨쉬다

08 treat [tri:t] v. 대하다
character [kǽrəktər] n. 성격

who ~ 해석하기

We know who he likes.

우리는 그가 누구를 좋아하는지 알고 있다.

- 위 문장의 who he likes처럼, 명사절 who ~는 문장에서 명사 역할을 하여 명사 자리에 올 수 있습니다. **who ~** 는 '**누가/누구를 ~하는지**'라고 해석합니다.
- who 뒤에는 '주어+동사'도 올 수 있고, 동사가 바로 올 수도 있습니다.

We know **who he likes**. 우리는 **그가 누구를 좋아하는지** 알고 있다.
(he: 주어, likes: 동사)

Jamie wondered **who lived in that castle**. Jamie는 **누가 저 성에 살았는지** 궁금했다.
(lived: 동사)

아래 문장을 우리말로 해석하세요.

01 The different uniforms show who belongs to each team.
각각 다른 유니폼은 누가 각 팀에 속하는지를 보여준다.

02 Have you heard who won the contest?

03 My major concern is who becomes the next president.

04 Fiona cannot decide who her favorite actor is.

05 Who had the storybook was asked by the teacher.

06 Who the university accepts depends on several factors.

07 The issue is who is controlling access to the files.

08 Isabel couldn't find out who broke the window.

09 Who gets the award will be known at the event tomorrow.

10 I think my sister has a new boyfriend. I am curious about who she is dating.

Vocabulary

01 uniform [jú:nəfɔ̀:rm] n. 유니폼
belong [bilɔ́:ŋ] v. 속하다

02 win [win] v. 우승하다
contest [kɑ́:ntest] n. 대회

03 president [prézidənt] n. 대통령

04 actor [ǽktər] n. 배우

05 storybook [stɔ́:ribùk] n. 이야기책

06 depend on phr. ~에 달려 있다
factor [fǽktər] n. 요소

07 issue [íʃu:] n. 쟁점
access [ǽkses] n. 접근

08 find out phr. 알아내다
break [breik] v. 깨다

09 award [əwɔ́:rd] n. 상

10 curious [kjúriəs] adj. 궁금한

Unit 56

what ~ 해석하기

She couldn't understand what he said.

그녀는 그가 말하는 것을 이해할 수 없었다.

- 위 문장의 what he said처럼, 명사절 what ~은 문장에서 명사 역할을 하여 명사 자리에 올 수 있습니다. **what ~**은 '**~한 것, 무엇이/무엇을 ~하는지**'라고 해석합니다.
- what 뒤에도 '주어+동사'가 오거나 동사가 바로 올 수 있습니다.

She couldn't understand **what he said**. 그녀는 **그가 말하는 것**을 이해할 수 없었다.
(he: 주어, said: 동사)

What makes me happy is my son's smile. **나를 행복하게 만드는 것**은 내 아들의 미소이다.
(makes: 동사)

아래 문장을 우리말로 해석하세요.

01 What I ordered for dessert was apple pie.
내가 후식으로 주문했던 것은 사과 파이였다.

02 Our goals are what help us stay focused.

03 He asked his mother what she wanted for her birthday.

04 What we didn't know was that Harold had a twin brother.

05 Support from family and friends is what makes people change.

06 Stephanie didn't tell anyone what she saw last night.

07 What shocked the audience was the magician's final trick.

08 What Greg told me today is different from what he told you yesterday.

09 The loud music from upstairs was what caused their headache.

10 It is important to decide what you want to achieve before you start something.

Vocabulary

01 order [ɔ́:rdər] v. 주문하다

02 stay [stei] v. 계속 있다

03 birthday [bə́:rθdèi] n. 생일

04 twin [twin] n. 쌍둥이

05 support [səpɔ́:rt] n. 지지

07 audience [ɔ́:diəns] n. 관중
magician [mədʒíʃən] n. 마술사
trick [trik] n. 마술

09 loud [laud] adj. 시끄러운
headache [hédeik] n. 두통

10 achieve [ətʃí:v] v. 성취하다

HACKERS TEST

01 밑줄 친 부분에 유의하여 문장 (A), (B)를 해석하세요.

Painting is what I like to do in my free time. I never studied painting formally. Most of the time, I simply paint what I feel. **(A) Whether my technique is perfect is not important to me.** What matters most is the emotion in my work. **(B) I want people to understand how I see the world.** That is why I paint.

(A) ______________________는 나에게 중요하지 않다.

(B) 나는 사람들이 ______________________ 이해하기를 바란다.

Vocabulary

painting [péintiŋ] n. 그림 그리기
free time phr. 여가 시간
formally [fɔ́:rməli] adv. 정식으로
simply [símpli] adv. 단순히
technique [tekní:k] n. 기법, 기술
perfect [pə́:rfikt] adj. 완벽한
matter [mǽtər] v. 중요하다
emotion [imóuʃən] n. 감정
understand [ʌ̀ndərstǽnd] v. 이해하다

02 밑줄 친 부분에 유의하여 문장 (A), (B)를 해석하세요.

A young man asked Mozart, "How can I write a symphony?" **(A) Mozart saw that the man was very young, so he advised him to write simple music first. (B) The man wanted to know why he couldn't start with symphonies.** He pointed out that Mozart wrote his first symphony when he was only ten years old. Mozart replied, "Yes, but I didn't have to ask how."

(A) ______________________________________.

(B) ______________________________________.

young [jʌŋ] adj. 젊은
symphony [símfəni] n. 교향곡
advise [ædváiz] v. 조언하다
simple [símpəl] adj. 간단한
start [stɑ:rt] v. 시작하다
point out phr. 지적하다
reply [riplái] v. 대답하다

Voca Quiz 아래 빈칸에 알맞은 뜻을 쓰세요.

1. formally	____________	4. young	____________
2. technique	____________	5. advise	____________
3. emotion	____________	6. reply	____________

[03~04] 다음 지문을 읽고 질문에 답하세요.

Chameleons are well known for their color-changing ability. Most people think that they hide from enemies, so they change their colors. **(A) However, what people should note is that many things cause these changes.** Various weather conditions like light or temperature can make chameleons turn different colors. Another reason is communication. A male's bright colors are useful for getting a female's attention. **(B) As a sign of whether she likes him, the female changes her colors, too.**

Vocabulary

ability [əbíləti] n. 능력
hide [haid] v. 숨다
enemy [énəmi] n. 적
note [nout] v. 주목하다
cause [kɔːz] v. 일으키다
change [tʃeindʒ] n. 변화
various [vέəriəs] adj. 다양한
weather [wéðər] n. 기후
condition [kəndíʃən] n. 조건
temperature [témpərətʃər] n. 기온
reason [ríːzən] n. 이유
communication [kəmjùːnəkéiʃən] n. 의사소통
male [meil] n. 수컷
female [fíːmeil] n. 암컷
attention [əténʃən] n. 관심

03 밑줄 친 부분에 유의하여 문장 (A), (B)를 해석하세요.

(A) ______________________________.

(B) ______________________________.

04 지문의 내용과 일치하도록 주어진 단어를 빈칸에 넣어 문장을 완성하세요.

ⓐ ability ⓑ reasons ⓒ attention ⓓ changes

(A) Chameleons have the __________ to turn various colors.

(B) Chameleons change their colors for many different __________.

정답·해석·해설 p.65

Voca Quiz 아래 빈칸에 알맞은 뜻을 쓰세요.

1. ability	__________	4. various	__________
2. enemy	__________	5. condition	__________
3. cause	__________	6. reason	__________

Chapter 12

명사를 꾸며주는 형용사절 정복하기

'(주어+) 동사' 앞에 who, which, that 등이 오면 문장에서 명사를 꾸며주는 형용사절이 됩니다. 이때 who, which, that 등을 형용사절 접속사라고 합니다. Chapter 12에서는 이러한 형용사절 접속사들이 만드는 형용사절에 대해 알아보도록 하겠습니다.

모든 사람들이 좋아하는 친구

주어와 동사로 이루어진 '모든 사람들이 좋아하다'가 '모든 사람들이 좋아하는'으로 바뀌어 명사 '친구'를 꾸며주고 있지요?

영어에서도 아래와 같이, '형용사절 접속사+(주어+) 동사' 형태의 형용사절이 명사를 꾸며줄 수 있습니다.

I have a friend **who everyone likes**. 나는 **모든 사람들이 좋아하는** 친구가 한 명 있다.

위와 같이 명사를 꾸며주는 형용사절은 문장을 복잡하게 만들어 어려워 보일 수도 있지만, 형용사절 접속사가 명사를 꾸며주는 구조만 잘 파악하면 문장의 의미를 쉽게 파악할 수 있습니다.

그럼 **Chapter 12 명사를 꾸며주는 형용사절 정복하기** 학습을 시작해볼까요?

Unit 57

사람을 꾸며주는 who ~ 해석하기

Emily knows the man. He is on the roof.

Emily knows the man who is on the roof.

Emily는 지붕 위에 있는 남자를 안다.

- 위 문장의 who is on the roof처럼, 형용사절 **who ~** 는 사람을 나타내는 명사 뒤에서 명사를 꾸며줄 수 있습니다. **사람 명사+who ~** 는 '**~하는/~한** (사람)'이라고 해석합니다.
- **who ~**는 **사람 명사+(who+) 주어+동사**나 **사람 명사+who+동사**로 쓰일 수 있습니다. 사람 명사 뒤에 또 다른 명사인 주어가 바로 나와도 당황하지 말고 who가 생략된 형용사절로 해석합니다.

The teacher (**who**) **I like the most** is Irene. **내가 가장 좋아하는** 선생님은 Irene이다.
(I: 주어, like: 동사)

The person **who called Oliver** was his mom. **Oliver에게 전화한** 사람은 그의 어머니였다.
(called: 동사)

아래 문장을 우리말로 해석하세요.

01 The girl who Luke met this morning was Erica.
Luke가 오늘 아침에 만났던 소녀는 Erica였다.

02 Jacob bought flowers for the woman he loves.

03 I have a friend who works at a newspaper.

04 Cora did not know anyone who attended the event last night.

05 Jasper is the guy who is laughing out loud over there.

06 Scarlet has a brother who plays guitar in a band.

07 The lady who stopped Gavin in the street yesterday was his professor.

08 Kristin is the friend who is like a family member. I have known her for 12 years.

09 Joe is dating a girl who lives in another country. He has to fly there to see her.

10 The chef who cooked this meal is very famous. She is the woman I read about in the newspaper.

Vocabulary

01 meet [mi:t] v. 만나다
morning [mɔ́:rniŋ] n. 아침

02 buy [bai] v. 사다
flower [fláuər] n. 꽃

03 newspaper [nú:zpèipər] n. 신문(사)

04 attend [əténd] v. 참석하다

05 laugh out loud phr. 큰 소리로 웃다

06 play [plei] v. 연주하다

07 stop [stɑ:p] v. 멈추게 하다

10 chef [ʃef] n. 주방장, 요리사
meal [mi:l] n. 식사

Unit 58 사물, 동물을 꾸며주는 which ~ 해석하기

The pandas are animals. The kids like them.

The pandas are animals which the kids like.

판다는 아이들이 좋아하는 동물이다.

- 위 문장의 which the kids like처럼, 형용사절 **which ~** 는 사물이나 동물을 나타내는 명사 뒤에서 명사를 꾸며줄 수 있습니다. **사물/동물 명사+which** ~는 '**~하는/~한** (사물/동물)'이라고 해석합니다.
- **which ~**도 **사물/동물 명사+(which+) 주어+동사**나 **사물/동물 명사+which+동사**로 쓰일 수 있습니다. 사물/동물 명사 뒤에 또 다른 명사인 주어가 바로 나와도 당황하지 말고 which가 생략된 형용사절로 해석합니다.

This red dress is the one (**which**) **I wore at the party**. 이 빨간 드레스는 **내가 그 파티에서 입었던** 것이다.
주어 동사

The flight **which goes to Madrid** departs at 12:30. **마드리드로 가는** 비행기는 12시 30분에 출발한다.
동사

아래 문장을 우리말로 해석하세요.

01 The letter which Olivia wrote was very long. Olivia가 쓴 편지는 매우 길었다.

02 Singapore is a country Parker has visited three times.

03 Are these the shoes which are on sale?

04 Julia couldn't find the camera which she lost yesterday.

05 The dish which Keira usually orders in this restaurant is the beef.

06 Boxing is a sport which needs strength and speed.

07 Every Tuesday, Josh has a history class which starts at 9 a.m.

08 The TV shows my mom watches every night are normally dramas.

09 That is the bag which Sarah couldn't buy. It was too expensive.

10 The movie I saw with James was not exciting. I almost fell asleep.

Vocabulary

01 letter [létər] n. 편지

02 country [kʌ́ntri] n. 나라
visit [vízit] v. 방문하다

03 on sale phr. 세일 중인

04 lose [luːz] v. 잃어버리다

05 beef [biːf] n. 소고기

06 strength [streŋθ] n. 힘, 체력

08 normally [nɔ́ːrməli] adv. 보통, 대개

09 expensive [ikspénsiv] adj. 비싼

10 exciting [iksáitiŋ] adj. 재미있는
fall asleep phr. 잠들다

Unit 59 사람, 사물, 동물을 꾸며주는 that ~ 해석하기

The woman **that is getting off the plane** is Naomi.

She is getting off the plane that came from Paris.

비행기에서 내리고 있는 여자는 Naomi이다. 그녀는 파리에서 온 비행기에서 내리고 있다.

- 위 문장의 that is getting off the plane과 that came from Paris처럼, 형용사절 that ~ 은 사람과 사물을 나타내는 명사 뒤에 모두 쓰일 수 있습니다. 이처럼 **that ~** 은 사람/사물/동물 명사를 모두 꾸며줄 수 있습니다.
- **that ~**도 **명사 + (that +) 주어 + 동사**나 **명사 + that + 동사**로 쓰일 수 있습니다. 명사 뒤에 또 다른 명사인 주어가 나와도 당황하지 말고 that이 생략된 형용사절로 해석합니다.

Max is a dog (**that**) **Merry raises**. Max는 **Merry가 키우는** 개이다.
(Merry: 주어, raises: 동사)

That is the shuttle bus **that goes to the hotel**. 저것이 **그 호텔로 가는** 셔틀버스이다.
(goes: 동사)

아래 문장을 우리말로 해석하세요.

01 Zoe loves the work that she does. Zoe는 그녀가 하는 일을 좋아한다.

02 The festival that was held last month was fun.

03 This is the photograph I took in New York.

04 Daisies are flowers that need a lot of sunlight.

05 Tom was the person that Gina interviewed last week.

06 The architect that designed this building is very famous.

07 Sammy caught a huge fish that had yellow stripes.

08 History is an important subject that teaches us about the past.

09 Grace didn't want to buy a ring that has a diamond. She preferred simple jewelry.

10 The medicine I took for my cold made me sleepy, so it was really hard to concentrate during class.

Vocabulary

02 festival [féstəvəl] n. 축제
hold [hould] v. (행사·시합 등을) 열다

03 photograph [fóutəgræf] n. 사진

04 sunlight [sʌ́nlait] n. 햇빛

06 architect [ɑ́:rkətèkt] n. 건축가
design [dizáin] v. 설계하다

07 stripe [straip] n. 줄무늬

08 subject [sʌ́bdʒikt] n. 과목

09 prefer [prifə́:r] v. 선호하다
simple [símpəl] adj. 수수한

10 medicine [médəsən] n. 약
sleepy [slí:pi] adj. 졸린
concentrate [kɑ́:nsəntrèit] v. 집중하다

소유의 의미를 나타내는 whose ~ 해석하기

Anna is the girl. Her hair is long.

Anna is the girl whose hair is long.

Anna는 머리가 긴 소녀이다.

- 위 문장의 whose hair is long처럼, **whose ~** 는 앞에 나온 사람/사물/동물의 소유에 대해 나타낼 수 있습니다. 이때 **whose + 명사 ~** 형태로 쓰이며 '**(명사)가 ~한**'이라고 해석합니다

Andy has a diary **whose cover is red**. Andy는 **표지가 빨간** 일기장을 가지고 있다.

Durian is a fruit **whose smell is very strong**. 두리안은 **냄새가 매우 강한** 과일이다.

I have a friend **whose sister lives in LA**. 나는 **언니가 LA에 사는** 친구가 있다.

아래 문장을 우리말로 해석하세요.

01 The person whose desk is always dirty is Christina.
책상이 항상 더러운 사람은 Christina이다.

02 The family whose house is next to the library is really kind.

03 Beth has a bag whose zipper is not working.

04 This is an organization whose members meet once a month.

05 Charlie, whose dad is a police officer, is my friend.

06 The man whose leg was broken during the last match is Mike.

07 Andrea works in an office whose dress code is business casual.

08 Paige recommended a cleaning company whose services are excellent.

09 I heard that Macao is a city whose night view is beautiful.

10 Bob was the speaker whose story was very touching. Some people cried after his speech.

02 library [láibrèri] n. 도서관

03 work [wəːrk] v. 작동하다

04 organization [ɔ̀ːrgənəzéiʃən] n. 단체
member [mémbər] n. 회원

05 police officer phr. 경찰관

06 broken [bróukən] adj. 부러진
match [mætʃ] n. 경기

07 dress code phr. 복장 규정

08 recommend [rèkəménd] v. 추천하다
excellent [éksələnt] adj. 훌륭한

09 night view phr. 야경
beautiful [bjúːtəfəl] adj. 아름다운

10 touching [tʌ́tʃiŋ] adj. 감동적인

Unit 61 콤마와 함께 쓰인 which/who 해석하기

Stacy is reading a letter, which was written by her mom.

Stacy는 편지를 읽고 있는데, 그것은 그녀의 어머니에 의해 쓰여졌다.

- 위 문장의 , which was written by her mom처럼, **which/who** 앞에 콤마(,)가 함께 쓰이면 콤마 앞에 나온 명사에 대한 부가적인 정보를 덧붙여 나타냅니다. 이때는 앞의 명사를 꾸며주는 것이 아니라 '**그런데 ~이다**'라고 해석합니다.

  The manager hired Kate**, who has a lot of experience**. 관리자는 Kate를 고용했**는데, 그녀는 경험이 많다**.

- who/which가 콤마와 함께 쓰인 문장과 콤마 없이 쓰인 문장은 아래와 같은 의미 차이가 있음을 함께 알아두면 문장의 의미를 파악하는 데 도움이 됩니다.

  I have two sisters **who are teachers**. 나는 **선생님인** 언니가 두 명 있다. (선생님이 아닌 또 다른 언니가 있을 수도 있다)

  I have two sisters**, who are teachers**. 나는 언니가 두 명 있**는데, 그들은 선생님이다**. (언니가 두 명만 있다)

아래 문장을 우리말로 해석하세요.

01 Jessica received the package, which she ordered online.
Jessica는 소포를 받았는데, 그녀는 그것을 온라인으로 주문했다.

02 Jenny made cupcakes, which her children loved.

03 Noah misses his grandfather, who passed away last year.

04 People looked at the woman who was complaining to the waiter.

05 The movie which won several awards was about Freddie Mercury.

06 The sneakers which I really wanted to buy are sold out.

07 During summer vacation, I visited my cousin, who lives in France.

08 Nathan helped me move the sofa, which I bought yesterday.

09 Amber's father didn't like his portrait, which she had painted in an art class.

10 David can't speak any Korean, so he needs someone who can speak English.

Vocabulary

01 receive [risí:v] v. 받다
package [pǽkidʒ] n. 소포

03 pass away phr. 돌아가시다, 사망하다

04 complain [kəmpléin] v. 불평하다
waiter [wéitər] n. 종업원

05 several [sévərəl] adj. 여러
award [əwɔ́:rd] n. 상

06 sneakers [sní:kərz] n. 운동화
sold out phr. 품절의

08 move [mu:v] v. 옮기다

09 portrait [pɔ́:rtrit] n. 초상화

10 someone [sʌ́mwʌ̀n] n. 누군가

Unit 62 장소/시간/이유를 꾸며주는 where/when/why 해석하기

· the place/park 등 (장소)+where ~

where ~ 는 장소를 나타내는 명사 뒤에서 명사를 꾸며줄 수 있으며, '**~하는/~한 (장소)**'라고 해석합니다.

The park **where I went yesterday** was peaceful. **내가 어제 갔던** 공원은 평화로웠다.

Cats like to sleep in places **where they are warm and comfortable**.
고양이들은 **그들이 따뜻하고 편안한** 장소에서 자는 것을 좋아한다.

· the time/day 등 (시간)+when ~

when ~ 은 시간을 나타내는 명사 뒤에서 명사를 꾸며줄 수 있으며, '**~하는/~한 (때, 날)**'이라고 해석합니다.

I can't forget the time **when we first met**. 나는 **우리가 처음 만났던** 때를 잊을 수 없다.

The year **when the singer debuted** was 2018. **그 가수가 데뷔한** 해는 2018년이었다.

· the reason (이유)+why ~

why ~ 는 이유를 나타내는 명사 뒤에서 명사를 꾸며줄 수 있으며, '**~하는/~한 (이유)**'라고 해석합니다.

That is the reason **why Celia quit her job**. 그것이 **Celia가 그녀의 일을 그만둔** 이유이다.

The reason **why Josh took the class** was he was interested in German history.
Josh가 그 수업을 들은 이유는 그가 독일 역사에 관심이 있어서이다.

아래 문장을 우리말로 해석하세요.

01 The country where Adam lives is England. Adam이 사는 나라는 영국이다.

02 The time when the kids go to school is 9 a.m.

03 Next Friday is the day when we will move to our new house.

04 Jen couldn't remember the exact spot where she left her wallet.

05 Thomas didn't tell me the reason why he couldn't come to the party.

06 Shanghai is the city where the music festival will be held next year.

07 Diana realized a virus was the reason why her computer stopped.

08 The days when Jordan has art class are Monday and Thursday.

09 The restaurant where I had dinner was cheap, but the food was so delicious.

10 A lot of guests weren't on time. The traffic jam was the reason why they were late.

Vocabulary

01 country [kʌ́ntri] n. 나라

04 exact [igzǽkt] adj. 정확한
spot [spɑːt] n. 장소

05 reason [ríːzən] n. 이유

06 hold [hould] v. (행사·시합 등을) 열다

07 realize [ríːəlàiz] v. 깨닫다

09 cheap [tʃiːp] adj. 저렴한
delicious [dilíʃəs] adj. 맛있는

10 on time phr. 제시간에
traffic jam phr. 교통체증

HACKERS TEST

01 밑줄 친 부분에 유의하여 문장 (A), (B)를 해석하세요.

I had my first job interview today. **(A) The company wants a person whose major was advertising. (B) Also, the person must be somebody that has some work experience.** I majored in advertising at a famous business school. I worked as an intern for six months at a marketing company as well. So, I think that I am perfect for the job. I hope that they choose me!

(A) 그 회사는 ____________________ 사람을 원한다.

(B) 또한, 그 사람은 ____________________ 사람이어야 한다.

Vocabulary

job interview phr. 취직 면접
major [méidʒər] n. 전공
advertising [ǽdvərtàiziŋ] n. 광고
work experience phr. (근무) 경력
major in phr. ~을 전공하다
business school phr. 경영대학원
perfect for phr. ~에 안성맞춤인

02 밑줄 친 부분에 유의하여 문장 (A), (B)를 해석하세요.

(A) A Post-it is a small piece of paper which you can stick anywhere. Arthur Fry was the man who invented it. He went to church every weekend and sang in the choir. One day, he tried to mark pages in his song book with pieces of paper. But these bookmarks always fell out. **(B) So he used a weak glue, which kept them on the pages.** That is how he first got the idea for sticky paper.

(A) ____.

(B) ____.

stick [stik] v. 붙이다
anywhere [énihwɛər] adv. 어디든지
invent [invént] v. 발명하다
choir [kwaiər] n. 성가대
mark [mɑːrk] v. 표시하다
fall out phr. 떨어지다
weak [wiːk] adj. 약한
glue [gluː] n. 풀
sticky [stíki] adj. 달라붙는

Voca Quiz 아래 빈칸에 알맞은 뜻을 쓰세요.

1. job interview ____________
2. advertising ____________
3. perfect for ____________
4. stick ____________
5. invent ____________
6. weak ____________

[03~04] 다음 지문을 읽고 질문에 답하세요.

James and Sue were married, and they lived happily with Max and Betty. **(A) The only problem was Max, who sometimes bothered Betty.** One evening, James and Sue decided to go out for dinner. After their meal, the couple came home and found Betty on the floor. She was dead. They knew that Max had killed her. However, they did not call the police. **(B) The reason why Max was not punished was that he was a cat and Betty was a fish.**

03 밑줄 친 부분에 유의하여 문장 (A), (B)를 해석하세요.

(A) ______________________________.

(B) ______________________________.

04 지문의 내용과 일치하도록 주어진 단어를 빈칸에 넣어 문장을 완성하세요.

ⓐ whose	ⓑ where	ⓒ that	ⓓ why

(A) James and Sue had a cat __________ name is Max.

(B) Max was the cat __________ teased the fish whose name was Betty.

정답·해석·해설 p.73

Vocabulary

married [mǽrid] adj. 결혼한
happily [hǽpili] adv. 행복하게
problem [prá:bləm] n. 문제
bother [bá:ðər] v. 괴롭히다
go out phr. 나가다
find [faind] v. 발견하다
floor [flɔ:r] n. 바닥
dead [ded] adj. 죽은
punish [pʌ́niʃ] v. 처벌하다
tease [ti:z] v. 괴롭히다

Voca Quiz 아래 빈칸에 알맞은 뜻을 쓰세요.

1. married	__________	4. floor	__________
2. problem	__________	5. punish	__________
3. go out	__________	6. tease	__________

Chapter 13

부가적인 정보를 나타내는 부사절 정복하기

'주어+동사' 앞에 when, after, because 등이 오면 문장에서 시간, 이유와 같은 정보를 나타내는 부사절이 됩니다. 이때 when, after, because 등을 부사절 접속사라고 합니다. Chapter 13에서는 다양한 부사절 접속사들이 만드는 부사절에 대해 알아보도록 하겠습니다.

그가 샤워를 하는 동안, 전화가 울렸다.

우리말의 '그가 샤워를 하는 동안'이, 전화가 울린 것이 언제 일어난 일인지 말해주고 있습니다. 이처럼 부사절은 문장에서 시간, 이유 등의 정보를 제공해줍니다.

영어에서도 아래와 같이 '부사절 접속사+주어+동사' 형태의 부사절이 문장의 앞이나 뒤에 와서 시간, 이유 등의 정보를 제공할 수 있습니다.

While he was taking a shower, the phone rang. **그가 샤워를 하는 동안**, 전화가 울렸다.
The phone rang **while he was taking a shower**. **그가 샤워를 하는 동안** 전화가 울렸다.

위와 같이 문장에 다양한 부가 정보를 제공하는 부사절은 어떤 부사절 접속사가 쓰였는지에 따라 의미가 달라지므로, 각 접속사가 갖는 의미를 잘 알아두면 문장의 의미를 쉽게 파악할 수 있습니다.

그럼 **Chapter 13 부가적인 정보를 나타내는 부사절 정복하기** 학습을 시작해볼까요?

Unit 63

시간 부사절 when/while/before/after 해석하기

She was cooking when he came home.

그가 집에 왔을 때 그녀는 요리 중이었다.

- 위 문장의 when he came home처럼, 부사절 when ~은 어떤 일이 언제 일어났는지에 대한 정보를 나타냅니다. **when ~** 은 '**~할 때**'라고 해석합니다.
- 부사절 while ~, before ~, after ~도 시간과 관련한 정보를 나타낼 수 있습니다. **while ~** 은 '**~하는 동안**', **before ~** 는 '**~하기 전에**', **after ~** 는 '**~한 후에**'라고 해석합니다.

It was snowing **while we were driving**. **우리가 운전하는 동안** 눈이 내리고 있었다.

The meeting ended **before she arrived**. **그녀가 도착하기 전에** 회의가 끝났다.

After I exercise, I drink lots of water. **나는 운동한 후에**, 많은 물을 마신다.

아래 문장을 우리말로 해석하세요.

01 Before Derek left his house, he locked the door.
Derek은 그의 집을 떠나기 전에, 문을 잠갔다.

02 Tony didn't listen to music while he was studying Chinese.

03 Will you buy a car after you save more money?

04 Claire didn't visit me when I was sick.

05 All drivers must pay a fee when they use the parking lot.

06 Before you eat, you should wash your hands.

07 Jim sings his favorite songs while he takes showers.

08 We heard that the thief escaped before the police arrived.

09 Albert is a good friend. After Mandy lost her job, he helped her find a new job.

10 Martin has a great sense of humor. When he tells a funny story, everybody laughs.

Vocabulary

01 leave [li:v] v. 떠나다
lock [lɑ:k] v. 잠그다

02 study [stʌ́di] v. 공부하다

03 save [seiv] v. 모으다

04 visit [vízit] v. 방문하다

05 pay a fee phr. 요금을 지불하다
parking lot phr. 주차장

07 take a shower phr. 샤워하다

08 thief [θi:f] n. 도둑
escape [iskéip] v. 달아나다
arrive [əráiv] v. 도착하다

10 sense of humor phr. 유머 감각
laugh [læf] v. 웃다

Unit 64 시간 부사절 as/until/since 해석하기

- 부사절 as ~

시간과 관련된 여러 의미를 나타내며, '**~하는 동안**', '**~할 때**', 또는 '**~함에 따라**'라고 해석할 수 있습니다.

As I was watching a movie, my friend called. **내가 영화를 보는 동안**, 내 친구가 전화했다.

Isaac heard a strange sound **as he sat in his room**. **그의 방에 앉아있을 때** Isaac은 이상한 소리를 들었다.

As time passed, his writing ability improved. **시간이 지남에 따라**, 그의 글쓰기 능력은 향상되었다.

- 부사절 until ~

어떤 일이 어느 시점까지 계속되는지에 대한 정보를 나타내며, '**~할 때까지**'라고 해석합니다.

She will feed the cat **until its owner returns**. **주인이 돌아올 때까지** 그녀는 그 고양이에게 먹이를 줄 것이다.

- 부사절 since ~

어떤 일이 언제부터 시작되었는지에 대한 정보를 나타내며, '**~한 이후로**'라고 해석합니다.

Linda has been busy **since she started her new job**. **새로운 일을 시작한 이후로** Linda는 바빴다.

아래 문장을 우리말로 해석하세요.

01 Since Ted hurt his knee, he hasn't played soccer.
Ted는 그의 무릎을 다친 이후로, 축구를 하지 않았다.

02 Levi will lead the team until the boss returns.

03 Lily had coffee and cake as she studied at the café.

04 Do not cross the street until the light turns green.

05 As the sky became dark, the hikers on the mountain became worried.

06 Since Irene moved to New York, I haven't seen her.

07 Some of the audience members didn't stay until the show was over.

08 As I was watching my favorite TV show, the electricity went out.

09 Benny noticed that many people have visited the park since the weather became warm.

10 I think that Jane has lost weight since she joined the health club. She must have exercised really hard.

Vocabulary

01 hurt [hə:rt] v. 다치다
knee [ni:] n. 무릎

02 lead [li:d] v. 이끌다
return [ritə́:rn] v. 돌아오다

04 cross [krɔ:s] v. 건너다
light [lait] n. 교통 신호

05 hiker [háikər] n. 등산객
mountain [máuntən] n. 산

07 audience [ɔ́:diəns] n. 관객, 청중

08 electricity [ilèktrísəti] n. 전기, 전력
go out phr. (전깃불이) 나가다

09 notice [nóutis] v. 알아차리다
warm [wɔ:rm] adj. 따뜻한

10 lose weight phr. 살이 빠지다
join [dʒɔin] v. 가입하다

Unit 65

이유 부사절 because / as / since 해석하기

Mason won a gold medal because he practiced hard.

열심히 연습했기 때문에 Mason은 금메달을 땄다.

- 위 문장의 because he practiced hard처럼, 부사절 because ~는 이유를 나타냅니다. **because ~** 는 '**~이기 때문에**'라고 해석합니다.
- **as ~**와 **since ~**도 이유를 나타낼 수 있으며, '**~이기 때문에**'라고 해석합니다.

  Dave wore a jacket, **as he was cold**. **추웠기 때문에**, Dave는 재킷을 입었다.

  Since I was hungry, I ate a sandwich. **나는 배가 고팠기 때문에**, 샌드위치를 먹었다.

아래 문장을 우리말로 해석하세요.

01 Becky closed the window because it was noisy outside.
밖이 시끄러웠기 때문에 Becky는 창문을 닫았다.

02 As the sofa was on sale, Mark decided to buy it.

03 Since Jill's birthday party is tomorrow, we bought a gift for her.

04 As I don't have any eggs, I can't make pancakes.

05 Ian came to my house because he wanted to talk to me.

06 The meeting will be canceled since the manager is sick.

07 Since this computer needs repairs, you must use a different computer.

08 I know that Tim will make a good choice because he is a smart person.

09 Beyoncé released a new album last week. As I enjoy her music, I listened to her songs online.

10 We got lost. Because our smartphones didn't work, we had to ask somebody for directions.

Vocabulary

01 noisy [nɔ́izi] adj. 시끄러운
outside [àutsaíd] adv. 밖(에)

02 on sale phr. 세일 중인

06 cancel [kǽnsəl] v. 취소하다
manager [mǽnidʒər] n. 관리자

07 repair [ripέər] n. 수리

08 smart [smɑːrt] adj. 똑똑한

09 release [rilíːs] v. 발매하다

10 get lost phr. 길을 잃다
direction [dirékʃən] n. 방향

Unit 66 양보 부사절 although / though / even though 해석하기

Although he was careful, **he hurt his finger.**

조심했음에도 불구하고, 그는 손가락을 다쳤다.

- 위 문장의 Although he was careful처럼, 부사절 although ~는 양보의 의미를 나타냅니다. **although ~** 는 '**~하지만, ~함에도 불구하고**'라고 해석합니다.
- **though ~**와 **even though ~**도 양보의 의미를 나타낼 수 있으며, '**~하지만, ~함에도 불구하고**'라고 해석합니다.

Though the book is long, it's easy to read. **그 책은 길기는 하지만**, 읽기 쉽다.

We woke up early **even though we went to sleep late**. **늦게 잤음에도 불구하고** 우리는 일찍 일어났다.

아래 문장을 우리말로 해석하세요.

01 Though William is rich, he doesn't spend much money.
William은 부자임에도 불구하고, 많은 돈을 쓰지 않는다.

02 Chloe had to give a speech even though she didn't want to.

03 Although the weather was not nice, Ava went out.

04 Paul got a perfect score, though the test was difficult.

05 Even though Audrey was tired, she didn't miss her yoga class.

06 Though Violet lives in England, she has never been to London.

07 Mary is going to a party tomorrow. She has decided to wear a dress even though she prefers jeans.

08 Jessica loves her grandfather. Although she is busy, she goes to see him every weekend.

09 The city started to plan for a new subway line even though it didn't have enough money for the project.

10 David will visit New York next month. Although he can stay at his friend's house, he has booked a hotel room.

Vocabulary

01 rich [ritʃ] adj. 부자의
spend [spend] v. 쓰다

02 give a speech phr. 연설을 하다

03 go out phr. 밖에 나가다

04 perfect score phr. 만점

05 miss [mis] v. 빼먹다

07 prefer [prifə́ːr] v. (더) 좋아하다
jeans [dʒiːnz] n. 청바지

08 grandfather [grǽndfɑ̀ːðər] n. 할아버지
busy [bízi] adj. 바쁜

09 plan [plæn] v. 계획을 세우다

10 stay [stei] v. 머물다
book [buk] v. 예약하다

HACKERS TEST

01 밑줄 친 부분에 유의하여 문장 (A), (B)를 해석하세요.

> **(A) The world has changed a lot since Thomas Edison invented the light bulb.** Before that, people used candles and oil lamps at night. **(B) This was dangerous, since they sometimes caused fires.** So, Edison's invention made people feel safe. Also, light bulbs affected people's daily patterns. People could stay up late and do the things they usually did in the daytime. That is how Edison's bright idea changed people's lives.

(A) ______________________________ 세상은 크게 변했다.

(B) 이것은 위험했는데, ______________________________.

Vocabulary

invent [invént] v. 발명하다
light bulb phr. 백열전구
candle [kǽndl] n. 양초
oil lamp phr. 석유램프
cause [kɔːz] v. ~의 원인이 되다
invention [invénʃən] n. 발명
affect [əfékt] v. 영향을 미치다
daily pattern phr. 일상 패턴
stay up late phr. 늦은 시간까지 깨어있다
daytime [déitaim] n. 낮
bright [brait] adj. 빛나는

02 밑줄 친 부분에 유의하여 문장 (A), (B)를 해석하세요.

> April Fools' Day is one of my favorite days. On this day, we are allowed to lie to people just for fun. Last year, I tried to fool my best friend Billy. **(A) Before school started, I called him.** I told him that class was canceled. Billy said, "I know. The school burned down last night." I was shocked! **(B) I didn't say anything until Billy laughed and told me that he was joking.** In the end, I was the April fool!

(A) ______________________________.

(B) ______________________________.

April Fools' Day phr. 만우절
allow [əláu] v. 허용하다
lie [lai] v. 거짓말하다
for fun phr. 재미로
fool [fuːl] v. 속이다
cancel [kǽnsəl] v. 취소하다
burn down phr. 불에 타다
shock [ʃɑːk] v. 충격을 주다
joke [dʒouk] v. 농담하다
in the end phr. 결국
April fool phr. 만우절에 속은 사람

Voca Quiz 아래 빈칸에 알맞은 뜻을 쓰세요.

1. invent	__________	4. allow	__________
2. cause	__________	5. for fun	__________
3. affect	__________	6. joke	__________

[03~04] 다음 지문을 읽고 질문에 답하세요.

Long ago, a tree whose trunk was twisted lived in a forest. The other trees were straight and tall. **(A) The tree felt bad because it was different from the others.** One day, two woodcutters came into the forest. "We can make nice furniture from these trees," one of them said. "Except for that one," his friend answered. He was pointing at the twisted tree. Suddenly, the tree was thankful for its special shape. **(B) Though it was not beautiful like the other trees, the difference saved its life.**

Vocabulary

trunk [trʌŋk] n. (나무의) 몸통
twisted [twístid] adj. 뒤틀린, 비틀어진
forest [fɔ́:rist] n. 숲
straight [streit] adj. 곧은
feel bad phr. 우울하다
woodcutter [wúdkʌtər] n. 나무꾼
furniture [fə́:rnitʃər] n. 가구
except for phr. ~을 제외하고
point [pɔint] v. 가리키다
thankful [θǽŋkfəl] adj. 감사하는
difference [dífərəns] n. 차이
save [seiv] v. 구하다

03 밑줄 친 부분에 유의하여 문장 (A), (B)를 해석하세요.

(A) ______________________________.

(B) ______________________________.

04 지문의 내용과 일치하도록 주어진 단어를 빈칸에 넣어 문장을 완성하세요.

ⓐ forest	ⓑ furniture	ⓒ trunk	ⓓ woodcutters

(A) The __________ were looking for trees that could be used for making things.

(B) Its twisted trunk saved the tree from becoming __________.

정답·해석·해설 p.78

Voca Quiz 아래 빈칸에 알맞은 뜻을 쓰세요.

1. twisted	__________	4. except for	__________
2. straight	__________	5. thankful	__________
3. woodcutter	__________	6. save	__________

본 교재 동영상강의

해커스인강 HackersIngang.com
해커스공무원 gosi.Hackers.com
해커스편입 HackersUT.com

Chapter 14

If와 가정법 정복하기

Unit 67 조건을 나타내는 **If + 주어 + 현재 시제** 해석하기
Unit 68 현재 상황을 반대로 가정하는 **If + 주어 + 과거 시제** 해석하기
Unit 69 과거 상황을 반대로 가정하는 **If + 주어 + 과거완료 시제** 해석하기
Unit 70 as if / as though **가정법**과 If only **가정법** 해석하기

'만약 ~라면'이라는 뜻의 접속사 If가 쓰인 'If+주어+동사'는 동사의 시제가 무엇인지에 따라 다양한 의미를 나타낼 수 있습니다. Chapter 14에서는 이러한 If가 쓰인 여러 구문들에 대해 알아보도록 하겠습니다.

> **만약** 내일 **날씨가** 좋**다면**, 우리는 밖에 나갈 것이다.
> **만약** 어제 **날씨가** 좋**았다면**, 우리는 밖에 나갔을 것이다.

위의 우리말 두 문장은 '만약 ~라면'이라는 같은 표현이 쓰였지만, 각각 '내일 날씨가 어떨지 모르지만 만약 좋다면'이라는 조건과 '어제 날씨가 안 좋았지만 만약 좋았다면'이라는 가정의 의미를 나타내고 있습니다.

영어에서도 아래와 같이 If 뒤에 쓰인 동사의 시제가 달라져서 문장의 의미가 달라질 수 있습니다.

> **If the weather is** good tomorrow, we will go out. **만약** 내일 **날씨가** 좋**다면**, 우리는 밖에 나갈 것이다.

위 문장에서 'If+주어+현재 시제'는 '내일 날씨가 실제로 어떨지는 모르지만 만약 내일 날씨가 좋다면'이라는 조건을 나타내고 있습니다.

> **If the weather were** good, we would go out. **만약 날씨가** 좋**다면**, 우리는 밖에 나갈 것이다.

위 문장에서 'If+주어+과거 시제'는 '현재 실제로는 날씨가 안 좋지만 만약 날씨가 좋다면'이라고 현재 상황을 반대로 가정하여 말하고 있습니다.

위와 같이 If 뒤에 온 동사가 어떤 시제로 쓰였는지에 따라 문장의 의미가 달라지므로, 이에 대해 잘 알아두면 문장의 의미를 쉽게 파악할 수 있습니다.

그럼 **Chapter 14 If와 가정법 정복하기** 학습을 시작해볼까요?

Unit 67 조건을 나타내는 If + 주어 + 현재 시제 해석하기

If she has **enough money, she will buy the ring.**

만약 그녀가 충분한 돈을 가지고 있다면, 그녀는 그 반지를 살 것이다.
(가지고 있는지 아닌지 모르지만)

- 위 문장의 If she has처럼, **If 뒤**에 **현재 시제**가 오면 '그럴 수도 있고 아닐 수도 있지만 만약 그렇다고 한다면'이라는 의미로 **조건**을 나타냅니다.
- '**If + 주어 + 현재 시제**'는 문장에서 아래와 같이 쓰입니다.

If + 주어 + 현재 시제 ~, 주어 + will/can 등 + 동사원형 … 만약 ~하면 …할 것이다

If it snows a lot, we can have a snowball fight. **만약 눈이** 많이 **내린다면**, 우리는 눈싸움을 할 수 있을 것이다.

아래 문장을 우리말로 해석하세요.

01 If you try hard, you will be successful.
만약 네가 열심히 노력한다면, 너는 성공할 것이다.

02 I can lend Jim this book if he wants to read it.

03 If we bake it too long, the cake will burn.

04 The mirror might break if you drop it on the ground.

05 If you mix yellow and blue, you will get green.

06 Be careful. If the wine spills, it will make a mark on the carpet.

07 If passengers don't bring their passports, they can't board their flights.

08 If the traffic is not bad, it will be a 10 minute drive.

09 Victoria woke up late. But if she leaves soon, she might catch the bus.

10 If we talk about the problem together, we can find a solution quickly.

Vocabulary

01 successful [səksésfəl] adj. 성공한

02 lend [lend] v. 빌려주다

03 burn [bəːrn] v. 타다

04 break [breik] v. 깨지다

05 mix [miks] v. 섞다

06 spill [spil] v. 쏟아지다
mark [mɑːrk] n. 자국, 흔적

07 passenger [pǽsəndʒər] n. 승객
board [bɔːrd] v. 탑승하다

08 traffic [trǽfik] n. 교통 (상황)
drive [draiv] n. 차로 (시간) 걸리는 거리

09 late [leit] adv. 늦게
catch [kætʃ] v. 타다

10 solution [səlúːʃən] n. 해결책

Unit 68 현재 상황을 반대로 가정하는 If + 주어 + 과거 시제 해석하기

If the tennis court were **dry, we would play tennis.**

만약 테니스 코트가 말라 있다면, 우리는 테니스를 칠 것이다.
(현재 테니스 코트가 젖어 있어서 테니스를 치지 않음)

- 위 문장의 If the tennis court were처럼, **If 뒤**에 **과거 시제**가 오면 '현재 실제로는 아니지만 만약 그렇다고 한다면'이라는 **현재 상황을 반대로 가정**하는 의미를 담아 해석합니다.
- '**If + 주어 + 과거 시제**'는 문장에서 아래와 같이 쓰입니다. **If 뒤**에 **과거 시제**가 오지만 과거의 의미가 아닌 것에 주의하여 해석합니다.

If + 주어 + 과거 시제 ~, 주어 + would / could 등 + 동사원형 … (실제로는 아니지만) 만약 ~한다면 …할 것이다

If Chris went to bed early, he could get up early in the morning.
만약 Chris**가** 일찍 잠자리에 **든다면**, 그는 아침에 일찍 일어날 수 있을 것이다.

아래 문장을 우리말로 해석하세요.

01 If Betty arrived at the airport, she would call you.
만약 Betty가 공항에 도착한다면, 그녀는 너에게 전화할 것이다.

02 If Steven won the lottery, he would probably quit his job.

03 Lauren would swim every day if she lived close to a beach.

04 If vegetables tasted like candy, children would eat them more.

05 If diamonds were not so expensive, many people would buy them.

06 Tony's eyesight is not good. If he wore glasses, he could see well.

07 My camera is old. I could take better pictures if I bought a new one.

08 The movie is really scary. If Leo saw it, he wouldn't be able to sleep.

09 If Jennifer got a prize in a song festival, she would tell her parents right away.

10 We would not sweat so much in the summer if we had an air conditioner.

Vocabulary

01 arrive [əráiv] v. 도착하다

02 win the lottery phr. 복권에 당첨되다
quit [kwit] v. 그만두다

03 close to phr. ~에 가까이
beach [biːtʃ] n. 해변

04 vegetable [védʒtəbəl] n. 채소

05 expensive [ikspénsiv] adj. 비싼

06 eyesight [áisait] n. 시력

08 scary [skɛ́əri] adj. 무서운

09 prize [praiz] n. 상
right away phr. 즉시

10 sweat [swet] v. 땀을 흘리다
air conditioner phr. 에어컨

Unit 69 과거 상황을 반대로 가정하는 If + 주어 + 과거완료 시제 해석하기

오늘 아침

If she had arrived on time, she would have caught the train.

만약 그녀가 제시간에 도착했다면, 그녀는 기차를 탔을 것이다.
(그녀가 역에 늦게 도착해서 기차를 타지 못했음)

- 위 문장의 If she had arrived처럼, **If 뒤**에 **과거완료 시제**가 오면 '과거에 실제로는 아니었지만 만약 그랬다고 한다면'이라는 **과거의 상황을 반대로 가정**하는 의미를 담아 해석합니다.
- '**If + 주어 + 과거완료 시제**'는 문장에서 아래와 같이 쓰입니다.

If + 주어 + had + 과거분사 ~, 주어 + would/could 등 + have + 과거분사 … 만약 ~했다면 …했을 것이다

If we had studied hard, we would have passed the test. **만약 우리가** 열심히 **공부했다면**, 우리는 시험에 통과했을 것이다.

아래 문장을 우리말로 해석하세요.

01 If Daniel had played, his team would have won.
만약 Daniel이 경기에서 뛰었다면, 그의 팀은 이겼을 것이다.

02 If the store had sold black hats, Carol would have bought one.

03 If Sarah had exercised every day, she could have lost some weight.

04 I could have gone on vacation to Hawaii if I had found a cheap flight.

05 Rose would not have caught a cold if she had dressed warmly.

06 Joshua wouldn't have broken the cup if he had been careful.

07 If Mark had gotten the job, he would have moved to New York City.

08 If the article had been written in time, the editor would not have been angry.

09 If Rachel had listened to her friend's advice, she could have saved money.

10 If Ron had filled the gas tank before, his car wouldn't have stopped in the middle of the road.

Vocabulary

01 play [plei] v. 경기에서 뛰다

03 exercise [éksərsàiz] v. 운동하다

04 go on vacation phr. 휴가를 가다
flight [flait] n. 항공편

05 catch a cold phr. 감기에 걸리다
warmly [wɔ́:rmli] adv. 따뜻하게

08 article [á:rtikəl] n. 기사
in time phr. 늦지 않게
editor [éditər] n. 편집장

09 listen to phr. 귀를 기울이다
save [seiv] v. 아끼다

10 fill [fil] v. 채우다
gas tank phr. 연료통

Unit 70 as if/as though 가정법과 If only 가정법 해석하기

as if/as though 가정법과 **If only 가정법**은 문장에서 아래와 같이 쓰입니다. 가정법의 형태와 의미를 함께 익혀두도록 합니다.

· as if/as though 가정법

as if/as though+주어+과거 시제 ~	마치 ~한 것처럼	(주절의 시제와 같은 시점의 상황을 반대로 가정)
as if/as though+주어+**had**+과거분사 ~	마치 ~했던 것처럼	(주절의 시제보다 앞선 시점의 상황을 반대로 가정)

Paul buys expensive things **as if/as though he were** a millionaire. Paul은 **마치 그가** 백만장자**인 것처럼** 비싼 물건들을 산다.
Ryan seemed tired **as if/as though he hadn't slept** at all. Ryan은 **마치** 전혀 **자지 못했던 것처럼** 피곤해 보였다.

· If only 가정법

If only+주어+과거 시제 ~	~만 하면 좋을 텐데	(현재 상황을 반대로 가정)
If only+주어+**had**+과거분사 ~	~만 했다면 좋았을 텐데	(과거 상황을 반대로 가정)

If only the Earth produced more oil. **지구가** 석유를 더 **생산하기만 한다면 좋을 텐데.**
If only hunters had not killed all the dodos. **사냥꾼들이** 도도새를 모두 **죽이지만 않았다면 좋았을 텐데.**

아래 문장을 우리말로 해석하세요.

01 Hailey looked surprised, as if she had seen a ghost.
Hailey는 마치 그녀가 귀신을 본 것처럼 놀란 것 같았다.

02 If only Gary realized how much Linda cared for him.

03 Sophie drives as if she was the only driver on the road.

04 If only smartphones weren't too expensive.

05 Brittany ate as if she hadn't eaten food in days.

06 If only my one-year-old baby didn't cry so loudly.

07 The man looked as though he had been injured.

08 Kate is angry, but she is acting as though nothing were wrong.

09 If only heavy rain hadn't caused the flood and spoiled the crops.

10 My brother pretends as though he knew about our father's birthday.

Vocabulary

01 surprised [sərpráizd] adj. 놀란
ghost [goust] n. 귀신

02 realize [rí:əlàiz] v. 알다
care for phr. ~를 좋아하다

06 loudly [láudli] adv. 크게, 시끄럽게

07 injured [índʒərd] adj. 부상을 입은

08 angry [ǽŋgri] adj. 화가 난

09 spoil [spɔil] v. 망치다
crop [krɑ:p] n. 작물

10 pretend [priténd] v. ~인 것처럼 굴다

HACKERS TEST

01 밑줄 친 부분에 유의하여 문장 (A), (B)를 해석하세요.

Flight attendants receive training for emergency situations. **(A) If they don't complete the program, they can't work on a plane.** If a problem appears, they can keep passengers safe, thanks to their training. For example, if a passenger has a medical emergency, attendants can provide first aid. **(B) Also, if a fire happened during a flight, they would be able to put it out quickly.**

(A) ______________________, 그들은 비행기에서 일할 수 없을 것이다.

(B) 또한, ______________________, 그들은 그것을 빨리 끌 수 있을 것이다.

Vocabulary

flight attendant phr. 승무원
receive [risíːv] v. 받다
training [tréiniŋ] n. 훈련
emergency [imə́ːrdʒənsi] n. 비상(사태)
complete [kəmplíːt] v. 완료하다, 끝마치다
appear [əpíər] v. 생기다, 발생하다
passenger [pǽsəndʒər] n. 승객
thanks to phr. ~ 덕분에
first aid phr. 응급 처치
happen [hǽpən] v. 발생하다, 일어나다
put out phr. (불 등을) 끄다

02 밑줄 친 부분에 유의하여 문장 (A), (B)를 해석하세요.

If you don't like wearing sunscreen, we have a solution for you! Beach Banana sunscreen is different from other brands, which are too thick and have a strong smell. **(A) Beach Banana is very light, so it feels as if you didn't put anything on your skin.** And you'll love the fresh banana scent. Buy it now during our special summer sale. **(B) If you buy a bottle of Beach Banana in June, you will get a second bottle for free!**

(A) ______________________________________.

(B) ______________________________________!

wear [wɛər] v. 바르다
sunscreen [sʌ́nskriːn] n. 자외선 차단제
solution [səlúːʃən] n. 해결책
thick [θik] adj. 끈적끈적한
smell [smel] n. 향
light [lait] adj. 가벼운
skin [skin] n. 피부
fresh [freʃ] adj. 산뜻한
scent [sent] n. 향기
for free phr. 무료로

Voca Quiz 아래 빈칸에 알맞은 뜻을 쓰세요.

1. emergency ____________
2. passenger ____________
3. put out ____________
4. solution ____________
5. light ____________
6. scent ____________

[03~04] 다음 지문을 읽고 질문에 답하세요.

Ricky was a man with many regrets. He had a good job as a dentist, but he wanted to be a businessman. **(A) He said to himself, "If only I had gone to business school!"** One day, Ricky was in a big car accident. Luckily, he was fine. But this event totally changed him. He realized he should appreciate what he has right now. **(B) If he had not crashed his car, he would not have learned this important lesson.**

03 밑줄 친 부분에 유의하여 문장 (A), (B)를 해석하세요.

(A) ____!"

(B) ____.

04 지문의 내용과 일치하도록 주어진 단어를 빈칸에 넣어 문장을 완성하세요.

ⓐ change	ⓑ realize	ⓒ appreciate	ⓓ crash

(A) Ricky didn't ____________ his work.

(B) A car accident made Ricky ____________ that he should be thankful for his life.

정답·해석·해설 p.84

Vocabulary

regret [rigrét] n. 후회
dentist [déntist] n. 치과의사
businessman [bíznəsmæn] n. 사업가
say to oneself phr. 마음속으로 생각하다
business school phr. 경영대학원
accident [ǽksidənt] n. 사고
luckily [lʌ́kili] adv. 다행히도
totally [tóutəli] adv. 완전히
change [tʃeindʒ] v. 바꾸다
realize [ríːəlàiz] v. 깨닫다
appreciate [əpríːʃièit] v. 감사하다
crash [kræʃ] v. 들이받다, 충돌하다
learn [ləːrn] v. 배우다
lesson [lésən] n. 교훈, 가르침

Voca Quiz 아래 빈칸에 알맞은 뜻을 쓰세요.

1. regret	____________	4. realize	____________
2. accident	____________	5. crash	____________
3. totally	____________	6. lesson	____________

Chapter 15

동명사 정복하기

Unit 71 **명사 자리**에 오는 **동명사** 해석하기
Unit 72 **동명사를 목적어로 갖는 동사** 익히기
Unit 73 **전치사 뒤**에 오는 **동명사** 해석하기
Unit 74 **동명사가 사용된 표현** 익히기

'동사원형+ing' 형태의 동명사는 문장에서 명사 역할을 하여, 명사 자리에 올 수 있습니다. Chapter 15에서는 이러한 동명사가 문장에서 어떻게 쓰이는지 알아보도록 하겠습니다.

춤추는 것은 재미있다.

우리말의 동사 '춤추다'가 '춤추는 것'으로 바뀌어, 문장에서 명사가 올 수 있는 주어 자리에 왔지요?

영어에서도 아래와 같이, 동사원형에 ing가 붙은 동명사가 문장에서 명사 역할을 할 수 있습니다.

주어	**Dancing** is exciting. **춤추는 것**은 재미있다.
목적어	I like **dancing**. 나는 **춤추는 것**을 좋아한다.
보어	My hobby is **dancing**. 나의 취미는 **춤추는 것**이다.

위와 같이 동사의 형태가 바뀌어 명사 역할을 하는 동명사는 문장에서 주어, 목적어, 보어 등 명사가 오는 자리에 쓰일 수 있으므로, 이러한 동명사의 쓰임을 잘 알아두면 문장의 구조를 파악하여 해석하는 데 도움이 됩니다.

그럼 **Chapter 15 동명사 정복하기** 학습을 시작해볼까요?

Unit 71 명사 자리에 오는 동명사 해석하기

Exercising is one of his hobbies.
주어

운동하는 것은 그의 취미 중 하나이다.

- 위 문장의 Exercising처럼, 동명사는 명사 역할을 하여 주어, 목적어, 보어와 같이 명사가 오는 자리에 올 수 있습니다. **동명사**는 '**~하는 것, ~하기**'라고 해석합니다.
- **동사원형+ing**는 문장에서 동명사로 쓰일 수도 있고 현재분사로 쓰일 수도 있습니다. 이때는 문장을 잘 읽고 **명사** 역할을 하면 '**~하는 것, ~하기**'로, **현재분사**로 쓰였으면 '**~하는, ~하고 있는**'으로 해석합니다.

Swimming is good exercise. **수영하는 것**은 좋은 운동이다.
주어

I saw some **swimming** ducks in the pond. 나는 연못에서 **수영하고 있는** 오리들을 보았다.
현재분사

아래 문장을 우리말로 해석하세요.

01 Biting your nails is a bad habit. 손톱을 물어뜯는 것은 나쁜 습관이다.

02 Jay's job is teaching science to children.

03 Talking loudly in public is not polite.

04 Is Stella's favorite winter sport skiing?

05 Getting enough sleep at night is important for your health.

06 The musician practices playing the piano every day at home.

07 Recycling benefits the environment in many ways.

08 Making an international call costs a lot of money.

09 After a few lessons, Greta thought that she didn't like riding horses.

10 Working out at the gym regularly makes your muscles strong.

Vocabulary

01 bite [bait] v. 물어뜯다, 물다
habit [hǽbit] n. 습관

03 in public phr. 사람들이 있는 데서
polite [pəláit] adj. 예의 바른

05 enough [inʌ́f] adj. 충분한

06 musician [mjuːzíʃən] n. 음악가
practice [prǽktis] v. 연습하다

07 environment [inváiərənmənt] n. 환경

08 make a call phr. 전화를 걸다
international [ìntərnǽʃənəl] adj. 국제의

10 work out phr. 운동하다
muscle [mʌ́səl] n. 근육

Unit 72 동명사를 목적어로 갖는 동사 익히기

They enjoyed building a sand castle.
동사 목적어

그들은 모래성을 만드는 것을 즐겼다.

- 위 문장의 enjoyed building a sand castle처럼, 동사 enjoy 뒤에는 **동명사**가 **목적어**로 올 수 있습니다.
- 동명사를 목적어로 갖는 아래 동사들을 알아두면 문장에 나왔을 때 쉽게 해석할 수 있습니다.

enjoy -ing ~하는 것을 즐기다	avoid -ing ~하는 것을 피하다	mind -ing ~하는 것을 꺼리다
finish -ing ~하는 것을 끝내다	quit -ing ~하는 것을 그만두다	stop -ing ~하는 것을 멈추다, 그만두다
suggest -ing ~하는 것을 제안하다	deny -ing ~하는 것을 부인하다	admit -ing ~하는 것을 인정하다

아래 문장을 우리말로 해석하세요.

01 Owen finished studying for the math test.
Owen은 수학 시험을 위해 공부하는 것을 끝냈다.

02 Friends should avoid hurting each other's feelings.

03 Dentists suggest brushing your teeth three times a day.

04 The teacher didn't mind answering students' questions after class.

05 Llamas are social animals. They enjoy being together in a group.

06 After Jocelyn hurt her leg, she stopped playing soccer for months.

07 Finally, Jessica admitted losing her book to her teacher.

08 You should quit acting like a child and start handling problems like an adult.

09 The boy denied breaking the vase, but everyone knew that he was lying.

10 Cindy is a famous actress. She doesn't mind taking pictures with her fans.

Vocabulary

01 math [mæθ] n. 수학

02 hurt [həːrt] v. 상하게 하다

04 answer [ǽnsər] v. 대답하다

05 llama [lɑ́ːmə] n. 라마
social [sóuʃəl] adj. 사회적인

08 handle [hǽndl] v. 다루다

09 vase [veis] n. 꽃병
lie [lai] v. 거짓말하다

Unit 73 전치사 뒤에 오는 동명사 해석하기

He is thinking about calling a repairman.
(about: 전치사)

그는 수리공을 부르는 것에 대해 생각 중이다.

- 위 문장의 about calling a repairman처럼, 동명사는 about과 같은 **전치사 뒤**에 올 수 있습니다. 이때도 **동명사**는 '**~하는 것, ~하기**'라고 해석합니다.

Judy is good **at baking bread**. Judy는 **빵을 굽는 것을** 잘한다.

David worried **about living in a foreign country**. David는 **외국에 사는 것에 대해** 걱정했다.

아래 문장을 우리말로 해석하세요.

01 Justin is talented at playing the violin. Justin은 바이올린 연주하는 것에 재능이 있다.

02 I like Clara's shop. She is an expert at making jewelry.

03 Is Kayla interested in learning Chinese?

04 Maya didn't apologize for getting angry with her mother.

05 Kate was proud of becoming the winner of a singing contest.

06 Nick felt sorry about calling his new roommate by the wrong name.

07 The Hollywood star was praised for his acting in the movie.

08 Whether the new system will be helpful for reducing crime is not clear.

09 Nancy was tired after work. She ordered a pizza instead of cooking dinner.

10 Teresa needs advice about writing a résumé. She has never applied for a job before.

Vocabulary

01 talented [tǽləntid] adj. 재능이 있는

02 expert [ékspəːrt] n. 전문가
jewelry [dʒúːəlri] n. 장신구

03 be interested in phr. ~에 관심이 있다

04 apologize for phr. ~에 대해 사과하다
get angry with phr. ~에게 화를 내다

05 winner [wínər] n. 우승자
contest [kάːntest] n. 대회

06 wrong [rɔːŋ] adj. 잘못된

07 praise [preiz] v. 칭찬하다
act [ækt] v. 연기하다

08 reduce [ridúːs] v. 줄이다
crime [kraim] n. 범죄

09 instead of prep. ~ 대신에

10 advice [ædváis] n. 조언
résumé [rézəmèi] n. 이력서
apply for phr. ~에 지원하다

Unit 74 동명사가 사용된 표현 익히기

지문에 자주 등장하는 아래 **동명사**가 쓰이는 표현들의 뜻을 익혀두면, 문장에 나왔을 때 쉽게 해석할 수 있습니다.

go -ing ~하러 가다

We **go camping** every summer. 우리는 매년 여름마다 **캠핑을 하러 간다**.

have trouble/difficulty -ing ~하는 데 어려움을 겪다

Sometimes I **have difficulty waking up** early. 때때로 나는 일찍 **일어나는 데 어려움을 겪는다**.

spend … -ing ~하는 데 (시간/돈/노력 등)을 쓰다

Sandra **spent a lot of money buying** Christmas presents. Sandra는 크리스마스 선물을 **사는 데 많은 돈을 썼다**.

be busy -ing ~하느라 바쁘다

Terry **is busy writing** a report. Terry는 보고서를 **쓰느라 바쁘다**.

be worth -ing ~할 가치가 있다

This book **is worth reading**. 이 책은 **읽을 가치가 있다**.

아래 문장을 우리말로 해석하세요.

01 During lunch time, the baker was busy baking.
점심시간 동안, 제빵사는 빵을 굽느라 바빴다.

02 That movie is worth watching several times.

03 Liam goes fishing once a month with his father.

04 On the weekends, Tom spends his free time taking pictures.

05 As I get older, I have difficulty remembering people's names.

06 I think this dress is worth buying. It looks good on you.

07 James doesn't go hiking often because it is tiring.

08 Don't spend time worrying about the future. Just take action.

09 After having a party, the hosts were busy cleaning their house.

10 Owls don't have trouble seeing in the dark. Their large eyes are useful.

Vocabulary

01 baker [béikər] n. 제빵사
busy [bízi] adj. 바쁜

02 watch [wɑːtʃ] v. 보다

04 free time phr. 여가 시간

05 remember [rimémbər] v. 기억하다

06 look good on phr. ~와 잘 어울리다

07 tiring [táiəriŋ] adj. 피곤한

08 take action phr. 행동에 옮기다

09 host [houst] n. 주인

10 owl [aul] n. 부엉이
useful [júːsfəl] adj. 유용한

HACKERS TEST

01 밑줄 친 부분에 유의하여 문장 (A), (B)를 해석하세요.

Harry fell in love with a girl from his French class. **(A) He spent a lot of time trying to get her attention.** Finally, he suggested studying together and she agreed. At first, he was nervous, so he pretended he was busy reading his textbook. After a few minutes, the girl said, "You must know French well. **(B) You have no trouble reading upside down!**"

(A) 그는 ______________________________.

(B) 너는 ______________________________!

Vocabulary

fall in love phr. 반하다, 사랑에 빠지다
spend [spend] v. 보내다
attention [ətén∫ən] n. 관심, 주의
suggest [səgdʒést] v. 제안하다
agree [əgríː] v. 동의하다
nervous [nə́ːrvəs] adj. 긴장한
pretend [priténd] v. ~인 척하다
upside down adv. 거꾸로

02 밑줄 친 부분에 유의하여 문장 (A), (B)를 해석하세요.

Ramadan is a very special month for Muslims. It is observed every year by over a billion people. **(A) During Ramadan, people stop themselves from eating in the daytime. (B) Refusing food and drink allows them to empty their bodies and minds.** This way, they can focus on God only. So, Muslims believe this practice can help to cleanse them and bring them close to God.

(A) ______________________________.

(B) ______________________________.

Ramadan [ræ̀mədáːn] n. 라마단
Muslim [mʌ́zlim] n. 이슬람교도
observe [əbzə́ːrv] v. (의식·관습 등을) 지키다
billion [bíljən] n. 10억
daytime [déitaim] n. 낮
refuse [rifjúːz] v. 거부하다
empty [émpti] v. 비우다
mind [maind] n. 마음
focus [fóukəs] v. 집중하다
practice [prǽktis] n. 관례
cleanse [klenz] v. 정화하다

Voca Quiz 아래 빈칸에 알맞은 뜻을 쓰세요.

1. spend ____________	4. observe ____________
2. suggest ____________	5. empty ____________
3. pretend ____________	6. cleanse ____________

[03~04] 다음 지문을 읽고 질문에 답하세요.

Some artists create artwork on walls and sidewalks, and this is called street art. For many years, street art was ignored by people. They thought it was playful and had no meaning. So, they didn't consider it "real" art. But some artists changed people's views. Banksy is one example. His art has powerful social messages. **(A) It is about supporting peace and protecting the environment. (B) Now, many people enjoy looking at Banksy's works and think they are worth seeing.**

Vocabulary

artwork [ɑ́:rtwə:rk] n. 예술 작품
sidewalk [sáidwɔ̀:k] n. 인도
ignore [ignɔ́:r] v. 무시하다
playful [pléifəl] adj. 장난스러운
real [rí:əl] adj. 진정한
view [vju:] n. 관점
example [igzǽmpəl] n. 예시
powerful [páuərfəl] adj. 강력한
social [sóuʃəl] adj. 사회적인
support [səpɔ́:rt] v. 지지하다
protect [prətékt] v. 보호하다
environment [inváirənmənt] n. 환경

03 밑줄 친 부분에 유의하여 문장 (A), (B)를 해석하세요.

(A) ______________________________.

(B) ______________________________.

04 지문의 내용과 일치하도록 주어진 단어를 빈칸에 넣어 문장을 완성하세요.

ⓐ changing	ⓑ ignoring	ⓒ protecting	ⓓ seeing

(A) Public opinions on street art began __________, thanks to certain artists.

(B) __________ Banksy's art made many people realize that street art is real art.

정답·해석·해설 p.90

Voca Quiz 아래 빈칸에 알맞은 뜻을 쓰세요.

1. artwork __________
2. ignore __________
3. real __________
4. example __________
5. social __________
6. protect __________

Chapter 16

to 부정사 정복하기

'to＋동사원형' 형태의 to 부정사는 문장에서 명사 역할을 하여 명사 자리에 올 수 있다는 것을 배웠지요? to 부정사는 문장에서 명사뿐 아니라 다른 역할도 할 수 있습니다. Chapter 16에서는 이러한 to 부정사가 문장에서 어떻게 쓰이는지 알아보도록 하겠습니다.

> 그녀는 **책을 읽는 것**을 좋아한다.
> 그녀는 **읽을 책**이 있다.
> 그녀는 **책을 읽기 위해** 늦게까지 깨어 있었다.

우리말의 동사 '읽다'가 '읽는 것', '읽을', '읽기 위해' 등으로 바뀌어, 문장에서 명사, 형용사, 부사 등의 역할을 하고 있지요?

영어에서도 아래와 같이, 'to＋동사원형' 형태의 to 부정사가 문장에서 다양한 역할을 할 수 있습니다.

명사 역할	She likes **to read books**. 그녀는 **책을 읽는 것**을 좋아한다.
형용사 역할	She has **a book to read**. 그녀는 **읽을 책**이 있다.
부사 역할	She stayed up late **to read a book**. 그녀는 **책을 읽기 위해** 늦게까지 깨어 있었다.

위와 같이 to 부정사는 문장에서 어떤 역할을 하느냐에 따라 의미가 달라지므로, to 부정사의 쓰임에 따른 해석을 잘 알아두면 문장의 의미를 쉽게 파악할 수 있습니다.

그럼 **Chapter 16 to 부정사 정복하기** 학습을 시작해볼까요?

Unit 75 명사 자리에 오는 to 부정사 해석하기

To play volleyball is fun.
주어

배구 하는 것은 재미있다.

- 위 문장의 To play volleyball처럼, to 부정사는 명사 역할을 하여 주어, 목적어, 보어와 같이 명사가 오는 자리에 올 수 있습니다. 이때 **to 부정사**는 '**~하는 것, ~하기**'라고 해석합니다.
- to 부정사가 주어 자리나 목적격 보어와 함께 목적어 자리에 오면, 일반적으로 to 부정사를 문장의 맨 뒤로 보내고 주어나 목적어 자리에는 it을 자주 사용합니다. (Unit 09, Unit 14를 참고하세요.)

It is fun **to play volleyball**. **배구 하는 것**은 재미있다.

He finds **it** fun **to play volleyball**. 그는 **배구 하는 것**이 재미있다고 생각한다.

아래 문장을 우리말로 해석하세요.

01 My dream is to become a famous actor. 나의 꿈은 유명한 배우가 되는 것이다.

02 Paul must have forgotten to wash the dishes.

03 To lie is wrong in any situation.

04 Don't worry. It is normal to feel nervous before a test.

05 Carrie didn't find it hard to climb the mountain.

06 It is not easy to understand each other perfectly.

07 His plan is to complete all of the courses in two years.

08 To offer your seat to old people shows good manners.

09 If the hotel staff had been nice to us, we might have decided to stay there.

10 You shouldn't move a person with serious injuries. You need to wait for the ambulance.

Vocabulary

01 actor [ǽktər] n. 배우

02 wash the dishes phr. 설거지하다

03 situation [sìtʃuéiʃən] n. 상황, 환경

04 normal [nɔ́:rməl] adj. 정상적인
nervous [nə́:rvəs] adj. 긴장하는

05 find [faind] v. ~라고 생각하다

06 each other phr. 서로
perfectly [pə́:rfiktli] adv. 완전히

07 complete [kəmplí:t] v. 완료하다
course [kɔ:rs] n. 교육 과정

08 manner [mǽnər] n. 예절, 예의범절

09 staff [stæf] n. 직원

10 injury [índʒəri] n. 부상
ambulance [ǽmbjuləns] n. 구급차

Unit 76 to 부정사를 목적어로 갖는 동사 익히기

She wanted to buy a new car.
(wanted: 동사 / to buy a new car: 목적어)

그녀는 새 차를 사기를 원했다.

- 위 문장의 wanted to buy a new car처럼, 동사 want 뒤에는 **to 부정사**가 목적어로 올 수 있습니다.
- to 부정사를 목적어로 갖는 아래 동사들을 알아두면 문장에 나왔을 때 쉽게 해석할 수 있습니다.

want to ~하는 것을 원하다	hope to ~하는 것을 바라다	decide to ~하는 것을 결정하다
need to ~하는 것을 필요로 하다	choose to ~하는 것을 선택하다	offer to ~하는 것을 제안하다
expect to ~하는 것을 예상하다	refuse to ~하는 것을 거부하다	plan to ~하는 것을 계획하다
learn to ~하는 것을 배우다		

아래 문장을 우리말로 해석하세요.

01 I hope to visit Venice someday. 나는 언젠가 베니스를 방문하는 것을 바란다.

02 Everyone in the room expected to hear good news.

03 Susan wanted to drink some coffee before work.

04 Mason is planning to open a new restaurant in three months.

05 Baby ducks learn to swim from their mothers.

06 Bill chose to break up with his girlfriend.

07 Derek thought that he needed to tell the boss about his mistake.

08 Philip has decided to travel around the world after he saves enough money.

09 The president refused to answer the reporters' questions directly.

10 It was raining, but Zack didn't have an umbrella. I offered to lend him mine.

Vocabulary

01 Venice [vénis] n. 베니스
someday [sʌ́mdèi] adv. 언젠가

04 restaurant [réstərənt] n. 식당

06 break up phr. 헤어지다

07 boss [bɔːs] n. 상사
mistake [mistéik] n. 실수

09 reporter [ripɔ́ːrtər] n. 기자
directly [diréktli] adv. 직접적으로

10 lend [lend] v. 빌려주다

명사 뒤에 오는 to 부정사 해석하기

The beach is a good place to relax.

명사

해변은 휴식을 취할 좋은 장소이다.

- 위 문장의 place to relax처럼, to 부정사는 형용사 역할을 하여 명사 뒤에서 명사를 꾸며줄 수 있습니다. 이때 **to 부정사**는 '**~할**' 이라고 해석합니다.

Nicholas has **a letter to send**. Nicholas는 **보낼 편지**가 있다.

Elise bought many **books to read**. Elise는 **읽을** 많은 **책**을 샀다.

아래 문장을 우리말로 해석하세요.

01 Leo has a lot of homework to do. Leo는 해야 할 많은 숙제가 있다.

02 Did Jack buy a suit to wear for the job interview?

03 Sammy baked some cookies to eat as an afternoon snack.

04 Ken and Rose are looking for a movie to watch tonight.

05 On weekdays, Melissa doesn't have enough time to exercise.

06 Tina has some jeans to wash, so she is going to the laundromat.

07 After Martin and Ava jogged, they needed water to drink.

08 These days, people don't get a chance to know their neighbors.

09 Spain has many places to visit, so lots of tourists go to the country every year.

10 I think Sally has the ability to solve this problem although it is difficult.

Vocabulary

01 homework [hóumwəːrk] n. 숙제

02 job interview phr. 취직 면접

03 snack [snæk] n. 간식

04 look for phr. 찾다

05 weekday [wíːkdèi] n. 평일
exercise [éksərsàiz] v. 운동하다

06 laundromat [lɔ́ːndrəmæ̀t] n. 빨래방

07 jog [dʒɑːg] v. 조깅하다

08 these days phr. 요즘에는
neighbor [néibər] n. 이웃

09 tourist [túrist] n. 관광객

10 ability [əbíləti] n. 능력
solve [sɑːlv] v. 해결하다

Unit 78 형용사 뒤에 오는 to 부정사 해석하기 (1)

They were surprised to see a deer.
형용사

그들은 사슴을 봐서 놀랐다.

- 위 문장의 surprised to see a deer처럼, to 부정사는 사람의 감정을 나타내는 형용사 뒤에 와서 감정을 느낀 이유에 대해 나타내며 부사 역할을 할 수 있습니다. 이때 **to 부정사**는 '~**해서**, ~**하게 되어**'라고 해석합니다.
- to 부정사와 함께 자주 쓰이는 아래 감정 형용사들을 알아두면 문장에 나왔을 때 쉽게 해석할 수 있습니다.

happy 행복한	glad/pleased 기쁜	proud 자랑스러운
afraid 두려운	sorry 유감스러운	surprised 놀란

아래 문장을 우리말로 해석하세요.

01 Julian is afraid to go to the dentist tomorrow.
Julian은 내일 치과에 가게 되어 두렵다.

02 Greg was happy to receive the gift from his parents.

03 Robert was surprised to find money in his pocket.

04 I am sorry to inform you that the class has been canceled.

05 Cindy was proud to give a speech at the opening event.

06 Ryan was afraid to tell the truth about the broken vase.

07 The farmer was pleased to see the rain falling from the sky.

08 We are sorry to let you know, but all the tickets are already sold out.

09 Jim was surprised to see Stacy at the party. He thought she couldn't come.

10 After the hurricane, my husband and I were glad to hear that our friends were fine.

Vocabulary

01 go to the dentist phr. 치과에 가다

02 receive [risíːv] v. 받다

03 pocket [pάːkit] n. 주머니

04 inform [infɔ́ːrm] v. 알리다

05 give a speech phr. 연설을 하다

06 vase [veis] n. 꽃병

07 fall [fɔːl] v. 내리다

08 sold out phr. 매진된

10 hurricane [hə́ːrəkèin] n. 허리케인, 폭풍

Unit 79 형용사 뒤에 오는 to 부정사 해석하기(2)

This math problem is difficult to solve.
형용사

이 수학 문제는 풀기 어렵다.

- 위 문장의 difficult to solve처럼, **to 부정사**는 형용사 뒤에 와서 부사 역할을 할 수 있으며, 이때 '**~하기(에)**'라고 해석할 수 있습니다.
- to 부정사와 함께 자주 쓰이는 아래 형용사를 알아두면 문장이 나왔을 때 쉽게 해석할 수 있습니다.

easy/hard/difficult 쉬운/어려운/어려운	cheap/expensive 싼/비싼
safe/dangerous 안전한/위험한	impossible 불가능한

아래 문장을 우리말로 해석하세요.

01 Sandwiches are easy to make. 샌드위치는 만들기 쉽다.

02 Often, heavy rains are hard to forecast.

03 These pills are dangerous to take before driving.

04 Usually, beagles are not easy to train.

05 At most supermarkets, instant ramen is cheap to buy.

06 Bob's handwriting is bad, so his notes are impossible to read.

07 An ink spot is hard to remove with regular soap.

08 In New York, hotels are expensive to stay in for long periods of time.

09 The spring water is safe to drink because it comes straight from the mountain.

10 The professor's class was difficult to understand, so the students asked a lot of questions.

Vocabulary

02 heavy rain phr. 폭우
forecast [fɔ́:rkæ̀st] v. 예측하다

03 pill [pil] n. 알약

04 train [trein] v. 훈련시키다

05 instant [ínstənt] adj. 인스턴트의

06 handwriting [hǽndraitiŋ] n. 글씨체

07 spot [spɑ:t] n. 얼룩
remove [rimú:v] v. 제거하다

08 period [pí:riəd] n. 기간

09 spring water phr. 샘물
straight [streit] adv. 곧장, 곧바로

Unit 80 목적을 나타내는 to 부정사 해석하기

She swims every day to stay healthy.

그녀는 건강을 유지하기 위해 매일 수영한다.

- 위 문장의 to stay healthy처럼, to 부정사는 어떤 일을 하는 목적에 대해 나타내며 부사 역할을 할 수 있습니다. 이때 **to 부정사**는 '**~하기 위해**'라고 해석합니다.
- **in order to + 동사원형**도 to 부정사와 같이 목적을 나타낼 수 있으며, '**~하기 위해**'라고 해석합니다.

  Monkeys climb trees **in order to pick bananas**. 원숭이들은 **바나나를 따기 위해** 나무에 올라간다.
  (= to pick bananas)

CH 16 해석이 쉬워지는 해커스 구문독해 100

아래 문장을 우리말로 해석하세요.

01 They went to Cambodia to see the temples.
그들은 사원을 보기 위해 캄보디아에 갔다.

02 Sometimes, I travel alone in order to relieve stress.

03 To buy movie tickets, we lined up at the ticket machine.

04 Wendy doesn't eat fried foods in order to lose weight.

05 Helena sat down on the ground to rest for a minute.

06 People should not drive over the speed limit in order to be safe on the road.

07 In order to finish the report, Steve and Travis worked until late at night.

08 To celebrate his friend's birthday, John planned a surprise party.

09 Emily is usually sleepy in the morning. She drinks coffee to wake up.

10 It was very hot last night. To cool his bedroom, Carl opened a window.

Vocabulary

01 Cambodia [kæmbóudiə] n. 캄보디아
temple [témpəl] n. 사원

02 relieve stress phr. 스트레스를 풀다

03 line up phr. 줄을 서다

04 lose weight phr. 살을 빼다

05 rest [rest] v. 휴식을 취하다

06 speed limit phr. 제한 속도

08 celebrate [séləbrèit] v. 축하하다

09 wake up phr. 깨다

10 cool [kuːl] v. 시원하게 하다

HACKERS TEST

01 밑줄 친 부분에 유의하여 문장 (A), (B)를 해석하세요.

Having a garden in your house is very useful and easy. You can grow flowers to give as gifts or grow herbs to use in your cooking. **(A) It is not difficult to make an indoor garden.** You just need some flowerpots, soil, and seeds. **(B) Plant the seeds in the soil and give each seed enough space to grow.** Soon, you'll have a beautiful garden to enjoy!

(A) ______________________________ 은 어렵지 않다.

(B) 흙에 씨앗을 심고 각각의 씨앗에 ______________________________ 주어라.

Vocabulary

garden [gá:rdn] n. 정원
useful [jú:sfəl] adj. 유용한
gift [gift] n. 선물
herb [ə:rb] n. 허브
indoor [índɔ̀:r] adj. 실내의
flowerpot [fláuərpɑ̀:t] n. 화분
soil [sɔil] n. 흙
seed [si:d] n. 씨앗
plant [plænt] v. (나무·씨앗 등을) 심다
space [speis] n. 공간

02 밑줄 친 부분에 유의하여 문장 (A), (B)를 해석하세요.

If you suffer from headaches, you can do several things to reduce your pain. Rest is the first thing you need. You should get enough sleep. It is also a good idea to drink lots of water. **(A) You might be disappointed to find these methods unsuccessful. (B) In that case, you should see a doctor to find out what is causing your headache.**

(A) ____.

(B) ____.

suffer from phr. ~으로 고통받다
headache [hédèik] n. 두통
several [sévərəl] adj. 여러 가지의
reduce [ridjú:s] v. 줄이다
rest [rest] n. 휴식
disappointed [dìsəpɔ́intid] adj. 실망한
method [méθəd] n. 방법
find out phr. 알아내다
cause [kɔ:z] v. 일으키다

Voca Quiz 아래 빈칸에 알맞은 뜻을 쓰세요.

1. garden	____________	4. headache	____________
2. indoor	____________	5. reduce	____________
3. plant	____________	6. find out	____________

[03~04] 다음 지문을 읽고 질문에 답하세요.

In the 15th century, Europeans brought a lot of spices from Asia. Many traders went to the East to buy pepper and cinnamon. **(A) However, Asian spices were difficult to bring back.** Traders had to walk thousands of kilometers by land. **(B) So, some countries decided to find a new way by sea.** Hundreds of explorers started sailing, but they all failed. After years of exploring, Vasco da Gama finally found a waterway from Europe to India.

Vocabulary

century [séntʃəri] n. 세기
bring [briŋ] v. 가져오다
spice [spais] n. 향신료
trader [tréidər] n. 상인
pepper [pépər] n. 후추
cinnamon [sínəmən] n. 계피
walk [wɔːk] v. 걷다
find [faind] v. 찾다
explorer [ikspl5ːrər] n. 탐험가
sail [seil] v. 항해하다
fail [feil] v. 실패하다
waterway [wɔ́ːtərwèi] n. 수로
return [ritə́ːrn] v. 돌아오다

03 밑줄 친 부분에 유의하여 문장 (A), (B)를 해석하세요.

(A) ______________________________.

(B) ______________________________.

04 지문의 내용과 일치하도록 주어진 단어를 빈칸에 넣어 문장을 완성하세요.

ⓐ to bring	ⓑ to find	ⓒ to return	ⓓ to walk

(A) Europeans wanted __________ spices from Asia.

(B) Some countries sent explorers __________ a way to Asia by sea.

정답·해석·해설 p.97

Voca Quiz 아래 빈칸에 알맞은 뜻을 쓰세요.

1. century	__________	4. explorer	__________
2. spice	__________	5. fail	__________
3. walk	__________	6. return	__________

본 교재 동영상강의

Chapter 17

분사와 분사구문 정복하기

동사에 ing나 (e)d가 붙은 형태인 분사는 문장에서 동사가 아닌 다른 역할을 하게 됩니다. Chapter 17에서는 분사가 문장에서 어떻게 쓰이는지 알아보도록 하겠습니다.

커다란 자동차
움직이는 자동차

우리말의 형용사 '커다란'이 명사 '자동차'를 꾸며주는 것처럼, 동사 '움직이다'가 '움직이는'으로 바뀌어 '자동차'를 꾸며주는 형용사 역할을 하고 있지요?

영어에서도 아래와 같이, '동사원형+ing' 형태의 현재분사나 '동사원형+(e)d' 형태의 과거분사가 형용사처럼 명사를 꾸며주거나 보어 자리에 올 수 있습니다. (Unit 18, Unit 23, Unit 24를 참고하세요.)

Lily saw an **interesting** movie last night. Lily는 어젯밤에 **재미있는** 영화를 봤다.
The movie was **interesting**. 그 영화는 **재미있었다**.

위와 같이 분사는 문장에서 다양한 역할을 할 수 있으므로, 그 쓰임과 의미를 잘 알아두면 문장의 의미를 쉽게 파악할 수 있습니다.

그럼 **Chapter 17 분사와 분사구문 정복하기** 학습을 시작해볼까요?

Unit 81 명사 앞에서 명사를 꾸며주는 분사 해석하기

Joe pointed out the shining star.

Joe는 반짝이는 별을 가리켰다.

- 위 문장의 shining처럼, 현재분사는 형용사처럼 명사 앞에서 명사를 꾸며줄 수 있습니다. **현재분사**는 사람이나 사물이 직접 하는 일이나 지금 하고 있는 일을 나타내며, '**~하는, ~하고 있는**'이라고 해석합니다.

She was angry about the broken lamp.

그녀는 깨진 램프에 대해 화가 났다.

- 위 문장의 broken처럼, 과거분사도 형용사처럼 명사 앞에서 명사를 꾸며줄 수 있습니다. **과거분사**는 사람이나 사물에 일어나는 일을 나타내며, '**~된, ~해진**'이라고 해석합니다.

아래 문장을 우리말로 해석하세요.

01 Jay gave the dying flowers some water. Jay는 죽어가는 꽃에 약간의 물을 주었다.

02 The running men in the marathon waved to the crowd.

03 The rising sun turned the sky pink.

04 David takes notes on lined paper during class.

05 Sean found his lost sock behind the sofa.

06 My car isn't working, so I need a skilled mechanic to repair it.

07 Police watch for speeding cars and fine the drivers.

08 Broken bones can take several months to heal.

09 No one could open the locked door, so we entered through the window.

10 The students couldn't focus on the test. The ticking clock was making them nervous.

Vocabulary

02 wave [weiv] v. (팔·손을) 흔들다
crowd [kraud] n. 군중

03 rise [raiz] v. 떠오르다

04 take notes phr. 필기를 하다

05 behind [biháind] prep. ~의 뒤에(서)

06 mechanic [məkǽnik] n. 정비공
repair [ripέər] v. 수리하다

07 speed [spi:d] v. 과속하다
fine [fain] v. 벌금을 부과하다

08 take 시간 to
phr. ~하는 데 (시간)이 걸리다

09 through [θru:] prep. ~을 통해

10 focus [fóukəs] v. 집중하다
tick [tik] v. 똑딱거리다
nervous [nə́:rvəs] adj. 긴장한

Unit 82

명사 뒤에서 명사를 꾸며주는 분사 해석하기

The photo taken by Aiden is not clear.

Aiden에 의해 찍힌 사진은 또렷하지 않다.

- 위 문장의 taken by Aiden처럼, 분사는 뒤에 분사 자체의 목적어나 보어, 전치사구 등이 함께 쓰여 길어질 수 있습니다. 이렇게 **길어진 분사구**는 명사 앞이 아닌 **명사 뒤**에서 명사를 꾸며줍니다.
- 분사구가 명사를 뒤에서 꾸며줄 때는, 분사 뒤에 따라오는 어구들을 함께 묶어 명사를 꾸며주도록 해석합니다.

The laundry [**folded in the basket**] is clean. **바구니 안에 개어져 있는** 세탁물은 깨끗하다.

아래 문장을 우리말로 해석하세요.

01 A desk made of wood is expensive. 나무로 만들어진 책상은 비싸다.

02 Is this a book written for children?

03 The people waiting in line must be bored.

04 The cake served at the party wasn't very good.

05 I stopped to read the warning sign hanging on the door.

06 A bird singing in the tree outside suddenly flew away.

07 The tomatoes growing in the garden are not red yet.

08 A little boy hiding behind a wall was playing a game with his friends.

09 Some organizations take care of the homeless people living in the city.

10 Guide dogs are animals trained to help blind people. We must not bother them when they are working.

Vocabulary

01 expensive [ikspénsiv] adj. 비싼

03 bored [bɔːrd] adj. 지루한

04 serve [səːrv] v. 제공하다

05 warning [wɔ́ːrniŋ] n. 경고
hang [hæŋ] v. 걸려 있다

06 suddenly [sʌ́dnli] adv. 갑자기

07 garden [gɑ́ːrdn] n. 정원

08 hide [haid] v. 숨다

09 organization [ɔ̀ːrgənizéiʃən] n. 단체
homeless [hóumləs] adj. 노숙자의

10 guide dog phr. 안내견
blind [blaind] adj. 맹인인, 눈이 먼

Unit 83

시간을 나타내는 분사구문 해석하기

Cleaning the house, **she found a dollar bill.**

집을 청소하는 동안, 그녀는 1달러 지폐를 발견했다.

- 위 문장의 Cleaning the house처럼, 분사는 명사 앞이나 뒤가 아니라 문장의 앞이나 뒤에 쓰일 수 있으며, 이러한 분사구를 분사구문이라고 합니다. **분사구문**은 시간에 대한 정보를 나타낼 수 있으며, '**~하는 동안, ~할 때, ~하면서**'라고 해석합니다.
- 분사 앞에 when이나 while과 같은 부사절 접속사가 함께 쓰일 수도 있습니다.

When driving at night, you should be careful. **밤에 운전할 때**, 당신은 조심해야 한다.

While running in the park, Harry felt a pain in his leg. **공원에서 달리는 동안**, Harry는 그의 다리에 통증을 느꼈다.

아래 문장을 우리말로 해석하세요.

01 Holding his breath, Jacob jumped into the pool.
숨을 참으면서, Jacob은 수영장에 뛰어들었다.

02 Dennis answered many questions while giving his presentation.

03 Spraying ink all over the floor, the copier broke down.

04 I didn't hear a knock on my door while talking on the phone.

05 Checking into the hotel, the guests handed their bags to the bell boy.

06 Hurrying to book her flight, Cathy didn't read all of the details carefully.

07 When jogging outside, you should wear running shoes. Otherwise, you could hurt yourself.

08 Mr. Gregory helped many poor students while working as a teacher.

09 While waiting for the bus, Janet checked her watch several times.

10 When introducing myself, I always try to smile and make eye contact with them.

Vocabulary

01 hold one's breath phr. 숨을 참다

02 give presentation phr. 발표를 하다

03 spray [sprei] v. 뿌리다
break down phr. 고장 나다

05 hand [hænd] v. 건네주다
bell boy phr. 벨 보이

06 hurry [hə́:ri] v. 서두르다, 급히 하다
detail [ditéil] n. 세부 사항

07 otherwise [ʌ́ðərwàiz] adv. 그렇지 않으면
hurt oneself phr. 다치다

08 poor [pur] adj. 가난한

09 check [tʃek] v. 확인하다
several [sévərəl] adj. 여러

10 introduce oneself phr. 자기소개를 하다

이유를 나타내는 분사구문 해석하기

Having a toothache, she is going to see a dentist.

치통이 있어서, 그녀는 치과에 갈 것이다.

- 위 문장의 Having a toothache처럼, 분사구문은 어떤 일의 원인이나 이유에 대한 정보를 나타낼 수도 있습니다. 이때 **분사구문**은 '**~ 때문에, ~해서**'라고 해석합니다.

Feeling tired, she took a nap. **피곤했기 때문에**, 그녀는 낮잠을 잤다.

Getting hot, Lucas took off his coat. **더워져서**, Lucas는 그의 코트를 벗었다.

아래 문장을 우리말로 해석하세요.

01 Being sick, Eva could not go to school. 아파서, Eva는 학교에 갈 수 없었다.

02 The rabbit ran fast to escape, seeing wolves nearby.

03 Working at the library, he can read a lot of books every day.

04 We closed the windows, recognizing that a storm was coming.

05 Feeling thirsty after the marathon, Hilda drank a lot of water.

06 Having very powerful noses, dogs can smell things well.

07 Jane called the fire department, noticing a fire across the street.

08 Listening to loud music, Andrea didn't hear the phone ringing.

09 Seeing that he gained a lot of weight, Paul decided to go on a diet.

10 Nelson Mandela worked to end troubles in South Africa, knowing that peace was possible.

Vocabulary

02 nearby [nìrbái] adv. 가까이에(서)

03 library [láibrèri] n. 도서관

04 recognize [rékəgnàiz] v. 알다

05 thirsty [θə́:rsti] adj. 목이 마르는

06 powerful [páuərfəl] adj. 강력한
nose [nouz] n. 후각

07 fire department phr. 소방서
notice [nóutis] v. 알아차리다

08 ring [riŋ] v. 울리다

09 gain weight phr. 체중이 늘다
go on a diet phr. 다이어트를 시작하다

10 trouble [trʌ́bəl] n. 분쟁

Unit 85

분사로 시작하지 않는 분사구문 해석하기

Pets being welcome, she stayed at the hotel with her dog.

애완동물이 받아들여져서, 그녀는 그녀의 개와 함께 호텔에 묵었다.

- 위 문장의 Pets being welcome처럼, 분사 앞에 명사가 나와서 **명사+분사** ~ 형태로 쓰인 **분사구문**은 명사를 분사구문의 주어로 해석합니다. 문장의 의미에 맞게 시간이나 이유의 의미를 담아 '**(명사)가 ~하는 동안, (명사)가 ~해서/하자**'와 같이 해석합니다.

Temperatures dropping, the animals began to sleep during the winter.
기온이 떨어져서, 동물들은 겨울 동안 잠을 자기 시작했다.

Music playing on the radio, Norma hummed the song. **라디오에서 음악이 나오는 동안**, Norma는 노래를 흥얼거렸다.

아래 문장을 우리말로 해석하세요.

01 The movie starting, the audience stopped talking.
영화가 시작하자, 관객들은 말하는 것을 멈췄다.

02 His sneakers getting wet, Tom moved away from the water.

03 The sun going down, I took a picture of the beautiful sunset.

04 The car didn't move, the gas tank light showing empty.

05 The soup boiling in the pot, the cook began preparing the salad.

06 Plants will die in dark rooms, sunlight being important to their growth.

07 Bruno never eats curry, it tasting spicy. He prefers mild dishes.

08 The bookstore being closed, I could not buy a book.

09 The male penguin protecting the eggs, the female goes into the water to hunt.

10 Flight tickets being expensive, Sheena couldn't buy them. She chose to go by train.

Vocabulary

01 audience [ɔ́:diəns] n. 관객

02 sneakers [sní:kərz] n. 운동화

03 go down phr. (해·달이) 지다
sunset [sʌ́nset] n. 일몰

06 growth [grouθ] n. 성장

07 mild [maild] adj. 순한

09 male [meil] adj. 수컷의, 남자의
female [fí:meil] n. 암컷, 여자

Unit 86

with + 명사 + 분사 해석하기

The children ran away with a monster chasing them.

괴물이 그들을 쫓아올 때 아이들은 도망갔다.

- 위 문장의 with a monster chasing them처럼, **with + 명사 + 분사**는 어떤 일과 동시에 일어나는 상황을 나타냅니다. **with + 명사 + 분사**는 '**~한 채로, ~하면서, ~할 때**'의 뜻으로 해석합니다.
- **with + 명사 + 분사**에서 명사 뒤에 **현재분사**가 오면 **명사가 행위의 주체**이고, **과거분사**가 오면 **명사가 행위의 대상**이라는 의미 차이가 있다는 것을 함께 알아두면 좋습니다.

Susan played the piano **with her teacher watching her**.
선생님이 그녀를 지켜볼 때 Susan은 피아노를 쳤다. (선생님 = 지켜보는 주체)

I sleep **with the window closed**. 나는 **창문을 닫은 채**로 잔다. (창문 = 닫히는 대상)

아래 문장을 우리말로 해석하세요.

01 Lily sat with her legs crossed. Lily는 그녀의 다리를 꼰 채로 앉았다.

02 Kevin was walking with his dog following.

03 With my finger bleeding, I looked for a bandage.

04 Lucy tried not to show her smile with her hair hiding her face.

05 With his voice shaking, Jasper couldn't speak properly.

06 Harry was upset. With the door locked, he stayed in his room.

07 With one shoe untied, I walked to work. I realized this at lunchtime.

08 Sam arrived at the bus stop, with the last bus of the day leaving.

09 The passengers found their seats with the pilot preparing for takeoff.

10 Jeremy went to see a movie with all his homework finished.

Vocabulary

01 cross [krɔ:s] v. (팔·다리 등을) 꼬다

02 follow [fá:lou] v. 따라오다

03 bleed [bli:d] v. 피를 흘리다
look for phr. 찾다
bandage [bǽndidʒ] n. 붕대

05 shake [ʃeik] v. (목소리가) 떨리다
properly [prá:pərli] adv. 제대로

06 upset [ʌpsét] adj. 화가 난

07 untie [ʌntái] v. (매듭 등을) 풀다
realize [rí:əlàiz] v. 알아차리다
lunchtime [lʌ́ntʃtàim] n. 점심시간

09 takeoff [téikɔ̀:f] n. 이륙

10 finish [fíniʃ] v. 끝내다

HACKERS TEST

01 밑줄 친 부분에 유의하여 문장 (A), (B)를 해석하세요.

Many bars in Spain serve tapas. Tapas are light snacks eaten before dinner. Some examples of tapas are fried squid, grilled shrimp, and sausages cooked in wine. **(A) Usually, they are served with freshly baked bread. (B) The dishes being small, people usually order several kinds.** After eating tapas at one bar, diners go to other bars to try different ones.

(A) 보통, 그것들은 ________________과 함께 제공된다.

(B) ________________________, 사람들은 보통 여러 가지 종류를 주문한다.

Vocabulary

serve [sə:rv] v. 제공하다
tapas [tá:pəs] n. 타파스
light [lait] adj. 가벼운
snack [snæk] n. 간식
fry [frai] v. 튀기다
squid [skwid] n. 오징어
grill [gril] v. 굽다
freshly [fréʃli] adv. 갓 ~한
small [smɔ:l] adj. (양이) 적은
several [sévərəl] adj. 여러 가지의
kind [kaind] n. 종류
diner [dáinər] n. 식사하는 사람

02 밑줄 친 부분에 유의하여 문장 (A), (B)를 해석하세요.

Our family has a pet poodle named Daisy. One day, Daisy disappeared. **(A) Calling her name, we looked everywhere for her.** We were all worried about our missing dog. Then, we heard a snoring sound coming from a closed kitchen cabinet. I opened the cabinet and found Daisy! **(B) Lying there, she was sleeping calmly with her eyes closed.** I was so relieved!

(A) ____.

(B) ____.

disappear [dìsəpír] v. 사라지다
everywhere [évriwèr] n. 모든 곳
missing [mísiŋ] adj. 사라진
snore [snɔ:r] v. 코를 골다
cabinet [kǽbənit] n. 수납장
calmly [ká:mli] adv. 평온하게
relieved [rilí:vd] adj. 안도하는

Voca Quiz 아래 빈칸에 알맞은 뜻을 쓰세요.

1. serve ____________
2. freshly ____________
3. diner ____________
4. disappear ____________
5. snore ____________
6. relieved ____________

[03~04] 다음 지문을 읽고 질문에 답하세요.

Have you ever looked closely at a snowflake? If so, you must have noticed its shape. Its shape depends on the weather conditions. **(A) Snowflakes formed in cold and dry air look simple.** They are flat and round. When the weather is warm and wet, snowflakes seem complex. **(B) Having long arms and pointy ends, they look like stars.** The next time it snows, look closely at a snowflake. You will see its shape and know the weather conditions that caused it.

03 밑줄 친 부분에 유의하여 문장 (A), (B)를 해석하세요.

(A) ______________________________.

(B) ______________________________.

04 지문의 내용과 일치하도록 주어진 단어를 빈칸에 넣어 문장을 완성하세요.

ⓐ shapes	ⓑ arms	ⓒ conditions	ⓓ stars

(A) Weather is what makes snowflakes' __________.

(B) Snowflakes look like __________ when the air is warm and wet.

정답·해석·해설 p.104

Vocabulary

snowflake [snóuflèik] n. 눈송이
notice [nóutis] v. 알아차리다
shape [ʃeip] n. 모양
depend on phr. ~에 달려 있다
condition [kəndíʃən] n. 상태
form [fɔːrm] v. 형성하다
dry [drai] adj. 마른
flat [flæt] adj. 납작한
wet [wet] adj. (공기가) 습한
complex [kəmpléks] adj. 복잡한
arm [ɑːrm] n. 가지
pointy [pɔ́inti] adj. (끝이) 뾰족한
star [stɑːr] n. 별
look closely phr. 유심히 보다

Voca Quiz 아래 빈칸에 알맞은 뜻을 쓰세요.

1. snowflake __________
2. depend on __________
3. form __________
4. flat __________
5. complex __________
6. pointy __________

본 교재 동영상강의

Chapter 18

비교 구문 정복하기

여러 대상들을 서로 견주어 비교할 때, 영어에서는 특별한 형태의 구문을 사용합니다. Chapter 18에서는 이러한 비교 구문들의 형태와 해석 방법에 대해 알아보도록 하겠습니다.

똑똑한 소영이
나**보다 더 똑똑한** 소영이

우리말의 '똑똑한'이라는 형용사가 '나보다 더 똑똑한'이라고 쓰여, 소영이가 두 명의 비교 대상 중에서 더 똑똑하다는 것을 나타내고 있지요?

영어에서도 아래와 같이, 두 대상 간 정도의 차이를 나타내는 비교급, 셋 이상의 대상 중 어느 하나의 정도가 가장 큼을 나타내는 최상급, 두 대상의 정도가 동등함을 나타내는 원급 등의 비교 구문들이 쓰여 여러 대상을 비교할 수 있습니다.

비교급	Jack is **smarter than** Bill. Jack은 Bill**보다 더 똑똑하**다.
최상급	Jack is **the smartest** in the class. Jack은 반에서 **가장 똑똑하**다.
원급	Jack is **as smart as** Janet. Jack은 Janet**만큼 똑똑하**다.

위와 같이 비교 구문은 그 형태에 따라 나타내는 의미가 달라지므로, 각 구문의 형태와 의미를 잘 알아두면 문장의 의미를 쉽게 파악할 수 있습니다.

그럼 **Chapter 18 비교 구문 정복하기** 학습을 시작해볼까요?

Unit 87 비교급 구문 해석하기

Tom is younger than Bill.

Tom은 Bill보다 더 젊다.

- 위 문장의 younger than처럼, 비교급+than …은 두 대상 간 정도의 차이를 나타낼 때 쓰입니다. **비교급+than** …은 '**…보다 더 ~한/하게**'라고 해석합니다.
- 비교급은 주로 **형용사/부사+(e)r** 또는 **more+형용사/부사** 형태로 쓰입니다. 아래와 같이 불규칙한 형태의 비교급을 갖는 형용사/부사도 함께 알아두면 좋습니다.

good 좋은 → better 더 좋은	bad 나쁜 → worse 더 나쁜	far 먼, 멀리 → farther/further 더 먼, 더 멀리

아래 문장을 우리말로 해석하세요.

01 Cotton is softer than wool. 면은 모직보다 더 부드럽다.

02 From Korea, Mexico is farther than Japan.

03 Jim cooks dinner more often than his wife cooks.

04 Was Carl's test score worse than Fred's?

05 The trip took a bit longer than Jennifer planned.

06 In the class, Sammy listened more carefully than other people.

07 Many people say that writing poetry is more difficult than writing novels.

08 Business school was more expensive than law school.

09 Jack prefers old movies. He thinks that they are more interesting than new Hollywood movies.

10 The company changed its logo recently. Jonathan found it better than the old one.

Vocabulary

01 cotton [kɑ́:tn] n. 면
wool [wul] n. 모직

04 score [skɔ:r] n. 점수

05 trip [trip] n. 여행
a bit phr. 조금

06 carefully [kɛ́ərfəli] adv. 주의 깊게

07 poetry [póuətri] n. 시
novel [nɑ́:vəl] n. 소설

08 business school phr. 경영대학원

09 prefer [prifə́:r] v. 더 좋아하다

10 recently [rí:səntli] adv. 최근에

Unit 88 최상급 구문 해석하기

Tina is wearing the shortest skirt.

Tina는 가장 짧은 치마를 입고 있다.

- 위 문장의 the shortest처럼, the+최상급은 셋 이상의 대상 중 어느 하나의 정도가 가장 큼을 나타낼 때 쓰입니다. **the+최상급**은 '**가장 ~한/하게**'라고 해석합니다.
- 최상급은 주로 **형용사/부사+(e)st** 또는 **most+형용사/부사** 형태로 쓰입니다. 아래와 같이 불규칙한 형태의 최상급을 갖는 형용사/부사도 함께 알아두면 좋습니다.

good 좋은 → best 최고의	bad 나쁜 → worst 최악의	far 먼, 멀리 → farthest/furthest 가장 먼, 가장 멀리

아래 문장을 우리말로 해석하세요.

01 Morning is the busiest time at the café. 아침은 카페에서 가장 바쁜 시간이다.

02 Is Felicia the strongest player on the team?

03 The steak is not the most popular dish at this restaurant.

04 The hotel rooms on the top floor have the most beautiful views.

05 The blue whale is the largest animal living on earth.

06 Professor Smith's history class was the best class I have ever taken.

07 The world's tallest building is in Dubai. It is over 800 meters high.

08 My trip to China will be the furthest I've ever been from my house.

09 Mr. Lee drives the most carefully in his family. He has never caused an accident.

10 Sarah had a bad day. The worst part of her day was missing her bus stop.

Vocabulary

02 strong [strɔːŋ] adj. 강한

03 dish [diʃ] n. 음식

04 floor [flɔːr] n. 층
view [vjuː] n. 전망

05 blue whale phr. 흰긴수염고래

06 take [teik] v. (과목·수업 등을) 듣다

09 cause [kɔːz] v. 일으키다
accident [ǽksidənt] n. 사고

10 miss [mis] v. 놓치다
bus stop phr. 버스 정류장

Unit 89 원급 구문 해석하기

The teapot is as expensive as the vase.

찻주전자는 꽃병만큼 비싸다.

- 위 문장의 as expensive as처럼, **as+형용사/부사+as** …는 두 대상의 정도가 동등함을 나타낼 때 쓰입니다. **as+형용사/부사+as** …는 '**…만큼 ~한/하게**'라고 해석합니다.

  Ellen is **as tall as** Jill. Ellen은 Jill**만큼 키가 크**다.

  A dog runs **as fast as** a rabbit. 개는 토끼**만큼 빨리** 달린다.

아래 문장을 우리말로 해석하세요.

01 Benny makes coffee as well as a barista. Benny는 바리스타만큼 커피를 잘 만든다.

02 A healthy mind is as important as a healthy body.

03 The day was as hot as the weather forecast had said.

04 No one else in the office can work as quickly as John.

05 Some people think that dolphins are as smart as humans.

06 The movie wasn't as bad as George told me it was.

07 You should try this soup. It's not as spicy as I expected.

08 Kate's homemade cakes were as delicious as the ones at the bakery.

09 This dress didn't look as beautiful as the one Natasha bought yesterday.

10 My mother's health problem was not as serious as we feared. She will be fine in a few days.

Vocabulary

01 barista [bəːríːstə] n. 바리스타, 커피 내리는 사람

02 mind [maind] n. 정신

03 weather forecast phr. 일기예보

05 dolphin [dáːlfin] n. 돌고래

07 expect [ikspékt] v. 예상하다, 기대하다

08 homemade [hòumméid] adj. 집에서 만든
delicious [dilíʃəs] adj. 맛있는
bakery [béikəri] n. 제과점

10 fear [fir] v. 염려하다
fine [fain] adj. 괜찮은

Unit 90 원급, 비교급, 최상급이 사용된 표현 익히기

지문에 자주 등장하는 아래의 원급, 비교급, 최상급이 쓰이는 표현들의 뜻을 익혀두면, 문장에 나왔을 때 쉽게 해석할 수 있습니다.

as+원급+as possible 가능한 한 ~한/하게

He finished his homework **as soon as possible**. 그는 **가능한 한 빨리** 숙제를 끝냈다.

the+비교급 ~, the+비교급 … ~할수록 더 …하다

The faster you walk, **the sooner** you will arrive. 네가 **더 빨리** 걸을수록 **더 일찍** 도착할 것이다.

비교급+and+비교급 점점 더 ~한/하게

Prices are getting **higher and higher** all the time. 물가는 항상 **점점 더 높아진**다.

one of the+최상급+복수명사 가장 ~한 명사들 중 하나

Yesterday was **one of the coldest days** of the year. 어제는 올해 **가장 추운 날 중 하루**였다.

아래 문장을 우리말로 해석하세요.

01 The cheetah is one of the fastest land animals.
치타는 가장 빠른 육지 동물 중 하나이다.

02 More and more people are shopping online these days.

03 At the library, Serena spoke as quietly as possible.

04 Susan became hungrier and hungrier as time passed.

05 Surprisingly, lemon water is one of the best drinks for a cold.

06 The higher the quality of silver, the more expensive it is.

07 I don't like spinach because it is one of the bitterest vegetables.

08 You should stop smoking. The sooner, the better.

09 Spring is on the way. The weather is getting warmer and warmer every day.

10 It is a good idea to buy flight tickets as early as possible. They sell out quickly.

Vocabulary

01 land animal phr. 육지 동물

03 quietly [kwáiətli] adv. 조용히

05 drink [driŋk] n. 음료
cold [kould] n. 감기

06 quality [kwáːləti] n. 질

07 spinach [spínitʃ] n. 시금치
bitter [bítər] adj. (맛이) 쓴

09 on the way phr. 오는(가는) 중인

10 sell out phr. 매진되다

HACKERS TEST

01 밑줄 친 부분에 유의하여 문장 (A), (B)를 해석하세요.

Twenty years ago, cell phones were big and heavy. However, technology has improved over the years. Cell phones have gotten smaller and smaller. **(A) They also have become <u>lighter than before</u>. (B) Smart phones are <u>the latest</u> kind of cell phone.** They are not only small and light, but they also have many functions. For example, people can make video calls and connect to the Internet.

(A) 그것들은 또한 ____________________졌다.

(B) 스마트폰은 휴대폰 중 ____________________ 종류이다.

Vocabulary

cell phone phr. 휴대폰
technology [tekná:lədʒi] n. 기술
improve [imprú:v] v. 향상하다
light [lait] adj. 가벼운
latest [léitist] adj. 최신의
function [fʌ́ŋkʃən] n. 기능
video call phr. 영상 통화
connect [kənékt] v. (인터넷이나 네트워크에) 접속하다

02 밑줄 친 부분에 유의하여 문장 (A), (B)를 해석하세요.

Babe Ruth was a famous baseball player. He started baseball at seven years old. **(A) When he turned 19, he was already playing <u>as well as</u> a professional.** The same year, he was chosen as a pitcher for the Boston Red Sox. Later, he played for the New York Yankees. At 34, he surprised the world by hitting 60 homeruns in one year. **(B) Now, he is remembered as <u>one of the best hitters</u> of all time.**

(A) ____.

(B) ____.

play [plei] v. (경기에서) 뛰다
professional [prəféʃənəl] n. 프로 선수
pitcher [pítʃər] n. 투수
hit [hit] v. (공을) 치다
remember [rimémbər] v. 기억하다
hitter [hítər] n. 타자
all time phr. 역대

Voca Quiz 아래 빈칸에 알맞은 뜻을 쓰세요.

1. improve	____________	4. play	____________
2. latest	____________	5. remember	____________
3. connect	____________	6. all time	____________

[03~04] 다음 지문을 읽고 질문에 답하세요.

You may have heard the Greek tale of Daedalus and his son Icarus. They were put in prison on an island. One day, Daedalus made wings out of feathers and wax to escape with his son. Before taking off, Daedalus warned Icarus to avoid the sun. However, Icarus forgot this warning and flew up high. **(A) The closer he got to the sun, the faster the wax melted. (B) Although he moved his arms as quickly as possible, he fell into the sea.**

Vocabulary

prison [prízən] n. 감옥
wing [wiŋ] n. 날개
feather [féðər] n. 깃털
wax [wæks] n. 밀랍
escape [iskéip] v. 탈출하다, 달아나다
take off phr. 날아오르다, 이륙하다
warn [wɔːrn] v. 경고하다
avoid [əvɔ́id] v. 피하다
warning [wɔ́ːrniŋ] n. 경고
get to phr. 닿다
melt [melt] v. 녹다
fall into phr. ~에 빠지다

03 밑줄 친 부분에 유의하여 문장 (A), (B)를 해석하세요.

(A) ______________________________.

(B) ______________________________.

04 지문의 내용과 일치하도록 주어진 단어를 빈칸에 넣어 문장을 완성하세요.

ⓐ wings ⓑ warning ⓒ wax ⓓ prison

(A) Daedalus had an idea to make __________ to escape.

(B) Icarus fell into the sea when the sun caused the __________ to melt.

정답·해석·해설 p.109

Voca Quiz 아래 빈칸에 알맞은 뜻을 쓰세요.

1. prison	__________	4. warn	__________
2. feather	__________	5. get to	__________
3. escape	__________	6. fall into	__________

본 교재 동영상강의

Chapter 19

독해에 자주 나오는 필수구문 정복하기

영어에는 'too + 형용사 / 부사 + to 부정사'와 같이 특정한 구조로 쓰이는 구문들이 있는데, 이러한 구문들은 문장에서 처음 접하게 되면 쉽게 해석되지 않을 수 있습니다. Chapter 19에서는 이처럼 특정한 구조로 쓰인 '독해에 자주 나오는 필수구문'에 대해 알아보도록 하겠습니다.

영어에는 아래와 같이, 'there be + 명사', 'too + 형용사 / 부사 + to 부정사', 'so + 형용사 / 부사 + that ~' 등 특정한 구조로 쓰이는 구문들이 있습니다.

there be + 명사	**There is an apple** on the table. 탁자 위에 **사과가 있다.**
too + 형/부 + to 부정사	Tom is **too young to drive.** Tom은 **너무 어려서 운전할 수 없다.**
so + 형/부 + that ~	It was **so hot that** my ice cream melted. **너무 더워서** 내 아이스크림이 녹았**다.**

이러한 구문들은 처음 보기에는 해석하기 어렵게 느껴질 수 있습니다. 하지만 구문의 구조와 해석하는 방법만 잘 익혀두면, 문장의 구조를 파악하여 쉽게 해석할 수 있습니다.

그럼 **Chapter 19 독해에 자주 나오는 필수구문 정복하기** 학습을 시작해볼까요?

Unit 91 there be + 명사 해석하기

There is a castle **on the hill.**

언덕 위에 성이 있다.

- 위 문장의 There is a castle처럼, **there is / are + 명사** 형태의 구문은 '**~이(가) 있다**'라고 해석합니다. there를 '거기에, 그곳에'와 같이 해석하지 않도록 주의합니다.

  There are two cups on the table. 탁자 위에 **두 개의 컵이 있다.**

- **there was / were + 명사**는 과거의 사실에 대해 나타내며, '**~이(가) 있었다**'라고 해석합니다.

  There was one muffin on the plate. 접시 위에 **한 개의 머핀이 있었다.**

  There were several buses we could take. 우리가 탈 수 있는 **여러 대의 버스가 있었다.**

아래 문장을 우리말로 해석하세요.

01 There are two children in the classroom. 교실에 두 명의 아이들이 있다.

02 Last week, there was a large fire in the forest.

03 There is broken glass everywhere. We should be careful.

04 Joseph said that there was not enough time to finish his report.

05 The egg burned because there was no oil in the frying pan.

06 There were five buttons on the shirt, but two of them are missing.

07 I don't think that there are many ways to solve this problem.

08 There were a lot of people waiting in line to see the famous singer.

09 The professor was late for the lecture because there was a traffic jam on the highway.

10 Ken is observing the stars through his telescope. There are millions of them in the sky.

Vocabulary

02 fire [faiər] n. 화재
forest [fɔ́:rist] n. 숲

03 everywhere [évriwèr] adv. 곳곳에

04 report [ripɔ́:rt] n. 보고서

05 burn [bə:rn] v. 타다
oil [ɔil] n. 기름

06 missing [mísiŋ] adj. 없어진

07 solve [sɑ:lv] v. 해결하다

08 famous [féiməs] adj. 유명한

09 lecture [léktʃər] n. 강의
traffic jam phr. 교통 체증

10 observe [əbzə́:rv] v. 관측하다
telescope [téləskòup] n. 망원경
millions of phr. 수많은

(a) few/little + 명사 해석하기

The store has a few shirts.

그 가게는 셔츠가 조금 있다.

- 위 문장의 a few shirts처럼, **a few/a little+명사**는 '**~이(가) 조금 있는**'이라고 해석합니다. a few 뒤에는 복수명사를 쓰고, a little 뒤에는 셀 수 없는 명사를 씁니다.

  Thomas had **a little money** in his pocket. Thomas는 주머니에 **돈이 조금 있**었다.

- a few와 a little에서 a가 없이 쓰인 **few/little+명사**는 '**~이(가) 거의 없는**'이라는 부정의 의미를 담아 해석합니다. a가 있을 때와 없을 때 의미가 전혀 달라지므로, 혼동하여 해석하지 않도록 주의합니다.

  Few children love broccoli. 브로콜리를 좋아하는 **아이들은 거의 없**다.

  Ella had **little time** to finish the project. Ella는 프로젝트를 끝낼 **시간이 거의 없**었다.

아래 문장을 우리말로 해석하세요.

01 Alice keeps a little cash in her wallet. Alice는 지갑에 현금을 조금 가지고 있다.

02 Few people owned cell phones in the 1990s.

03 Sophie has a little work to do this weekend.

04 There is little proof that the diet really works.

05 Bell had a few things to do before her trip.

06 Jim has little energy when he is stressed.

07 Few students passed the test because it was too difficult.

08 The book had little information about Shakespeare's life.

09 The professor said there were a few mistakes in my paper. I have to fix them.

10 Before the notice, few employees knew that Lina was going to leave her job.

Vocabulary

01 keep [ki:p] v. 가지고 있다
wallet [wá:lit] n. 지갑

02 own [oun] v. 소유하다

03 weekend [wí:kend] n. 주말

04 proof [pru:f] n. 증거
work [wə:rk] v. 효과가 있다

06 stressed [strest] adj. 스트레스를 받는

07 pass [pæs] v. 통과하다

08 information [ìnfərméiʃən] n. 정보

09 mistake [mistéik] n. 실수
paper [péipər] n. 논문

10 notice [nóutis] n. 공지
employee [implɔ́ii:] n. 직원

Unit 93 -thing/-body/-one + 형용사 해석하기

They want to drink something cold after exercising.

그들은 운동 후에 차가운 무언가를 마시기를 원한다.

- 위 문장의 something cold처럼, 일반적으로 형용사는 cold water와 같이 명사를 앞에서 꾸며주지만, 아래와 같이 **-thing/-body/-one으로 끝나는 명사**는 **형용사**가 **명사 뒤**에서 명사를 꾸며줍니다.

everything 모든 것	something/anything 어떤 것, 무언가	somebody/someone 누군가	anybody/anyone 누군가, 누구든지

Everything important was discussed in the meeting. **중요한 모든 것**은 그 회의에서 논의되었다.

아래 문장을 우리말로 해석하세요.

01 Someone smart can solve this problem. 똑똑한 누군가는 이 문제를 해결할 수 있다.

02 Does Alex put everything valuable in his drawer?

03 To win the race, the team needs somebody fast.

04 Carter didn't want anything bad to happen to Kate.

05 The guard didn't see anyone strange coming into the building.

06 Kelly likes dessert so she always eats something sweet after dinner.

07 The professor noticed everything incorrect on the student's paper.

08 Anybody interested in modern history should visit this place.

09 During her speech, Janine said something funny and everyone laughed.

10 When the doctor checked on the patient, she couldn't find anything wrong with him.

Vocabulary

01 smart [smɑːrt] adj. 똑똑한

02 valuable [vǽljuəbəl] adj. 귀중한
drawer [drɔːr] n. 서랍

04 happen [hǽpən] v. 일어나다

05 strange [streindʒ] adj. 수상한

06 sweet [swiːt] adj. 달콤한

07 notice [nóutis] v. 알아차리다
incorrect [ìnkərékt] adj. 틀린

08 modern history phr. 현대사
visit [vízit] v. 방문하다

09 speech [spiːtʃ] n. 연설
laugh [læf] v. 웃다

10 check on phr. 살펴보다
patient [péiʃənt] n. 환자
wrong [rɔːŋ] adj. 잘못된

Unit 94 too + 형용사 / 부사 + to 부정사 해석하기

She is too busy to play with her son.

그녀는 너무 바빠서 그녀의 아들과 놀아줄 수 없다.

- 위 문장의 too busy to play처럼, **too + 형용사 / 부사 + to 부정사**는 '**너무 (형용사 / 부사)해서 ~할 수 없는**'이라고 해석합니다.
- 비슷한 형태의 **형용사 / 부사 + enough + to 부정사**는 '**~하기에 충분히 (형용사 / 부사)한 / 하게**'라고 해석합니다.

George is **old enough to vote**. George는 **투표하기에 충분히 나이를 먹었다**.

☐ 아래 문장을 우리말로 해석하세요.

01 The meat was too burnt to eat. 그 고기는 너무 타서 먹을 수 없었다.

02 Those boxes were not light enough to carry.

03 Some dinosaurs were too large to run fast.

04 Nuclear bombs are powerful enough to destroy entire cities.

05 The wealth gap is too serious to ignore any longer.

06 On New Year's Day, Ben woke up early enough to see the sunrise.

07 Sarah's computer is too old to use. It breaks down every day.

08 Karen felt that the sofa was too large to put in her living room.

09 Tom is a talented swimmer. He swam quickly enough to win first place in the contest.

10 You shouldn't look at the sun directly since it is bright enough to hurt your eyes.

Vocabulary

01 burnt [bə:rnt] adj. (불에) 탄

02 light [lait] adj. 가벼운
carry [kǽri] v. 운반하다, 나르다

03 dinosaur [dáinəsɔ̀:r] n. 공룡

04 nuclear bomb phr. 핵폭탄
destroy [distrɔ́i] v. 파괴하다

05 ignore [ignɔ́:r] v. 무시하다
any longer phr. 더 이상

06 sunrise [sʌ́nraiz] n. 일출

07 break down phr. 고장 나다

09 talented [tǽləntid] adj. 재능 있는
swimmer [swímər] n. 수영 선수
win first place phr. 일등을 하다

10 directly [diréktli] adv. 직접적으로
bright [brait] adj. 밝은

Unit 95 so + 형용사/부사 + that ~ 해석하기

The box is so high that he can't reach it.

상자가 너무 높이 있어서 그는 그것에 닿을 수 없다.

- 위 문장의 so high that처럼, **so+형용사/부사+that ~**은 '**너무 (형용사/부사)해서 ~하다**'라고 해석합니다.
- **so+형용사/부사+that ~**과 비슷한 형태의 **so that ~**은 어떤 일을 하는 목적을 나타내어 '**~하기 위해, ~하도록**'이라고 해석합니다. so that ~과 so+형용사/부사+that ~을 혼동하지 않도록 합니다.

Jill tries to be kind **so that** people will like her. Jill은 사람들이 그녀를 좋아**하도록** 친절해지려고 노력한다.

Jill is **so kind that** many people like her. Jill은 **너무 친절해서** 많은 사람들이 그녀를 좋아**한다**.

아래 문장을 우리말로 해석하세요.

01 The movie was so sad that I cried a lot. 영화가 너무 슬퍼서 나는 많이 울었다.

02 John saved money so that he could buy a nice car.

03 Luke spoke so quietly that few people could hear his speech.

04 Dominic was so sleepy that he couldn't keep his eyes open.

05 The room was so dark that I couldn't see anything.

06 Molly eats an orange every day so that she can get enough vitamin C.

07 Ants collect food in the summer so that they can eat it in the winter.

08 The dance floor was so full that no one could move.

09 Our teacher explained the problem so clearly that everyone could understand her.

10 This coffee is so hot that you should drink it carefully. Or you will burn your tongue.

Vocabulary

01 movie [múːvi] n. 영화

02 save [seiv] v. 저축하다

03 speech [spitʃ] n. 연설

05 dark [dɑːrk] adj. 어두운

06 enough [inʌ́f] adj. 충분한

07 ant [ænt] n. 개미
collect [kəlékt] v. 모으다

08 dance floor phr. 무도장
move [muːv] v. 움직이다

09 explain [ikspléin] v. 설명하다
understand [ʌ̀ndərstǽnd] v. 이해하다

10 burn [bəːrn] v. 데다

Unit 96 It ~ that … 강조 구문 해석하기

Their new neighbor brought some cookies.

It was their new neighbor that brought some cookies.

약간의 쿠키를 가지고 온 것은 바로 그들의 새 이웃이었다.

- 위 문장의 It was their new neighbor that ~처럼, **It ~ that** … **강조 구문**은 It과 that 사이에 나온 말을 강조하여 나타낼 수 있습니다. 이때 **It ~ that** …은 '…**하는 것은 바로 ~이다**'라고 해석합니다.
- 강조하는 말이 사람이면 that 대신에 who가 쓰일 수도 있습니다.

It is the man **that/who** helped me yesterday. 어제 나를 도와줬던 **사람은 바로** 그 남자**이다**.

It was a Chinese named Cai Lun **that/who** invented paper. 종이를 발명한 **사람은 바로** Cai Lun이라는 이름의 중국인**이었다**.

아래 문장을 우리말로 해석하세요.

Vocabulary

01 It is my gift that my mother liked the best.
나의 어머니께서 가장 좋아했던 것은 바로 내 선물이다.

02 It was steak that Jane ordered, not fish.

03 The kitchen is no longer dirty. It was Sarah who cleaned it.

04 It was a difficult and boring book that they had to read for the test.

05 Few people know that it is Julie who Michael is dating.

06 It is the lead dancer who broke her leg during the last performance.

07 It is either dramas or comedies that Sue prefers to watch.

08 It was Descartes who said "I think, therefore I am."

09 I heard that it was an 18-year-old boy in France that found the cave art.

10 It was Marge's cake that everyone at the party loved. It was really delicious.

02 order[ɔ́:rdər] v. 주문하다

03 no longer phr. 더 이상 ~아닌

04 boring[bɔ́:riŋ] adj. 지루한

05 date[deit] v. 데이트하다

06 lead[li:d] n. 주연
performance[pərfɔ́:rməns] n. 공연

07 prefer[prifə́:r] v. 좋아하다
watch[wɑ:tʃ] v. 보다

08 therefore[ðέərfɔ:r] adv. 그러므로

09 cave art phr. 동굴 벽화

10 delicious[dilíʃəs] adj. 맛있는

HACKERS TEST

01 밑줄 친 부분에 유의하여 문장 (A), (B)를 해석하세요.

> **(A) When someone seems too shy to speak, you can say, "Cat got your tongue?"** It means, "Why are you not talking?" Imagine a cat holding your tongue. You would not be able to talk at all! It is a funny situation. **(B) So, you could say something funny like this to break the ice.** It will lighten the mood so that people start talking.

(A) 누군가가 ______________________ 것처럼 보일 때, 당신은 "고양이가 너의 혀를 잡았니?"라고 말할 수 있다.

(B) 그래서, 당신은 딱딱한 분위기를 깨기 위해 이것과 같이 ______________ 를 말할 수 있다.

Vocabulary

shy [ʃai] adj. 소심한
tongue [tʌŋ] n. 혀
mean [miːn] v. 의미하다
imagine [imǽdʒin] v. 상상하다
hold [hould] v. 잡다
situation [sìtʃuéiʃən] n. 상황
break the ice phr. 딱딱한 분위기를 깨다
lighten [láitn] v. 편하게 하다
mood [muːd] n. 분위기

02 밑줄 친 부분에 유의하여 문장 (A), (B)를 해석하세요.

> Every day for a month, Philip was so tired that he couldn't focus on anything. **(A) To fix this, he saw a few different doctors, but they found nothing wrong. (B) He exercised regularly enough to be healthy and took vitamins every day.** So what was the problem? Finally, one doctor solved the mystery. The pharmacy had made a mistake. The pills were not vitamins, but sleeping pills!

(A) ____.

(B) ____.

focus [fóukəs] v. 집중하다
exercise [éksərsàiz] v. 운동하다
regularly [régjələrli] adv. 규칙적으로
enough [inʌ́f] adj. 충분히
healthy [hélθi] adj. 건강한
take [teik] v. 먹다
solve [sɑːlv] v. 풀다
mystery [místəri] n. 수수께끼
pharmacy [fɑ́ːrməsi] n. 약국
make a mistake phr. 실수하다
pill [pil] n. 알약
sleeping pill phr. 수면제

Voca Quiz 아래 빈칸에 알맞은 뜻을 쓰세요.

1. tongue	____________	4. regularly	____________
2. imagine	____________	5. take	____________
3. lighten	____________	6. pharmacy	____________

[03~04] 다음 지문을 읽고 질문에 답하세요.

(A) There are few giant pandas in the wild in China. One reason is that many panda babies die young. **(B) Another problem is that people hunted pandas so often that there are not many left.** It was the Chinese government that first tried to protect the animals. It built special homes for pandas known as reserves. Reserves are places where pandas can live safely enough to reproduce. Although the government is trying to save them, pandas are still in danger of disappearing.

03 밑줄 친 부분에 유의하여 문장 (A), (B)를 해석하세요.

(A) ______________________________.

(B) ______________________________.

04 지문의 내용과 일치하도록 주어진 단어를 빈칸에 넣어 문장을 완성하세요.

ⓐ different	ⓑ young	ⓒ expensive	ⓓ rare

(A) Not many __________ panda bears succeed in becoming adults.

(B) Despite the government's efforts, pandas are still __________ in China.

정답·해석·해설 p.116

Vocabulary

wild [waild] n. 야생
reason [ríːzən] n. 이유
young [jʌŋ] adj. 어린
hunt [hʌnt] v. 사냥하다
leave [liːv] v. 남아 있다
government [gʌ́vərnmənt] n. 정부
protect [prətékt] v. 보호하다
reserve [rizə́ːrv] n. 보호 구역
reproduce [rìːprədúːs] v. 번식하다
be in danger phr. 위험에 처하다
disappear [dìsəpír] v. 사라지다
different [dífərənt] adj. 다른
expensive [ikspénsiv] adj. 비싼
rare [rɛər] adj. 희귀한
adult [ǽdʌlt] n. 다 자란 동물

Voca Quiz 아래 빈칸에 알맞은 뜻을 쓰세요.

1. reason	________	4. reserve	________
2. hunt	________	5. disappear	________
3. government	________	6. expensive	________

본 교재 동영상강의

해커스인강 HackersIngang.com

해커스공무원 gosi.Hackers.com

해커스편입 HackersUT.com

Chapter 20

전치사와 함께 쓰이는 독해 필수구문 정복하기

영어에는 동사와 전치사가 짝을 이뤄 사용되어 새로운 의미를 갖게 되는 구문들이 있습니다. Chapter 20에서는 이러한 '전치사와 함께 쓰이는 독해 필수구문'에 대해 알아보도록 하겠습니다.

영어에는 아래와 같이, 동사가 전치사와 짝을 이루어 함께 쓰이는 구문들이 있습니다.

to	I **look forward to** meeting you. 나는 너를 만나는 것을 **고대한다**.
with	She **provided** him **with** money to buy food. 그녀는 그**에게** 음식을 살 돈을 **제공했다**.

이러한 구문들은 전치사를 일반적으로 알고 있던 의미대로 to를 '~로, ~에'로, with를 '~와 함께' 등으로 해석하면 문장의 의미가 어색해집니다. 하지만 각 전치사와 함께 쓰이는 동사들과 그 의미를 표현처럼 익혀둔다면, 문장의 구조를 파악하여 쉽게 해석할 수 있습니다.

그럼 **Chapter 20 전치사와 함께 쓰이는 독해 필수구문 정복하기** 학습을 시작해볼까요?

전치사 to와 함께 쓰이는 구문

• 전치사 to와 함께 쓰이는 구문

look forward to A ~을 고대하다

Students **look forward to** their summer vacation. 학생들은 그들의 여름 방학**을 고대한다**.

object to A ~에 반대하다

Many local people **objected to** building an airport near the town. 많은 주민들이 마을 주변에 공항을 건설하는 것**에 반대했다**.

be used/accustomed to A ~에 익숙하다

They **are used to** taking the subway. 그들은 지하철 타는 것**에 익숙하다**.

contribute to A ~에 공헌하다

Paul **contributed to** helping the poor. Paul은 가난한 사람들을 돕는 **데 공헌했다**.

be dedicated/devoted to A ~에 전념하다

Lydia **is dedicated to** her new business. Lydia는 그녀의 새로운 사업**에 전념했다**.

※ 참고로, 이때 to는 'to 부정사'의 to가 아닌 전치사이므로 A 자리에는 동사원형이 아니라 명사나 동명사가 오는 것에 주의합니다.

아래 문장을 우리말로 해석하세요.

01 Todd is devoted to being a good husband.
Todd는 좋은 남편이 되는 것에 전념했다.

02 Drivers object to the high price of gas these days.

03 Abigail contributed to improving the lives of poor children.

04 Is Jack accustomed to traveling alone?

05 Hannah doesn't look forward to starting the new school year.

06 Most people in the country object to raising taxes.

07 The mayor is dedicated to the city's development.

08 Jeremy goes to work at 7 a.m., so he is used to waking up early.

09 Laura is looking forward to seeing her old friend. They haven't met for 10 years.

10 The time the sisters spent together contributed to a strong relationship between them.

Vocabulary

01 husband [hʌ́zbənd] n. 남편

02 price [prais] n. 가격

03 improve [imprú:v] v. 개선하다

04 travel [trǽvəl] v. 여행하다

05 school year phr. 학년

06 raise [reiz] v. (양·수준 등을) 올리다
tax [tæks] n. 세금

07 mayor [méiər] n. 시장

08 early [ə́:rli] adv. 일찍

10 spend [spend] v. 보내다
relationship [riléiʃənʃip] n. 감정적 유대

Unit 98 전치사 from과 함께 쓰이는 구문

• 방해·금지의 의미를 갖는 구문

keep/prevent/stop A from B A가 B하지 못하게 하다

The rain **kept** them **from** playing soccer outside. 비가 그들**이** 밖에서 축구**하지 못하게 했다**.

prohibit A from B A가 B하는 것을 금지하다

The law **prohibits** people **from** smoking indoors. 법은 사람들**이** 실내에서 담배를 피우**는 것을 금지한다**.

discourage A from B A가 B하는 것을 단념시키다

Mary **discouraged** Aiden **from** going to the party. Mary는 Aiden**이** 파티에 가**는 것을 단념시켰다**.

• 구별의 의미를 갖는 구문

distinguish/tell A from B A를 B와 구별하다

Some color blind people can't **distinguish** green **from** red. 몇몇 색맹인 사람들은 초록색을 빨간색**과 구별할** 수 없다.

separate A from B A를 B와 분리하다

The war **separated** many children **from** their families. 전쟁은 많은 아이들**을** 그들의 가족**과 분리했다**.

아래 문장을 우리말로 해석하세요.

01 Bad weather prevented us from leaving. 궂은 날씨는 우리가 떠나지 못하게 했다.

02 Only their mother could tell one twin from the other.

03 Loud music kept Julian from writing his essay.

04 The museum doesn't prohibit tourists from taking photos.

05 More than fifty years ago, schools separated boys from girls.

06 A sudden snowstorm couldn't discourage Sam from going out.

07 Effort and passion are what distinguish successful people from others.

08 Caleb's wife stopped him from complaining to the hotel manager.

09 You should separate colorful clothing from white clothing when you do your laundry.

10 Kayla is sensitive to caffeine. Drinking coffee late at night keeps her from falling asleep.

Vocabulary

01 leave [liːv] v. 떠나다

02 twin [twin] n. 쌍둥이

03 loud [laud] adj. 시끄러운
essay [ései] n. 에세이

04 tourist [túrist] n. 관광객

06 sudden [sʌ́dn] adj. 갑작스러운
snowstorm [snóustɔːrm] n. 눈보라

07 effort [éfərt] n. 노력
passion [pǽʃən] n. 열정

08 complain [kəmpléin] v. 항의하다

09 colorful [kʌ́lərfəl] adj. 알록달록한
do laundry phr. 빨래하다

10 sensitive [sénsətiv] adj. 민감한
caffeine [kæfíːn] n. 카페인
fall asleep phr. 잠들다

Unit 99 전치사 of와 함께 쓰이는 구문

▪ 제거·박탈의 의미를 갖는 구문

clear A of B A에게서 B를 치우다

We **cleared** the street **of** snow. 우리는 길**에서** 눈**을 치웠다**.

rob/deprive A of B A에게서 B를 빼앗다

The injury to the runner **robbed** him **of** his speed. 그 달리기 선수의 부상은 그**에게서** 그의 속도**를 빼앗았다**.

relieve A of B A에게서 B(고통 등)를 덜어주다

The medicine **relieved** Sue **of** her headache. 그 약은 Sue**에게서** 그녀의 두통**을 덜어줬다**.

▪ 알림·확신의 의미를 갖는 구문

inform/notify A of B A에게 B를 알리다, 통지하다

The manager **informed** the employees **of** the new office dress code. 그 관리자는 직원들**에게** 새로운 사무실 복장 규정**을 알렸다**.

convince A of B A에게 B를 납득시키다, 확신시키다

The documentary **convinced** Ian **of** the dangers of fast food. 그 다큐멘터리는 Ian**에게** 패스트푸드의 위험성**을 납득시켰다**.

아래 문장을 우리말로 해석하세요.

01 A gardener comes weekly to clear the yard of leaves.
정원사는 마당에서 나뭇잎을 치우기 위해 매주 온다.

02 A sign notified drivers of work on the highway.

03 The tall building deprived the house next door of sunlight.

04 Talking with her mom couldn't relieve Emily of her worries.

05 The salesman's presentation convinced us of his product's usefulness.

06 Some bad people use the Internet to rob people of their money.

07 The doctor informed Ken of his health checkup result.

08 Someone should call a waiter to clear the table of dishes.

09 The other team robbed us of a win by scoring a late goal.

10 Janine's amazing performance convinced everyone of her singing talent.

Vocabulary

01 gardener [gáːrdnər] n. 정원사
weekly [wíːkli] adv. 매주
yard [jaːrd] n. 마당

02 work [wəːrk] n. 공사
highway [háiwèi] n. 고속도로

03 tall [tɔːl] adj. 높은
sunlight [sʌ́nlait] n. 햇빛

04 worry [wə́ːri] n. 걱정

05 presentation [prìːzəntéiʃən] n. 설명
usefulness [júːsfəlnəs] n. 유용성

07 health checkup phr. 건강 검진
result [rizʌ́lt] n. 결과

09 score [skɔːr] v. 득점하다
late [leit] adj. 뒤늦은

10 performance [pərfɔ́ːrməns] n. 공연
talent [tǽlənt] n. 재능

Unit 100 전치사 with와 함께 쓰이는 구문

• 공급 · 제공의 의미를 갖는 구문

present A with B A에게 B를 주다, 제출하다

Michelle's parents **presented** her **with** a gift. Michelle의 부모님은 그녀**에게** 선물**을 줬다**.

provide A with B A에게 B를 제공하다

The company **provided** Tony **with** a car. 그 회사는 Tony**에게** 자동차**를 제공했다**.

supply A with B A에게 B를 공급하다, 제공하다

The country **supplied** the homeless **with** food. 그 국가는 노숙자들**에게** 음식**을 공급했다**.

equip A with B A에게 B를 갖추다, 장비하다

Our university **equipped** the library **with** photocopying machines. 우리 대학교는 도서관**에** 복사 기기**를 갖추었다**.

fill A with B A에게 B를 채우다

Maya **filled** her car **with** gasoline. Maya는 그녀의 차**에** 휘발유**를 채웠다**.

CH 20 해석이 쉬워지는 해커스 구문독해 100

아래 문장을 우리말로 해석하세요.

01 William filled the cup with hot water. William은 컵에 뜨거운 물을 채웠다.

02 We supply car companies with all kinds of parts.

03 Mountain climbers must equip themselves with special safety tools.

04 The airline doesn't provide passengers with free alcohol any more.

05 The soccer team raised money to equip its players with new uniforms.

06 Oxygen tanks supply divers in the deep ocean with air.

07 Ava provided her team leader with good ideas during the meeting.

08 After she came back from her trip, Sharon presented Mike with a nice gift.

09 Barbie's hobby is collecting dolls. She has already filled three shelves with them.

10 The city presented the man with an award for saving the life of a young girl.

Vocabulary

02 company [kʌ́mpəni] n. 회사
part [pɑːrt] n. 부품

03 mountain climber phr. 등산가

04 airline [érlain] n. 항공사
passenger [pǽsindʒər] n. 승객

05 raise [reiz] v. 모으다
uniform [júːnəfɔ̀ːrm] n. 유니폼

06 oxygen tank phr. 산소통
diver [dáivər] n. 잠수부

07 team leader phr. 팀장
meeting [míːtiŋ] n. 회의

08 trip [trip] n. 여행
present [prizént] v. 주다

09 collect [kəlékt] v. 수집하다
doll [dɑːl] n. 인형
shelf [ʃelf] n. 선반

10 award [əwɔ́ːrd] n. 상
save [seiv] v. 구하다
life [laif] n. 생명

HACKERS TEST

01 밑줄 친 부분에 유의하여 문장 (A), (B)를 해석하세요.

> Speed limits are laws made to prevent car accidents from happening. **(A) Some people object to speed limits, saying they are unnecessary.** They believe drivers can control themselves. However, those who support the law say that not everyone has self-control. **(B) For them, having speed limits is the only way to keep people from driving too fast.**

(A) 어떤 사람들은 그것들이 불필요하다고 말하면서, ____________________.

(B) 그들에게, 제한 속도가 있는 것은 ____________________ 유일한 방법이다.

Vocabulary

speed limit phr. 제한 속도
law [lɔː] n. 법
prevent [privént] v. 못하게 하다
accident [ǽksidənt] n. 사고
happen [hǽpən] v. 일어나다, 발생하다
object [əbdʒékt] v. 반대하다
unnecessary [ʌnnésəsèri] adj. 불필요한
control [kəntróul] v. 통제하다
support [səpɔ́ːrt] v. 지지하다
self-control n. 자제력

02 밑줄 친 부분에 유의하여 문장 (A), (B)를 해석하세요.

> Mahatma Gandhi was one of the greatest leaders in history. **(A) During his life, he was devoted to India's fight for independence. (B) Seeing the British rob Indians of their freedom, he wanted to free his country.** The way he achieved his goal was by being respected by the people. They loved that he believed in peace and avoided violence. That is why they call him Mahatma. It is a name given to a holy and wise person.

(A) ____.

(B) ____.

leader [líːdər] n. 지도자
devote [divóut] v. 전념하다
independence [ìndipéndəns] n. 독립
British [brítiʃ] n. 영국인
rob [rɑːb] v. 빼앗다
freedom [fríːdəm] n. 자유
free [friː] v. 해방시키다
achieve [ətʃíːv] v. 달성하다
respect [rispékt] v. 존경하다
peace [piːs] n. 평화
avoid [əvɔ́id] v. 피하다
violence [váiələns] n. 폭력
holy [hóuli] adj. 신성한

Voca Quiz 아래 빈칸에 알맞은 뜻을 쓰세요.

1. happen	____________	4. independence	____________
2. unnecessary	____________	5. achieve	____________
3. support	____________	6. violence	____________

[03~04] 다음 지문을 읽고 질문에 답하세요.

Do you snore at night? If so, your health is in danger. **(A) Snoring deprives you of deep sleep and makes you tired during the day.** However, don't worry, because we have the Snore No More. It holds your lower jaw in position and stops you from snoring. **(B) The Snore No More will provide you with a good night's sleep.** You can try it for free for 30 days. If you're not happy with it, you can return it. You have nothing to lose – except the snoring!

03 밑줄 친 부분에 유의하여 문장 (A), (B)를 해석하세요.

(A) ______________________________.

(B) ______________________________.

04 지문의 내용과 일치하도록 주어진 단어를 빈칸에 넣어 문장을 완성하세요.

ⓐ deprives	ⓑ provides	ⓒ returns	ⓓ holds

(A) Snoring __________ people of a good night's sleep.

(B) The Snore No More is a device that __________ people with a solution for snoring.

정답·해석·해설 p.121

Vocabulary

snore [snɔːr] v. 코를 골다
health [helθ] n. 건강
be in danger phr. 위기에 처하다
deprive [dipráiv] v. 빼앗다
hold [hould] v. 잡다
jaw [dʒɔː] n. 턱
in position phr. 바른 위치에 있는
provide [prəváid] v. 제공하다
for free phr. 무료로
return [ritə́ːrn] v. 반납하다
except [iksépt] prep. ~을 제외하고는
device [diváis] n. 기기
solution [səlúːʃən] n. 해결책

Voca Quiz 아래 빈칸에 알맞은 뜻을 쓰세요.

1. snore	__________	4. for free	__________
2. be in danger	__________	5. except	__________
3. jaw	__________	6. solution	__________

해석이 쉬워지는

해커스 구문독해 100

정답 · 해석 · 해설

해커스 어학연구소

해석이 쉬워지는

해커스 구문독해 100

정답 · 해석 · 해설

해커스 어학연구소

Chapter 01 문장 성분 이해하기

Unit 01 주어와 동사 파악하기

p.16

01 I / read.
나는 / 책을 읽는다
나는 책을 읽는다.

02 You / dance.
너는 / 춤을 춘다
너는 춤을 춘다.

03 He / swims.
그는 / 수영한다
그는 수영한다.

04 She / dresses.
그녀는 / 옷을 입는다
그녀는 옷을 입는다.

05 Howard / drives.
Howard는 / 운전한다
Howard는 운전한다.

06 The phone / rings.
전화기가 / 울린다
전화기가 울린다.

07 They / go / to school.
그들은 / 간다 / 학교에
그들은 학교에 간다.

08 Paul and Maria / study.
Paul과 Maria는 / 공부한다
Paul과 Maria는 공부한다.

09 Alice / exercises.
Alice는 / 운동한다
Alice는 운동한다.

10 The watch on the desk / works.
책상 위에 있는 시계는 / 작동한다
책상 위에 있는 시계는 작동한다.

Unit 02 동사 뒤에 오는 목적어 파악하기

p.17

01 He / has / **a car**.
그는 / 가지고 있다 / **차를**
그는 **차를** 가지고 있다.

02 I / make / **sandwiches**.
나는 / 만든다 / **샌드위치를**
나는 **샌드위치를** 만든다.

03 We / want / **a dog**.
우리는 / 원한다 / **개를**
우리는 **개를** 원한다.

04 They / move / **the chairs**.
그들은 / 옮긴다 / **의자들을**
그들은 **의자들을** 옮긴다.

05 Emily / wears / **glasses**.
Emily는 / 쓴다 / **안경을**

Emily는 **안경을** 쓴다.

06 The police / catch / **a thief**.
경찰은 / 잡는다 / **도둑을**

경찰은 **도둑을** 잡는다.

07 She / greets / **her family**.
그녀는 / 맞이한다/ **그녀의 가족을**

그녀는 **그녀의 가족을** 맞이한다.

08 Kelly / doesn't need / **a pencil**.
Kelly는 / 필요로 하지 않는다 / **연필을**

Kelly는 **연필을** 필요로 하지 않는다.

09 David / rides / **the bus**.
David는 / 탄다 / **버스를**

David는 **버스를** 탄다.

10 The shop / sells / **cakes**.
그 가게는 / 판다 / **케이크를**

그 가게는 **케이크를** 판다.

Unit 03 목적어 뒤에 따라오는 목적어 파악하기

p.18

01 I / gave / him / **a book**.
나는 / 줬다 / 그에게 / **책을**

나는 그에게 **책을** 줬다.

02 My friend / sent / me / **a postcard**.
내 친구는 / 보냈다 / 나에게 / **엽서를**

내 친구는 나에게 **엽서를** 보냈다.

03 Sam / lent / me / **a shirt**.
Sam은 / 빌려줬다 / 나에게 / **셔츠를**

Sam은 나에게 **셔츠를** 빌려줬다.

04 She / tells / the children / **stories**.
그녀는 / 들려준다 / 아이들에게 / **이야기를**

그녀는 아이들에게 **이야기를** 들려준다.

05 Lily / bought / her father / **a necktie**.
Lily는 / 사드렸다 / 그녀의 아버지께 / **넥타이를**

Lily는 그녀의 아버지께 **넥타이를** 사드렸다.

06 Ethan / sold / the woman / **his old car**.
Ethan은 / 팔았다 / 그 여자에게 / **그의 오래된 차를**

Ethan은 그 여자에게 **그의 오래된 차를** 팔았다.

07 Jasmine / wrote / Mr. Phillips / **a long letter**.
Jasmine은 / 썼다 / Phillips 씨에게 / **긴 편지를**

Jasmine은 Phillips 씨에게 **긴 편지를** 썼다.

08 Daniel / sings / his girlfriend / **songs**.
Daniel은 / 불러준다 / 그의 여자친구에게 / **노래를**

Daniel은 그의 여자친구에게 **노래를** 불러준다.

09 The waitress / brought / us / **food and drinks**.
그 여종업원은 / 가져다주었다 / 우리에게 / **음식과 음료를**

그 여종업원은 우리에게 **음식과 음료를** 가져다주었다.

10 Henry's mother / made / him / **some snacks**.
Henry의 어머니는 / 만들어 줬다 / 그에게 / **약간의 간식을**

Henry의 어머니는 그에게 **약간의 간식을** 만들어 줬다.

Unit 04 동사 뒤에 오는 주격 보어 파악하기

p.19

01 Cindy / is / **happy**.
Cindy는 / ~이다 / **행복한**

Cindy는 **행복하**다.

02 You / look / **hungry**.
너는 / ~해 보인다 / **배고픈**

너는 **배고파** 보인다.

03 The view / was / **beautiful**.
그 경치는 / ~였다 / **아름다운**

그 경치는 **아름다웠**다.

04 He / seemed / **angry** / this morning.
그는 / (~인) 것처럼 보였다 / **화난** / 오늘 아침에

그는 오늘 아침에 **화난** 것처럼 보였다.

05 I / am / **a student** / at Bayside High School.
나는 / ~이다 / **학생** / Bayside 고등학교의

나는 Bayside 고등학교의 **학생**이다.

06 Anne's presentation / was / **excellent**.
Anne의 발표는 / ~였다 / **훌륭한**

Anne의 발표는 **훌륭했**다.

07 My sister / is / **a fashion designer**.
내 여동생은 / ~이다 / **패션 디자이너**

내 여동생은 **패션 디자이너**이다.

08 The bread / smells / **good**.
그 빵은 / ~한 냄새가 난다 / **좋은**

그 빵은 **좋은** 냄새가 난다.

09 John's office / is / **close** / to his home.
John의 사무실은 / ~이다 / **가까운** / 그의 집에서

John의 사무실은 그의 집에서 **가깝**다.

10 Jackson / became / **an engineer**.
Jackson은 / ~가 되었다 / **기술자**

Jackson은 **기술자**가 되었다.

Unit 05 목적어 뒤에 따라오는 목적격 보어 파악하기

p.20

01 Amanda / keeps / her desk / **clean**.
Amanda는 / (~하게) 유지한다 / 그녀의 책상을 / **깨끗한**

Amanda는 그녀의 책상을 **깨끗하**게 유지한다.

02 They / found / the show / **boring**.
그들은 / (~라고) 생각했다 / 그 쇼를 / **지루한**

그들은 그 쇼를 **지루하**다고 생각했다.

03 We / call / him / **Peter Pan**.
우리는 / ~라고 부른다 / 그를 / Peter Pan

우리는 그를 Peter Pan이라고 부른다.

04 The news / made / me / **angry**.
그 뉴스는 / 만들었다 / 나를 / **화난**

그 뉴스는 나를 **화나**게 만들었다.

05 Richard / thought / the test / **easy**.
Richard는 / 생각했다 / 시험이 / **쉬운**

Richard는 시험이 **쉽**다고 생각했다.

06 The staff / considered / her / **a good leader**.
직원들은 / ~로 여겼다 / 그녀를 / **좋은 리더**

직원들은 그녀를 **좋은 리더**로 여겼다.

07 The war / leaves / many people / **homeless**.
그 전쟁은 / ~가 되게 한다 / 많은 사람들을 / **노숙자**

그 전쟁은 많은 사람들을 **노숙자**가 되게 한다.

08 They / elected / Adrian / **school president**.
그들은 / ~으로 선출했다 / Adrian을 / **학생회장**

그들은 Adrian을 **학생회장**으로 선출했다.

09 We / painted / the walls / **yellow and grey**.
우리는 / ~으로 칠했다 / 벽을 / **노란색과 회색**

우리는 벽을 **노란색과 회색**으로 칠했다.

10 Lucy and Owen / named / their cat / **Coco**.
Lucy와 Owen은 / ~라고 이름 지었다 / 그들의 고양이를 / Coco

Lucy와 Owen은 그들의 고양이를 Coco라고 이름 지었다.

Unit 06 문장을 꾸며주는 수식어 파악하기

p. 21

01 The horses / run / (**all day**).
그 말들은 / 뛴다 / **하루 종일**

그 말들은 **하루 종일** 뛴다.

02 We / saved / money / (**for our summer vacation**).
우리는 / 저축했다 / 돈을 / **우리의 여름 휴가를 위해**

우리는 **우리의 여름 휴가를 위해** 돈을 저축했다.

03 Mary / makes / her family / brunch / (**on Sundays**).
Mary는 / 만들어 준다 / 그녀의 가족에게 / 브런치를 / **일요일마다**

Mary는 **일요일마다** 그녀의 가족에게 브런치를 만들어 준다.

04 They / found / the island / empty / (**20 years ago**).
그들은 / 발견했다 / 그 섬이 / 비어 있는 것을 / **20년 전에**

그들은 **20년 전에** 그 섬이 비어 있는 것을 발견했다.

05 Jenny / looks / active / (**all the time**).
Jenny는 / (~해) 보인다 / 활동적인 / **항상**

Jenny는 **항상** 활동적으로 보인다.

06 (**Last night**), / I / watched / a movie / (**with my friend**).
어젯밤에 / 나는 / 봤다 / 영화를 / **내 친구와 함께**

어젯밤에, 나는 **내 친구와 함께** 영화를 봤다.

07 Carol / feels / happy / (**on Thanksgiving Day**).
Carol은 / 기분이 된다 / 행복한 / **추수감사절에**

Carol은 **추수감사절에** 행복한 기분이 된다.

08 (**One day**), / Peter / brought / his mother / flowers.
어느 날 / Peter는 / 가져다드렸다 / 그의 어머니께 / 꽃을

어느 날, Peter는 그의 어머니께 꽃을 가져다드렸다.

09 The team / names / someone / new captain / (**each season**).
그 팀은 / ~으로 임명한다 / 누군가를 / 새로운 주장 / **시즌마다**

그 팀은 **시즌마다** 누군가를 새로운 주장으로 임명한다.

10 My grandfather / exercises / (**every day**) / (**for an hour**).
나의 할아버지는 / 운동하신다 / **매일** / **한 시간 동안**

나의 할아버지는 **매일 한 시간 동안** 운동하신다.

정답

01 (A) 그러나, 어떤 문화는 다른 견해를 가지고 있다.
(B) 그들의 믿음 안에서, 그 새들은 죽음 후에 그들에게 새로운 삶을 가져다준다.

02 (A) Wolf Pack은 보스턴 대학에서 유명한 하키팀이다.
(B) 매일 저녁, 이 팀은 큰 빙상경기장에서 연습한다.

03 (A) 많은 사람들이 그들의 치아에 충치를 가지고 있다.
(B) 치약은 당신의 치아를 깨끗하게 한다.

04 (A) - ⓑ / (B) - ⓒ

구문해석 / 해석

01

Crows live / in many places / around the world. Some people / don't like / crows.
까마귀는 산다 많은 곳에 전 세계의 어떤 사람들은 좋아하지 않는다 까마귀를

For them, / black birds / mean / bad luck. **(A) However, / some cultures / have /**
그들에게 검은 새는 의미한다 불운을 그러나 어떤 문화는 가지고 있다

different views. American Indians / find / crows / special. In their culture, /
다른 견해를 아메리칸 인디언들은 생각한다 까마귀를 특별하다고 그들의 문화에서

crows / send / messages / to the spirits. Tibetans / also / have /
까마귀는 보낸다 메시지를 영혼에게 티베트인들은 또한 가지고 있다

a myth about crows. **(B) In their beliefs, / the birds / bring / them / new lives /**
까마귀에 대한 신화를 그들의 믿음 안에서 그 새들은 가져다준다 그들에게 새로운 삶을

after death.
죽음 후에

까마귀는 전 세계의 많은 곳에 산다. 어떤 사람들은 까마귀를 좋아하지 않는다. 그들에게, 검은 새는 불운을 의미한다. **(A) 그러나, 어떤 문화는 다른 견해를 가지고 있다.** 아메리칸 인디언들은 까마귀를 특별하다고 생각한다. 그들의 문화에서, 까마귀는 영혼에게 메시지를 보낸다. 티베트인들 또한 까마귀에 대한 신화를 가지고 있다. **(B) 그들의 믿음 안에서, 그 새들은 죽음 후에 그들에게 새로운 삶을 가져다준다.**

02

(A) The Wolf Pack / is / a famous hockey team / at Boston College. The team /
Wolf Pack은 ~이다 유명한 하키팀 보스턴 대학에서 그 팀은

trains / very hard. **(B) Every evening, / this team / practices /**
훈련한다 매우 열심히 매일 저녁 이 팀은 연습한다

on a large ice rink. Sometimes / it's tiring, / but practice / is important.
큰 빙상경기장에서 가끔 피곤하다 하지만 연습은 중요하다

It makes / them / better players. Thanks to / their hard work, / they won /
이것은 만든다 그들을 더 잘하는 선수로 ~ 덕분에 그들의 노력 그들은 이겼다

many games / in the college championship / last year. Students at Boston College /
많은 경기를 대학 선수권 대회에서 작년에 보스턴 대학의 학생들은

are so proud of / them.
매우 자랑스러워한다 그들을

(A) Wolf Pack은 보스턴 대학에서 유명한 하키팀이다. 그 팀은 매우 열심히 훈련한다. **(B) 매일 저녁, 이 팀은 큰 빙상경기장에서 연습한다.** 가끔 피곤하지만, 연습은 중요하다. 이것은 그들을 더 잘하는 선수로 만든다. 그들의 노력 덕분에, 그들은 작년에 대학 선수권 대회에서 많은 경기를 이겼다. 보스턴 대학의 학생들은 그들을 매우 자랑스러워한다.

03 **(A) Many people / have / cavities / in their teeth.** They need / treatment, /
많은 사람들이 가지고 있다 충치를 그들의 치아에 그들은 필요하다 치료가

and this / is expensive and painful. So, dental care / is important. Several actions /
그리고 이것은 비싸고 고통스럽다 따라서 치아 관리는 중요하다 몇 가지 행동들은

keep / your teeth / healthy. For one, / don't eat / sweet foods. Sugar / makes /
~한 상태로 유지하게 한다 당신의 치아를 건강한 첫째로 먹지 마라 단 음식을 설탕은 ~하게 만든다

your teeth / weak. Also, / drink / lots of water. The water / removes /
당신의 치아를 약한 또한 마셔라 많은 물을 물은 제거한다

bacteria and food / in your mouth. Finally, / brush your teeth / two or three times /
세균과 음식을 당신의 입에 있는 마지막으로 당신의 치아를 닦아라 두 번 혹은 세 번

every day. 03 **(B) The toothpaste / gets / your teeth / clean.**
매일 치약은 ~하게 한다 당신의 치아를 깨끗한

(A) **많은 사람들이 그들의 치아에 충치를 가지고 있다.** 그들은 치료가 필요하고, 이것은 비싸고 고통스럽다. 따라서, 치아 관리는 중요하다. 몇 가지 행동들은 당신의 치아를 건강한 상태로 유지하게 한다. 첫째로, 단 음식을 먹지 마라. 설탕은 당신의 치아를 약하게 만든다. 또한, 많은 물을 마셔라. 물은 당신의 입에 있는 세균과 음식을 제거한다. 마지막으로, 당신의 치아를 매일 두 번 혹은 세 번 닦아라. **(B) 치약은 당신의 치아를 깨끗하게 한다.**

04 (A) Sweet foods / are not good / for teeth.
단 음식은 / 좋지 않다 / 치아에

(B) Brushing / keeps / our teeth / clean.
칫솔질은 / ~한 상태로 유지하게 한다 / 우리의 치아를 / 깨끗한

(A) 단 음식은 치아에 좋지 않다.

(B) 칫솔질은 우리의 치아를 깨끗한 상태로 유지하게 한다.

Tip!

04-(A) 지문의 '설탕은 당신의 치아를 약하게 만든다(Sugar makes your teeth weak)'라는 문구를 통해 단 음식이 치아에 좋지 않다는 것을 알 수 있다. 따라서 ⓑ가 정답이다.

04-(B) 지문의 '마지막으로, 당신의 치아를 매일 두 번 혹은 세 번 닦아라. 치약은 당신의 치아를 깨끗하게 한다(Finally, brush your teeth ~. The toothpaste gets your teeth clean)'라는 문구를 통해 칫솔질이 우리의 치아를 깨끗한 상태로 유지하게 한다는 것을 알 수 있다. 따라서 ⓒ가 정답이다.

Chapter 02 주어 정복하기

Unit 07 주어 자리에 온 동명사 해석하기

p.26

01 **Dancing** / makes / people / happy.
춤추는 것은 / ~하게 만든다 / 사람들을 / 행복한
춤추는 것은 사람들을 행복하게 만든다.

02 **Eating regularly** / is / good / for your health.
규칙적으로 먹는 것은 / ~이다 / 좋은 / 너의 건강에
규칙적으로 먹는 것은 너의 건강에 좋다.

03 **Shopping online** / has / many benefits.
온라인으로 쇼핑하는 것은 / 있다 / 많은 혜택이
온라인으로 쇼핑하는 것은 많은 혜택이 있다.

04 **Keeping secrets** / is not / easy / for me.
비밀을 지키는 것은 / ~이 아니다 / 쉬운 / 나에게
비밀을 지키는 것은 나에게 쉽지 않다.

05 For many people, / **saving money** / is / important.
많은 사람들에게 / **돈을 저축하는 것은** / ~이다 / 중요한
많은 사람들에게, **돈을 저축하는 것은** 중요하다.

06 **Watching horror movies alone** / scares / me.
혼자 공포 영화를 보는 것은 / 겁나게 한다 / 나를
혼자 공포 영화를 보는 것은 나를 겁나게 한다.

07 **Reading books in the dark** / hurts / your eyes.
어둠 속에서 책을 읽는 것은 / 해친다 / 너의 시력을
어둠 속에서 책을 읽는 것은 너의 시력을 해친다.

08 **Wearing seatbelts** / protects / the passengers / in a car.
안전벨트를 하는 것은 / 보호한다 / 승객들을 / 차 안의
안전벨트를 하는 것은 차 안의 승객들을 보호한다.

09 **Renting a house in this city** / is / really expensive.
이 도시에서 집을 임대하는 것은 / ~이다 / 정말 비싼
이 도시에서 집을 임대하는 것은 정말 비싸다.

10 **Going camping this weekend** / doesn't sound like / a good plan.
이번 주말에 캠핑을 가는 것은 / ~처럼 들리지 않는다 / 좋은 계획
이번 주말에 캠핑을 가는 것은 좋은 계획처럼 들리지 않는다.

Unit 08 주어 자리에 온 to 부정사 해석하기

p.27

01 **To understand Prof. Kim's class** / is not / easy.
Kim 교수님의 수업을 이해하는 것은 / ~이 아니다 / 쉬운
Kim 교수님의 수업을 이해하는 것은 쉽지 않다.

02 **To learn a new language** / takes / time.
새로운 언어를 배우는 것은 / 걸린다 / 시간이
새로운 언어를 배우는 것은 시간이 걸린다.

03 On rainy days, / **to drive fast** / is not / a good idea.
비 오는 날에 / **빨리 운전하는 것은** / ~이 아니다 / 좋은 생각
비 오는 날에, **빨리 운전하는 것은** 좋은 생각이 아니다.

04 **To listen to classical music** / relaxes / Harold.
클래식 음악을 듣는 것은 / 편안하게 한다 / Harold를
클래식 음악을 듣는 것은 Harold를 편안하게 한다.

05 For some people, / **to make new friends** / is / hard.
어떤 사람들에게는 / **새로운 친구를 만드는 것이** / ~이다 / 어려운

어떤 사람들에게는, **새로운 친구를 만드는 것이** 어렵다.

06 In a marriage, / **to express your feelings** / is / important.
결혼 생활에서 / **당신의 감정을 표현하는 것은** / ~이다 / 중요한

결혼 생활에서, **당신의 감정을 표현하는 것은** 중요하다.

07 **To receive an award at the contest** / made / John / happy.
대회에서 상을 받은 것은 / ~하게 만들었다 / John을 / 행복한

대회에서 상을 받은 것은 John을 행복하게 만들었다.

08 **To finish the project on time** / is / our goal.
프로젝트를 제때에 끝내는 것이 / ~이다 / 우리의 목표

프로젝트를 제때에 끝내는 것이 우리의 목표이다.

09 **To find a quiet café in this town** / seems / impossible.
이 마을에서 조용한 카페를 찾는 것은 / (~인) 것처럼 보인다 / 불가능한

이 마을에서 조용한 카페를 찾는 것은 불가능한 것처럼 보인다.

10 At the library, / **to borrow a book** / is not / difficult.
도서관에서 / **책을 빌리는 것은** / ~이 아니다 / 어려운

도서관에서, **책을 빌리는 것은** 어렵지 않다.

Unit 09 주어 자리에 온 가짜 주어 it 해석하기 (1)

p. 28

01 **It** is very important / **to sleep well**.
매우 중요하다 / **잠을 잘 자는 것은**

잠을 잘 자는 것은 매우 중요하다.

02 **It** is not easy / **to concentrate on one goal**.
쉽지 않다 / **한 가지 목표에 집중하는 것은**

한 가지 목표에 집중하는 것은 쉽지 않다.

03 Is **it** exciting / **to watch a baseball game**?
흥미진진하니 / **야구 경기를 보는 것은**

야구 경기를 보는 것은 흥미진진하니?

04 **It** is hard / **to learn a new instrument**.
어렵다 / **새로운 악기를 배우는 것은**

새로운 악기를 배우는 것은 어렵다.

05 **It** doesn't cost / a lot of money / **to buy a book**.
들지 않는다 / 많은 돈이 / **책을 사는 것은**

책을 사는 것은 많은 돈이 들지 않는다.

06 In many countries, / **it** is rude / **to point at people**.
많은 나라에서 / 무례하다 / **사람들에게 손가락질하는 것은**

많은 나라에서, **사람들에게 손가락질하는 것은** 무례하다.

07 Sometimes, / **it** hurts / people's feelings / **to hear the truth**.
때때로 / 아프게 한다 / 사람들의 마음을 / **진실을 듣는 것은**

때때로, **진실을 듣는 것은** 사람들의 마음을 아프게 한다.

08 **It** is difficult / **to memorize the names of all the students**.
어렵다 / **모든 학생들의 이름을 기억하는 것은**

모든 학생들의 이름을 기억하는 것은 어렵다.

09 Usually, / **it** takes / several people / **to lift a piano**.
보통 / 필요하다 / 여러 사람이 / **피아노를 드는 것은**

보통, **피아노를 드는 것은** 여러 사람이 필요하다.

10 Kate / has / an important exam / tomorrow.
Kate는 / 있다 / 중요한 시험이 / 내일

It gives / her / a headache / **to think about it**.
준다 / 그녀에게 / 두통을 / **그것에 대해 생각하는 것은**

Kate는 내일 중요한 시험이 있다.
그것에 대해 생각하는 것은 그녀에게 두통을 준다.

Unit 10 주어 자리에 온 가짜 주어 it 해석하기 (2)

01 It was great / **that everyone came to the party**.
정말 좋았다 / 모두가 파티에 왔던 것은
모두가 파티에 왔던 것은 정말 좋았다.

02 It is sweet / **that Ken bought Sally flowers**.
다정하다 / Ken이 Sally에게 꽃을 사준 것은
Ken이 Sally에게 꽃을 사준 것은 다정하다.

03 It was terrible / **that Kate forgot her own birthday**.
끔찍했다 / Kate가 자기 자신의 생일을 잊어버린 것은
Kate가 자기 자신의 생일을 잊어버린 것은 끔찍했다.

04 It was amazing / **that Lucas lost weight so quickly**.
굉장했다 / Lucas가 그렇게 빨리 살을 뺀 것은
Lucas가 그렇게 빨리 살을 뺀 것은 굉장했다.

05 It appears / **that the Internet is down right now**.
~인 것 같다 / 지금 인터넷이 작동하지 않는 것
지금 인터넷이 작동하지 않는 것 같다.

06 It was sad / **that I missed my favorite singer's concert**.
슬펐다 / 내가 가장 좋아하는 가수의 콘서트를 놓친 것은
내가 가장 좋아하는 가수의 콘서트를 놓친 것은 슬펐다.

07 It is convenient / **that the subway station is near my house**.
편리하다 / 지하철역이 나의 집 근처에 있는 것은
지하철역이 나의 집 근처에 있는 것은 편리하다.

08 It is not surprising / **that Tamara failed the math exam**.
놀랍지 않다 / Tamara가 수학 시험에 떨어진 것은
Tamara가 수학 시험에 떨어진 것은 놀랍지 않다.

09 It is sure / **that Angela wants to move**.
확실하다 / Angela가 이사하고 싶어 하는 것은

Her apartment / is / tiny.
그녀의 아파트는 / ~이다 / 아주 작은

Angela가 이사하고 싶어 하는 것은 확실하다.
그녀의 아파트는 아주 작다.

10 Henry / looks / really tired.
Henry는 / ~해 보인다 / 정말 피곤한

It seems / **that he didn't sleep well last night**.
~인 것 같다 / 그는 어젯밤에 잠을 잘 자지 못한 것

Henry는 정말 피곤해 보인다.
그는 어젯밤에 잠을 잘 자지 못한 것 같다.

HACKERS TEST

p.30

정답

01 (A) 여러 가지 재료들을 위해 쇼핑하러 가는 것은 재미있다.
(B) 각각의 장신구를 디자인하는 것은 또한 재미있다.

02 (A) 그가 일상적인 물건들을 그렸다는 것은 잘 알려져 있다.
(B) 내 두 눈으로 그것들을 보는 것은 정말 굉장했다.

03 (A) 그래서, 적절한 식탁 예절을 갖는 것은 그들에게 중요하다.
(B) 이러한 규칙들을 지키는 것은 모든 사람에게 식사를 즐겁게 만든다.

04 (A) - ⓓ / (B) - ⓐ

구문해석 / 해석

01

Making jewelry / is / my hobby. **(A) It is fun / to go shopping / for the different materials.** I buy / chains and small jewels / from many different stores. **(B) Designing each piece of jewelry / is / also / fun.** It is exciting / to have my own unique rings and earrings. Usually, / I give / them / to my friends. Seeing their reactions / makes / me / happy.

장신구를 만드는 것은 ~이다 나의 취미 재미있다 쇼핑하러 가는 것은 여러 가지 재료들을 위해 나는 산다 체인과 작은 보석들을 많은 다른 상점들에서 각각의 장신구를 디자인하는 것은 ~이다 또한 재미있는 신난다 나 자신의 유일한 반지와 귀걸이를 갖는 것은 보통 나는 준다 그것들을 내 친구들에게 그들의 반응을 보는 것은 ~하게 만든다 나를 행복한

장신구를 만드는 것은 나의 취미이다. (A) **여러 가지 재료들을 위해 쇼핑하러 가는 것은 재미있다.** 나는 많은 다른 상점들에서 체인과 작은 보석들을 산다. (B) **각각의 장신구를 디자인하는 것은 또한 재미있다.** 나 자신의 유일한 반지와 귀걸이를 갖는 것은 신난다. 보통, 나는 그것들을 내 친구들에게 준다. 그들의 반응을 보는 것은 나를 행복하게 만든다.

02

Andy Warhol / was / a famous modern artist. **(A) It is well known / that he drew everyday items.** Turning these common objects / into pop-art / made / him / a star. We see / Andy Warhol's art / in galleries / all over the world / today. One day, / I saw / some of his paintings / at the Dongdaemun Design Plaza. **(B) To see them with my own eyes / was / really amazing.**

앤디 워홀은 ~였다 유명한 현대 예술가 잘 알려져 있다 그가 일상적인 물건들을 그렸다는 것은 이 흔한 물건들을 바꾼 것은 팝 아트로 ~로 만들었다 그를 스타 우리는 본다 앤디 워홀의 작품을 미술관에서 여러 나라 오늘날 언젠가 나는 보았다 그의 그림들의 일부를 동대문 디자인 플라자에서 내 두 눈으로 그것들을 보는 것은 ~였다 정말 굉장한

앤디 워홀은 유명한 현대 예술가였다. (A) **그가 일상적인 물건들을 그렸다는 것은 잘 알려져 있다.** 이 흔한 물건들을 팝 아트로 바꾼 것은 그를 스타로 만들었다. 오늘날 우리는 여러 나라 미술관에서 앤디 워홀의 작품을 본다. 언젠가, 나는 동대문 디자인 플라자에서 그의 그림들의 일부를 보았다. (B) **내 두 눈으로 그것들을 보는 것은 정말 굉장했다.**

[03~04]

Eating with others / is / a big part of Chinese culture. Family and friends / sit / at large dining tables / and talk / about their days. 03 **(A) So, / having good table manners / is important / to them.** For example, / young people / start / their meals / after old people. Passing dishes with two hands / is polite. Also, / leaving some food on the plate / is correct etiquette. 03 **(B) Keeping these rules / makes / the meal / enjoyable / for everyone.**

다른 사람들과 함께 식사하는 것은 ~이다 중국 문화의 큰 부분 가족과 친구들은 앉는다 큰 식탁에 그리고 이야기한다 그들의 하루에 대해 그래서 적절한 식탁 예절을 갖는 것은 중요하다 그들에게 예를 들어 어린 사람들은 시작한다 그들의 식사를 나이 든 사람들 다음에 두 손으로 접시를 건네주는 것이 예의 바르다 또한 접시에 약간의 음식을 남기는 것이 올바른 예절이다 이러한 규칙들을 지키는 것은 ~하게 만든다 식사를 즐거운 모든 사람에게

다른 사람들과 함께 식사하는 것은 중국 문화의 큰 부분이다. 가족과 친구들은 큰 식탁에 앉아 그들의 하루에 대해 이야기한다. (A) **그래서, 적절한 식탁 예절을 갖는 것은 그들에게 중요하다.** 예를 들어, 어린 사람들은 나이 든 사람들 다음에 그들의 식사를 시작한다. 두 손으로 접시를 건네주는 것이 예의 바르다. 또한, 접시에 약간의 음식을 남기는 것이 올바른 예절이다. (B) **이러한 규칙들을 지키는 것은 모든 사람에게 식사를 즐겁게 만든다.**

04 (A) Showing good table manners / is important / to Chinese people.
적절한 식탁 예절을 보여 주는 것은 / 중요하다 / 중국 사람들에게

(B) It is not polite / to eat before elders / in China.
예의 바르지 않다 / 어른보다 먼저 먹는 것은 / 중국에서

(A) 적절한 식탁 예절을 보여 주는 것은 중국 사람들에게 중요하다.

(B) 중국에서 어른보다 먼저 먹는 것은 예의 바르지 않다.

Tip!

04-(A) 지문의 '그래서, 적절한 식탁 예절을 갖는 것은 그들에게 중요하다(So, having good table manners is important to them)'라는 문구를 통해 적절한 식탁 예절을 보여 주는 것이 중국 사람들에게 중요하다는 것을 알 수 있다. 따라서 ⓓ가 정답이다.

04-(B) 지문의 '예를 들어, 어린 사람들은 나이 든 사람들 다음에 그들의 식사를 시작한다(For example, young people start their meals after old people)'라는 문구를 통해 중국에서 어른보다 먼저 먹는 것은 예의 바르지 않다는 것을 알 수 있다. 따라서 ⓐ가 정답이다.

Chapter 03 목적어 정복하기

Unit 11 목적어 자리에 온 동명사 해석하기

p.04

01 Joe / likes / **riding a bicycle**.
Joe는 / 좋아한다 / **자전거 타는 것을**

Joe는 **자전거 타는 것을** 좋아한다.

02 Do / you / love / **traveling abroad**?
~하니 / 너는 / 좋아한다 / **해외로 여행가는 것을**

너는 **해외로 여행가는 것을** 좋아하니?

03 Some drivers / hate / **waiting at red lights**.
어떤 운전자들은 / 싫어한다 / **빨간 불에서 기다리는 것을**

어떤 운전자들은 **빨간 불에서 기다리는 것을** 싫어한다.

04 He / started / **studying Spanish** / two years ago.
그는 / 시작했다 / **스페인어를 공부하는 것을** / 2년 전에

그는 2년 전에 **스페인어를 공부하는 것을** 시작했다.

05 Natalie / doesn't prefer / **eating breakfast**.
Natalie는 / 좋아하지 않는다 / **아침 먹는 것을**

Natalie는 **아침 먹는 것을** 좋아하지 않는다.

06 Sean / stopped / **playing soccer** / last month.
Sean은 / 그만두었다 / **축구하는 것을** / 지난달에

Sean은 지난달에 **축구하는 것을** 그만두었다.

07 Lucy / doesn't mind / **washing the dishes**.
Lucy는 / 꺼리지 않는다 / **설거지하는 것을**

Lucy는 **설거지하는 것을** 꺼리지 않는다.

08 Miranda / suggested / **going to the beach** / this Saturday.
Miranda는 / 제안했다 / **해변에 가는 것을** / 이번 주 토요일에

Miranda는 이번 주 토요일에 **해변에 가는 것을** 제안했다.

09 Brandon / eats / so fast.
Brandon은 / 먹는다 / 아주 빨리

He / always / finishes / **eating before others**.
그는 / 항상 / 끝낸다 / **다른 사람들보다 먼저 먹는 것을**

Brandon은 아주 빨리 먹는다.
그는 항상 **다른 사람들보다 먼저 먹는 것을** 끝낸다.

10 I / don't enjoy / **listening to music with headphones**.
나는 / 즐기지 않는다 / **헤드폰으로 음악 듣는 것을**

It / hurts / my ears.
그것은 / 아프게 한다 / 내 귀를

나는 **헤드폰으로 음악 듣는 것을** 즐기지 않는다.
그것은 내 귀를 아프게 한다.

Unit 12 목적어 자리에 온 to 부정사 해석하기

p.35

01 Mark / wants / **to meet Julia** / this afternoon.
Mark는 / 원한다 / **Julia를 만나기를** / 오늘 오후에

Mark는 오늘 오후에 **Julia를 만나기를** 원한다.

02 The Smith family / likes / **to live in the city**.
Smith 가족은 / 좋아한다 / **도시에 사는 것을**

Smith 가족은 **도시에 사는 것을** 좋아한다.

03 Tom / failed / **to notice Lisa's new hairstyle**.
Tom은 / ~하지 못했다/ **Lisa의 새로운 헤어스타일을 알아채는 것을**

Tom은 **Lisa의 새로운 헤어스타일을 알아채지** 못했다.

04 Jeff / didn't choose / **to sit in the front row**.
Jeff는 / 선택하지 않았다 / **앞줄에 앉는 것을**

Jeff는 **앞줄에 앉는 것을** 선택하지 않았다.

05 Mr. Stevens / planned / **to clean the house with his son**.
Stevens 씨는 / 계획했다 / **그의 아들과 함께 집을 청소하는 것을**

Stevens 씨는 **그의 아들과 함께 집을 청소하는 것을** 계획했다.

06 Did / Robin / promise / **to call you back**?
~했니 / Robin이 / 약속하다 / **너에게 다시 전화하는 것을**

Robin이 **너에게 다시 전화하는 것을** 약속했니?

07 Sally and Roger / hope / **to move to a new house**.
Sally와 Roger는 / 바란다 / **새집으로 이사하기를**

Sally와 Roger는 **새집으로 이사하기를** 바란다.

08 Surprisingly, / Kate / didn't refuse / **to answer any questions**.
놀랍게도 / Kate는 / 거절하지 않았다 / **어떤 질문에도 대답하는 것을**

놀랍게도, Kate는 **어떤 질문에도 대답하는 것을** 거절하지 않았다.

09 The students / expect / **to get their grades** / next week.
학생들은 / 기대한다 / **그들의 성적을 받는 것을** / 다음 주에

학생들은 다음 주에 **그들의 성적을 받는 것을** 기대한다.

10 Patricia / decided / **to participate in the music festival**.
Patricia는 / 결정했다 / **음악 축제에 참가하기로**

Patricia는 **음악 축제에 참가하기로** 결정했다.

Unit 13 목적어 자리에 온 that ~ 해석하기

p. 36

01 Robert / forgot / **that his job interview was today**.
Robert는 / 잊어버렸다 / **그의 취업 면접이 오늘이었다는 것을**

Robert는 **그의 취업 면접이 오늘이었다는 것을** 잊어버렸다.

02 Nobody / knows / **that Susan has two daughters**.
아무도 ~않다 / 안다 / **Susan에게 두 명의 딸이 있다는 것을**

아무도 **Susan에게 두 명의 딸이 있다는 것을** 모른다.

03 Some children / believe / **Santa Claus is real**.
어떤 아이들은 / 믿는다 / **산타클로스가 진짜라고**

어떤 아이들은 **산타클로스가 진짜라고** 믿는다.

04 George / did not realize / **that his father was angry at him**.
George는 / 알아차리지 못했다 / **그의 아버지께서 그에게 화났다는 것을**

George는 **그의 아버지께서 그에게 화났다는 것을** 알아차리지 못했다.

05 Kathy / thinks / **her classmates are friendly**.
Kathy는 / 생각한다 / **그녀의 반 친구들이 친절하다고**

Kathy는 **그녀의 반 친구들이 친절하다고** 생각한다.

06 The photos / showed / **that everyone enjoyed the party**.
그 사진들은 / 보여줬다 / **모든 사람들이 파티를 즐겼다는 것을**

그 사진들은 **모든 사람들이 파티를 즐겼다는 것을** 보여줬다.

07 Hospital rules / ask / **that nurses wash their hands often**.
병원 규정은 / 요구한다 / **간호사들이 그들의 손을 자주 씻는 것을**

병원 규정은 **간호사들이 그들의 손을 자주 씻는 것을** 요구한다.

08 Melissa / regretted / **that she didn't listen to my advice**.
Melissa는 / 후회했다 / **그녀가 내 조언에 귀 기울이지 않았던 것을**

Melissa는 **그녀가 내 조언에 귀 기울이지 않았던 것을** 후회했다.

09 Scientists / found / **that animals feel happiness too**.
과학자들은 / 알아냈다 / **동물들도 행복을 느낄 수 있다는 것을**

과학자들은 **동물들도 행복을 느낄 수 있다는 것을** 알아냈다.

10 I / heard / **that Jason got a good score on the test**.
나는 / 들었다 / **Jason이 시험에서 좋은 점수를 받았다고**

He / studied / really hard.
그는 / 공부했다 / 정말 열심히

나는 **Jason이 시험에서 좋은 점수를 받았다고** 들었다.
그는 정말 열심히 공부했다.

Unit 14 목적어 자리에 온 가짜 목적어 it 해석하기

p.37

01 Doctors / consider / **it** unhealthy / **to eat too much**.
의사들은 / 생각한다 / 건강에 해롭다고 / **지나치게 먹는 것이**

의사들은 **지나치게 먹는 것이** 건강에 해롭다고 생각한다.

02 Monica / finds / **it** lonely / **living alone**.
Monica는 / 생각한다 / 외롭다고 / **혼자 사는 것이**

Monica는 **혼자 사는 것이** 외롭다고 생각한다.

03 Crystal / thought / **it** difficult / **to sit for a long time**.
Crystal은 / 생각했다 / 어렵다고 / **오랫동안 앉아 있는 것이**

Crystal은 **오랫동안 앉아 있는 것이** 어렵다고 생각했다.

04 Taylor / made / **it** clear / **that he didn't like the plan**.
Taylor는 / 했다 / 분명히 / **그가 그 계획을 좋아하지 않는다는 것을**

Taylor는 **그가 그 계획을 좋아하지 않는다는 것을** 분명히 했다.

05 Many people / don't find / **it** comfortable / **driving in the city**.
많은 사람들은 / 생각하지 않는다 / 편하다고 / **도시에서 운전하는 것이**

많은 사람들은 **도시에서 운전하는 것이** 편하다고 생각하지 않는다.

06 Smartphones / make / **it** simple / **to share photos with others**.
스마트폰은 / 만든다 / 간단하게 / **다른 사람들과 사진을 공유하는 것을**

스마트폰은 **다른 사람들과 사진을 공유하는 것을** 간단하게 만든다.

07 Most people / don't find / **it** easy / **to speak in public**.
대부분의 사람들은 / 생각하지 않는다 / 쉽다고 / **대중 앞에서 연설하는 것이**

대부분의 사람들은 **대중 앞에서 연설하는 것이** 쉽다고 생각하지 않는다.

08 I / find / **it** strange / **that many people like black coffee**.
나는 / 생각한다 / 이상하다고 / **많은 사람들이 블랙커피를 좋아하는 것이**

나는 **많은 사람들이 블랙커피를 좋아하는 것이** 이상하다고 생각한다.

09 Harriet / considered / **it** sweet /
Harriet은 / 생각했다 / 다정하다고 /

that Ned visited her in the hospital.
Ned가 병원에 있는 그녀를 방문한 것을

Harriet은 **Ned가 병원에 있는 그녀를 방문한 것을** 다정하다고 생각했다.

10 Last night, / a hurricane / hit / the city.
어젯밤에 / 허리케인이 / 덮쳤다 / 도시를

It / made / **it** impossible / **to go outside**.
그것은 / 만들었다 / 불가능하게 / **밖에 나가는 것을**

어젯밤에, 허리케인이 도시를 덮쳤다.
그것은 **밖에 나가는 것을** 불가능하게 만들었다.

정답

01 (A) 작년에, 나는 권투 수업을 받기를 원했지만, 나의 부모님은 안 된다고 말했다.
(B) 하지만 나는 내 방에서 혼자 연습하는 것을 시작했다.

02 (A) 스페인에서, 사람들은 새해 첫날에 포도를 먹는 것이 행운을 가져온다고 여긴다.
(B) 스페인 사람들은 그 전통이 그 해의 운을 가져다준다고 믿는다.

03 (A) 많은 동물들은 추운 날씨에 사는 것이 힘들다는 것을 알고 있다.
(B) 곰들은 거의 8개월 동안 자는 것을 선택한다.

04 (A) - ⓑ / (B) - ⓓ

구문해석 / 해석

01

(A) Last year, / I wanted / to take boxing classes, / but my parents / said no.
작년에 나는 원했다 권투 수업을 받기를 하지만 나의 부모님은 안 된다고 말했다

They believed / that it was not / a sport for girls. **(B) But I / started /**
그들은 생각했다 그것이 아니라고 여자아이들을 위한 스포츠가 하지만 나는 시작했다

practicing alone / in my room. One day, / my father / saw / me. He knew /
혼자 연습하는 것을 내 방에서 어느 날 나의 아버지는 보았다 나를 그는 알았다

that I was serious. So he / finally / took me / to a gym. Taking boxing lessons /
내가 진지하다는 것을 그래서 그는 마침내 나를 데리고 갔다 체육관에 권투 수업을 받는 것은

made / me / so happy.
~(하게) 했다 나를 매우 행복한

(A) 작년에, 나는 권투 수업을 받기를 원했지만, 나의 부모님은 안 된다고 말했다. 그들은 그것이 여자아이들을 위한 스포츠가 아니라고 생각했다. (B) 하지만 나는 내 방에서 혼자 연습하는 것을 시작했다. 어느 날, 나의 아버지는 나를 보았다. 그는 내가 진지하다는 것을 알게 되었다. 그래서 그는 마침내 나를 체육관에 데리고 갔다. 권투 수업을 받는 것은 나를 매우 행복하게 했다.

02

People around the world / have / different New Year's traditions. **(A) In Spain, /**
전 세계의 사람들은 가지고 있다 서로 다른 새해 전통을 스페인에서

people / consider / it lucky / to eat grapes / on New Year's Day.
사람들은 여긴다 행운을 가져온다고 포도를 먹는 것이 새해 첫날에

On December 31, / many people go / to the town square. And everyone / eats /
12월 31일에 많은 사람들은 간다 마을 광장에 그리고 모든 사람이 먹는다

12 grapes / at 12:00 a.m. The 12 grapes / mean / the 12 months of the year.
포도알 12개를 오전 12시에 포도알 12개는 의미한다 그 해의 열두 달을

(B) Spanish people / believe / the tradition brings / fortune / for the year.
스페인 사람들은 믿는다 그 전통이 가져다준다고 운을 그 해의

전 세계의 사람들은 서로 다른 새해 전통을 가지고 있다. **(A) 스페인에서, 사람들은 새해 첫날에 포도를 먹는 것이 행운을 가져온다고 여긴다.** 12월 31일에, 많은 사람들은 마을 광장에 간다. 그리고 모든 사람이 오전 12시에 포도알 12개를 먹는다. 포도알 12개는 그 해의 열두 달을 의미한다. **(B) 스페인 사람들은 그 전통이 그 해의 운을 가져다준다고 믿는다.**

[03~04]

03 **(A) Many animals / find / it hard / to live in cold weather.** So they / have /
많은 동물들은 알고 있다 힘들다는 것을 추운 날씨에 사는 것이 그래서 그들은 가지고 있다

their own clever solutions. For example, / some birds / move /
그들만의 영리한 해결책들을 예를 들어 몇몇 새들은 이동한다

(A) 많은 동물들은 추운 날씨에 사는 것이 힘들다는 것을 알고 있다. 그래서 그들은 그들만의 영리한 해결책들을 가지고 있다. 예를 들어, 몇몇 새들은 따뜻한 남쪽 지역으로

to warm southern areas. Then they / fly back / in the spring. 03 **(B) Bears** /
따뜻한 남쪽 지역으로 그다음에 그들은 다시 날아간다 봄에 곰들은

choose / to sleep / for almost eight months. They eat / a lot of food /
선택한다 자는 것을 거의 8개월 동안 그들은 먹는다 많은 식량을

in the summer / and become very fat. Their fat / keeps / them / alive /
여름에 그리고 매우 뚱뚱해진다 그들의 지방은 계속 ~하게 한다 그들을 살아있는

during the winter. In the spring, / they / wake up / and start / finding food / again.
겨울 동안 봄에 그들은 일어난다 그리고 시작한다 식량을 찾는 것을 다시

이동한다. 그다음에 그들은 봄에 다시 날아간다. **(B) 곰들은 거의 8개월 동안 자는 것을 선택한다.** 그들은 여름에 많은 식량을 먹고 매우 뚱뚱해진다. 그들의 지방은 겨울 동안 그들을 계속 살아있게 한다. 봄에, 그들은 일어나고 다시 식량을 찾는 것을 시작한다.

04 (A) In the winter, / birds decide / to move / to a warm place.
겨울에 / 새들은 결정한다 / 이동하기로 / 따뜻한 곳으로

(B) Bears choose / to eat / a lot of food / to survive / the winter.
곰들은 선택한다 / 먹는 것을 / 많은 식량을 / 넘기기 위해 / 겨울을

(A) 겨울에, 새들은 따뜻한 곳으로 이동하기로 결정한다.

(B) 곰들은 겨울을 넘기기 위해 많은 식량을 먹는 것을 선택한다.

Tip!

04-(A) 지문의 '예를 들어, 몇몇 새들은 따뜻한 남쪽 지역으로 이동한다(For example, some birds move to warm southern areas)'라는 문구를 통해 겨울에 새들이 따뜻한 곳으로 이동하기로 결정한다는 것을 알 수 있다. 따라서 ⓑ가 정답이다.

04-(B) 지문의 '그들은 여름에 많은 식량을 먹고 매우 뚱뚱해진다. 그들의 지방은 겨울 동안 그들을 계속 살아있게 한다(They eat a lot of food ~. Their fat keeps them alive during the winter)'라는 문구를 통해 곰들이 겨울을 넘기기 위해 많은 식량을 먹는 것을 선택한다는 것을 알 수 있다. 따라서 ⓓ가 정답이다.

Chapter 04 주격 보어 정복하기

Unit 15 주격 보어 자리에 온 명사 해석하기

p. 42

01 Van Gogh / was / **a talented artist**.
반 고흐는 / ~였다 / **재능 있는 화가**
반 고흐는 **재능 있는 화가**였다.

02 Bruno's favorite music / is / **jazz**.
Bruno가 가장 좋아하는 음악은 / ~이다 / **재즈**
Bruno가 가장 좋아하는 음악은 **재즈**이다.

03 The cheetah / is / **a very fast land animal**.
치타는 / ~이다 / **매우 빠른 육지 동물**
치타는 **매우 빠른 육지 동물**이다.

04 Mario / became / **a fire fighter** / two years ago.
Mario는 / ~이 되었다 / **소방관** / 2년 전에
Mario는 2년 전에 **소방관**이 되었다.

05 Rice / remains / **an important food** / all over the world.
쌀은 / 여전히 ~이다 / **중요한 식량** / 전 세계에서
쌀은 여전히 전 세계에서 **중요한 식량**이다.

06 For a campfire, / this / is not / **the perfect place**.
캠프파이어에 있어서 / 이곳은 / ~가 아니다 / **완벽한 장소**
캠프파이어에 있어서, 이곳은 **완벽한 장소**가 아니다.

07 Rose's strength / is / **her sense of humor**.
Rose의 장점은 / ~이다 / **그녀의 유머 감각**
Rose의 장점은 **그녀의 유머 감각**이다.

08 Skipping meals / is not / **a good idea**.
식사를 거르는 것은 / ~이 아니다 / **좋은 생각**
식사를 거르는 것은 **좋은 생각**이 아니다.

09 Making cupcakes / appeared / **a simple task**.
컵케이크를 만드는 것은 / ~처럼 보였다 / **쉬운 일**
컵케이크를 만드는 것은 **쉬운 일**처럼 보였다.

10 The author's novel / became / **a national bestseller**.
그 작가의 소설은 / ~가 되었다 / **전국적인 베스트셀러**
Now, / her book / is / everywhere.
이제 / 그녀의 책은 / 있다 / 어디에나
그 작가의 소설은 **전국적인 베스트셀러**가 되었다.
이제, 그녀의 책은 어디에나 있다.

Unit 16 주격 보어 자리에 온 동명사, to 부정사 해석하기

p. 43

01 Ken's plan / is / **to travel on foot**.
Ken의 계획은 / ~이다 / **도보로 여행하는 것**
Ken의 계획은 **도보로 여행하는 것**이다.

02 The teacher's role / is / **to inspire her students**.
그 선생님의 역할은 / ~이다 / **그녀의 학생들을 격려하는 것**
그 선생님의 역할은 **그녀의 학생들을 격려하는 것**이다.

03 The last job on the list / was / **doing the laundry**.
목록에 있는 마지막 일은 / ~였다 / **빨래를 하는 것**
목록에 있는 마지막 일은 **빨래를 하는 것**이었다.

04 Sandy / trained / hard.
Sandy는 / 훈련했다 / 열심히

Her goal / was / **to win the race**.
그녀의 목표는 / ~였다 / **경주에서 승리하는 것**

Sandy는 열심히 훈련했다.
그녀의 목표는 **경주에서 승리하는 것**이었다.

05 Charlie's dream / is / **to visit Rome with his family**.
Charlie의 꿈은 / ~이다 / **그의 가족과 함께 로마를 방문하는 것**

Charlie의 꿈은 **그의 가족과 함께 로마를 방문하는 것**이다.

06 A big fear of many students / is / **failing the test**.
많은 학생들의 큰 두려움은 / ~이다 / **시험에 낙제하는 것**

많은 학생들의 큰 두려움은 **시험에 낙제하는 것**이다.

07 Irene's aim this year / is / **to improve her math grade**.
Irene의 올해 목표는 / ~이다 / **그녀의 수학 성적을 향상시키는 것**

Irene의 올해 목표는 **그녀의 수학 성적을 향상시키는 것**이다.

08 The store policy / is / **not to give refunds**.
그 상점의 방침은 / ~이다 / **환불해주지 않는 것**

그 상점의 방침은 **환불해주지 않는 것**이다.

09 The key in business / is / **attracting the right customers**.
사업에 있어서 핵심은 / ~이다 / **적절한 고객들을 끌어모으는 것**

사업에 있어서 핵심은 **적절한 고객들을 끌어모으는 것**이다.

10 I / often / have / a stomachache.
나는 / 자주 / ~이 있다 / 복통

The doctor's advice / was / **to drink warm water**.
의사의 조언은 / ~였다 / **따뜻한 물을 마시는 것**

나는 복통이 자주 있다.
의사의 조언은 **따뜻한 물을 마시는 것**이었다.

Unit 17 주격 보어 자리에 온 that ~ 해석하기

p. 44

01 Our wish / is / **that the rain stops soon**.
우리의 바람은 / ~이다 / **비가 곧 그치는 것**

우리의 바람은 **비가 곧 그치는 것**이다.

02 My opinion / is / **that everyone needs a miracle in their lives**.
나의 의견은 / ~이다 / **모든 사람이 그들의 삶에서 기적을 필요로 한다는 것**

나의 의견은 **모든 사람이 그들의 삶에서 기적을 필요로 한다는 것**이다.

03 The sad news / was / **that Mary left the company**.
슬픈 소식은 / ~였다 / **Mary가 회사를 떠났다는 것**

슬픈 소식은 **Mary가 회사를 떠났다는 것**이었다.

04 The truth / is / **that Alex didn't do his homework**.
진실은 / ~이다 / **Alex가 그의 숙제를 하지 않았다는 것**

진실은 **Alex가 그의 숙제를 하지 않았다는 것**이다.

05 Wendy's secret / is / **that she has a twin sister**.
Wendy의 비밀은 / ~이다 / **그녀에게 쌍둥이 자매가 있다는 것**

Wendy의 비밀은 **그녀에게 쌍둥이 자매가 있다는 것**이다.

06 The important thing / is / **that you did your best**.
중요한 것은 / ~이다 / **네가 최선을 다했다는 것**

중요한 것은 **네가 최선을 다했다는 것**이다.

07 Sarah's big worry / is / **that her car breaks down often**.
Sarah의 큰 걱정은 / ~이다 / **그녀의 차가 자주 고장 난다는 것**

Sarah의 큰 걱정은 **그녀의 차가 자주 고장 난다는 것**이다.

08 The team's concern / was / **that they needed more practice**.
팀의 걱정은 / ~였다 / **그들에게 더 많은 연습이 필요했다는 것**

팀의 걱정은 **그들에게 더 많은 연습이 필요했다는 것**이었다.

09 Jessica's point / was /
Jessica의 요점은 / ~였다 /

that her laptop needed some extra repairs.
그녀의 노트북이 추가 수리를 필요로 했다는 것

Jessica의 요점은 **그녀의 노트북이 추가 수리를 필요로 했다는 것**이었다.

10 Glen / lives / with a roommate.
Glen은 / 산다 / 룸메이트와 함께

The problem / is /
문제는 / ~이다 /

that his roommate doesn't clean the apartment.
그의 룸메이트가 아파트를 청소하지 않는다는 것

Glen은 룸메이트와 함께 산다.
문제는 **그의 룸메이트가 아파트를 청소하지 않는다는 것**이다.

Unit 18 주격 보어 자리에 온 형용사 해석하기

p. 45

01 Jim's vacation plans / sound / **fun**.
Jim의 휴가 계획은 / ~하게 들린다 / **재미있는**

Jim의 휴가 계획은 **재미있**게 들린다.

02 The students / looked / **bored** / in history class.
학생들은 / ~해 보였다 / **지루한** / 역사 수업 시간에

학생들은 역사 수업 시간에 **지루**해 보였다.

03 Barbara / suddenly / felt / **sad** / for no reason.
Barbara는 / 갑자기 / ~한 느낌이 들었다 / **슬픈** / 아무 이유 없이

Barbara는 갑자기 아무 이유 없이 **슬픈** 느낌이 들었다.

04 The food at the new restaurant / tasted / **terrible**.
새로운 식당의 음식은 / ~한 맛이 났다 / **끔찍한**

새로운 식당의 음식은 **끔찍한** 맛이 났다.

05 Anne / became / **tired** / after the marathon.
Anne은 / ~해졌다 / **피곤한** / 마라톤 후에

Anne은 마라톤 후에 **피곤**해졌다.

06 The flower / smells / **good**.
그 꽃은 / ~한 냄새가 난다 / **좋은**

그 꽃은 **좋은** 냄새가 난다.

07 During the rainy season, / the sky / is / usually / **grey**.
장마철 동안 / 하늘은 / ~이다 / 보통 / **흐린**

장마철 동안, 하늘은 보통 **흐리**다.

08 Norbert / called / me / last night.
Norbert가 / 전화했다 / 나에게 / 어젯밤에

His voice / sounded / **strange**.
그의 목소리는 / ~하게 들렸다 / **이상한**

Norbert가 어젯밤에 나에게 전화했다.
그의 목소리는 **이상하**게 들렸다.

09 The oven / didn't get / **hot** / enough.
오븐이 / ~해지지 않았다 / **뜨거운** / 충분히

We / needed / to wait.
우리는 / ~해야 했다 / 기다리다

오븐이 충분히 **뜨거워**지지 않았다.
우리는 기다려야 했다.

10 Angela's face / turned / **red** / after just one drink.
Angela의 얼굴은 / ~해졌다 / **빨간** / 술을 단 한 잔 마신 후에

Angela의 얼굴은 술을 단 한 잔 마신 후에 **빨개**졌다.

정답

01 (A) 그것은 부드럽고 끈적끈적하다.
(B) 하지만, 진실은 귀지가 매우 유용하다는 것이다.

02 (A) 그들의 새로운 믿음은 고양이들이 사악하다는 것이었다.
(B) 놀랍게도, 고양이들은 살아남았고 완전히 괜찮았다.

03 (A) 그는 유명한 밴드의 드럼 연주자이다.
(B) Allen은 "나의 소망은 사람들에게 희망을 주는 것이다"라고 말한다.

04 (A) - ⓓ / (B) - ⓐ

구문해석 / 해석

01

(A) It is / soft and sticky. It / is yellow in color. It / is inside / our ears. What /
그것은 ~이다 부드럽고 끈적끈적한 그것은 노란색이다 그것은 안에 있다 우리의 귀 무엇일까

is it? It's / earwax! Some people / think / that earwax is dirty, / so they try /
그것은 그것은 귀지다 어떤 사람들은 생각한다 귀지가 더럽다고 그래서 그들은 ~(하려고) 한다

to remove it. **(B) However, / the truth / is / that earwax is very useful.** It /
그것을 없애려고 하지만 진실은 ~이다 귀지가 매우 유용하다는 것 그것은

catches dirt / and keeps / our ears / clean. It / also / fights / bacteria / and protects /
먼지를 잡는다 그리고 계속 ~하게 한다 우리의 귀를 깨끗한 그것은 또한 싸운다 세균과 그리고 보호한다

our ears. So earwax / is important / for our health.
우리의 귀를 그래서 귀지는 중요하다 우리의 건강에

(A) **그것은 부드럽고 끈적끈적하다.** 그것은 노란색이다. 그것은 우리의 귀 안에 있다. 그것은 무엇일까? 그것은 귀지다! 어떤 사람들은 귀지가 더럽다고 생각해서, 그들은 그것을 없애려고 한다. (B) **하지만, 진실은 귀지가 매우 유용하다는 것이다.** 그것은 먼지를 잡고 우리의 귀를 계속 깨끗하게 유지하게 한다. 그것은 또한 세균과 싸우고 우리의 귀를 보호한다. 그래서 귀지는 우리의 건강에 중요하다.

02

Before the Middle Ages, / many Europeans / liked / cats. But then / they /
중세 이전에 많은 유럽인들은 좋아했다 고양이들을 하지만 그 후 그들은

changed. **(A) Their new belief / was / that cats were evil.** So people /
변했다 그들의 새로운 믿음은 ~였다 고양이들이 사악하다는 것 그래서 사람들은

even tried killing / cats. They / threw / the animals / from high places.
죽이려고까지 했다 고양이들을 그들은 던졌다 그 동물들을 높은 곳에서

(B) Amazingly, / the cats / survived / and were totally fine. After that, / people /
놀랍게도 고양이들은 살아남았다 그리고 완전히 괜찮았다 그 후 사람들은

started to believe / that cats had / a unique power, / and they / had /
믿기 시작했다 고양이들이 가졌다고 특별한 힘을 그리고 그들은 있다

nine lives.
아홉 개의 목숨이

중세 이전에, 많은 유럽인들은 고양이들을 좋아했다. 하지만 그 후 그들은 변했다. (A) **그들의 새로운 믿음은 고양이들이 사악하다는 것이었다.** 그래서 사람들은 고양이들을 죽이려고까지 했다. 그들은 그 동물들을 높은 곳에서 던졌다. (B) **놀랍게도, 고양이들은 살아남았고 완전히 괜찮았다.** 그 후, 사람들은 고양이들이 특별한 힘을 가졌고, 그들은 아홉 개의 목숨이 있다고 믿기 시작했다.

[03~04]

Rick Allen's story / is amazing. **03 (A) He / is / a drummer / in a famous band.**
Rick Allen의 이야기는 놀랍다 그는 ~이다 드럼 연주자 유명한 밴드의

One day, / he / had a car accident. He / lost / his left arm / and his career /
어느 날 그는 자동차 사고를 당했다 그는 잃었다 그의 왼쪽 팔을 그리고 그의 경력은

seemed over. However, he / never gave up. He / learned / to play the drums /
끝난 것처럼 보였다 하지만 그는 절대 포기하지 않았다 그는 배웠다 드럼을 치는 법을

with one hand. He / also created / a new drumming style. His band / made /
한 손으로 그는 또한 만들어 냈다 새로운 드럼 연주 스타일을 그의 밴드는 만들었다

a new album, / and it / was / a big hit. This / moved / many people.
새로운 앨범을 그리고 그것은 ~였다 큰 성공 이것은 감동시켰다 많은 사람들을

03 (B) "My wish is / to give hope / to people," / says / Allen.
나의 소망은 ~이다 희망을 주는 것 사람들에게 말한다 Allen은

Rick Allen의 이야기는 놀랍다. **(A) 그는 유명한 밴드의 드럼 연주자이다.** 어느 날, 그는 자동차 사고를 당했다. 그는 그의 왼쪽 팔을 잃었고 그의 경력은 끝난 것처럼 보였다. 하지만, 그는 절대 포기하지 않았다. 그는 한 손으로 드럼을 치는 법을 배웠다. 그는 또한 새로운 드럼 연주 스타일을 만들어 냈다. 그의 밴드는 새로운 앨범을 만들었고, 그것은 큰 성공이었다. 이것은 많은 사람들을 감동시켰다. **(B) Allen은 "나의 소망은 사람들에게 희망을 주는 것이다"라고 말한다.**

04 (A) Drummer Rick Allen / lost / his arm / in a car accident.
드럼 연주자 Rick Allen은 / 잃었다 / 그의 팔을 / 자동차 사고에서

(A) 드럼 연주자 Rick Allen은 자동차 사고에서 그의 팔을 잃었다.

(B) He / didn't give up / and created / a new drumming style.
그는 / 포기하지 않았다 / 그리고 만들어 냈다 / 새로운 드럼 연주 스타일을

(B) 그는 포기하지 않았고 새로운 드럼 연주 스타일을 만들어 냈다.

Tip!

04-(A) 지문의 '어느 날, 그는 자동차 사고를 당했다. 그는 그의 왼쪽 팔을 잃었고 그의 경력은 끝난 것처럼 보였다(One day, he had a car accident. He lost his left arm ~ over)'라는 문구를 통해 드럼 연주자 Rick Allen이 자동차 사고에서 그의 팔을 잃었다는 것을 알 수 있다. 따라서 ⓓ가 정답이다.

04-(B) 지문의 '그는 또한 새로운 드럼 연주 스타일을 만들어 냈다(He also created a new drumming style)'라는 문구를 통해 그가 포기하지 않았고 새로운 드럼 연주 스타일을 만들어 냈다는 것을 알 수 있다. 따라서 ⓐ가 정답이다.

Chapter 05 목적격 보어 정복하기

Unit 19 목적격 보어 자리에 온 명사 해석하기

p. 50

01 The parents / named / their baby / **Martin**.
그 부모는 / ~라고 이름 지었다 / 그들의 아기를 / Martin

그 부모는 그들의 아기를 Martin이라고 이름 지었다.

02 Some chefs / believe / the tomato / **a vegetable**.
어떤 요리사들은 / ~라고 생각한다 / 토마토를 / **채소**

어떤 요리사들은 토마토를 **채소**라고 생각한다.

03 Did / Paul / keep / his plan / **a secret** / from his family?
~했니 / Paul은 / (비밀로) 하다 / 그의 계획을 / **비밀** / 가족들에게

Paul은 가족들에게 그의 계획을 **비밀**로 했니?

04 The company / appointed / Mia / **the team leader**.
회사는 / ~으로 임명했다 / Mia를 / **팀장**

회사는 Mia를 **팀장**으로 임명했다.

05 Rita's difficult life / made / her / **a strong person**.
Rita의 힘든 삶은 / ~으로 만들었다 / 그녀를 / **강한 사람**

Rita의 힘든 삶은 그녀를 **강한 사람**으로 만들었다.

06 My aunt / calls / Michael Jackson / **a great singer**.
나의 이모는 / ~라고 부른다 / Michael Jackson을 / **훌륭한 가수**

나의 이모는 Michael Jackson을 **훌륭한 가수**라고 부른다.

07 The club members / elected / Mr. Smith / **their president**.
그 동호회의 회원들은 / ~으로 선출했다 / Smith 씨를 / **그들의 회장**

그 동호회의 회원들은 Smith 씨를 **그들의 회장**으로 선출했다.

08 For an old laptop, / Suzy / didn't find / $1,800 /
낡은 노트북치곤 / Suzy는 / ~라고 생각하지 않았다 / 1,800달러를 /

a reasonable price.
합리적인 가격

낡은 노트북치곤, Suzy는 1,800달러를 **합리적인 가격**이라고 생각하지 않았다.

09 Maria / didn't think / the news / **a joke**.
Maria는 / ~라고 생각하지 않았다 / 그 소식을 / **농담**

She / took / it / seriously.
그녀는 / 받아들였다 / 그것을 / 진지하게

Maria는 그 소식을 **농담**이라고 생각하지 않았다.
그녀는 그것을 진지하게 받아들였다.

10 European leaders / considered / Napoleon / **a danger**.
유럽의 지도자들은 / ~라고 생각했다 / 나폴레옹을 / **위험한 사람**

They / sent / him / to Elba Island.
그들은 / 보냈다 / 그를 / 엘바섬으로

유럽의 지도자들은 나폴레옹을 **위험한 사람**이라고 생각했다.
그들은 그를 엘바섬으로 보냈다.

Unit 20 목적격 보어 자리에 온 형용사 해석하기

p. 51

01 Connor / painted / the walls / **white**.
Connor는 / ~으로 칠했다 / 벽을 / **흰색의**

Connor는 벽을 **흰색**으로 칠했다.

02 Salty food / makes / you / **thirsty**.
짠 음식은 / ~하게 만든다 / 당신을 / **갈증 나는**

짠 음식은 당신을 **갈증 나**게 만든다.

03 Kate / considers / her work / **important**.
Kate는 / ~라고 생각한다 / 그녀의 일을 / **중요한**

Kate는 그녀의 일을 **중요하**게 생각한다.

04 The air conditioner / keeps / the room / **cool**.
에어컨은 / 계속 ~하게 한다 / 방을 / **시원한**

에어컨은 방을 계속 **시원하**게 한다.

05 Jess / didn't find / her English teacher / **kind**.
Jess는 / ~라고 생각하지 않았다 / 그녀의 영어 선생님이 / **친절한**

Jess는 그녀의 영어 선생님이 **친절하**다고 생각하지 않았다.

06 Sabrina / thought / the prices at the restaurant / **expensive**.
Sabrina는 / ~라고 생각했다 / 그 식당의 가격이 / **비싼**

Sabrina는 그 식당의 가격이 **비싸**다고 생각했다.

07 The mud / made / the kid's boots / **dirty**.
진흙은 / ~하게 만들었다 / 아이의 부츠를 / **더러운**

진흙은 아이의 부츠를 **더럽**게 만들었다.

08 Logan / had / a math exam / yesterday.
Logan은 / 있었다 / 수학 시험이 / 어제

He / didn't think / it / **easy**.
그는 / ~라고 생각하지 않았다 / 그것을 / **쉬운**

Logan은 어제 수학 시험이 있었다.
그는 그것을 **쉽**다고 생각하지 않았다.

09 Be / careful.
~해라 / 조심하는

Too much sunlight / turns / your skin / **red**.
너무 과한 햇빛은 / ~하게 만든다 / 너의 피부를 / **빨간**

조심해라.
너무 과한 햇빛은 너의 피부를 **빨갛**게 만든다.

10 I / heard / that you got / career counseling.
나는 / 들었어 / 네가 받았다는 것을 / 직업 상담을

Did / you / find / the advice / **helpful**?
~했니 / 너는 / ~라고 생각한다 / 그 조언이 / **도움이 되는**

나는 네가 직업 상담을 받았다는 것을 들었어.
너는 그 조언이 **도움이 된**다고 생각했니?

Unit 21 목적격 보어 자리에 온 to 부정사 해석하기

p. 52

01 We / expected / the rain / **to stop soon**.
우리는 / 기대했다 / 비가 / **곧 그치기를**

우리는 비가 **곧 그치기를** 기대했다.

02 Did / Nell's parents / force / him / **to study hard**?
~했니 / Nell의 부모님은 / 강요한다 / 그가 / **열심히 공부하기를**

Nell의 부모님은 그가 **열심히 공부하기를** 강요했니?

03 Coaches / require / their players / **to practice every day**.
코치들은 / 요구한다 / 그들의 선수들이 / **매일 연습하기를**

코치들은 그들의 선수들이 **매일 연습하기를** 요구한다.

04 Watching French movies / helped / Judy / **to learn French**.
프랑스 영화를 보는 것은 / 도왔다 / Judy가 / **프랑스어를 배우는 것을**

프랑스 영화를 보는 것은 Judy가 **프랑스어를 배우는 것을** 도왔다.

05 Suzanne / didn't want / John / **to take her to the station**.
Suzanne는 / 원하지 않았다 / John이 / **그녀를 역에 데려다주는 것을**

Suzanne는 John이 **그녀를 역에 데려다주는 것을** 원하지 않았다.

06 Dylan / asked / his brother / **to bring an umbrella**.
Dylan은 / 부탁했다 / 그의 형이 / **우산을 가지고 오기를**

Dylan은 그의 형이 **우산을 가지고 오기를** 부탁했다.

07 Mrs. Reed / doesn't allow / her daughter / **to play outside at night**.
Reed 씨는 / 허락하지 않는다 / 그녀의 딸이 / **밤에 밖에서 노는 것을**

Reed 씨는 그녀의 딸이 **밤에 밖에서 노는 것을** 허락하지 않는다.

08 The restaurant / requires / guests / **to dress formally**.
그 식당은 / 요구한다 / 손님들이 / **정장을 입기를**

그 식당은 손님들이 **정장을 입기를** 요구한다.

09 Rachel / was / sick.
Rachel은 / ~였다 / 아픈

Her friend / advised / her / **to go to the hospital**.
그녀의 친구는 / 충고했다 / 그녀에게 / **병원에 가기를**

Rachel은 아팠다.
그녀의 친구는 그녀에게 **병원에 가기를** 충고했다.

10 That store / doesn't accept / cards.
그 상점은 / 받아 주지 않는다 / 카드를

It / asks / customers / **to pay with cash**.
그곳은 / 요청한다 / 고객들이 / **현금으로 지불하기를**

그 상점은 카드를 받아 주지 않는다.
그곳은 고객들이 **현금으로 지불하기를** 요청한다.

Unit 22 목적격 보어 자리에 온 동사원형 해석하기

p. 53

01 I / had / the driver / **take me home**.
나는 / ~하게 했다 / 그 기사가 / **나를 집에 데려다주게**

나는 그 기사가 **나를 집에 데려다주게** 했다.

02 We / felt / the wind / **blow softly**.
우리는 / 느꼈다 / 바람이 / **부드럽게 부는 것을**

우리는 바람이 **부드럽게 부는 것을** 느꼈다.

03 Julia / heard / the phone / **ring loudly**.
Julia는 / 들었다 / 전화가 / **시끄럽게 울리는 것을**

Julia는 전화가 **시끄럽게 울리는 것을** 들었다.

04 Sebastian / watched / the barista / **make his coffee**.
Sebastian은 / 봤다 / 바리스타가 / **그의 커피를 만드는 것을**

Sebastian은 바리스타가 **그의 커피를 만드는 것을** 봤다.

05 Angela / didn't see / her puppy / **eat the cookies**.
Angela는 / 보지 못했다 / 그녀의 강아지가 / **쿠키를 먹는 것을**

Angela는 그녀의 강아지가 **쿠키를 먹는 것을** 보지 못했다.

06 Global warming / makes / many animals' habitats / **disappear**.
지구 온난화는 / ~하게 한다 / 많은 동물들의 서식지를 / **사라지게**

지구 온난화는 많은 동물들의 서식지를 **사라지게** 한다.

07 Sally / listened to / the birds / **sing in the trees**.
Sally는 / 들었다 / 새들이 / **나무에서 노래하는 것을**

Sally는 새들이 **나무에서 노래하는 것을** 들었다.

08 His parents / only / let / him / **play video games** / on the weekend.
그의 부모님은 / ~만 / ~하게 한다 / 그가 / **비디오 게임을 하게** / 주말에

그의 부모님은 그가 주말에만 **비디오 게임을 하게** 한다.

09 My science teacher / doesn't have / students /
나의 과학 선생님은 / ~하게 하지 않는다 / 학생들이 /

do presentations / during class.
발표를 하게 / 수업 시간 동안

나의 과학 선생님은 수업 시간 동안 학생들이 **발표를 하게** 하지 않는다.

10 Evelyn's sister / has / a job interview / this Friday.
Evelyn의 여동생은 / 있다 / 취업 면접이 / 이번 주 금요일에

Evelyn / let / her sister / **borrow her business suit**.
Evelyn은 / ~하게 했다 / 그녀의 여동생이 / **그녀의 정장을 빌려 가게**

Evelyn의 여동생은 이번 주 금요일에 취업 면접이 있다.
Evelyn은 그녀의 여동생이 **그녀의 정장을 빌려 가게** 했다.

Unit 23 목적격 보어 자리에 온 현재분사 해석하기

p.54

01 Jake / heard / Aria / **singing beautifully**.
Jake는 / 들었다 / Aria가 / **아름답게 노래하는 것을**
Jake는 Aria가 **아름답게 노래하는 것을** 들었다.

02 Tiffany / watched / her son / **sleeping in his bed**.
Tiffany는 / 보았다 / 그녀의 아들이 / **그의 침대에서 자고 있는 것을**
Tiffany는 그녀의 아들이 **그의 침대에서 자고 있는 것을** 보았다.

03 Last night, / we / heard / the neighbors / **talking loudly**.
어젯밤에 / 우리는 / 들었다 / 이웃들이 / **시끄럽게 이야기하는 것을**
어젯밤에, 우리는 이웃들이 **시끄럽게 이야기하는 것을** 들었다.

04 We / listened to / the speaker / **telling a story**.
우리는 / 들었다 / 발표자가 / **이야기를 말하는 것을**
우리는 발표자가 **이야기를 말하는 것을** 들었다.

05 The passengers / watched / the train / **coming**.
승객들은 / 보았다 / 열차가 / **들어오는 것을**
승객들은 열차가 **들어오는 것을** 보았다.

06 Betty / didn't hear / her cell phone / **ringing in her pocket**.
Betty는 / 듣지 못했다 / 그녀의 휴대폰이 / **그녀의 주머니에서 울리는 것을**
Betty는 그녀의 휴대폰이 **그녀의 주머니에서 울리는 것을** 듣지 못했다.

07 The guard / saw / a stranger / **entering the building**.
경비원은 / 보았다 / 낯선 사람이 / **건물에 들어오는 것을**
경비원은 낯선 사람이 **건물에 들어오는 것을** 보았다.

08 Alice / had / a presentation / soon.
Alice는 / 있다 / 발표가 / 곧
She / felt / her heart / **beating fast**.
그녀는 / 느꼈다 / 그녀의 심장이 / **빠르게 뛰고 있는 것을**
Alice는 곧 발표가 있다.
그녀는 그녀의 심장이 **빠르게 뛰고 있는 것을** 느꼈다.

09 Tom / saw / the subway doors / **closing**.
Tom은 / 봤다 / 지하철 문이 / **닫히고 있는 것을**
He / stopped / running.
그는 / 멈췄다 / 뛰는 것을
Tom은 지하철 문이 **닫히고 있는 것을** 봤다.
그는 뛰는 것을 멈췄다.

10 The students / listened to / the professor / **talking about the country's history**.
학생들은 / 들었다 / 교수가 / **그 나라의 역사에 대해 이야기하는 것을**
학생들은 교수가 **그 나라의 역사에 대해 이야기하는 것을** 들었다.

Unit 24 목적격 보어 자리에 온 과거분사 해석하기

p.55

01 He / found / his bike / **broken**.
그는 / 발견했다 / 그의 자전거가 / **고장 난 것을**
그는 그의 자전거가 **고장 난 것을** 발견했다.

02 Victoria / had / her hair / **permed**.
Victoria는 / ~하게 했다 / 그녀의 머리가 / **파마되게**
Victoria는 그녀의 머리가 **파마되게** 했다.

03 Owen / got / his wisdom tooth / **removed**.
Owen은 / ~하게 했다 / 그의 사랑니가 / **제거되게**
Owen은 그의 사랑니가 **제거되게** 했다.

04 After the storm, / they / had / the roof / **repaired**.
폭풍 후에 / 그들은 / ~하게 했다 / 지붕이 / **수리되게**
폭풍 후에, 그들은 지붕이 **수리되게** 했다.

05 The waiter / kept / their water glasses / **filled**.
종업원은 / 계속 ~하게 했다 / 그들의 물컵이 / **채워지게**

종업원은 그들의 물컵이 계속 **채워지게** 했다.

06 We / heard / our names / **called** / through a speaker.
우리는 / 들었다 / 우리의 이름이 / **불려지는 것을** / 스피커를 통해

우리는 우리의 이름이 스피커를 통해 **불려지는 것을** 들었다.

07 Olivia / did not want / her fish / **fried in oil**.
Olivia는 / 원하지 않았다 / 그녀의 생선이 / **기름에 튀겨지는 것을**

Olivia는 그녀의 생선이 **기름에 튀겨지는 것을** 원하지 않았다.

08 For Christmas, / they / had / their house / **decorated**.
크리스마스를 위해 / 그들은 / ~하게 했다 / 그들의 집이 / **장식되게**

크리스마스를 위해, 그들은 그들의 집이 **장식되게** 했다.

09 Ethan / found / the city / **changed a lot** / after 10 years.
Ethan은 / 발견했다 / 그 도시가 / **많이 변했다는 것을** / 10년 후

Ethan은 10년 후 그 도시가 **많이 변했다는 것을** 발견했다.

10 My car / didn't work.
내 차가 / 작동하지 않았다

I / got / it / **checked at the service center**.
나는 / ~하게 했다 / 그것이 / **정비소에서 점검되게**

내 차가 작동하지 않았다.
나는 그것이 **정비소에서 점검되게** 했다.

HACKERS TEST

p.56

정답

01 (A) 이 사실은 많은 사람들을 불안하게 했다.
(B) 몇몇 나라에서, 정부는 법이 바뀌게 했다.

02 (A) 그것의 간단한 요리법과 진한 맛은 이것을 전 세계에서 인기 있게 만들었다.
(B) 이것은 맛이 적절히 섞이게 돕는다.

03 (A) 우리는 그 사람을 악당이라고 부른다.
(B) 독자들은 이러한 등장인물들을 매력적이라고 생각하고, 이것은 사람들이 계속 읽게 한다.

04 (A) – ⓐ / (B) – ⓑ

구문해석 / 해석

01

Every year, / one person / uses / about 200 plastic shopping bags. Then they /
매년 / 한 사람이 / 사용한다 / 약 200개의 비닐 쇼핑백을 / 그리고는 그들은

throw them away. **(A) This fact / made / many people / nervous.** They /
그것들을 버린다 / 이 사실은 / ~하게 했다 / 많은 사람들을 / 불안한 / 그들은

found / plastic bags / harmful to the environment. **(B) In some countries,** /
생각했다 / 비닐봉지가 / 환경에 해롭다고 / 몇몇 나라에서

governments / had / the laws / changed. Plastic bags / were free, /
정부는 / ~하게 했다 / 법이 / 바뀌게 / 비닐봉지는 / 무료였다

매년, 한 사람이 약 200개의 비닐 쇼핑백을 사용한다. 그리고는 그들은 그것들을 버린다. **(A) 이 사실은 많은 사람들을 불안하게 했다.** 그들은 비닐봉지가 환경에 해롭다고 생각했다. **(B) 몇몇 나라에서, 정부는 법이 바뀌게 했다.** 비닐봉지는 무료였지만, 새로운 법은 사람들이 그것들을 사기를 요구했다. 이것은 쇼핑객들이 집에서 그들 자신의 쇼핑백을 가져오게 했다.

but new laws / required / people / to buy them. This made / shoppers / bring /
하지만 새로운 법은 요구했다 사람들이 그것들을 사기를 이것은 ~하게 했다 쇼핑객들이 가져오게

their own shopping bags / from home.
그들 자신의 쇼핑백을 집에서

02

Basil pesto / is / a famous Italian pasta sauce. **(A) Its simple recipe /**
바질 페스토는 ~이다 인기 있는 이탈리아의 파스타 소스 그것의 간단한 요리법

and rich taste / made / it become / popular / all over the world.
그리고 진한 맛이 만들었다 이것을 ~(해)지게 인기 있는 전 세계에서

The home of basil pesto / is / Genoa, Italy. People in this region / crushed /
바질 페스토의 본고장은 ~이다 이탈리아의 제노바 이 지역의 사람들은 으깼다

basil, garlic, and nuts / with a stone tool. 'Pesto' / means / 'crush'. So they /
바질, 마늘, 그리고 견과를 석기로 '페스토'는 의미한다 '으깨다' 그래서 그들은

called / the sauce / pesto. Italians / say / this traditional method / is the best.
~라고 불렀다 그 소스를 페스토 이탈리아인들은 ~라고 말한다 이 전통적인 방법이 최고다

(B) It / helps / the flavors / to mix properly.
이것은 돕는다 맛이 적절히 섞이게

바질 페스토는 인기 있는 이탈리아의 파스타 소스이다. **(A) 그것의 간단한 요리법과 진한 맛은 이것을 전 세계에서 인기 있게 만들었다.** 바질 페스토의 본고장은 이탈리아의 제노바이다. 이 지역의 사람들은 바질, 마늘, 그리고 견과를 석기로 으깼다. '페스토'는 '으깨다'를 의미한다. 그래서 그들은 그 소스를 페스토라고 불렀다. 이탈리아인들은 이 전통적인 방법이 최고라고 말한다. **(B) 이것은 맛이 적절히 섞이게 돕는다.**

[03~04]

Classic mystery novels / have / a general pattern. Someone / does / a bad thing /
전형적인 추리 소설은 가진다 일반적인 패턴을 어떤 사람이 한다 나쁜 행동을

and runs away. **03 (A) We / call / that person / the villain.** The story / also /
그리고 도망친다 우리는 ~라고 부른다 그 사람을 악당 그 이야기는 또한

has / a detective. The detective / solves / the crime / and becomes / a hero.
가진다 탐정을 탐정은 해결한다 범죄를 그리고 된다 영웅이

However, / this pattern / feels boring / to some people. / So, writers of mysteries /
하지만 이 패턴은 지루하게 느껴진다 어떤 사람들에게 그래서 추리 소설 작가들은

try to make / the story / interesting. Sometimes, they / give / the detective /
~하게 만들려고 한다 이야기를 재미있게 때때로 그들은 부여한다 탐정에게

an unusual personality. Sherlock Holmes / is / one example. **03 (B) Readers /**
독특한 성격을 셜록 홈스가 ~이다 하나의 예 독자들은

find / these characters / attractive, / and it / keeps people reading.
~라고 생각한다 이러한 등장인물들을 매력적인 그리고 이것은 사람들이 계속 읽게 한다

전형적인 추리 소설은 일반적인 패턴을 가진다. 어떤 사람이 나쁜 행동을 하고 도망친다. **(A) 우리는 그 사람을 악당이라고 부른다.** 그 이야기는 또한 탐정을 가진다. 탐정은 범죄를 해결하고 영웅이 된다. 하지만, 이 패턴은 어떤 사람들에게 지루하게 느껴진다. 그래서, 추리 소설 작가들은 이야기를 재미있게 만들려고 한다. 때때로, 그들은 탐정에게 독특한 성격을 부여한다. 셜록 홈스가 하나의 예이다. **(B) 독자들은 이러한 등장인물들을 매력적이라고 생각하고, 이것은 사람들이 계속 읽게 한다.**

04 (A) In classic mysteries, / the detective / solves / the problem.
전형적인 추리 소설에서 / 탐정은 / 해결한다 / 문제를

(B) A detective / sometimes / has / a unique personality / in a mystery.
탐정은 / 종종 / 가진다 / 독특한 성격을 / 추리 소설에서

(A) 전형적인 추리 소설에서, 탐정은 문제를 해결한다.

(B) 탐정은 추리 소설에서 종종 독특한 성격을 가진다.

Tip!

04-(A) 지문의 '그 이야기는 또한 탐정을 가진다. 탐정은 범죄를 해결하고 영웅이 된다(The story also has a detective. The detective solves the crime and becomes a hero)'라는 문구를 통해 전형적인 추리 소설에서, 탐정이 문제를 해결한다는 것을 알 수 있다. 따라서 ⓐ가 정답이다.

04-(B) 지문의 '때때로, 그들은 탐정에게 독특한 성격을 부여한다(Sometimes, they give the detective an unusual personality)'라는 문구를 통해 탐정은 추리 소설에서 종종 독특한 성격을 가진다는 것을 알 수 있다. 따라서 ⓑ가 정답이다.

Chapter 06 동사의 시제 정복하기

Unit 25 현재 시제와 현재진행 시제 해석하기

p. 60

01 Tina / always / **walks** / to school.
Tina는 / 항상 / **걸어간다** / 학교에

Tina는 항상 학교에 **걸어간다**.

02 The sun / **sets** / in the west.
해는 / **진다** / 서쪽으로

해는 서쪽으로 **진다**.

03 The store manager / **is counting** / the money.
그 상점 관리자는 / **세고 있다** / 돈을

그 상점 관리자는 돈을 **세고 있다**.

04 Natalie / **is cooking** / chicken / for her family.
Natalie는 / **요리하는 중이다** / 닭고기를 / 그녀의 가족을 위해

Natalie는 그녀의 가족을 위해 닭고기를 **요리하는 중이다**.

05 In autumn, / leaves / **turn** / yellow and red.
가을에 / 나뭇잎들은 / **변한다** / 노랗고 빨갛게

가을에, 나뭇잎들은 노랗고 빨갛게 **변한다**.

06 Henry / usually / **reads** / newspapers / in the morning.
Henry는 / 보통 / **읽는다** / 신문을 / 아침에

Henry는 보통 아침에 신문을 **읽는다**.

07 **Is** / Sally / **holding** / a birthday party / this Saturday?
~이니 / Sally는 / **열다** / 생일 파티를 / 이번 주 토요일에

Sally는 이번 주 토요일에 생일 파티를 **여니**?

08 Frank / **is** / really sweet.
Frank는 / **~이다** / 정말 다정한

He / **never forgets** / my birthday.
그는 / **절대 잊지 않는다** / 내 생일을

Frank는 정말 다정하**다**.
그는 내 생일을 **절대 잊지 않는다**.

09 The mayor / **is attending** / the event / next week.
시장은 / **참석할 것이다** / 행사에 / 다음 주에

시장은 다음 주에 행사에 **참석할 것이다**.

10 The women / **are not dancing** / right now.
여자들은 / **춤추고 있지 않다** / 지금

They / **are sitting** / at the table.
그들은 / **앉아 있다** / 테이블에

여자들은 지금 **춤추고 있지 않다**.
그들은 테이블에 **앉아 있다**.

Unit 26 미래 시제와 미래진행 시제 해석하기

p. 61

01 Tom / **will leave** / the hotel / soon.
Tom은 / **떠날 것이다** / 호텔을 / 곧

Tom은 곧 호텔을 **떠날 것이다**.

02 The plane / **is going to land** / 30 minutes early.
그 비행기는 / **착륙할 것이다** / 30분 일찍

그 비행기는 30분 일찍 **착륙할 것이다**.

03 The team / **will be competing** / in the finals / next week.
그 팀은 / **출전하고 있을 것이다** / 결승전에 / 다음 주에

그 팀은 다음 주에 결승전에 **출전하고 있을 것이다.**

04 They / **are going to paint** / the bedroom / this weekend.
그들은 / **페인트칠할 것이다** / 침실을 / 이번 주말에

그들은 이번 주말에 침실을 **페인트칠할 것이다.**

05 Jim / **will not arrive** / on time / for the meeting.
Jim은 / **도착하지 않을 것이다** / 정각에 / 회의에

Jim은 회의에 정각에 **도착하지 않을 것이다.**

06 I / am / busy / now.
나는 ~이다 / 바쁜 / 지금

I / **will read** / this book / later.
나는 / **읽을 것이다** / 이 책을 / 나중에

나는 지금 바쁘다.
나는 나중에 이 책을 **읽을 것이다.**

07 Harry / **will be waiting** / for Ron / at the station / at two o'clock.
Harry는 / **기다리고 있을 것이다** / Ron을 / 역에서 / 2시에

Harry는 2시에 역에서 Ron을 **기다리고 있을 것이다.**

08 Janet / **is going to find** / a new apartment / next month.
Janet은 / **찾을 것이다** / 새로운 아파트를 / 다음 달에

Janet은 다음 달에 새로운 아파트를 **찾을 것이다.**

09 The doctor / is not / in the office / now.
의사는 / ~이지 않다 / 사무실에 있는 / 지금

He / **will come back** / in an hour.
그는 / **돌아올 것이다** / 한 시간 내에

의사는 지금 사무실에 있지 않다.
그는 한 시간 내에 **돌아올 것이다.**

10 Cindy / **will not be taking** / exams / next week.
Cindy는 / **치고 있지 않을 것이다** / 시험을 / 다음 주에

She / **is going to write** / an essay / instead.
그녀는 / **쓸 것이다** / 에세이를 / 대신에

Cindy는 다음 주에 시험을 **치고 있지 않을 것이다.**
그녀는 대신에 에세이를 **쓸 것이다.**

Unit 27 과거 시제와 과거진행 시제 해석하기

p. 62

01 Lisa / **received** / a letter / from Travis.
Lisa는 / **받았다** / 편지를 / Travis에게서

Lisa는 Travis에게서 편지를 **받았다.**

02 Emma / **grew up** / in Spain.
Emma는 / **자랐다** / 스페인에서

Emma는 스페인에서 **자랐다.**

03 Austin / **was shopping** / in a mall / with his mom.
Austin은 / **쇼핑하고 있었다** / 쇼핑몰에서 / 그의 엄마와 함께

Austin은 그의 엄마와 함께 쇼핑몰에서 **쇼핑하고 있었다.**

04 We / **didn't study** / at the library / last Monday.
우리는 / **공부하지 않았다** / 도서관에서 / 지난주 월요일에

우리는 지난주 월요일에 도서관에서 **공부하지 않았다.**

05 They / **were attending** / a meeting / at 10 a.m.
그들은 / **참석하고 있었다** / 회의에 / 오전 10시에

그들은 오전 10시에 회의에 **참석하고 있었다.**

06 I / **went** / to the zoo / with my friend / last week.
나는 / **갔다** / 동물원에 / 내 친구와 함께 / 지난주에

나는 지난주에 내 친구와 함께 동물원에 **갔다.**

07 At nine o'clock, / Tom / **was watching** / a movie /
9시에 / Tom은 / **보고 있었다** / 영화를 /

with his friends.
그의 친구들과 함께

9시에, Tom은 그의 친구들과 함께 영화를 **보고 있었다**.

08 Last night, / over 10,000 people / **were cheering** /
어젯밤에 / 만 명 이상의 사람들이 / **환호하고 있었다** /

at the baseball game.
야구 경기에서

어젯밤에, 만 명 이상의 사람들이 야구 경기에서 **환호하고 있었다**.

09 Jenny / **wasn't waiting** / for Luke / at the café.
Jenny는 / **기다리고 있지 않았다** / Luke를 / 카페에서

She / **was** / at home.
그녀는 / **있었다** / 집에

Jenny는 카페에서 Luke를 **기다리고 있지 않았다**.
그녀는 집에 **있었다**.

10 The mechanic / **repaired** / the same car / two months ago.
그 정비공은 / **수리했다** / 같은 차를 / 두 달 전에

그 정비공은 두 달 전에 같은 차를 **수리했다**.

Unit 28 현재완료 시제 해석하기 (1)

p. 63

01 We / **have completed** / the difficult project.
우리는 / **끝냈다** / 그 어려운 과제를

우리는 그 어려운 과제를 **끝냈다**.

02 The old man / **has painted** / his house / blue and white.
그 노인은 / **페인트칠했다** / 그의 집을 / 파란색과 흰색으로

그 노인은 그의 집을 파란색과 흰색으로 **페인트칠했다**.

03 The trees / in the garden / **have grown** / a lot.
나무들은 / 정원에 있는 / **자랐다** / 많이

정원에 있는 나무들은 많이 **자랐다**.

04 We / **have** just **finished** / the first chapter.
우리는 / 막 **마쳤다** / 첫 번째 장을

우리는 막 첫 번째 장을 **마쳤다**.

05 Nick / **has not changed** / his phone number.
Nick은 / **바꾸지 않았다** / 그의 전화번호를

Nick은 그의 전화번호를 **바꾸지 않았다**.

06 Noah / **has called** / his girlfriend / three times.
Noah는 / **전화했다** / 그의 여자친구에게 / 세 번

Noah는 그의 여자친구에게 세 번 **전화했다**.

07 Grace / **has decided** / to change / her major / to French.
Grace는 / **결정했다** / 바꾸기로 / 그녀의 전공을 / 프랑스어로

Grace는 그녀의 전공을 프랑스어로 바꾸기로 **결정했다**.

08 Owen / **has** already **heard** / the shocking news.
Owen은 / 이미 **들었다** / 그 충격적인 소식을

Owen은 이미 그 충격적인 소식을 **들었다**.

09 Max / **is** / a famous journalist.
Max는 / ~이다 / 유명한 기자

He / **has written** / a lot of articles.
그는 / **썼다** / 많은 기사를

Max는 유명한 기자이다.
그는 많은 기사를 **썼다**.

10 Sarah / **hasn't booked** / a hotel / for her vacation / next week.
Sarah는 / **예약하지 않았다** / 호텔을 / 그녀의 휴가를 위한 / 다음 주

Sarah는 다음 주 그녀의 휴가를 위한 호텔을 **예약하지 않았다**.

Unit 29 현재완료 시제 **해석하기 (2)**

p. 64

01 Amy / **has lived** / in Seoul / since 2018.
Amy는 / **계속 살아왔다** / 서울에서 / 2018년부터

Amy는 2018년부터 서울에서 **계속 살아왔다.**

02 Sean / **has lost** / weight / since last month.
Sean은 / **빼고 있다** / 살을 / 지난달부터

Sean은 지난달부터 살을 **빼고 있다.**

03 Miles / **has taken** / violin lessons / for two years.
Miles는 / **받아왔다** / 바이올린 수업을 / 2년 동안

Miles는 2년 동안 바이올린 수업을 **받아왔다.**

04 The woman / **has ridden** / horses / in the past.
그 여자는 / **타 본 적이 있다** / 말을 / 과거에

그 여자는 과거에 말을 **타 본 적이 있다.**

05 I / **haven't seen** / her / at the school / before.
나는 / **본 적이 없다** / 그녀를 / 학교에서 / ~ 전에

나는 전에 학교에서 그녀를 **본 적이 없다.**

06 **Have** / you / **been** / to the new museum?
~(해)본 적이 있니 / 너는 / **가다** / 새로운 박물관에

너는 새로운 박물관에 **가본 적이 있니?**

07 Most students / **have gone** / camping / at least once.
대부분의 학생들이 / **가본 적이 있다** / 캠핑을 / 적어도 한 번은

대부분의 학생들이 적어도 한 번은 캠핑을 **가본 적이 있다.**

08 Jack / **has worked** / in the company / for about 10 years.
Jack은 / **일해왔다** / 그 회사에서 / 약 10년 동안

Jack은 그 회사에서 약 10년 동안 **일해왔다.**

09 Mrs. Jones / **has taught** / at Anderson high school /
Jones 씨는 / **가르쳐왔다** / Anderson 고등학교에서 /

for five years.
5년 동안

Jones 씨는 5년 동안 Anderson 고등학교에서 **가르쳐왔다.**

10 My parents / **haven't tried** / Indian food / before.
나의 부모님은 / **드셔보신 적이 없다** / 인도 음식을 / ~ 전에

They / want to try / it.
그들은 / 드셔보고 싶어 하신다 / 그것을

나의 부모님은 전에 인도 음식을 **드셔보신 적이 없다.**
그들은 그것을 드셔보고 싶어 하신다.

Unit 30 과거완료 시제 **해석하기**

p. 65

01 We / **had run** / three miles / by 9 a.m.
우리는 / **뛰었다** / 3마일을 / 오전 9시까지

우리는 오전 9시까지 3마일을 **뛰었다.**

02 The train / **had** just **gone** / when / I / got / to the station.
열차가 / 막 **출발했다** / ~할 때 / 내가 / 도착했다 / 역에

내가 역에 도착했을 때 열차가 막 **출발했다.**

03 Edward / **had worked** / in a factory / before / he / came /
Edward는 / **일했다** / 공장에서 / ~ 전에 / 그는 / 왔다 /

here.
여기에

Edward는 그가 여기에 오기 전에 공장에서 **일했다.**

04 When / Luna / woke up, / her roommate / **had** already **left**.
~할 때 / Luna가 / 일어났다 / 그녀의 룸메이트는 / 이미 **떠났다**

Luna가 일어났을 때, 그녀의 룸메이트는 이미 **떠났다.**

05 Ashley / **had not studied** / Spanish / before / her trip.
Ashley는 / **공부하지 않았다** / 스페인어를 / ~ 전에 / 그녀의 여행

Ashley는 그녀의 여행 전에 스페인어를 **공부하지 않았다**.

06 I / **had** already **listened** / to the album / before / Rose /
나는 / 이미 **들었다** / 그 앨범을 / ~ 전에 / Rose가 /

told / me / about it.
말했다 / 나에게 / 그것에 대해

나는 Rose가 그것에 대해 나에게 말하기 전에 이미 그 앨범을 **들었다**.

07 When / they / arrived / at the theater, / the movie /
~할 때 / 그들이 / 도착했다 / 극장에 / 영화는 /

had already **begun**.
이미 **시작했다**

그들이 극장에 도착했을 때, 영화는 이미 **시작했다**.

08 Frida Kahlo / **had painted** / almost 150 paintings / before /
프리다 칼로는 / **그렸다** / 거의 150점의 그림을 / ~ 전에 /

she / died / in 1954.
그녀가 / 죽었다 / 1954년에

프리다 칼로는 1954년에 그녀가 죽기 전에 거의 150점의 그림을 **그렸다**.

09 Amber / **had cleaned** / the living room / before / her son /
Amber / **청소했다** / 거실을 / ~전에 / 그녀의 아들이 /

spilt milk / on the floor.
쏟았다 / 우유를 / 바닥에

Amber는 그녀의 아들이 바닥에 우유를 쏟기 전에 거실을 **청소했다**.

10 Ian and Ruby / **had known** / each other / for 10 years /
Ian과 Ruby는 / **알았다** / 서로를 / 10년 동안 /

before / they / got married.
~ 전에 / 그들이 / 결혼했다

Ian과 Ruby는 그들이 결혼하기 전에 서로를 10년 동안 **알았다**.

HACKERS TEST

p.66

정답

01 (A) 오랫동안, 사람들은 커피를 마시는 것이 그들의 건강에 좋지 않다고 믿었다.
(B) 예를 들어, 그것은 일부 암들의 위험을 낮춘다.

02 (A) 요즘, 농부들은 많은 화학적인 스프레이를 사용하고 있다.
(B) 그렇지 않으면 우리는 모든 농작물들도 잃게 될 것이다.

03 (A) 1950년대에, 소련과 미국은 "우주 개발 경쟁"에서 경쟁하고 있었다.
(B) 1969년쯤에, 미국은 마침내 달에 사람을 보냈다.

04 (A) - ⓑ / (B) - ⓓ

구문해석 / 해석

01

(A) For a long time, / people / have believed that / drinking coffee / is bad /
오랫동안 사람들은 ~라고 믿었다 커피를 마시는 것이 좋지 않다

for their health. But now, / scientists have / good news. They / say that /
그들의 건강에 하지만 이제 과학자들은 가지고 있다 좋은 소식을 그들은 ~라고 말한다

coffee is / sometimes / good for us. (B) For example, / it lowers / the risk /
커피가 ~이다 때때로 우리에게 좋은 예를 들어 그것은 낮춘다 위험을

of some cancers. It also / reduces fat / and builds muscle. So / it is helpful /
일부 암들의 그것은 또한 지방을 줄인다 그리고 근육을 키운다 그래서 도움이 된다

to have a cup of coffee / every day.
커피 한 잔을 마시는 것은 매일

(A) 오랫동안, 사람들은 커피를 마시는 것이 그들의 건강에 좋지 않다고 믿었다. 하지만 이제, 과학자들은 좋은 소식을 가지고 있다. 그들은 커피가 때때로 우리에게 좋다고 말한다. (B) 예를 들어, 그것은 일부 암들의 위험을 낮춘다. 그것은 또한 지방을 줄이고 근육을 키운다. 그래서 매일 커피 한 잔을 마시는 것은 도움이 된다.

02

(A) Nowadays, / farmers / are using / a lot of chemical sprays. They think /
요즘 농부들은 사용하고 있다 많은 화학적인 스프레이를 그들은 ~라고 생각한다

the sprays / will keep crops safe / from harmful insects. However, /
스프레이가 농작물들을 안전하게 지켜줄 것이다 유해한 곤충들로부터 하지만

these chemicals / have killed / good insects. Some insects / are important /
이러한 화학 물질들은 죽였다 좋은 곤충들을 몇몇 곤충들은 중요하다

for plants. For example, / bees and butterflies / move / from flower to flower /
식물에 예를 들어 벌과 나비들은 이동한다 꽃에서 꽃으로

for food. This helps / the flowers / make seeds / and bloom. So, farmers /
먹이를 위해 이것은 돕는다 꽃들이 씨를 만든다 그리고 꽃이 핀다 그래서 농부들은

need to stop / spraying chemicals. (B) Or we / will be losing /
멈춰야 한다 화학 물질들을 뿌리는 것을 그렇지 않으면 우리는 잃게 될 것이다

all of the crops, too.
모든 농작물들도

(A) 요즘, 농부들은 많은 화학적인 스프레이를 사용하고 있다. 그들은 스프레이가 농작물들을 유해한 곤충들로부터 안전하게 지켜줄 것이라고 생각한다. 하지만, 이러한 화학 물질들은 좋은 곤충들을 죽였다. 몇몇 곤충들은 식물에 중요하다. 예를 들어, 벌과 나비들은 먹이를 위해 꽃에서 꽃으로 이동한다. 이것은 꽃들이 씨를 만들고 꽃이 피도록 돕는다. 그래서, 농부들은 화학 물질들을 뿌리는 것을 멈춰야 한다. (B) 그렇지 않으면 우리는 모든 농작물들도 잃게 될 것이다.

[03~04]

03 (A) In the 1950s, / the Soviet Union and the United States /
1950년대에 소련과 미국은

were competing / in "The Space Race." The goal of this race / was getting /
경쟁하고 있었다 '우주 개발 경쟁'에서 이 경쟁의 목표는 보내는 것이었다

a human / into space / for the first time. At first, / the Soviet Union / led the race.
인간을 우주로 최초로 처음에는 소련이 경쟁에서 앞섰다

They / sent out / the first satellite *Sputnik I*. Then the United States / sent /
그들은 보냈다 첫 인공위성 'Sputnik I'을 그 후에 미국이 보냈다

the satellite *Explorer I* / to space / four months later. **03** (B) By 1969, /
인공위성 'Explorer I'을 우주로 4개월 뒤에 1969년쯤에

the United States / had finally put / a man / on the moon. With that, /
미국은 마침내 보냈다 사람을 달에 그것으로써

they became / the winner / of "The Space Race."
그들은 ~가 되었다 승자 '우주 개발 경쟁'의

(A) 1950년대에, 소련과 미국은 "우주 개발 경쟁"에서 경쟁하고 있었다. 이 경쟁의 목표는 최초로 인간을 우주로 보내는 것이었다. 처음에는, 소련이 경쟁에서 앞섰다. 그들은 첫 인공위성 *Sputnik I*을 보냈다. 그 후에 미국이 4개월 뒤에 인공위성 *Explorer I*을 우주로 보냈다. (B) 1969년쯤에, 미국은 마침내 달에 사람을 보냈다. 그것으로써, 그들은 "우주 개발 경쟁"의 승자가 되었다.

04 (A) The United States and the Soviet Union / competed / to send /
미국과 소련은 / 경쟁했다 / 보내기 위해
the first human / to space.
첫 번째 인간을 / 우주로

(B) The Soviet Union / sent / the first satellite / into space.
소련은 / 보냈다 / 첫 인공위성을 / 우주로

(A) 미국과 소련은 첫 번째 인간을 우주로 보내기 위해 경쟁했다.

(B) 소련은 첫 인공위성을 우주로 보냈다.

Tip!

04-(A) 지문의 '1950년대에, 소련과 미국은 "우주 개발 경쟁"에서 경쟁하고 있었다(In the 1950s, the Soviet Union and the United States were competing in "The Space Race.")'라는 문구를 통해 미국과 소련이 첫 번째 인간을 우주로 보내기 위해 경쟁했다는 것을 알 수 있다. 따라서 ⓑ가 정답이다.

04-(B) 지문의 '처음에는, 소련이 경쟁에서 앞섰다. 그들은 첫 인공위성 *Sputnik I*을 보냈다(At first, the Soviet Union led the race. They sent out the first satellite *Sputnik I*)'라는 문구를 통해 소련이 첫 인공위성을 우주로 보냈다는 것을 알 수 있다. 따라서 ⓓ가 정답이다.

Chapter 07 조동사의 다양한 의미 정복하기(1)

Unit 31 가능을 나타내는 can, could 해석하기

p.70

01 Emily / **can drive** / a car.
Emily는 / **운전할 수 있다** / 자동차를
Emily는 자동차를 **운전할 수 있다.**

02 My grandmother / **can knit** / a sweater.
나의 할머니는 / **뜰 수 있다** / 스웨터를
나의 할머니는 스웨터를 **뜰 수 있다.**

03 This elevator / **can carry** / about 10 people.
이 엘리베이터는 / **수용할 수 있다** / 약 10명을
이 엘리베이터는 약 10명을 **수용할 수 있다.**

04 Brian / **could ski** / like a pro / by the age of 12.
Brian은 / **스키를 탈 수 있었다** / 프로 선수처럼 / 12세 때
Brian은 12세 때 프로 선수처럼 **스키를 탈 수 있었다.**

05 Five years ago, / John / **could run** / 100 meters / in 16 seconds.
5년 전에 / John은 / **뛸 수 있었다** / 100미터를 / 16초 안에
5년 전에, John은 100미터를 16초 안에 **뛸 수 있었다.**

06 **Can** / we / **meet** / at the café / instead of the library?
~할 수 있니 / 우리는 / **만나다** / 카페에서 / 도서관 대신에
우리는 도서관 대신에 카페에서 **만날 수 있니?**

07 Jerry / **couldn't find** / his car keys.
Jerry는 / **찾을 수 없었다** / 그의 자동차 열쇠를
Jerry는 그의 자동차 열쇠를 **찾을 수 없었다.**

08 Amanda / **can't see** / well / without glasses.
Amanda는 / **볼 수 없다** / 잘 / 안경 없이
Amanda는 안경 없이 잘 **볼 수 없다.**

09 The planes / **cannot fly** / because of the storm.
비행기들이 / **날 수 없다** / 폭풍우 때문에
폭풍우 때문에 비행기들이 **날 수 없다.**

10 Thomas / **could not understand** / the lesson.
Thomas는 / **이해할 수 없었다** / 그 수업을
He / **asked** / his teacher / for help.
그는 / 요청했다 / 그의 선생님께 / 도움을
Thomas는 그 수업을 **이해할 수 없었다.**
그는 그의 선생님께 도움을 요청했다.

Unit 32 가능을 나타내는 be able to 해석하기

p.71

01 I / **am able to help** / you / now.
나는 / **도와줄 수 있다** / 너를 / 지금
나는 지금 너를 **도와줄 수 있다.**

02 Donald / **was able to keep** / his promise.
Donald는 / **지킬 수 있었다** / 그의 약속을
Donald는 그의 약속을 **지킬 수 있었다.**

03 **Are** / Natalie and Gemma / **able to come** / to our party?
~있니 / Natalie와 Gemma가 / **올 수 있다** / 우리 파티에
Natalie와 Gemma가 우리 파티에 **올 수 있니?**

04 My friends / **weren't able to buy** / concert tickets.
내 친구들은 / **살 수 없었다** / 콘서트 티켓을

내 친구들은 콘서트 티켓을 **살 수 없었다**.

05 Fortunately, / Piper / **was able to catch** / the last bus.
다행히 / Piper는 / **탈 수 있었다** / 마지막 버스를

다행히, Piper는 마지막 버스를 **탈 수 있었다**.

06 Leo / **isn't able to walk** / fast / because of his new shoes.
Leo는 / **걸을 수 없다** / 빨리 / 그의 새 신발 때문에

Leo는 그의 새 신발 때문에 빨리 **걸을 수 없다**.

07 In LA, / I / **was able to jog** / on the beach / every morning.
LA에서 / 나는 / **조깅할 수 있었다** / 해변에서 / 매일 아침에

LA에서, 나는 매일 아침에 해변에서 **조깅할 수 있었다**.

08 Susan / **was able to get** / a high score / on her test.
Susan은 / **받을 수 있었다** / 높은 점수를 / 그녀의 시험에서

She / studied / hard.
그녀는 / 공부했다 / 열심히

Susan은 그녀의 시험에서 높은 점수를 **받을 수 있었다**.
그녀는 열심히 공부했다.

09 We / **were not able to fix** / the TV.
우리는 / **고칠 수 없었다** / 그 TV를

We / called / an engineer.
우리는 / 불렀다 / 수리공을

우리는 그 TV를 **고칠 수 없었다**.
우리는 수리공을 불렀다.

10 Jim / found / an old letter.
Jim은 / 발견했다 / 오래된 편지를

He / **was able to notice** / his mom's handwriting.
그는 / **알아차릴 수 있었다** / 그의 어머니의 글씨체를

Jim은 오래된 편지를 발견했다.
그는 그의 어머니의 글씨체를 **알아차릴 수 있었다**.

Unit 33 추측을 나타내는 could 해석하기

p. 72

01 Brent / has / a fever.
Brent는 / 있다 / 열이

He / **could be** / sick.
그는 / **~일지도 모른다** / 아픈

Brent는 열이 있다.
그는 아플**지도 모른다**.

02 Scott / **could be** / the first person / to finish the race.
Scott은 / **~일지도 모른다** / 첫 번째 사람 / 경주를 끝낸

Scott은 경주를 끝낸 첫 번째 사람**일지도 모른다**.

03 The bus / **could be** / late / because of the rain.
버스는 / **~일지도 모른다** / 늦은 / 비 때문에

버스는 비 때문에 늦**을지도 모른다**.

04 It is late / now.
늦었다 / 지금

Ryan / **could be** / asleep / already.
Ryan은 / **~일지도 모른다** / 잠든 / 이미

지금 늦었다.
Ryan은 이미 잠들었**을지도 모른다**.

05 That phone / **can't be** / mine.
그 휴대폰은 / **~일 리 없다**

Mine / is / in my bag.
내 것은 / 있다 / 내 가방 안에

그 휴대폰은 내 것**일 리 없다**.
내 것은 내 가방 안에 있다.

06 That / **could be** / Tom's brother.
저 사람은 / **~일지도 모른다** / Tom의 형

He / looks like / Tom.
그는 / 닮았다/ Tom과

저 사람은 Tom의 형**일지도 모른다**.
그는 Tom과 닮았다.

07 The movie / **couldn't be** / over / yet.
영화가 / **~일 리 없다** / 끝난 / 벌써

It / has just started.
그것은 / 막 시작했다

영화가 벌써 끝났**을 리 없다**.
그것은 막 시작했다.

08 Lucy / can't find / the keys.
Lucy는 / 찾을 수 없다 / 열쇠를

They / **could be** / in her office.
그것들은 / **있을지도 모른다** / 그녀의 사무실에

Lucy는 열쇠를 찾을 수 없다.
그것들은 그녀의 사무실에 **있을지도 모른다**.

09 The ring / **can't be** / that expensive.
그 반지는 / **~일 리 없다** / 그렇게 비싼

It is not even / a real diamond.
그것은 ~도 아니다 / 진짜 다이아몬드

그 반지는 그렇게 비쌀 **리 없다**.
그것은 진짜 다이아몬드도 아니다.

10 She / **couldn't know** / about the surprise party.
그녀가 / **알 리 없다** / 깜짝 파티에 대해

I / kept / it / a secret.
나는 / 지켰다 / 그것을 / 비밀로

그녀가 깜짝 파티에 대해 **알 리 없다**.
나는 그것을 비밀로 지켰다.

Unit 34 could have + 과거분사 **해석하기**

p. 73

01 Alex / looks / tired.
Alex는 / ~해 보인다 / 피곤한

She / **could have worked** / late.
그녀는 / **일했을지도 모른다** / 늦게까지

Alex는 피곤해 보인다.
그녀는 늦게까지 **일했을지도 모른다**.

02 Simon / is late.
Simon은 / 늦는다

He / **could have missed** / the bus.
그는 / **놓쳤을지도 모른다** / 버스를

Simon은 늦는다.
그는 버스를 **놓쳤을지도 모른다**.

03 You / **could have bought** / the jacket.
너는 / **살 수도 있었다** / 그 재킷을

It / looked great on / you.
그것은 / ~에게 잘 어울렸다 / 너

너는 그 재킷을 **살 수도 있었다**.
그것은 너에게 잘 어울렸다.

04 Dave / **couldn't have baked** / this cake.
Dave가 / **구웠을 리 없다** / 이 케이크를

He / can't cook.
그는 / 요리를 못한다

Dave가 이 케이크를 **구웠을 리 없다**.
그는 요리를 못한다.

05 Mr. Wilson / **cannot have lied**.
Wilson 씨가 / **거짓말했을 리 없다**

I / believe / him.
나는 / 믿는다 / 그를

Wilson 씨가 **거짓말했을 리 없다**.
나는 그를 믿는다.

06 I / can't find / my book.
나는 / 찾을 수 없다 / 내 책을

I / **could have left** / it / at school.
나는 / **두고 왔을지도 모른다** / 그것을 / 학교에

나는 내 책을 찾을 수 없다.
나는 그것을 학교에 **두고 왔을지도 모른다**.

07 He / **can't have forgotten** / my birthday / again!
그가 / **잊어버렸을 리 없어** / 내 생일을 / 또

그가 내 생일을 또 **잊어버렸을 리 없어**!

08 Mason / **can't have eaten** / all the food.
Mason이 / **먹었을 리 없다** / 모든 음식을

It / was / enough / for five people.
그것은 / ~였다 / 충분한 / 5명이 먹기에

Mason이 모든 음식을 **먹었을 리 없다**.
그것은 5명이 먹기에 충분했다.

09 You / didn't speak / clearly.
너는 / 말하지 않았다 / 분명하게

People / **could have misunderstood** / you.
사람들이 / **오해했을지도 모른다** / 너를

너는 분명하게 말하지 않았다.
사람들이 너를 **오해했을지도 모른다**.

10 Margaret / is not / at the party.
Margaret은 / 있지 않다 / 파티에

She / **could have changed** / her mind.
그녀는 / **바꿨을지도 모른다** / 그녀의 마음을

Margaret은 파티에 있지 않다.
그녀는 그녀의 마음을 **바꿨을지도 모른다**.

Unit 35 추측을 나타내는 might 해석하기

p. 74

01 Some people / **might fail** / the exam.
어떤 사람들은 / **떨어질지도 모른다** / 그 시험에

어떤 사람들은 그 시험에 **떨어질지도 모른다**.

02 Rain / **might come** / this afternoon.
비가 / **올지도 모른다** / 오늘 오후에

오늘 오후에 비가 **올지도 모른다**.

03 The salesperson / **might give** / you / a discount.
그 판매원이 / **해줄지도 모른다** / 너에게 / 할인을

그 판매원이 너에게 할인을 **해줄지도 모른다**.

04 Felix and Ella / **might not come** / to the party.
Felix와 Ella는 / **오지 않을지도 모른다** / 그 파티에

Felix와 Ella는 그 파티에 **오지 않을지도 모른다**.

05 Students / **might not have** / class / this Friday.
학생들은 / **없을지도 모른다** / 수업이 / 이번 주 금요일에

학생들은 이번 주 금요일에 수업이 **없을지도 모른다**.

06 I / heard that / Harrison / **might move** / to Australia.
나는 / ~라고 들었다 / Harrison이 / **이사할지도 모른다** / 호주로

나는 Harrison이 호주로 **이사할지도 모른다**고 들었다.

07 It is / already / 10 o'clock.
(시간이) ~이다 / 벌써 / 10시

It **might be** / too late / for a movie.
(시간이) **~일지도 모른다** / 너무 늦은 / 영화 보기에

벌써 10시다.
영화 보기에 너무 늦**을지도 모른다**.

08 Jude / **might go** / to the bank / tomorrow.
Jude는 / **갈지도 모른다** / 은행에 / 내일

He / is / very busy / today.
그는 / ~이다 / 매우 바쁜 / 오늘

Jude는 내일 은행에 **갈지도 모른다**.
그는 오늘 매우 바쁘다.

09 Ruby / **might not arrive** / on time / because of the bad weather.
Ruby는 / **도착하지 않을지도 모른다** / 제시간에 / 나쁜 날씨 때문에

Traffic / is moving / slowly.
차들이 / 움직이고 있다 / 느리게

Ruby는 나쁜 날씨 때문에 제시간에 **도착하지 않을지도 모른다**.
차들이 느리게 움직이고 있다.

10 The thin jacket / **might not keep** / you / warm enough.
얇은 재킷은 / **계속 ~하게 하지 않을지도 모른다** / 너를 / 충분히 따뜻한

Bring / a sweater / too.
가져가라 / 스웨터를 / ~도

얇은 재킷은 너를 충분히 **계속** 따뜻**하게 하지 않을지도 모른다**.
스웨터도 가져가라.

Unit 36 might have + 과거분사 **해석하기**

p. 75

01 The cat / **might have broken** / the dish.
고양이가 / **깼을지도 모른다** / 그 접시를

고양이가 그 접시를 **깼을지도 모른다**.

02 The delivery man / **might have left** / the package / outside.
배달부가 / **두고 갔을지도 모른다** / 그 소포를 / 밖에

배달부가 그 소포를 밖에 **두고 갔을지도 모른다**.

03 Glen and Kim / **might have eaten** / dinner / already.
Glen과 Kim은 / **먹었을지도 모른다** / 저녁을 / 이미

Glen과 Kim은 이미 저녁을 **먹었을지도 모른다**.

04 I / **might not have locked** / the door.
나는 / **잠그지 않았을지도 모른다** / 그 문을

나는 그 문을 **잠그지 않았을지도 모른다**.

05 Jen / **might not have heard** / the phone / ring.
Jen은 / **듣지 못했을지도 모른다** / 그 전화가 / 울리는 것을

Jen은 그 전화가 울리는 것을 **듣지 못했을지도 모른다**.

06 Henry / keeps / yawning.
Henry는 / 계속한다 / 하품하는 것을

He / **might not have slept** / well.
그는 / **잠을 자지 못했을지도 모른다** / 잘

Henry는 하품하는 것을 계속한다.
그는 **잠을** 잘 **자지 못했을지도 모른다**.

07 Eric / is not / in his office.
Eric은 / 있지 않다 / 그의 사무실에

He / **might have gone** / home / already.
그는 / **갔을지도 모른다** / 집에 / 이미

Eric은 그의 사무실에 있지 않다.
그는 이미 집에 **갔을지도 모른다**.

08 Larry / didn't wave / to us.
Larry는 / 손을 흔들지 않았다 / 우리에게

He / **might not have seen** / us.
그는 / **보지 못했을지도 모른다** / 우리를

Larry는 우리에게 손을 흔들지 않았다.
그는 우리를 **보지 못했을지도 모른다**.

09 I / can't find / my laptop.
나는 / 찾을 수 없다 / 내 노트북을

I / **might have put** / it / in my bag.
나는 / **두었을지도 모른다** / 그것을 / 내 가방 안에

나는 내 노트북을 찾을 수 없다.
나는 그것을 내 가방 안에 **두었을지도 모른다**.

10 Ian / is / still / sick.
Ian은 / ~이다 / 여전히 / 아픈

He / **might not have taken** / enough medicine.
그는 / **먹지 않았을지도 모른다** / 충분한 약을

Ian은 여전히 아프다.
그는 충분한 약을 **먹지 않았을지도 모른다**.

HACKERS TEST

p.76

정답

01 (A) 일반적인 걱정은 책이 영원히 사라질지도 모른다는 것이다.
(B) 그 손쉬운 서비스는 사람들이 더 많은 책을 읽게 만들지도 모른다.

02 (A) 그래서, 많은 사람들은 도시에서 집을 살 수 없다.
(B) 이것은 사람들이 위험하다고 느끼게 할지도 모른다.

03 (A) 그들의 결론은 이집트인들이 작은 언덕을 이용했을지도 모른다는 것이다.
(B) 돌들은 매우 무거워서, 일꾼들은 작은 언덕을 만들고 그 돌들을 밧줄로 끌어올렸을 수도 있었다.

04 (A) – ⓒ / (B) – ⓑ

구문해석 / 해석

01

Many people / worry / about the future / of books. **(A) A common concern / is /**
많은 사람들이 / 걱정한다 / 미래에 대해 / 책의 / 일반적인 걱정은 / ~이다

that books could disappear forever. However, / books / will always exist /
책이 영원히 사라질지도 모른다는 것 / 그러나 / 책은 / 항상 존재할 것이다

in different forms. For example, / sellers / can create / e-book rental websites.
다른 형태로 / 예를 들어 / 판매자들은 / 만들어낼 수 있다 / 전자책 대여 웹사이트를

Customers / could pay / some money / and read / all of the books / on the sites.
고객들은 / 지불할 수 있다 / 약간의 돈을 / 그리고 읽을 수 있다 / 모든 책을 / 그 사이트에서

(B) The easy service / might make / people / read more books.
그 손쉬운 서비스는 / 만들지도 모른다 / 사람들이 / 더 많은 책을 읽게

많은 사람들이 책의 미래에 대해 걱정한다. **(A) 일반적인 걱정은 책이 영원히 사라질지도 모른다는 것이다.** 그러나, 책은 항상 다른 형태로 존재할 것이다. 예를 들어, 판매자들은 전자책 대여 웹사이트를 만들어 낼 수 있다. 고객들은 약간의 돈을 지불하고 그 사이트에서 모든 책을 읽을 수 있다. **(B) 그 손쉬운 서비스는 사람들이 더 많은 책을 읽게 만들지도 모른다.**

02

To live in a big city / is great. City people / can easily / get to their jobs.
대도시에 사는 것은 정말 좋다 도시 사람들은 쉽게 ~할 수 있다 그들의 직장에 가다

They / are able to find / fun activities / like going to concerts and festivals.
그들은 찾을 수 있다 재미있는 활동들을 콘서트와 축제에 가는 것과 같은

But living in a city / is not always fun. The house prices / are too high.
그러나 도시에 사는 것이 항상 재미있는 것은 아니다 집값이 너무 비싸다

(A) So, many people / can't buy homes / in the city. Also, the crime rate /
그래서 많은 사람들은 집을 살 수 없다 도시에서 또한 범죄율이

is high. **(B) This / might cause / people / to feel unsafe.**
높다 이것은 ~이 ~하게 ~할지도 모른다 사람들이 위험하다고 느끼게

대도시에서 사는 것은 정말 좋다. 도시 사람들은 쉽게 그들의 직장에 갈 수 있다. 그들은 콘서트와 축제에 가는 것과 같은 재미있는 활동들을 찾을 수 있다. 그러나 도시에 사는 것이 항상 재미있는 것은 아니다. 집값이 너무 비싸다. **(A) 그래서, 많은 사람들은 도시에서 집을 살 수 없다.** 또한, 범죄율이 높다. **(B) 이것은 사람들이 위험하다고 느끼게 할지도 모른다.**

[03~04]

Historians / have finally solved / the mystery / of the Egyptian pyramids.
역사가들은 마침내 풀었다 수수께끼를 이집트 피라미드의

For a long time, / they asked, / "How were the Egyptians / able to move /
오랫동안 그들은 물었다 이집트인들은 어떻게 ~했었을까 옮길 수 있다

huge stones / to the top?" **03 (A) Their conclusion is / that the Egyptians /**
거대한 돌을 꼭대기까지 그들의 결론은 ~이다 이집트인들이 ~라는 것

might have used / a small hill. 03 (B) The stones / were very heavy, /
이용했을지도 모른다 작은 언덕을 돌들은 매우 무거웠다

so workers / could have made a small hill / and pulled the stones up /
그래서 일꾼들은 작은 언덕을 만들었을 수도 있었다 그리고 그 돌들을 끌어올렸다

with ropes. We / have / some proof of this. We / can see / small hills /
밧줄로 우리는 가지고 있다 이것의 몇몇 증거를 우리는 볼 수 있다 작은 언덕들을

in some Egyptian paintings / and at pyramid sites.
몇몇 이집트 그림들에서 그리고 피라미드 유적지에서

역사가들은 마침내 이집트 피라미드의 수수께끼를 풀었다. 오랫동안, 그들은 "이집트인들은 어떻게 거대한 돌을 꼭대기까지 옮길 수 있었을까?"라고 물었다. **(A) 그들의 결론은 이집트인들이 작은 언덕을 이용했을지도 모른다는 것이다. (B) 돌들은 매우 무거워서, 일꾼들은 작은 언덕을 만들고 그 돌들을 밧줄로 끌어올렸을 수도 있었다.** 우리는 이것의 몇몇 증거를 가지고 있다. 우리는 몇몇 이집트의 그림들과 피라미드 유적지에서 작은 언덕들을 볼 수 있다.

04 (A) Some people / think / a small hill / could have been used / for moving the stones.
몇몇 사람들은 / 생각한다 / 작은 언덕이 / 이용되었을지도 모른다고 / 돌들을 옮기기 위해

(A) 몇몇 사람들은 작은 언덕이 돌들을 옮기기 위해 이용되었을지도 모른다고 생각한다.

(B) The Egyptians / might have made / a small hill / and pulled the stones up / along it.
이집트인들은 / 만들었을지도 모른다 / 작은 언덕을 / 그리고 돌을 끌어올렸다 / 그것을 따라

(B) 이집트인들은 작은 언덕을 만들고 그것을 따라 돌을 끌어올렸을지도 모른다.

Tip!

04-(A) 지문의 '그들의 결론은 이집트인들이 작은 언덕을 이용했을지도 모른다는 것이다(Their conclusion is that the Egyptians might have used a small hill)'라는 문구를 통해 몇몇 사람들은 작은 언덕이 돌들을 옮기기 위해 이용되었을지도 모른다고 생각한다는 것을 알 수 있다. 따라서 ⓒ가 정답이다.

04-(B) 지문의 '돌들은 매우 무거워서, 일꾼들은 작은 언덕을 만들고 그 돌들을 밧줄로 끌어올렸을 수도 있었다(The stones were very heavy, so workers could have made a small hill and pulled the stones up with ropes)'라는 문구를 통해 이집트인들이 작은 언덕을 만들고 그것을 따라 돌을 끌어올렸을지도 모른다는 것을 알 수 있다. 따라서 ⓑ가 정답이다.

Chapter 08 조동사의 다양한 의미 정복하기(2)

Unit 37 추측을 나타내는 must 해석하기

p. 80

01 Jina / has / several dogs and cats.
Jina는 / 키운다 / 개와 고양이 몇 마리를

She / **must love** / animals.
그녀는 / **분명히 사랑할 것이다** / 동물을

Jina는 개와 고양이 몇 마리를 키운다.
그녀는 **분명히** 동물을 **사랑할 것이다.**

02 Sue / **must shop** / often.
Sue는 / **분명히 쇼핑할 것이다** / 자주

She / has / a lot of / stylish clothes.
그녀는 / 가지고 있다 / 많은 / 멋진 옷을

Sue는 **분명히** 자주 **쇼핑할 것이다.**
그녀는 많은 멋진 옷을 가지고 있다.

03 Adam's car / still / looks / new.
Adam의 차는 / 여전히 / 보인다 / 새것처럼

He / **must take** good **care of** / it.
그는 / **분명히** 잘 **관리할 것이다** / 그것을

Adam의 차는 여전히 새것처럼 보인다.
그는 **분명히** 그것을 잘 **관리할 것이다.**

04 That restaurant / **must make** / a lot of money.
저 식당은 / **분명히 벌 것이다** / 많은 돈을

It / is / always / busy.
그곳은 / ~이다 / 항상 / 붐비는

저 식당은 **분명히** 많은 돈을 **벌 것이다.**
그곳은 항상 붐빈다.

05 Liam / never wears / ties.
Liam은 / 절대 매지 않는다 / 넥타이를

He / **must not like** / them.
그는 / **분명히 좋아하지 않을 것이다** / 그것들을

Liam은 절대 넥타이를 매지 않는다.
그는 **분명히** 그것들을 **좋아하지 않을 것이다.**

06 The plants / **must not be** / healthy.
그 식물들은 / **분명히 ~이지 않을 것이다** / 건강한

They / are turning / brown.
그것들은 / 변하고 있다 / 갈색으로

그 식물들은 **분명히** 건강하**지 않을 것이다.**
그것들은 갈색으로 변하고 있다.

07 This dress / looks / very small.
이 드레스는 / 보인다 / 아주 작은

It / **must not be** / my size.
그것은 / **분명히 아닐 것이다** / 내 사이즈가

이 드레스는 아주 작아 보인다.
그것은 **분명히** 내 사이즈가 **아닐 것이다.**

08 Roy / won / an award.
Roy는 / 받았다 / 상을 /

His parents / **must be proud of** / him.
그의 부모님은 / **분명히 자랑스러워하실 것이다** / 그를

Roy는 상을 받았다.
그의 부모님은 **분명히** 그를 **자랑스러워하실 것이다.**

09 Blair / has been / to many countries.
Blair는 / 가본 적이 있다 / 많은 나라에

She / **must enjoy** / traveling.
그녀는 / **분명히 즐길 것이다** / 여행하는 것을

Blair는 많은 나라에 가본 적이 있다.
그녀는 **분명히** 여행하는 것을 **즐길 것이다.**

10 The sign / says / we / can't enter / the road.
그 표지판에는 / ~라고 쓰여 있다 / 우리가 / 들어갈 수 없다 / 그 도로에

It / **must be** / the end of the road.
그곳은 / **분명히 ~일 것이다** / 길의 끝

그 표지판에는 우리가 그 도로에 들어갈 수 없다고 쓰여 있다.
그곳은 **분명히** 길의 끝**일 것이다.**

Unit 38 must have + 과거분사 **해석하기**

p. 81

01 Stella / **must have left** / the house / by now.
Stella는 / **분명히 떠났을 것이다** / 집을 / 지금쯤

Stella는 지금쯤 **분명히** 집을 **떠났을 것이다.**

02 My brother / **must have forgotten** / to lock / the door.
내 남동생은 / **분명히 잊어버렸을 것이다** / 잠그는 것을 / 문을

내 남동생은 **분명히** 문을 잠그는 것을 **잊어버렸을 것이다.**

03 He / **must have gone** / to work.
그는 / **분명히 갔을 것이다** / 일하러

It is / 11 o'clock / already.
(시간이) ~이다 / 11시 / 벌써

그는 **분명히** 일하러 **갔을 것이다.**
벌써 11시이다.

04 Chloe / **must have practiced** / the piano / a lot.
Chloe는 / **분명히 연습했을 것이다** / 피아노를 / 많이

She / played / well.
그녀는 / 연주했다 / 잘

Chloe는 **분명히** 피아노를 많이 **연습했을 것이다.**
그녀는 잘 연주했다.

05 Dean / got / a perfect score / on the test.
Dean은 / 받았다 / 만점을 / 시험에서

He / **must have studied** / hard.
그는 / **분명히 공부했을 것이다** / 열심히

Dean은 시험에서 만점을 받았다.
그는 **분명히** 열심히 **공부했을 것이다.**

06 James / **must not have fixed** / the bicycle.
James는 / **분명히 고치지 않았을 것이다** / 자전거를

It / still / doesn't work.
그것은 / 여전히 / 작동하지 않는다

James는 **분명히** 자전거를 **고치지 않았을 것이다.**
그것은 여전히 작동하지 않는다.

07 He / **must not have received** / my email.
그는 / **분명히 받지 않았을 것이다** / 내 이메일을

He / didn't write back.
그는 / 답장하지 않았다

그는 **분명히** 내 이메일을 **받지 않았을 것이다.**
그는 답장하지 않았다.

08 The chicken / is / still / cold.
닭고기가 / ~이다 / 아직 / 차가운

We / **must not have cooked** / it / long enough.
우리는 / **분명히 요리하지 않았을 것이다** / 그것을 / 충분히 오래

닭고기가 아직 차갑다.
우리는 **분명히** 그것을 충분히 오래 **요리하지 않았을 것이다.**

09 Laurie / made a mistake.
Laurie는 / 실수했다

She / **must not have understood** / the instructions.
그녀는 / **분명히 이해하지 못했을 것이다** / 설명서를

Laurie는 실수했다.
그녀는 **분명히** 설명서를 **이해하지 못했을 것이다.**

10 Thomas / didn't come / to the meeting.
Thomas는 / 오지 않았다 / 회의에

He / **must not have known** / about it.
그는 / **분명히 알지 못했을 것이다** / 그것에 대해

Thomas는 회의에 오지 않았다.
그는 **분명히** 그것에 대해 **알지 못했을 것이다.**

Unit 39 의무를 나타내는 must 해석하기

p. 82

01 We / **must learn** / to work / together.
우리는 / **배워야 한다** / 일하는 것을 / 함께

우리는 함께 일하는 것을 **배워야 한다.**

02 The police / **must** always **protect** / the people.
경찰은 / 항상 **보호해야 한다** / 사람들을

경찰은 항상 사람들을 **보호해야 한다.**

03 Passengers / **must check in** / before the flight.
승객들은 / **탑승 수속을 밟아야 한다** / 비행 전에

승객들은 비행 전에 **탑승 수속을 밟아야 한다.**

04 Travelers / **must carry** / their passports / at all times.
여행객들은 / **가지고 다녀야 한다** / 그들의 여권을 / 항상

여행객들은 항상 그들의 여권을 **가지고 다녀야 한다.**

05 At the zoo, / visitors / **must not feed** / the animals.
동물원에서 / 방문객들은 / **먹이를 주어서는 안 된다** / 동물들에게

동물원에서, 방문객들은 동물들에게 **먹이를 주어서는 안 된다.**

06 Guests / **must not smoke** / in their rooms.
손님들은 / **담배를 피워서는 안 된다** / 그들의 방에서

It / can be / dangerous.
그것은 / ~할 수 있다 / 위험한

손님들은 그들의 방에서 **담배를 피워서는 안 된다.**
그것은 위험할 수 있다.

07 Students / **must not leave** / the classroom / during class.
학생들은 / **나가서는 안 된다** / 교실을 / 수업 중에

학생들은 수업 중에 교실을 **나가서는 안 된다.**

08 People / **must turn off** / their mobile phones / at the theater.
사람들은 / **꺼야 한다** / 그들의 휴대폰을 / 영화관에서

사람들은 영화관에서 그들의 휴대폰을 **꺼야 한다.**

09 Students / **must wear** / school uniforms / every day /
학생들은 / **입어야 한다** / 교복을 / 매일 /

except weekends.
주말을 제외하고는

학생들은 주말을 제외하고는 매일 교복을 **입어야 한다.**

10 You / **must not take** / photos / inside the museum.
너는 / **찍으면 안 된다** / 사진을 / 박물관 안에서

The flash / can damage / the paintings.
플래시가 / 손상을 줄 수 있다 / 그림들에

너는 박물관 안에서 사진을 **찍으면 안 된다.**
플래시가 그림들에 손상을 줄 수 있다.

Unit 40 의무를 나타내는 have to 해석하기

p. 83

01 Noah / **has to pay** / his monthly rent.
Noah는 / **내야 한다** / 그의 월세를

Noah는 그의 월세를 **내야 한다**.

02 Leo / **had to make** / sandwiches / for his baseball team.
Leo는 / **만들어야 했다** / 샌드위치를 / 그의 야구팀을 위해

Leo는 그의 야구팀을 위해 샌드위치를 **만들어야 했다**.

03 Yesterday / we / **had to cancel** / the meeting.
어제 / 우리는 / **취소해야 했다** / 회의를

우리는 어제 회의를 **취소해야 했다**.

04 Do / we / **have to book** / a table / at the restaurant / for 10 people?
~하니 / 우리가 / **예약해야 한다** / 테이블을 / 그 식당에 / 10명을 위한

우리가 그 식당에 10명을 위한 테이블을 **예약해야 하**니?

05 You / **don't have to bring** / anything / to the party.
너는 / **가져올 필요가 없다** / 아무것도 / 파티에

너는 파티에 아무것도 **가져올 필요가 없다**.

06 Paul / **doesn't have to go** / to work / on Sundays.
Paul은 / **갈 필요가 없다** / 일하러 / 일요일에

Paul은 일요일에 일하러 **갈 필요가 없다**.

07 Teresa / is going to travel / to Italy.
Teresa는 / 여행할 것이다 / 이탈리아로

She / **has to pack** / for her trip.
그녀는 / **짐을 싸야 한다** / 그녀의 여행을 위해

Teresa는 이탈리아로 여행할 것이다.
그녀는 여행을 위해 **짐을 싸야 한다**.

08 Tom / **didn't have to worry** / about money.
Tom은 / **걱정할 필요가 없었다** / 돈에 대해

He / had / a good job.
그는 / 가지고 있었다 / 좋은 직장을

Tom은 돈에 대해 **걱정할 필요가 없었다**.
그는 좋은 직장을 가지고 있었다.

09 All of my clothes / are / dirty.
내 옷 모두가 / ~이다 / 더러운

I / **have to do laundry** / this afternoon.
나는 / **빨래를 해야 한다** / 오늘 오후에

내 옷 모두가 더럽다.
나는 오늘 오후에 **빨래를 해야 한다**.

10 Rachel / had / a test / yesterday.
Rachel은 / 있었다 / 시험이 / 어제

She / **had to wake up** / early / in the morning.
그녀는 / **일어나야 했다** / 일찍 / 아침

Rachel은 어제 시험이 있었다.
그녀는 아침 일찍 **일어나야 했다**.

Unit 41 충고를 나타내는 should 해석하기

p. 84

01 You / **should read** / at least / one book / a month.
너는 / **읽는 것이 좋겠다** / 적어도 / 책 한 권은 / 한 달에

너는 한 달에 적어도 책 한 권은 **읽는 것이 좋겠다**.

02 Henry / **should cut** / his hair.
Henry는 / **자르는 것이 좋겠다** / 그의 머리를

It / is / too long.
그것은 / ~이다 / 너무 긴

Henry는 그의 머리를 **자르는 것이 좋겠다**.
그것은 너무 길다.

03 I / think that / he / **should ask** / his father / for help.
나는 / ~라고 생각한다 / 그가 / **요청하는 것이 좋겠다** / 그의 아버지께 / 도움을

나는 그가 그의 아버지께 도움을 **요청하는 것이 좋겠다**고 생각한다.

04 Daniel / thought that / Beth / **should listen** / more carefully.
Daniel은 / ~라고 생각했다 / Beth가 / **듣는 것이 좋겠다** / 더 주의 깊게

Daniel은 Beth가 더 주의 깊게 **듣는 것이 좋겠다**고 생각했다.

05 You / **should not throw** / trash / on the ground.
너는 / **던지지 않는 것이 좋겠다** / 쓰레기를 / 바닥에

너는 바닥에 쓰레기를 **던지지 않는 것이 좋겠다.**

06 The roads / are / wet.
도로가 / ~이다 / 젖은

You / **should not drive** / so fast.
너는 / **운전하지 않는 것이 좋겠다** / 너무 빨리

도로가 젖어있다.
너는 너무 빨리 **운전하지 않는 것이 좋겠다.**

07 It / is / late at night.
(시간이) ~이다 / 밤이 늦은

She / **should not walk** / home / alone.
그녀는 / **걸어가지 않는 것이 좋겠다** / 집에 / 혼자

밤이 늦었다.
그녀는 집에 혼자 **걸어가지 않는 것이 좋겠다.**

08 Marvin / **should call** / his mother / more often.
Marvin은 / **전화하는 것이 좋겠다** / 그의 어머니께 / 더 자주

She / misses / him.
그녀는 / 그리워한다 / 그를

Marvin은 그의 어머니께 더 자주 **전화하는 것이 좋겠다.**
그녀는 그를 그리워한다.

09 Children / love / candy, / but / they / **should not have** / it /
아이들은 / 좋아한다 / 사탕을 / 하지만 / 그들은 / **먹지 않는 것이 좋겠다** / 그것을 /

too much.
너무 많이

아이들은 사탕을 좋아하지만, 그들은 그것을 너무 많이 **먹지 않는 것이 좋겠다.**

10 She / **should not drink** / too much beer.
그녀는 / **마시지 않는 것이 좋겠다** / 너무 많은 맥주를

It / is not good / for her health.
그것은 / 좋지 않다 / 그녀의 건강에

그녀는 너무 많은 맥주를 **마시지 않는 것이 좋겠다.**
그것은 그녀의 건강에 좋지 않다.

Unit 42 should have + 과거분사 **해석하기**

p. 85

01 Serena / **should have ordered** / a small popcorn.
Serena는 / **주문했어야 했다** / 작은 팝콘을

Serena는 작은 팝콘을 **주문했어야 했다.**

02 This / is / an important event.
이것은 / ~이다 / 중요한 행사

You / **should have worn** / a tie.
너는 / **맸어야 했다** / 넥타이를

이것은 중요한 행사이다.
너는 넥타이를 **맸어야 했다.**

03 Tom / **should have come** / with us.
Tom은 / **왔어야 했다** / 우리와 같이

The trip / was / really exciting.
그 여행은 / ~였다 / 정말 재미있는

Tom은 우리와 같이 **왔어야 했다.**
그 여행은 정말 재미있었다.

04 We / didn't know / Lydia / was / so sick.
우리는 / 알지 못했다 / Lydia가 / ~였다 / 그렇게 아픈

She / **should have told** / us.
그녀는 / **말했어야 했다** / 우리에게

우리는 Lydia가 그렇게 아픈 것을 알지 못했다.
그녀는 우리에게 **말했어야 했다.**

05 Kate / broke / my camera.
Kate는 / 고장 냈다 / 내 카메라를

I / **shouldn't have lent** / it / to her.
나는 / **빌려주지 말았어야 했다** / 그것을 / 그녀에게

Kate는 내 카메라를 고장 냈다.
나는 그녀에게 그것을 **빌려주지 말았어야 했다.**

06 Jonah / looks / tired.
Jonah는 / 보인다 / 피곤한

He / **should not have stayed up** / so late / last night.
그는 / **깨어 있지 말았어야 했다** / 그렇게 늦게까지 / 어젯밤에

Jonah는 피곤해 보인다.
그는 어젯밤에 그렇게 늦게까지 **깨어 있지 말았어야 했다.**

07 This restaurant / is terrible.
이 식당은 / 형편없다

We / **should not have eaten** / here.
우리는 / **먹지 말았어야 했다** / 여기서

이 식당은 형편없다.
우리는 여기서 **먹지 말았어야 했다.**

08 We / **should have left** / an hour ago.
우리는 / **떠났어야 했다** / 한 시간 전에

We / will be late / for the flight.
우리는 / 늦을 것이다 / 비행기에

우리는 한 시간 전에 **떠났어야 했다.**
우리는 비행기에 늦을 것이다.

09 Kristine / **shouldn't have bought** / the pants / last week.
Kristine은 / **사지 말았어야 했다** / 그 바지를 / 지난주에

They / are / on sale / now.
그것은 / ~이다 / 할인 중인 / 지금

Kristine은 지난주에 그 바지를 **사지 말았어야 했다.**
그것은 지금 할인 중이다.

10 They / **should not have arrived** / so early.
그들은 / **도착하지 말았어야 했다** / 그렇게 일찍

The concert / starts / in three hours.
콘서트는 / 시작한다 / 세 시간 후에

그들은 그렇게 일찍 **도착하지 말았어야 했다.**
콘서트는 세 시간 후에 시작한다.

HACKERS TEST

p.86

정답

01 (A) 우선, 당신은 도서관 내에서 어떤 음식이나 간식도 먹어서는 안 됩니다.
(B) 또한, 당신은 조용하게 말하는 것이 좋습니다.

02 (A) 그러나 캐나다의 왕립 온타리오 박물관의 디자이너는 그렇게 하는 것에 분명히 실패했을 것이다.
(B) 건물 안의 작업자들은 경고판을 세워야 한다.

03 (A) 누군가가 이 여성들을 도왔어야 했지만, 아무도 하지 않았다.
(B) 이것은 분명히 여성 노숙자들의 삶을 향상시켰을 것이다.

04 (A) - ⓑ / (B) - ⓓ

구문해석 / 해석

01

Please remember / to follow / the rules / of the Fairfax Library. **(A) First of all, /**
기억해주시길 바랍니다 따라야 하는 점을 규정들을 Fairfax 도서관의 우선

you must not eat / any food or snacks / in the library. You can bring /
당신은 먹어서는 안 됩니다 어떤 음식이나 간식도 도서관 내에서 당신은 가져올 수 있습니다

drinks inside, / but they have to be / in bottles with caps. / **(B) Also, /**
음료를 내부로 하지만 그것들은 있어야 합니다 뚜껑이 있는 병 안에 또한

you should speak / quietly. For long conversations, / you should use /
당신은 말하는 것이 좋습니다 조용하게 긴 대화를 위해서는 당신은 이용해야 합니다

our meeting rooms. You can book / a room / at the front desk.
저희의 회의실을 당신은 예약할 수 있습니다 방을 안내 데스크에서

Fairfax 도서관의 규정들을 따라야 하는 점을 기억해주시길 바랍니다. **(A) 우선, 당신은 도서관 내에서 어떤 음식이나 간식도 먹어서는 안 됩니다.** 당신은 음료를 내부로 가져올 수 있지만, 그것들은 뚜껑이 있는 병 안에 있어야 합니다. **(B) 또한, 당신은 조용하게 말하는 것이 좋습니다.** 긴 대화를 위해서는, 당신은 저희의 회의실을 이용해야 합니다. 당신은 안내 데스크에서 방을 예약할 수 있습니다.

02

Building designers / have to consider / local weather conditions.
건물 디자이너들은 고려해야 한다 지역 기후조건을

(A) But the designer / of the Royal Ontario Museum / in Canada /
그러나 디자이너는 왕립 온타리오 박물관의 캐나다의

must have failed / to do so. In winter, / the building's design / allows /
분명히 실패했을 것이다 그렇게 하는 것에 겨울에 건물의 디자인은 ~하게 한다

large icicles / to form / on the building. So people / near the building /
큰 고드름이 형성되게 건물 위에 그래서 사람들은 건물 근처의

must be careful. **(B) Workers in the building / have to put up / warning signs.**
반드시 조심해야 한다 건물 안의 작업자들은 세워야 한다 경고판을

The designer of the museum / should not have ignored / local weather.
박물관의 디자이너는 무시하지 말았어야 했다 지역 기후를

건물 디자이너들은 지역 기후조건을 고려해야 한다. **(A) 그러나 캐나다의 왕립 온타리오 박물관의 디자이너는 그렇게 하는 것에 분명히 실패했을 것이다.** 겨울에, 그 건물의 디자인은 건물 위에 큰 고드름이 형성되게 한다. 그래서 건물 근처의 사람들은 반드시 조심해야 한다. **(B) 건물 안의 작업자들은 경고판을 세워야 한다.** 박물관의 디자이너는 지역 기후를 무시하지 말았어야 했다.

[03~04]

Kip Tiernan / is the founder / of a homeless shelter / for women. In 1960, /
Kip Tiernan은 설립자이다 노숙자 쉼터의 여성들을 위한 1960년에

no shelters for homeless women / existed. They couldn't avoid / sleeping /
여성 노숙자를 위한 쉼터가 ~않다 존재했다 그들은 피할 수 없었다 자는 것을

on the streets. 03 **(A) Someone / should have helped / these women, /**
길거리에서 누군가가 도왔어야 했다 이 여성들을

but nobody did. So, Tiernan / decided / to do something. In 1974, /
하지만 아무도 하지 않았다 그래서 Tiernan은 결심했다 무언가 하기로 1974년에

she made / a women's shelter / and called it / Rosie's Place. It offered /
그녀는 만들었다 여성 쉼터를 그리고 그것을 불렀다 Rosie's Place라고 그것은 제공했다

the women / food, clothing, and beds. 03 **(B) This / must have improved /**
여성들에게 음식, 옷, 그리고 잠자리를 이것은 분명히 향상시켰을 것이다

the lives / of homeless women. Since then, / many shelters / have opened /
삶을 여성 노숙자들의 그 후로 많은 쉼터들이 문을 열었다

and have used / Rosie's Place / as a model.
그리고 삼았다 Rosie's Place를 본보기로

Kip Tiernan은 여성들을 위한 노숙자 쉼터의 설립자이다. 1960년에, 여성 노숙자를 위한 쉼터가 존재하지 않았다. 그들은 길거리에서 자는 것을 피할 수 없었다. **(A) 누군가가 이 여성들을 도왔어야 했지만, 아무도 하지 않았다.** 그래서, Tiernan은 무언가 하기로 결심했다. 1974년에, 그녀는 여성 쉼터를 만들었고 그것을 Rosie's Place라고 불렀다. 그것은 여성들에게 음식, 옷, 그리고 잠자리를 제공했다. **(B) 이것은 분명히 여성 노숙자들의 삶을 향상시켰을 것이다.** 그 후로, 많은 쉼터들이 문을 열었고 Rosie's Place를 본보기로 삼았다.

04 (A) Tiernan / thought that / making a shelter / could help / homeless women. Tiernan은 / ~라고 생각했다 / 쉼터를 만드는 것이 / 도울 수 있다 / 여성 노숙자들을	(A) Tiernan은 쉼터를 만드는 것이 여성 노숙자들을 도울 수 있다고 생각했다.
(B) Rosie's Place / became / an example / for other homeless women's shelters. Rosie's Place는 / ~가 되었다 / 본보기 / 다른 여성 노숙자 쉼터를 위한	(B) Rosie's Place는 다른 여성 노숙자 쉼터를 위한 본보기가 되었다.

Tip!

04-(A) 지문의 '그래서, Tiernan은 무언가 하기로 결심했다. 1974년에, 그녀는 여성 쉼터를 만들었고 그것을 Rosie's Place라고 불렀다(So, Tiernan decided to do something. In 1974, she made a women's shelter ~ Rosie's Place)'라는 문구를 통해 Tiernan은 쉼터를 만드는 것이 여성 노숙자들을 도울 수 있다고 생각했다는 것을 알 수 있다. 따라서 ⓑ가 정답이다.

04-(B) 지문의 '그 후로, 많은 쉼터들이 문을 열었고 Rosie's Place를 본보기로 삼았다(Since then, many shelters have opened and have used Rosie's Place as a model)'라는 문구를 통해 Rosie's Place가 다른 여성 노숙자 쉼터를 위한 본보기가 되었다는 것을 알 수 있다. 따라서 ⓓ가 정답이다.

Chapter 09 수동태 정복하기

Unit 43 am / is / are + 과거분사 해석하기

p. 90

01 Milk / **is delivered** / every morning.
우유는 / **배달된다** / 매일 아침
우유는 매일 아침 **배달된다.**

02 The library / **is closed** / at 10 o'clock.
도서관은 / **문이 닫힌다** / 10시에
도서관은 10시에 **문이 닫힌다.**

03 The festival / **is held** / every year / in July.
그 축제는 / **개최된다** / 매년 / 7월에
그 축제는 매년 7월에 **개최된다.**

04 **Is** / this meeting room / **cleaned** / once a week?
~**되니** / 이 회의실은 / **청소된다** / 일주일에 한 번
이 회의실은 일주일에 한 번 **청소되니?**

05 The concert tickets / **are not sold** / online.
콘서트 표는 / **판매되지 않는다** / 온라인에서
콘서트 표는 온라인에서 **판매되지 않는다.**

06 Tomatoes / **are not used** / in this pasta dish.
토마토는 / **사용되지 않는다** / 이 파스타 요리에
토마토는 이 파스타 요리에 **사용되지 않는다.**

07 Most of the oil / in the world / **is produced** / in the Middle East.
석유의 대부분은 / 세계에 있는 / **생산된다** / 중동에서
세계에 있는 석유의 대부분은 중동에서 **생산된다.**

08 English / **is spoken** / in many countries, /
영어는 / **쓰인다** / 많은 나라에서 /
like the United States and Australia.
미국과 호주 같은
영어는 미국과 호주 같은 많은 나라에서 **쓰인다.**

09 Mangoes and bananas / are / tropical fruits.
망고와 바나나는 / ~이다 / 열대 과일
They / **are grown** / in warm climates.
그것들은 / **재배된다** / 따뜻한 기후에서
망고와 바나나는 열대 과일이다.
그것들은 따뜻한 기후에서 **재배된다.**

10 Diana / is / a successful artist.
Diana는 / ~이다 / 성공한 화가
Her paintings / **are displayed** / in a lot of galleries.
그녀의 그림들은 / **전시된다** / 많은 미술관에
Diana는 성공한 화가이다.
그녀의 그림들은 많은 미술관에 **전시된다.**

Unit 44 was / were + 과거분사 해석하기

p. 91

01 The report / **was reviewed** / yesterday.
그 보고서는 / **검토되었다** / 어제
그 보고서는 어제 **검토되었다.**

02 Some pages / in the book / **were damaged**.
일부 페이지는 / 그 책의 / **손상되었다.**
그 책의 일부 페이지는 **손상되었다.**

03 The gift / **was wrapped** / with pretty paper.
그 선물은 / **포장되었다** / 예쁜 종이로

그 선물은 예쁜 종이로 **포장되었다**.

04 The city of Pompeii / **was destroyed** / in 79 AD.
폼페이 도시는 / **파괴되었다** / 서기 79년에

폼페이 도시는 서기 79년에 **파괴되었다**.

05 **Was** / the book / **written** / in Chinese?
~였니 / 그 책은 / **쓰인** / 중국어로

그 책은 중국어로 **쓰였니**?

06 Margaret / **was not elected** / as school president.
Margaret는 / **선출되지 않았다** / 학생회장으로

Margaret는 학생회장으로 **선출되지 않았다**.

07 Kyle / **was not blamed** / for his mistake.
Kyle은 / **비난받지 않았다** / 그의 실수에 대해

Kyle은 그의 실수에 대해 **비난받지 않았다**.

08 The plates / **were set** / on the table.
접시들이 / **놓였다** / 테이블 위에

Then, / everyone / took a seat.
그다음에 / 모두가 / 자리에 앉았다

접시들이 테이블 위에 **놓였다**.
그다음에, 모두가 자리에 앉았다.

09 We / **were invited** / to Daniel and Mary's wedding.
우리는 / **초대되었다** / Daniel과 Mary의 결혼식에

It / is / on Saturday.
그것은 / 있다 / 토요일에

우리는 Daniel과 Mary의 결혼식에 **초대되었다**.
그것은 토요일에 있다.

10 The church / **was built** / 100 years ago.
그 교회는 / **지어졌다** / 100년 전에

It / is / now / a famous tourist attraction.
그곳은 / ~이다 / 이제 / 유명한 관광 명소

그 교회는 100년 전에 **지어졌다**.
그곳은 이제 유명한 관광 명소이다.

Unit 45 will / can / must be + 과거분사 **해석하기**

p. 92

01 Our meeting / **will be delayed**.
우리의 회의는 / **연기될 것이다**

우리의 회의는 **연기될 것이다**.

02 The items / **can be bought** / online.
그 물품들은 / **구입될 수 있다** / 온라인에서

그 물품들은 온라인에서 **구입될 수 있다**.

03 The essay topics / **must be decided** / by next week.
논문 주제는 / **결정되어야 한다** / 다음 주까지

논문 주제는 다음 주까지 **결정되어야 한다**.

04 The winners / **will be announced** / soon.
우승자가 / **발표될 것이다** / 곧

우승자가 곧 **발표될 것이다**.

05 This watch / **can be fixed** / by Tuesday.
이 시계는 / **수리될 수 있다** / 화요일까지

이 시계는 화요일까지 **수리될 수 있다**.

06 The clothes / **cannot be washed** / before tomorrow morning.
그 옷은 / **세탁될 수 없다** / 내일 아침 전에

그 옷은 내일 아침 전에 **세탁될 수 없다**.

07 The old computers / **will be changed** / with new ones.
오래된 컴퓨터들은 / **교체될 것이다** / 새것들로

오래된 컴퓨터들은 새것들로 **교체될 것이다**.

08 The movie / **will not be filmed** / in London.
그 영화는 / **촬영되지 않을 것이다** / 런던에서

It / **will be shot** / in Rome.
그것은 / **촬영될 것이다** / 로마에서

그 영화는 런던에서 **촬영되지 않을 것이다**.
그것은 로마에서 **촬영될 것이다**.

09 The medicine / **must not be taken** / with alcohol.
그 약은 / **복용되어서는 안 된다** / 술과 함께

It / can be / dangerous.
그것은 / ~일 수 있다 / 위험한

그 약은 술과 함께 **복용되어서는 안 된다**.
그것은 위험할 수 있다.

10 A credit card number / is / important personal information.
신용카드 번호는 / ~이다 / 중요한 개인 정보

It / **must not be shared** / with others.
그것은 / **공유되어서는 안 된다** / 다른 사람들과

신용카드 번호는 중요한 개인 정보이다.
그것은 다른 사람들과 **공유되어서는 안 된다**.

Unit 46 수동태 + by ~ 해석하기

p. 93

01 Natasha / **was raised** / **by her grandmother**.
Natasha는 / **길러졌다** / **그녀의 할머니에 의해**

Natasha는 **그녀의 할머니에 의해 길러졌다**.

02 Many car accidents / **are caused** / **by bad weather**.
많은 자동차 사고들이 / **야기된다** / **나쁜 날씨에 의해**

많은 자동차 사고들이 **나쁜 날씨에 의해 야기된다**.

03 Basketball / **was invented** / **by James Naismith**.
농구는 / **발명되었다** / **제임스 네이즈미스에 의해**

농구는 **제임스 네이즈미스에 의해 발명되었다**.

04 That picture / **was painted** / **by Salvador Dali**.
저 그림은 / **그려졌다** / **살바도르 달리에 의해**

저 그림은 **살바도르 달리에 의해 그려졌다**.

05 Alex's house / **was built** / **by his father** / five years ago.
Alex의 집은 / **지어졌다** / **그의 아버지에 의해** / 5년 전에

Alex의 집은 5년 전에 **그의 아버지에 의해 지어졌다**.

06 Sadly, / Jim / **was not chosen** / **by the company**.
안타깝게도 / Jim은 / **선택받지 못했다** / **회사에 의해**

안타깝게도, Jim은 **회사에 의해 선택받지 못했다**.

07 The reply / **must be sent** / **by the manager** / before this afternoon.
답장은 / **보내져야 한다** / **관리자에 의해** / 오늘 오후 전에

답장은 오늘 오후 전에 **관리자에 의해 보내져야 한다**.

08 Daisy / **is loved** / **by everyone**.
Daisy는 / **사랑받는다** / **모든 사람들에 의해**

She / is / very kind.
그녀는 / ~이다 / 매우 친절한

Daisy는 **모든 사람들에 의해 사랑받는다**.
그녀는 매우 친절하다.

09 That dress / **was worn** / **by the lead actress** / in the movie.
저 드레스는 / **입어졌다** / **주연 여배우에 의해** / 그 영화에서

저 드레스는 그 영화에서 **주연 여배우에 의해 입어졌다**.

10 Lights / in this building / **are controlled** / **by computers**.
전등은 / 이 건물 안의 / **통제된다** / **컴퓨터에 의해**

이 건물 안의 전등은 **컴퓨터에 의해 통제된다**.

정답

01 (A) 최초의 자동차는 수백 년 전에 만들어졌다.
(B) 사람들의 삶은 이 운송 수단에 의해 많이 바뀌었다.

02 (A) 열매의 내부는 가열되고 카카오 기름에 함께 섞인다.
(B) 크림 같은 초콜릿은 그 후에 막대기 속에 부어진다.

03 (A) 비닐봉지와 종이컵들은 슈퍼마켓과 카페에 의해 자주 사용된다.
(B) 대신, 기업들은 재활용품들을 제공하도록 권장되어야 한다.

04 (A) - ⓐ / (B) - ⓒ

구문해석 / 해석

01

(A) The first cars / were made / hundreds of years ago. However, / they were / very expensive / at that time. So Henry Ford / decided to make / cheap cars / for everybody. In 1908, / he made / the Ford Model T. The price / of this new model / was half the price / of other cars. **(B) People's lives / were changed / a lot / by this vehicle.** They / could get / to work, school, / and other places / in a short time.

최초의 자동차는 / 만들어졌다 / 수백 년 전에 / 하지만 / 그것들은 ~였다 / 매우 비싼 / 그 당시 / 그래서 헨리 포드는 / 만들기로 결심했다 / 저렴한 자동차를 / 모두를 위한 / 1908년에 / 그는 만들었다 / Ford Model T를 / 가격은 / 이 새 모델의 / 반값이었다 / 다른 자동차들의 / 사람들의 삶은 / 바뀌었다 / 많이 / 이 운송 수단에 의해 / 그들은 / 도착할 수 있었다 / 직장, 학교, / 그리고 다른 장소들에 / 짧은 시간 안에

(A) **최초의 자동차는 수백 년 전에 만들어졌다.** 하지만, 그것들은 그 당시 매우 비쌌다. 그래서 헨리 포드는 모두를 위한 저렴한 자동차를 만들기로 결심했다. 1908년에, 그는 Ford Model T를 만들었다. 이 새 모델의 가격은 다른 자동차들의 반값이었다. (B) **사람들의 삶은 이 운송 수단에 의해 많이 바뀌었다.** 그들은 짧은 시간 안에 직장, 학교, 그리고 다른 장소들에 도착할 수 있었다.

02

The process of making chocolate / is not simple. First, / cocoa beans / are roasted / in a machine. Next, / the shells of the beans / are removed. **(A) The insides of the beans / are heated / and mixed together / into cocoa butter.** Other items / such as milk and sugar / are added / to make liquid chocolate. **(B) The creamy chocolate / is then poured / into bars.** / Now, / we can enjoy / a delicious bar of chocolate / in an hour.

초콜릿을 만드는 과정은 / 간단하지 않다 / 먼저 / 카카오 열매는 / 볶아진다 / 기계에서 / 다음으로 / 열매의 껍질이 / 제거된다 / 열매의 내부는 / 가열된다 / 그리고 함께 섞인다 / 카카오 기름에 / 다른 재료들이 / 우유와 설탕 같은 / 첨가된다 / 액체 초콜릿을 만들기 위해 / 크림 같은 초콜릿은 / 그 후에 부어진다 / 막대기 속에 / 이제 / 우리는 즐길 수 있다 / 맛있는 초콜릿 바를 / 한 시간 안에

초콜릿을 만드는 과정은 간단하지 않다. 먼저, 카카오 열매는 기계에서 볶아진다. 다음으로, 열매의 껍질이 제거된다. (A) **열매의 내부는 가열되고 카카오 기름에 함께 섞인다.** 우유와 설탕과 같은 다른 재료들이 액체 초콜릿을 만들기 위해 첨가된다. (B) **크림 같은 초콜릿은 그 후에 막대기 속에 부어진다.** 이제, 우리는 한 시간 안에 맛있는 초콜릿 바를 즐길 수 있다.

[03~04]

03 (A) Plastic bags and paper cups / are often used /
비닐봉지와 종이컵들은 / 자주 사용된다

by supermarkets and cafés. Usually, / they are used once / and then /
슈퍼마켓과 카페에 의해 / 보통 / 그것들은 한 번 사용된다 / 그리고 그 후

thrown away. This might / be convenient, / but it is bad / for the environment.
버려진다 / 이것은 ~할지도 모른다 / 편리하다 / 하지만 이것은 좋지 않다 / 환경에

03 (B) Instead, / businesses / must be encouraged / to provide /
대신 / 기업들은 / 권장되어야 한다 / 제공하도록

recycled items. "Recycled" / means / "used again." These items / are made /
재활용품들을 / '재활용'은 / ~를 의미한다 / '다시 사용한다' / 이러한 물품들은 / 만들어진다

from waste, / so garbage / is reduced. In this way, / the environment /
폐기물로 / 그래서 쓰레기가 / 줄어든다 / 이러한 방식으로 / 환경은

can be protected. Using recyclable items / allows us all / to work together /
보호될 수 있다 / 재활용할 수 있는 물품들을 사용하는 것은 / 우리 모두가 ~하도록 해준다 / 협력하도록

for the environment.
환경을 위해

(A) 비닐봉지와 종이컵들은 슈퍼마켓과 카페에 의해 자주 사용된다. 보통, 그것들은 한 번 사용되고 그 후 버려진다. 이것은 편리할지도 모르지만, 환경에 좋지 않다. **(B) 대신, 기업들은 재활용품들을 제공하도록 권장되어야 한다.** "재활용"은 "다시 사용한다"를 의미한다. 이러한 물품들은 폐기물로 만들어져서, 쓰레기가 줄어든다. 이러한 방식으로, 환경은 보호될 수 있다. 재활용할 수 있는 물품들을 사용하는 것은 우리 모두가 환경을 위해 함께 협력하도록 해준다.

04 (A) Paper cups or plastic bags / are used / by businesses.
종이컵과 비닐봉지들은 / 사용된다 / 기업들에 의해

(B) Recycled items / are made / from waste.
재활용품들은 / 만들어진다 / 폐기물로

(A) 종이컵과 비닐봉지들은 기업들에 의해 사용된다.

(B) 재활용품들은 폐기물로 만들어진다.

Tip!

04-(A) 지문의 '비닐봉지와 종이컵들은 슈퍼마켓과 카페에 의해 자주 사용된다(Plastic bags and paper cups are often used by supermarkets and cafés)'라는 문구를 통해 종이컵과 비닐봉지들이 기업들에 의해 사용된다는 것을 알 수 있다. 따라서 ⓐ가 정답이다.

04-(B) 지문의 '이러한 물품들은 폐기물로 만들어져서, 쓰레기가 줄어든다(These items are made from waste, so garbage is reduced)'라는 문구를 통해 재활용품들이 폐기물로 만들어진다는 것을 알 수 있다. 따라서 ⓒ가 정답이다.

Chapter 10 등위·상관 접속사 정복하기

Unit 47 and, but, or 해석하기

p.98

01 Hailey / likes / dogs **and** cats.
Hailey는 / 좋아한다 / 개**와** 고양이를

Hailey는 개**와** 고양이를 좋아한다.

02 We / finished / our meal / **and** / ordered / dessert.
우리는 / 마쳤다 / 우리의 식사를 / **그리고** / 주문했다 / 후식을

우리는 우리의 식사를 마치**고** 후식을 주문했다.

03 Clare / wants / to become / a teacher **or** a dentist.
Clare는 / 원한다 / 되기를 / 선생님 **또는** 치과의사가

Clare는 선생님 **또는** 치과의사가 되기를 원한다.

04 I / read / the book / many times / **but** / couldn't understand / it.
나는 / 읽었다 / 그 책을 / 여러 번 / **하지만** / 이해할 수 없었다 / 그것을

나는 그 책을 여러 번 읽었**지만** 그것을 이해할 수 없었다.

05 Some birds / have / wings / **but** / can't fly.
어떤 새들은 / 가지고 있다 / 날개를 / **하지만** / 날 수 없다

어떤 새들은 날개를 가지고 있**지만** 날 수 없다.

06 Nancy / took / many pictures, / **and** / she / showed / them /
Nancy는 / 찍었다 / 많은 사진을 / **그리고** / 그녀는 / 보여줬다 / 그것들을 /

to her friends.
그녀의 친구들에게

Nancy는 많은 사진을 찍었**고**, 그녀는 그녀의 친구들에게 그것들을 보여줬다.

07 Sam's family / watched / the movie, / **but** / they / didn't like / it.
Sam의 가족은 / 보았다 / 그 영화를 / **하지만** / 그들은 / 좋아하지 않았다 / 그것을

Sam의 가족은 그 영화를 봤**지만**, 그들은 그것을 좋아하지 않았다.

08 Paul / might use / his dad's truck / **or** / he / might rent / one.
Paul은 / 사용할지도 모른다 / 그의 아빠의 트럭을 / **~이나** / 그는 / 빌릴지도 모른다 / 하나를

Paul은 그의 아빠의 트럭을 사용하**거나** 그는 하나를 빌릴지도 모른다.

09 The bookstore / near my school / doesn't sell /
그 서점은 / 나의 학교 근처에 있는 / 팔지 않는다 /

comic books **or** magazines.
만화책**이나** 잡지를

나의 학교 근처에 있는 그 서점은 만화책**이나** 잡지를 팔지 않는다.

10 During summer vacation, / Sarah / will take / an art class /
여름방학 동안 / Sarah는 / 들을 것이다 / 미술 수업을 /

or / join / the gym.
~이나 / 가입하다 / 체육관에

여름방학 동안, Sarah는 미술 수업을 듣**거나** 체육관에 가입할 것이다.

Unit 48 so, for 해석하기

p.99

01 It was cold, / **so** / Neil / closed / the window.
추웠다 / **그래서** / Neil은 / 닫았다 / 창문을

추워**서**, Neil은 창문을 닫았다.

02 He / was / very hungry, / **so** / he / ate / all the pizza.
그는 / ~였다 / 매우 배고픈 / **그래서** / 그는 / 먹었다 / 피자 전부를

그는 매우 배고파**서**, 그는 피자 전부를 먹었다.

03 I / have to go / to the store / today, / **for** / I / am / out of / milk.
나는 / 가야 한다 / 가게에 / 오늘 / **왜냐하면 ~** / 나는 / ~이다 / 떨어져서 / 우유가

나는 오늘 가게에 가야 한다, **왜냐하면** 나는 우유가 떨어졌기 때문이다.

04 Natalie / drank / a lot of coffee, / **so** / she / couldn't sleep / at night.
Natalie는 / 마셨다 / 많은 커피를 / **그래서** / 그녀는 / 잘 수 없었다 / 밤에

Natalie는 많은 커피를 마셔**서**, 그녀는 밤에 잘 수 없었다.

05 I / need to go / home / early / today / **because** / I / am not / feeling well.
나는 / 가야 한다 / 집에 / 일찍 / 오늘 / **왜냐하면 ~** / 나는 / ~이지 않다 / 건강 상태가 좋은

나는 오늘 집에 일찍 가야 한다, **왜냐하면** 나는 건강 상태가 좋지 않기 때문이다.

06 The picnic / will be canceled, / **for** / it is going to rain / all day / tomorrow.
소풍은 / 취소될 것이다 / **왜냐하면 ~** / 비가 올 것이다 / 온종일 / 내일

소풍은 취소될 것이다, **왜냐하면** 내일 온종일 비가 올 것이기 때문이다.

07 Mary / is / a vegetarian / now, / **so** / she / doesn't eat / meat or seafood.
Mary는 / ~이다 / 채식주의자 / 이제 / **그래서** / 그녀는 / 먹지 않는다 / 고기나 해산물을

Mary는 이제 채식주의자**여서**, 그녀는 고기나 해산물을 먹지 않는다.

08 Mark / was sweating / a lot, / **for** / it was / nearly / 40 degrees.
Mark는 / 땀을 흘리고 있었다 / 많이 / **왜냐하면 ~** / (기온이) ~였다 / 거의 / 40도

Mark는 땀을 많이 흘리고 있었다, **왜냐하면** 거의 40도였기 때문이다.

09 We / were / happy / to arrive home, / **for** / we / had been stuck in traffic.
우리는 / ~였다 / 행복한 / 집에 도착해서 / **왜냐하면 ~** / 우리는 / 교통 혼잡에 갇혔었다

우리는 집에 도착해서 행복했다, **왜냐하면** 우리는 교통 혼잡에 갇혔었기 때문이다.

10 Robert / thought that / he / might be late, / **so** / he / took / a taxi / instead of a bus.
Robert는 / ~라고 생각했다 / 그가 / 늦을지도 모른다 / **그래서** / 그는 / 탔다 / 택시를 / 버스 대신에

Robert는 그가 늦을지도 모른다고 생각**해서**, 그는 버스 대신에 택시를 탔다.

CH 10

해석이 쉬워지는 해커스 구문독해 100

Unit 49 both A and B 해석하기

p.100

01 Isaac / enjoys / **both** tennis **and** golf.
Isaac은 / 즐긴다 / 테니스**와** 골프 **둘 다**

Isaac은 테니스**와** 골프 **둘 다** 즐긴다.

02 Are / **both** Brittany **and** Ashley / pianists?
~이니 / Brittany**와** Ashley **둘 다** / 피아니스트

Brittany**와** Ashley **둘 다** 피아니스트니?

03 Donald / ordered / **both** a cheeseburger **and** a salad.
Donald는 / 주문했다 / 치즈버거**와** 샐러드 **둘 다**

Donald는 치즈버거**와** 샐러드 **둘 다** 주문했다.

04 **Not only** roses / **but also** lilacs / smell / sweet.
장미**뿐만 아니라** / 라일락**도** / 냄새가 난다 / 달콤한

장미**뿐만 아니라** 라일락**도** 달콤한 냄새가 난다.

05 In Canada, / **both** English **and** French / are spoken.
캐나다에서는 / 영어**와** 프랑스어 **둘 다** / 사용된다

캐나다에서는, 영어**와** 프랑스어 **둘 다** 사용된다.

06 **Both** carrots **and** potatoes / are / vegetables.
당근**과** 감자 **둘 다** / ~이다 / 채소

당근**과** 감자 **둘 다** 채소이다.

07 At the party, / Jack / lost / **not only** his watch / **but also** his glasses.
파티에서 / Jack은 / 잃어버렸다 / 그의 시계**뿐만 아니라** / 그의 안경**도**

파티에서, Jack은 그의 시계**뿐만 아니라** 그의 안경**도** 잃어버렸다.

08 **Both** Kyle **and** Lisa / are going / to Paris / on vacation / next week.
Kyle**과** Lisa **둘 다** / 갈 것이다 / 파리에 / 휴가로 / 다음 주에

Kyle**과** Lisa **둘 다** 다음 주에 휴가로 파리에 갈 것이다.

09 It is important / **not only** to receive love / **but also** to share / it.
중요하다 / 사랑을 받는 것**뿐만 아니라** / 나누는 것**도** / 그것을

사랑을 받는 것**뿐만 아니라** 그것을 나누는 것**도** 중요하다.

10 Achieving a goal / **not only** makes you happy /
목표를 달성하는 것은 / 너를 행복하게 만들 **뿐만 아니라** /
but also gives you confidence.
너에게 자신감**도** 준다

목표를 달성하는 것은 너를 행복하게 만들 **뿐만 아니라** 너에게 자신감**도** 준다.

Unit 50 either A or B 해석하기

p.101

01 We / will eat / **either** pizza **or** chicken.
우리는 / 먹을 것이다 / 피자**와** 치킨 **둘 중 하나**를

우리는 피자**와** 치킨 **둘 중 하나**를 먹을 것이다.

02 **Neither** Tina **nor** Linda / wears / high heels.
Tina**와** Linda **둘 다 아닌** / 신는다 / 하이힐을

Tina**와** Linda **둘 다** 하이힐을 신지 **않**는다.

03 Bella / wants / to buy / **either** a laptop computer **or** a tablet PC.
Bella는 / 원한다 / 사기를 / 노트북**과** 태블릿 PC **둘 중 하나**를

Bella는 노트북**과** 태블릿 PC **둘 중 하나**를 사기를 원한다.

04 **Neither** cell phones **nor** smart watches / are allowed /
휴대폰**과** 스마트 워치 **둘 다 아닌** / 허용되다 /
in the exam room.
시험장에

휴대폰**과** 스마트 워치 **둘 다** 시험장에 허용되지 **않**는다.

05 Alice / will study / **either** German **or** Spanish / at university.
Alice는 / 공부할 것이다 / 독일어**와** 스페인어 **둘 중 하나**를 / 대학교에서

Alice는 대학교에서 독일어**와** 스페인어 **둘 중 하나**를 공부할 것이다.

06 Leo / is going to see / **either** a comedy **or** an action movie.
Leo는 / 볼 것이다 / 코미디**와** 액션 영화 **둘 중 하나**를

Leo는 코미디**와** 액션 영화 **둘 중 하나**를 볼 것이다.

07 Sandwiches / are served with / **either** French fries **or** a salad.
샌드위치는 / ~와 함께 제공된다 / 감자튀김**과** 샐러드 **둘 중 하나**

샌드위치는 감자튀김**과** 샐러드 **둘 중 하나**와 함께 제공된다.

08 I / heard that / **neither** Stephanie **nor** Elizabeth /
나는 / ~라고 들었다 / Stephanie**와** Elizabeth **둘 다 아닌** /
has traveled abroad.
해외 여행한 적이 있다

나는 Stephanie**와** Elizabeth **둘 다** 해외 여행한 적이 **없**다고 들었다.

09 You / can choose / **either** to stay **or** to leave.
너는 / 선택할 수 있다 / 머무르는 것**과** 떠나는 것 **둘 중 하나**를
It / depends / on you.
그것은 / 달려 있다 / 너에게

너는 머무르는 것**과** 떠나는 것 **둘 중 하나**를 선택할 수 있다. 그것은 너에게 달려 있다.

10 Frank / had / **neither** a suit **nor** a tie, / so / he / bought / them /
Frank는 / 있다 / 정장**과** 넥타이 **둘 다 아닌** / 그래서 / 그는 / 샀다 / 그것들을 /

for a job interview.
취업 면접을 위해

Frank는 정장**과** 넥타이 **둘 다 없**어서, 취업 면접을 위해 그것들을 샀다.

HACKERS TEST

p.102

정답

01 (A) 저희의 모든 컵케이크는 과일과 사탕 둘 중 하나가 위에 있습니다.
(B) 저희는 컵케이크뿐만 아니라 쿠키와 케이크도 판매합니다.

02 (A) 선수들은 라켓을 사용하고 셔틀콕을 네트 위로 쳐서 날린다.
(B) 그들의 손과 발 둘 다 셔틀콕을 건드릴 수 없다.

03 (A) 그는 그것이 아름답다고 생각해서, 그는 앉아서 그것을 보았다.
(B) 동시에, 적이 나폴레옹을 향해 쐈지만, 총알은 빗나갔다.

04 (A) - ⓓ / (B) - ⓐ

구문해석 / 해석

01

Juliet's Cupcake Shop / is now open! **(A) All of our cupcakes / have /**
Juliet's Cupcake Shop이 이제 문을 열었습니다 저희의 모든 컵케이크는 있습니다

either fruit or candy / on top. (B) We / sell / not only cupcakes /
과일과 사탕 둘 중 하나가 위에 저희는 판매합니다 컵케이크뿐만 아니라

but also cookies and cakes. This week, / we / are having / a special event.
쿠키와 케이크도 이번 주에 저희는 가질 것입니다 특별한 행사를

Every cupcake / comes with / either coffee or tea. Also, / all of our cakes /
모든 컵케이크는 나옵니다 커피와 차 둘 중 하나와 또한 저희의 모든 케이크는

have a 10% discount. We / hope to / see you soon!
10퍼센트 할인됩니다 저희는 바랍니다 당신을 곧 보기를

Juliet's Cupcake Shop이 이제 문을 열었습니다! **(A) 저희의 모든 컵케이크는 과일과 사탕 둘 중 하나가 위에 있습니다. (B) 저희는 컵케이크뿐만 아니라 쿠키와 케이크도 판매합니다.** 이번 주에, 저희는 특별한 행사를 가질 것입니다. 모든 컵케이크는 커피와 차 둘 중 하나와 나옵니다. 또한, 저희의 모든 케이크는 10퍼센트 할인됩니다. 저희는 당신을 곧 보기를 바랍니다!

02

Badminton / is / a sport / for either two or four players. It / can be played /
배드민턴은 ~이다 스포츠 두 명과 네 명의 선수 둘 중 하나를 위한 이것은 할 수 있다

both inside and outside. **(A) Players / use / racquets / and hit a shuttlecock /**
실내와 바깥 두 곳 모두에서 선수들은 사용한다 라켓을 그리고 셔틀콕을 쳐서 날린다

over a net. (B) Neither their hands nor their feet / can touch /
네트 위로 그들의 손과 발 둘 다 아닌 건드릴 수 있다

the shuttlecock. They / must make / the shuttlecock / land on /
셔틀콕을 그들은 반드시 해야 한다 셔틀콕이 떨어지도록

the other team's side. This gives / the players / one point. A team gets /
상대 팀 쪽으로 이것은 준다 그 선수들에게 1점을 한 팀이 얻다

배드민턴은 두 명과 네 명의 선수 둘 중 하나를 위한 스포츠이다. 이것은 실내와 바깥 두 곳 모두에서 할 수 있다. **(A) 선수들은 라켓을 사용하고 셔틀콕을 네트 위로 쳐서 날린다. (B) 그들의 손과 발 둘 다 셔틀콕을 건드릴 수 없다.** 그들은 반드시 셔틀콕이 상대 팀 쪽으로 떨어지도록 해야 한다. 이것은 그 선수들에게 1점을 준다. 한 팀이 21점을 얻으면 경기는 끝난다.

21 points / and the game / is finished. 21점을 그러면 경기는 끝난다	

[03~04]

Four-leaf clovers / are considered / signs of good luck. Around the world, / 네 잎 클로버는 ~으로 여겨진다 행운의 상징 전 세계적으로 many stories / about this plant / exist. One / is / about the French leader Napoleon. 많은 이야기들이 이 식물에 대한 존재한다 하나는 ~이다 프랑스 지도자 나폴레옹에 관한 것 During a battle, / he / found / a four-leaf clover / in a field. 03 **(A) He / thought /** 전쟁 중에 그는 발견했다 네 잎 클로버를 들판에서 그는 ~라고 생각했다 **it was beautiful, / so he sat down / and watched it.** 03 **(B) At the same time, /** 그것이 아름답다 그래서 그는 앉았다 그리고 그것을 보았다 동시에 **an enemy shot / at Napoleon, / but the bullet / missed.** It was because / 적이 쐈다 나폴레옹을 향해 하지만 총알은 빗나갔다 그것은 ~ 때문이었다 he was bending / toward the clover. For him, / finding a four-leaf clover / 그가 숙이고 있었다 클로버 쪽으로 그에게는 네 잎 클로버를 발견한 것이 was very lucky / indeed. 매우 행운이었다 정말로	네 잎 클로버는 행운의 상징으로 여겨진다. 전 세계적으로, 이 식물에 대한 많은 이야기들이 존재한다. 하나는 프랑스 지도자 나폴레옹에 관한 것이다. 전쟁 중에, 그는 들판에서 네 잎 클로버를 발견했다. **(A) 그는 그것이 아름답다고 생각해서, 그는 앉아서 그것을 보았다. (B) 동시에, 적이 나폴레옹을 향해 쐈지만, 총알은 빗나갔다.** 그것은 그가 클로버 쪽으로 몸을 숙이고 있었기 때문이었다. 그에게는, 네 잎 클로버를 발견한 것이 정말로 매우 행운이었다.
04 (A) People around the world / have / their own / stories / about four-leaf clovers. 전 세계의 사람들은 / 가지고 있다 / 그들만의 / 이야기를 / 네 잎 클로버에 대한 (B) Napoleon / wasn't hit / by a bullet / thanks to / a four-leaf clover. 나폴레옹은 / 맞지 않았다 / 총알에 / ~ 덕분에 / 네 잎 클로버	(A) 전 세계의 사람들은 네 잎 클로버에 대한 그들만의 이야기를 가지고 있다. (B) 나폴레옹은 네 잎 클로버 덕분에 총알에 맞지 않았다.

Tip!

04-(A) 지문의 '전 세계적으로, 이 식물에 대한 많은 이야기들이 존재한다(Around the world, many stories about this plant exist)'라는 문구를 통해 전 세계의 사람들이 네 잎 클로버에 대한 그들만의 이야기를 가지고 있다는 것을 알 수 있다. 따라서 ⓓ가 정답이다.

04-(B) 지문의 '동시에, 적이 나폴레옹을 향해 쐈지만, 총알은 빗나갔다. 그것은 그가 클로버 쪽으로 몸을 숙이고 있었기 때문이었다(At the same time, ~ Napoleon, but the bullet missed. It was because he was bending toward the clover)'라는 문구를 통해 나폴레옹이 네 잎 클로버 덕분에 총알에 맞지 않았다는 것을 알 수 있다. 따라서 ⓐ가 정답이다.

Chapter 11 명사 역할을 하는 명사절 정복하기

Unit 51 that ~ 해석하기

p.106

01 I / heard / **that the waiters at that restaurant are friendly**.
나는 / ~을 들었다 / **저 식당에 있는 종업원들이 친절하다는 것**

나는 **저 식당에 있는 종업원들이 친절하다는 것**을 들었다.

02 It was clear / **that everyone enjoyed the trip to Mexico**.
분명했다 / **모두가 멕시코 여행을 즐겼다는 것**

모두가 멕시코 여행을 즐겼다는 것은 분명했다.

03 The police / noted / **that the window was broken**.
경찰은 / ~에 주목했다 / **유리창이 깨진 것**

경찰은 **유리창이 깨진 것**에 주목했다.

04 **That cars create pollution** / is / the main message of the report.
자동차가 오염을 만든다는 것이 / ~이다 / 그 보고서의 주된 메시지

자동차가 오염을 만든다는 것이 그 보고서의 주된 메시지이다.

05 It is good news / **that the hurricane didn't hit the city**.
좋은 소식이다 / **허리케인이 그 도시를 덮치지 않은 것**

허리케인이 그 도시를 덮치지 않은 것은 좋은 소식이다.

06 It was sad / **that Emma didn't come to the party**.
슬펐다 / **Emma가 파티에 오지 않은 것**은

Emma가 파티에 오지 않은 것은 슬펐다.

07 The hairdresser / didn't notice / **that Kelly's hair was damaged**.
그 미용사는 / ~을 알아채지 못했다 / **Kelly의 머리카락이 손상된 것**

그 미용사는 **Kelly의 머리카락이 손상된 것**을 알아채지 못했다.

08 The good thing / about the new software / is /
좋은 점은 / 새 소프트웨어에 대한 / ~이다 /
that it updates regularly.
그것이 정기적으로 업데이트된다는 것

새 소프트웨어에 대한 좋은 점은 **그것이 정기적으로 업데이트된다는 것**이다.

09 The truth / was / **that the painting in our home wasn't original**.
진실은 / ~였다 / **우리 집에 있는 그림이 진품이 아니라는 것**
We / were / really surprised.
우리는 / ~였다 / 정말 놀란

진실은 **우리 집에 있는 그림이 진품이 아니라는 것**이었다.
우리는 정말 놀랐다.

10 Scientists / said /
과학자들은 / ~을 말했다 /
that they found a new planet and it is similar to Earth.
그들이 새로운 행성을 찾았고 그것이 지구와 유사하다는 것

과학자들은 **그들이 새로운 행성을 찾았고 그것이 지구와 유사하다는 것**을 말했다.

Unit 52 if ~ / whether ~ 해석하기

p.107

01 We / are / wondering / **if Mark is sick**.
우리는 / ~이다 / 궁금해하는 / **Mark가 아픈지 아닌지**

우리는 **Mark가 아픈지 아닌지** 궁금해하고 있다.

02 **Whether Sam and Mary will get married** / is / uncertain.
Sam과 Mary가 결혼할지 아닌지는 / ~이다 / 불확실한

Sam과 Mary가 결혼할지 아닌지는 불확실하다.

03 Vivian / asked / **if she could take the art class next month.**
Vivian은 / 물어보았다 / **그녀가 다음 달에 미술 수업을 수강할 수 있는지 아닌지**를

Vivian은 **그녀가 다음 달에 미술 수업을 수강할 수 있는지 아닌지**를 물어보았다.

04 It isn't clear / **whether the man caused the accident.**
분명하지 않다 / **그 남자가 사고를 일으켰는지 아닌지**는

그 남자가 사고를 일으켰는지 아닌지는 분명하지 않다.

05 I / want to know / **whether the hotel is near the subway station.**
나는 / 알고 싶다 / **그 호텔이 지하철역 근처에 있는지 아닌지**

나는 **그 호텔이 지하철역 근처에 있는지 아닌지** 알고 싶다.

06 The big question / is / **whether Andrew can buy a new car.**
큰 의문은 / ~이다 / **Andrew가 새 자동차를 살 수 있는지 아닌지**

큰 의문은 **Andrew가 새 자동차를 살 수 있는지 아닌지**이다.

07 Katherine's major concern / is /
Katherine의 주된 걱정은 / ~이다 /

if she will arrive at the airport on time.
그녀가 제시간에 공항에 도착할 수 있을지 아닌지

Katherine의 주된 걱정은 **그녀가 제시간에 공항에 도착할 수 있을지 아닌지**이다.

08 I / don't know / **if Sylvia is still waiting for me at the café.**
나는 / 모른다 / **Sylvia가 여전히 그 카페에서 나를 기다리고 있는지 아닌지**

나는 **Sylvia가 여전히 그 카페에서 나를 기다리고 있는지 아닌지** 모른다.

09 Lucy / got / a job offer / from a company / in England.
Lucy는 / 받았다 / 일자리 제의를 / 회사에서 / 영국에 있는

Whether she will take the job / is / her choice.
그녀가 그 일자리를 받아들일지 아닐지는 / ~이다 / 그녀의 선택

Lucy는 영국에 있는 회사에서 일자리 제의를 받았다.
그녀가 그 일자리를 받아들일지 아닐지는 그녀의 선택이다.

10 Yesterday's math exam / was difficult.
어제의 수학 시험은 / 어려웠다

Many students / worried about / **whether they passed the exam.**
많은 학생들은 / 걱정했다 / **그들이 시험을 통과했는지 아닌지**를

어제의 수학 시험은 어려웠다.
많은 학생들은 **그들이 시험을 통과했는지 아닌지**를 걱정했다.

Unit 53 when ~ / where ~ 해석하기

p.108

01 I / forgot / **where I put my passport.**
나는 / 잊어버렸다 / **내가 내 여권을 어디에 뒀는지**

나는 **내가 내 여권을 어디에 뒀는지** 잊어버렸다.

02 The patient / described / **when the pain first began.**
그 환자는 / 설명했다 / **언제 통증이 처음으로 시작되었는지**

환자는 **언제 통증이 처음으로 시작되었는지** 설명했다.

03 Do / you / remember / **where you first met your husband**?
~하나요 / 당신은 / 기억하다 / **당신이 당신의 남편을 어디서 처음 만났는지**

당신은 **당신의 남편을 어디서 처음 만났는지** 기억하나요?

04 Alex / hasn't decided / **where he will have the party.**
Alex는 / 결정하지 못했다 / **그가 어디서 파티를 할지**

Alex는 **그가 어디서 파티를 할지** 결정하지 못했다.

05 **When the event will be held** / has finally been announced.
그 행사가 언제 열릴 것인지가 / 마침내 발표되었다

그 행사가 언제 열릴 것인지가 마침내 발표되었다.

06 Chloe / is / a famous actress.
Chloe는 / ~이다 / 유명한 여배우

Where she lives / is / a secret.
그녀가 어디서 사는지는 / ~이다 / 비밀

Chloe는 유명한 여배우이다.
그녀가 어디서 사는지는 비밀이다.

07 The businessmen / talked about /
사업가들은 / ~에 대해 이야기했다 /

when they should open a new store.
그들이 새 상점을 언제 열지

사업가들은 **그들이 새 상점을 언제 열지**에 대해 이야기했다.

08 **When the couple will go on their honeymoon** / is not fixed / yet.
그 커플이 언제 신혼여행을 갈지는 / 정해지지 않았다 / 아직

그 커플이 언제 신혼여행을 갈지는 아직 정해지지 않았다.

09 No one / knows / **where the photo was taken.**
아무도 ~ 않다 / 알다 / 그 사진이 어디서 찍혔는지

It / looks / very old.
그것은 / ~처럼 보인다 / 매우 오래된

아무도 **그 사진이 어디서 찍혔는지** 알지 못한다.
그것은 매우 오래된 것처럼 보인다.

10 Adam / went to bed / really late / last night.
Adam은 / 잤다 / 정말 늦게 / 어젯밤에

I'm not sure / **when he will wake up.**
나는 확실히 알지 못한다 / 그가 언제 깨어날지

Adam은 어젯밤에 정말 늦게 잤다.
나는 **그가 언제 깨어날지** 확실히 알지 못한다.

Unit 54 why ~ / how ~ 해석하기

p.109

01 I / don't know / **why Grace is smiling now.**
나는 / 모른다 / 왜 Grace가 지금 웃고 있는지

나는 **왜 Grace가 지금 웃고 있는지** 모른다.

02 The travelers / asked / **how the pyramids were made.**
여행자들은 / 물어보았다 / 피라미드가 어떻게 만들어졌는지

여행자들은 **피라미드가 어떻게 만들어졌는지** 물어보았다.

03 **How the thief escaped** / is / still / a mystery.
그 도둑이 어떻게 탈출했는지는 / ~이다 / 여전히 / 수수께끼

그 도둑이 어떻게 탈출했는지는 여전히 수수께끼이다.

04 Researchers / have studied / **why sugar is unhealthy.**
연구원들은 / 조사했다 / 왜 설탕이 건강에 좋지 않은지

연구원들은 **왜 설탕이 건강에 좋지 않은지** 조사했다.

05 Do / you / know / **why they broke up suddenly**?
~하니 / 너는 / 알다 / 왜 그들이 갑자기 헤어졌는지

너는 **왜 그들이 갑자기 헤어졌는지** 알고 있니?

06 The dentist / explained / **why brushing teeth is so important.**
치과의사는 / 설명했다 / 왜 양치질이 그렇게 중요한지

치과의사는 **왜 양치질이 그렇게 중요한지** 설명했다.

07 One of his interests / is / **how fish breathe under the water.**
그의 관심사 중의 하나는 / ~이다 / 물고기가 어떻게 물속에서 호흡하는지

그의 관심사 중의 하나는 **물고기가 어떻게 물속에서 호흡하는지**이다.

08 **How people treat their friends** / shows /
사람들이 그들의 친구들을 어떻게 대하는지는 / 보여준다 /

a lot about their character.
그들의 성격에 대해 많은 것을

사람들이 그들의 친구들을 어떻게 대하는지는 그들의 성격에 대해 많은 것을 보여준다.

09 Patrick / couldn't understand / **why Clara didn't call him back.**
Patrick은 / 이해할 수 없었다 / 왜 Clara가 그에게 다시 전화하지 않았는지

Patrick은 **왜 Clara가 그에게 다시 전화하지 않았는지** 이해할 수 없었다.

10 Melanie's parents / have / brown hair.
Melanie의 부모님은 / 가지고 있다 / 갈색 머리를

The question / is / **why her hair is red**.
의문은 / ~이다 / **왜 그녀의 머리는 빨간지**

Melanie의 부모님은 갈색 머리를 가지고 있다.
의문은 **왜 그녀의 머리는 빨간지**이다.

Unit 55 who ~ 해석하기

p.110

01 The different uniforms / show / **who belongs to each team**.
각각 다른 유니폼은 / 보여준다 / **누가 각 팀에 속하는지를**

각각 다른 유니폼은 **누가 각 팀에 속하는지**를 보여준다.

02 Have / you / heard / **who won the contest**?
~했니 / 너는 / 듣다 / **누가 대회에서 우승했는지**

너는 **누가 대회에서 우승했는지** 들었니?

03 My major concern / is / **who becomes the next president**.
나의 주요 관심사는 / ~이다 / **누가 다음 대통령이 될 것인지**

나의 주요 관심사는 **누가 다음 대통령이 될 것인지**이다.

04 Fiona / cannot decide / **who her favorite actor is**.
Fiona는 / 결정할 수 없다 / **누가 그녀가 가장 좋아하는 배우인지**

Fiona는 **누가 그녀가 가장 좋아하는 배우인지** 결정할 수 없다.

05 **Who had the storybook** / was asked / by the teacher.
누가 이야기책을 가지고 있었는지는 / 물어보아졌다 / 선생님에 의해

누가 이야기책을 가지고 있었는지는 선생님에 의해 물어보아졌다.

06 **Who the university accepts** / depends on / several factors.
그 대학교가 누구를 받아들일지는 / ~에 달려 있다 / 몇 가지 요소들

그 대학교가 누구를 받아들일지는 몇 가지 요소들에 달려 있다.

07 The issue / is / **who is controlling access to the files**.
쟁점은 / ~이다 / **누가 그 파일에 대한 접근을 통제하고 있는지**

쟁점은 **누가 그 파일에 대한 접근을 통제하고 있는지**이다.

08 Isabel / couldn't find out / **who broke the window**.
Isabel은 / 알아낼 수 없었다 / **누가 유리창을 깼는지**

Isabel은 **누가 유리창을 깼는지** 알아낼 수 없었다.

09 **Who gets the award** / will be known / at the event tomorrow.
누가 상을 받을 것인지는 / 알려질 것이다 / 내일 행사에서

누가 상을 받을 것인지는 내일 행사에서 알려질 것이다.

10 I / think / my sister / has / a new boyfriend.
나는 / 생각한다 / 내 여동생에게 / 있다 / 새로운 남자친구가

I / am curious about / **who she is dating**.
나는 / ~에 대해 궁금하다 / **그녀가 누구와 데이트하는지**

나는 내 여동생에게 새로운 남자친구가 있다고 생각한다.
나는 **그녀가 누구와 데이트하는지**에 대해 궁금하다.

Unit 56 what ~ 해석하기

p.111

01 **What I ordered for dessert** / was / apple pie.
내가 후식으로 주문했던 것은 / ~였다 / 사과 파이

내가 후식으로 주문했던 것은 사과 파이였다.

02 Our goals / are / **what help us stay focused**.
우리의 목표는 / ~이다 / **우리가 계속 집중할 수 있도록 돕는 것**

우리의 목표는 **우리가 계속 집중할 수 있도록 돕는 것**이다.

03 He / asked / his mother / **what she wanted for her birthday**.
그는 / 물어보았다 / 그의 어머니께 / **그녀가 생일 선물로 원하는 것**

그는 그의 어머니께 **그녀가 생일 선물로 원하는 것**을 물어보았다.

04 **What we didn't know** / was / that Harold had a twin brother.
우리가 몰랐던 것은 / ~였다 / Harold에게 쌍둥이 형이 있다는 것

우리가 몰랐던 것은 Harold에게 쌍둥이 형이 있다는 것이었다.

05 Support from family and friends / is / **what makes people change**.
가족과 친구들의 지지는 / ~이다 / **사람들을 변하게 하는 것**

가족과 친구들의 지지는 **사람들을 변하게 하는 것**이다.

06 Stephanie / didn't tell / anyone / **what she saw last night**.
Stephanie는 / 말하지 않았다 / 아무에게도 / **그녀가 어젯밤에 본 것을**

Stephanie는 **그녀가 어젯밤에 본 것**을 아무에게도 말하지 않았다.

07 **What shocked the audience** / was / the magician's final trick.
관중을 놀라게 했던 것은 / ~였다 / 마술사의 마지막 마술

관중을 놀라게 했던 것은 마술사의 마지막 마술이었다.

08 **What Greg told me today** / is different from /
Greg가 오늘 나에게 말했던 것은 / ~와 다르다 /
what he told you yesterday.
그가 어제 너에게 말했던 것

Greg가 오늘 나에게 말했던 것은 **그가 어제 너에게 말했던 것**과 다르다.

09 The loud music from upstairs / was / **what caused their headache**.
위층으로부터의 시끄러운 음악은 / ~였다 / **그들의 두통을 일으킨 것**

위층으로부터의 시끄러운 음악은 **그들의 두통을 일으킨 것**이었다.

10 It is important / to decide / **what you want to achieve** / before /
중요하다 / 결정하는 것은 / **당신이 무엇을 성취하기를 원하는지** / ~ 전에 /
you / start / something.
당신이 / 시작하다 / 무언가를

당신이 무언가를 시작하기 전에 **당신이 무엇을 성취하기를 원하는지** 결정하는 것은 중요하다.

HACKERS TEST

p.112

정답

01 (A) 나의 기법이 완벽한지 아닌지는 나에게 중요하지 않다.
(B) 나는 사람들이 내가 세상을 어떻게 보는지 이해하기를 바란다.

02 (A) 모차르트는 그 남자가 매우 젊은 것을 보아서, 그는 그에게 간단한 음악을 먼저 작곡하라고 조언했다.
(B) 그 남자는 왜 그가 교향곡부터 시작할 수 없는지 알고 싶어 했다.

03 (A) 하지만, 사람들이 주목해야 할 것은 많은 것이 이러한 변화들을 일으킨다는 것이다.
(B) 그녀가 그를 좋아하는지 아닌지의 신호로써, 암컷도 그녀의 색을 바꾼다.

04 (A) - ⓐ / (B) - ⓑ

구문해석 / 해석

01 Painting is / what I like to do / in my free time. I never studied / painting /
그림 그리기는 ~이다 내가 하기 좋아하는 것 나의 여가 시간에 나는 한 번도 공부하지 않았다 그림 그리기를
formally. Most of the time, / I simply paint / what I feel.
정식으로 대부분의 경우 나는 단순히 ~을 그린다 내가 느끼는 것

그림 그리기는 내가 나의 여가 시간에 하기 좋아하는 것이다. 나는 한 번도 정식으로 그림 그리기를 공부하지 않았다. 대부분의 경우, 나는 단순히 내가 느끼는 것을 그린다.

(A) Whether my technique is perfect / is not important / to me.
나의 기법이 완벽한지 아닌지는 중요하지 않다 나에게

What matters most / is the emotion / in my work. **(B) I want / people /**
가장 중요한 것은 감정이다 나의 작품 안의 나는 바란다 사람들이

to understand / how I see the world. That is / why I paint.
이해하기를 내가 세상을 어떻게 보는지 그것이 ~이다 왜 내가 그림을 그리는지

(A) **나의 기법이 완벽한지 아닌지는 나에게 중요하지 않다.** 가장 중요한 것은 나의 작품 안의 감정이다. (B) **나는 사람들이 내가 세상을 어떻게 보는지 이해하기를 바란다.** 그것이 왜 내가 그림을 그리는지이다.

02

A young man / asked / Mozart, / "How can I write / a symphony?" **(A) Mozart /**
한 젊은 남자가 물었다 모차르트에게 어떻게 하면 저는 작곡할 수 있죠 교향곡을 모차르트는

saw / that the man was very young, / so he / advised / him /
보았다 그 남자가 매우 젊은 것을 그래서 그는 조언했다 그에게

to write / simple music / first. (B) The man / wanted to know /
작곡하라고 간단한 음악을 먼저 그 남자는 알고 싶어 했다

why he couldn't start with symphonies. He / pointed out / that Mozart wrote /
왜 그가 교향곡부터 시작할 수 없는지 그는 지적했다 모차르트가 작곡한 것을

his first symphony / when he was / only ten years old. Mozart / replied, /
그의 첫 교향곡을 그가 ~였을 때 겨우 열 살 모차르트는 대답했다

"Yes, / but / I didn't have to ask how."
그래 하지만 나는 어떻게 하는지 물을 필요도 없었지

한 젊은 남자가 모차르트에게 "어떻게 하면 저는 교향곡을 작곡할 수 있죠?"라고 물었다. (A) **모차르트는 그 남자가 매우 젊은 것을 보아서, 그는 그에게 먼저 간단한 음악을 작곡하라고 조언했다.** (B) **그 남자는 왜 그가 교향곡부터 시작할 수 없는지 알고 싶어 했다.** 그는 모차르트가 겨우 열 살이었을 때 그의 첫 교향곡을 작곡한 것을 지적했다. 모차르트는 "그래, 하지만 나는 어떻게 하는지 물을 필요도 없었지."라고 대답했다.

[03~04]

Chameleons / are well known / for their color-changing ability. Most people /
카멜레온은 잘 알려져 있다 그들의 색 바꾸기 능력으로 대부분의 사람들은

think that / they hide / from enemies, / so they / change their colors.
~라고 생각한다 그들이 숨는다 적들로부터 그래서 그들이 그들의 색을 바꾼다

03 (A) However, / what people should note / is / that many things cause /
하지만 사람들이 주목해야 할 것은 ~이다 많은 것이 일으킨다는 것

these changes. Various weather conditions / like light or temperature / can make /
이러한 변화들을 다양한 기후조건들이 빛이나 기온과 같은 만들 수 있다

chameleons / turn / different colors. Another reason / is / communication.
카멜레온을 변하게 다른 색으로 다른 이유는 ~이다 의사소통

A male's bright colors / are useful / for getting a female's attention.
수컷의 밝은색은 유용하다 암컷의 관심을 끄는 데

03 (B) As a sign / of whether she likes him, / the female / changes /
신호로써 그녀가 그를 좋아하는지 아닌지의 암컷은 바꾼다

her colors, / too.
그녀의 색을 ~도

카멜레온은 그들의 색 바꾸기 능력으로 잘 알려져 있다. 대부분의 사람들은 그들이 적들로부터 숨어서, 그들이 그들의 색을 바꾼다고 생각한다. (A) **하지만, 사람들이 주목해야 할 것은 많은 것이 이러한 변화들을 일으킨다는 것이다.** 빛이나 기온과 같은 다양한 기후조건들이 카멜레온을 다른 색으로 변하게 만들 수 있다. 다른 이유는 의사소통이다. 수컷의 밝은색은 암컷의 관심을 끄는 데 유용하다. (B) **그녀가 그를 좋아하는지 아닌지의 신호로써, 암컷도 그녀의 색을 바꾼다.**

04 (A) Chameleons / have / the ability / to turn / various colors.
카멜레온은 / 가지고 있다 / 능력을 / 변하는 / 다양한 색으로

(B) Chameleons / change / their colors / for many different reasons.
카멜레온은 / 바꾼다 / 그들의 색을 / 많은 다른 이유들로

(A) 카멜레온은 다양한 색으로 변하는 능력을 가지고 있다.

(B) 카멜레온은 많은 다른 이유들로 그들의 색을 바꾼다.

Tip!

04-(A) 지문의 '카멜레온은 그들의 색 바꾸기 능력으로 잘 알려져 있다(Chameleons are well known for their color-changing ability)'라는 문구를 통해 카멜레온이 다양한 색으로 변하는 능력을 가지고 있다는 것을 알 수 있다. 따라서 ⓐ가 정답이다.

04-(B) 지문의 '하지만, 사람들이 주목해야 할 것은 많은 것이 이러한 변화들을 일으킨다는 것이다(However, what people should note is that many things cause these changes)'라는 문구를 통해 카멜레온이 많은 다른 이유들로 그들의 색을 바꾼다는 것을 알 수 있다. 따라서 ⓑ가 정답이다.

Chapter 12 명사를 꾸며주는 형용사절 정복하기

Unit 57 사람을 꾸며주는 who ~ 해석하기

p.116

01 The girl / **who Luke met this morning** / was / Erica.
소녀는 / **Luke가 오늘 아침에 만났던** / ~였다 / Erica

Luke가 오늘 아침에 만났던 소녀는 Erica였다.

02 Jacob / bought / flowers / for the woman / **he loves**.
Jacob은 / 샀다 / 꽃을 / 여자를 위해 / **그가 사랑하는**

Jacob은 **그가 사랑하는** 여자를 위해 꽃을 샀다.

03 I / have / a friend / **who works at a newspaper**.
나는 / 있다 / 친구가 / **신문사에서 일하는**

나는 **신문사에서 일하는** 친구가 있다.

04 Cora / did not know / anyone / **who attended the event last night**.
Cora는 / 몰랐다 / 모든 사람을 / **어젯밤 행사에 참석했던**

Cora는 **어젯밤 행사에 참석했던** 모든 사람을 몰랐다.

05 Jasper / is / the guy / **who is laughing out loud over there**.
Jasper는 / ~이다 / 남자 / **저쪽에서 큰 소리로 웃고 있는**

Jasper는 **저쪽에서 큰 소리로 웃고 있는** 남자이다.

06 Scarlet / has / a brother / **who plays guitar in a band**.
Scarlet은 / 있다 / 오빠가 / **밴드에서 기타를 연주하는**

Scarlet은 **밴드에서 기타를 연주하는** 오빠가 있다.

07 The lady / **who stopped Gavin in the street yesterday** / was /
여성은 / **어제 길에서 Gavin을 멈추게 했던** / ~였다 /
his professor.
그의 교수님

어제 길에서 Gavin을 멈추게 했던 여성은 그의 교수님이었다.

08 Kristin / is / the friend / **who is like a family member**.
Kristin은 / ~이다 / 친구 / **가족 구성원과 같은**
I / have known / her / for 12 years.
나는 / 알았다 / 그녀를 / 12년 동안

Kristin은 **가족 구성원과 같은** 친구이다.
나는 그녀를 12년 동안 알았다.

09 Joe / is dating / a girl / **who lives in another country**.
Joe는 / ~와 데이트하고 있다 / 소녀 / **다른 나라에 사는**
He / has to fly / there / to see her.
그는 / 날아가야 한다 / 그곳으로 / 그녀를 보려면

Joe는 **다른 나라에 사는** 소녀와 데이트하고 있다.
그는 그녀를 보려면 그곳으로 날아가야 한다.

10 The chef / **who cooked this meal** / is / very famous.
주방장은 / **이 식사를 요리한** / ~이다 / 아주 유명한
She / is / the woman / **I read about in the newspaper**.
그녀는 / ~이다 / 여성 / **내가 신문에서 읽었던**

이 식사를 요리한 주방장은 아주 유명하다.
그녀는 **내가 신문에서 읽었던** 여성이다.

Unit 58 사물, 동물을 꾸며주는 which ~ 해석하기

p.117

01 The letter / **which Olivia wrote** / was / very long.
편지는 / **Olivia가 쓴** / ~였다 / 매우 긴

Olivia가 쓴 편지는 매우 길었다.

02 Singapore / is / a country / **Parker has visited three times**.
싱가포르는 / ~이다 / 나라 / **Parker가 세 번 방문한 적이 있는**

싱가포르는 **Parker가 세 번 방문한 적이 있는** 나라이다.

03 Are / these / the shoes / **which are on sale**?
~인가요 / 이것들이 / 신발 / **세일 중인**

이것들이 **세일 중인** 신발인가요?

04 Julia / couldn't find / the camera / **which she lost yesterday**.
Julia는 / 찾지 못했다 / 카메라를 / **그녀가 어제 잃어버렸던**

Julia는 **그녀가 어제 잃어버렸던** 카메라를 찾지 못했다.

05 The dish / **which Keira usually orders in this restaurant** /
요리는 / **Keira가 이 식당에서 보통 주문하는** /

is / the beef.
~이다 / 소고기

Keira가 이 식당에서 보통 주문하는 요리는 소고기다.

06 Boxing / is / a sport / **which needs strength and speed**.
권투는 / ~이다 / 운동 / **힘과 속도가 필요한**

권투는 **힘과 속도가 필요한** 운동이다.

07 Every Tuesday, / Josh / has / a history class /
매주 화요일에 / Josh는 / 있다 / 역사 수업이 /

which starts at 9 a.m.
오전 9시에 시작하는

매주 화요일에, Josh는 **오전 9시에 시작하는** 역사 수업이 있다.

08 The TV shows / **my mom watches every night** / are /
TV 프로그램은 / **나의 어머니께서 매일 밤 보는** / ~이다 /

normally / dramas.
보통 / 드라마

나의 어머니께서 매일 밤 보는 TV 프로그램은 보통 드라마이다.

09 That / is / the bag / **which Sarah couldn't buy**.
저것은 / ~이다 / 가방 / **Sarah가 사지 못했던**

It / was / too expensive.
그것은 / ~였다 / 너무 비싼

저것은 **Sarah가 사지 못했던** 가방이다.
그것은 너무 비쌌다.

10 The movie / **I saw with James** / was not / exciting.
영화는 / **내가 James와 함께 봤던** / ~이 아니었다 / 재미있는 /

I / almost / fell asleep.
나는 / 하마터면 / 잠들었다

내가 James와 함께 봤던 영화는 재미있지 않았다.
나는 하마터면 잠들 뻔했다.

Unit 59 사람, 사물, 동물을 꾸며주는 that ~ 해석하기

p.118

01 Zoe / loves / the work / **that she does**.
Zoe는 / 좋아한다 / 일을 / **그녀가 하는**

Zoe는 **그녀가 하는** 일을 좋아한다.

02 The festival / **that was held last month** / was / fun.
축제는 / **지난달에 열린** / ~였다 / 재미있는

지난달에 열린 축제는 재미있었다.

03 This / is / the photograph / **I took in New York**.
이것은 / ~이다 / 사진 / **내가 뉴욕에서 찍은**

이것은 **내가 뉴욕에서 찍은** 사진이다.

04 Daisies / are / flowers / **that need a lot of sunlight**.
데이지는 / ~이다 / 꽃 / **많은 햇빛이 필요한**

데이지는 **많은 햇빛이 필요한** 꽃이다.

05 Tom / was / the person / **that Gina interviewed last week**.
Tom은 / ~였다 / 사람 / **Gina가 지난주에 면접을 본**

Tom은 **Gina가 지난주에 면접을 본** 사람이었다.

06 The architect / **that designed this building** / is / very famous.
건축가는 / **이 건물을 설계한** / ~이다 / 매우 유명한

이 건물을 설계한 건축가는 매우 유명하다.

07 Sammy / caught / a huge fish / **that had yellow stripes**.
Sammy는 / 잡았다 / 거대한 물고기를 / **노란색 줄무늬가 있는**

Sammy는 **노란색 줄무늬가 있는** 거대한 물고기를 잡았다.

08 History / is / an important subject / **that teaches us about the past**.
역사는 / ~이다 / 중요한 과목 / **우리에게 과거에 대해 가르쳐주는**

역사는 **우리에게 과거에 대해 가르쳐주는** 중요한 과목이다.

09 Grace / didn't want / to buy / a ring / **that has a diamond**.
Grace는 / 원하지 않았다 / 사기를 / 반지를 / **다이아몬드가 있는**

She / preferred / simple jewelry.
그녀는 / 선호했다 / 수수한 보석을

Grace는 **다이아몬드가 있는** 반지를 사기를 원하지 않았다. 그녀는 수수한 보석을 선호했다.

10 The medicine / **I took for my cold** / made / me / sleepy, / so /
약이 / **내가 감기 때문에 먹었던** / 만들었다 / 나를 / 졸린 / 그래서 /

it was really hard / to concentrate / during class.
정말로 힘들었다 / 집중하기가 / 수업 시간에

내가 감기 때문에 먹었던 약이 나를 졸리게 만들어서, 수업 시간에 집중하기가 정말로 힘들었다.

Unit 60 소유의 의미를 나타내는 whose ~ 해석하기

p.119

01 The person / **whose desk is always dirty** / is / Christina.
사람은 / **책상이 항상 더러운** / ~이다 / Christina

책상이 항상 더러운 사람은 Christina이다.

02 The family / **whose house is next to the library** / is / really kind.
그 가족은 / **집이 도서관 옆에 있는** / ~이다 / 매우 친절한

집이 도서관 옆에 있는 그 가족은 매우 친절하다.

03 Beth / has / a bag / **whose zipper is not working**.
Beth는 / 가지고 있다 / 가방을 / **지퍼가 작동하지 않는**

Beth는 **지퍼가 작동하지 않는** 가방을 가지고 있다.

04 This / is / an organization / **whose members meet once a month**.
이곳은 / ~이다 / 단체 / **회원들이 한 달에 한 번 만나는**

이곳은 **회원들이 한 달에 한 번 만나는** 단체이다.

05 Charlie, / **whose dad is a police officer**, / is / my friend.
Charlie는 / **아빠가 경찰관인** / ~이다 / 내 친구

아빠가 경찰관인 Charlie는 내 친구이다.

06 The man / **whose leg was broken during the last match** /
남자는 / **지난 경기 중에 다리가 부러졌던** /

is / Mike.
~이다 / Mike

지난 경기 중에 다리가 부러졌던 남자는 Mike이다.

07 Andrea / works / in an office /
Andrea는 / 근무한다 / 사무실에서 /

whose dress code is business casual.
복장 규정이 캐주얼 업무 복장인

Andrea는 **복장 규정이 캐주얼 업무 복장인** 사무실에서 근무한다.

08 Paige / recommended / a cleaning company /
Paige는 / 추천했다 / 청소 회사를 /

whose services are excellent.
서비스가 훌륭한

Paige는 **서비스가 훌륭한** 청소 회사를 추천했다.

09 I / heard that / Macao / is / a city / **whose night view is beautiful**.
나는 / ~라고 들었다 / 마카오가 / ~이다 / 도시 / **야경이 아름다운**

나는 마카오가 **야경이 아름다운** 도시라고 들었다.

10 Bob / was / the speaker / **whose story was very touching**.
Bob은 / ~였다 / 발표자 / **이야기가 매우 감동적이었던**

Some people / cried / after his speech.
어떤 사람들은 / 울었다 / 그의 연설 후에

Bob은 **이야기가 매우 감동적이었던** 발표자였다.
어떤 사람들은 그의 연설 후에 울었다.

Unit 61 콤마와 함께 쓰인 which / who 해석하기

p.120

01 Jessica / received / the package / **, which she ordered online**.
Jessica는 / 받았다 / 소포를 / **그런데 그녀는 그것을 온라인으로 주문했다**

Jessica는 소포를 받았**는데, 그녀는 그것을 온라인으로 주문했다.**

02 Jenny / made / cupcakes / **, which her children loved**.
Jenny는 / 만들었다 / 컵케이크를 / **그런데 그녀의 아이들은 그것을 좋아했다**

Jenny는 컵케이크를 만들었**는데, 그녀의 아이들은 그것을 좋아했다.**

03 Noah / misses / his grandfather / **, who passed away last year**.
Noah는 / 그리워한다 / 그의 할아버지를 / **그런데 그는 작년에 돌아가셨다**

Noah는 그의 할아버지를 그리워하**는데, 그는 작년에 돌아가셨다.**

04 People / looked at / the woman /
사람들은 / 보았다 / 여자를 /

who was complaining to the waiter.
종업원에게 불평하고 있던

사람들은 **종업원에게 불평하고 있던** 여자를 보았다.

05 The movie / **which won several awards** / was /
그 영화는 / **여러 상을 받았던** / ~였다 /

about Freddie Mercury.
프레디 머큐리에 관한

여러 상을 받았던 그 영화는 프레디 머큐리에 관한 것이었다.

06 The sneakers / **which I really wanted to buy** / are / sold out.
그 운동화는 / **내가 정말 사고 싶어 했던** / ~이다 / 품절의

내가 정말 사고 싶어 했던 그 운동화는 품절이다.

07 During summer vacation, / I / visited / my cousin /
여름 방학 동안 / 나는 / 방문했다 / 나의 사촌을 /

, who lives in France.
그런데 그는 프랑스에 산다

여름 방학 동안, 나는 나의 사촌을 방문했**는데, 그는 프랑스에 산다.**

08 Nathan / helped / me / move / the sofa /
Nathan은 / 도와줬다 / 내가 / 옮기는 것을 / 소파를 /

, which I bought yesterday.
그런데 나는 그것을 어제 구매했다

Nathan은 내가 소파를 옮기는 것을 도와줬**는데, 나는 그것을 어제 구매했다.**

09 Amber's father / didn't like / his portrait /
Amber의 아버지는 / 좋아하지 않았다 / 그의 초상화를 /

, which she had painted in an art class.
그런데 그녀는 그것을 미술 수업에서 그렸었다

Amber의 아버지는 그의 초상화를 좋아하지 않았**는데, 그녀는 그것을 미술 수업에서 그렸었다.**

10 David / can't speak / any Korean, / so / he / needs / someone /
David는 / 할 수 없다 / 어떠한 한국어도 / 그래서 / 그는 / 필요하다 / 누군가가 /

who can speak English.
영어를 할 수 있는

David는 어떠한 한국어도 할 수 없어서, 그는 **영어를 할 수 있는** 누군가가 필요하다.

Unit 62 장소 / 시간 / 이유를 꾸며주는 where / when / why 해석하기

p.121

01 The country / **where Adam lives** / is / England.
나라는 / **Adam이 사는** / ~이다 / 영국

Adam이 사는 나라는 영국이다.

02 The time / **when the kids go to school** / is / 9 a.m.
시간은 / **아이들이 학교에 가는** / ~이다 / 오전 9시

아이들이 학교에 가는 시간은 오전 9시이다.

03 Next Friday / is / the day / **when we will move to our new house.**
다음 주 금요일은 / ~이다 / 날 / **우리가 우리의 새집으로 이사하는**

다음 주 금요일은 **우리가 우리의 새집으로 이사하는** 날이다.

04 Jen / couldn't remember / the exact spot /
Jen은 / 기억할 수 없었다 / 정확한 장소를 /

where she left her wallet.
그녀가 지갑을 둔

Jen은 **그녀가 지갑을 둔** 정확한 장소를 기억할 수 없었다.

05 Thomas / didn't tell / me / the reason /
Thomas는 / 말하지 않았다 / 내게 / 이유를 /

why he couldn't come to the party.
그가 파티에 올 수 없었던

Thomas는 내게 **그가 파티에 올 수 없었던** 이유를 말하지 않았다.

06 Shanghai / is / the city /
상하이는 / ~이다 / 도시 /

where the music festival will be held next year.
내년에 음악 축제가 열릴

상하이는 **내년에 음악 축제가 열릴** 도시이다.

07 Diana / realized / a virus / was / the reason /
Diana는 / 깨달았다 / 바이러스가 / ~였다 / 이유 /

why her computer stopped.
그녀의 컴퓨터가 멈췄던

Diana는 바이러스가 **그녀의 컴퓨터가 멈췄던** 이유였다는 것을 깨달았다.

08 The days / **when Jordan has art class** / are /
날은 / **Jordan이 미술 수업이 있는** / ~이다 /

Monday and Thursday.
월요일과 목요일

Jordan이 미술 수업이 있는 날은 월요일과 목요일이다.

09 The restaurant / **where I had dinner** / was / cheap, /
식당은 / **내가 저녁을 먹었던** / ~였다 / 저렴한 /

but / the food / was / so delicious.
하지만 / 음식은 / ~였다 / 정말 맛있는

내가 저녁을 먹었던 식당은 저렴했지만, 음식은 정말 맛있었다.

10 A lot of guests / weren't on time.
많은 손님들이 / 제시간에 오지 않았다

The traffic jam / was / the reason / **why they were late**.
교통체증이 / ~였다 / 이유 / **그들이 늦었던**

많은 손님들이 제시간에 오지 않았다.
교통체증이 **그들이 늦었던** 이유였다.

HACKERS TEST

p.122

정답

01 (A) 그 회사는 전공이 광고인 사람을 원한다.
(B) 또한, 그 사람은 약간의 근무 경력을 가진 사람이어야 한다.

02 (A) 포스트잇은 당신이 어디든지 붙일 수 있는 작은 종잇조각이다.
(B) 그래서 그는 약한 풀을 사용했는데, 그것은 그것들을 계속 그 페이지에 있게 했다.

03 (A) 유일한 문제는 Max였는데, 그는 Betty를 가끔 괴롭혔다.
(B) Max가 처벌받지 않은 이유는 그가 고양이였고 Betty는 물고기였기 때문이었다.

04 (A) - ⓐ / (B) - ⓒ

구문해석 / 해석

01

I had / my first job interview / today. **(A) The company / wants / a person /**
나는 보았다 나의 첫 취직 면접을 오늘 그 회사는 원한다 사람을

whose major was advertising. (B) Also, / the person / must be somebody /
전공이 광고인 또한 그 사람은 사람이어야 한다

that has some work experience. I / majored in / advertising /
약간의 근무 경력을 가진 나는 ~를 전공했다 광고

at a famous business school. I worked / as an intern / for six months /
유명한 경영대학원에서 나는 일했다 인턴으로 6개월 동안

at a marketing company as well. So, I / think that / I am perfect for / the job.
마케팅 회사에서도 그래서 나는 ~라고 생각한다 내가 ~에 안성맞춤인 이 일

I hope / that they choose me!
나는 바란다 그들이 나를 선택하기를

나는 오늘 나의 첫 취직 면접을 보았다. **(A) 그 회사는 전공이 광고인 사람을 원한다. (B) 또한, 그 사람은 약간의 근무 경력을 가진 사람이어야 한다.** 나는 유명한 경영대학원에서 광고를 전공했다. 나는 마케팅 회사에서도 6개월 동안 인턴으로 일했다. 그래서, 나는 내가 이 일에 안성맞춤이라고 생각한다. 나는 그들이 나를 선택하기를 바란다!

02

(A) A Post-it / is / a small piece of paper / which you can stick anywhere. 포스트잇은 ~이다 작은 종잇조각 당신이 어디든지 붙일 수 있는 Arthur Fry / was / the man / who invented it. He / went / to church / every weekend / Arthur Fry는 ~였다 사람 그것을 발명한 그는 갔다 교회에 주말마다 and sang in the choir. One day, / he / tried to / mark pages / in his song book / 그리고 성가대에서 노래했다 어느 날 그는 ~하려고 했다 페이지를 표시하다 그의 찬송가집에 with pieces of paper. But / these bookmarks / always / fell out. **(B) So he / used /** 종잇조각들로 하지만 이 서표는 항상 떨어졌다 그래서 그는 사용했다 **a weak glue / , which kept them on the pages.** That / is / 약한 풀을 그런데 그것은 그것들을 계속 그 페이지에 있게 했다 그것이 ~이다 how he first got the idea / for sticky paper. 그가 아이디어를 처음으로 얻게 된 방법 달라붙는 종이에 대한	(A) 포스트잇은 당신이 어디든지 붙일 수 있는 **작은 종잇조각이다.** Arthur Fry는 그것을 발명한 사람이었다. 그는 주말마다 교회에 갔고 성가대에서 노래했다. 어느 날, 그는 그의 찬송가집에 종잇조각들로 페이지를 표시하려고 했다. 하지만 이 서표는 항상 떨어졌다. **(B) 그래서 그는 약한 풀을 사용했는데, 그것은 그것들을 계속 그 페이지에 있게 했다.** 그것이 그가 달라붙는 종이에 대한 아이디어를 처음으로 얻게 된 방법이다.

[03~04]

James and Sue / were married, / and they / lived happily / with Max and Betty. James와 Sue는 결혼했다 그리고 그들은 행복하게 살았다 Max와 Betty와 함께 **03 (A) The only problem / was / Max / , who sometimes bothered Betty.** 유일한 문제는 ~였다 Max 그런데 그는 Betty를 가끔 괴롭혔다 One evening, / James and Sue / decided / to go out for dinner. After their meal, / 어느 날 저녁 James와 Sue는 ~하기로 했다 나가서 저녁을 먹기로 그들의 식사 후에 the couple / came home / and found / Betty / on the floor. She / was dead. 부부는 집으로 돌아왔다 그리고 발견했다 Betty를 바닥에서 그녀는 죽어 있었다 They / knew / that Max had killed her. However, / they did not call / the police. 그들은 알았다 Max가 그녀를 죽였다는 것을 하지만 그들은 부르지 않았다 경찰을 **03 (B) The reason / why Max was not punished / was / that he was a cat /** 이유는 Max가 처벌받지 않은 ~였다 그가 고양이였다 **and Betty was a fish.** 그리고 Betty는 물고기였다	James와 Sue는 결혼했고, 그들은 Max와 Betty와 함께 행복하게 살았다. **(A) 유일한 문제는 Max였는데, 그는 Betty를 가끔 괴롭혔다.** 어느 날 저녁, James와 Sue는 나가서 저녁을 먹기로 했다. 그들의 식사 후에, 부부는 집으로 돌아왔고 바닥에서 Betty를 발견했다. 그녀는 죽어 있었다. 그들은 Max가 그녀를 죽였다는 것을 알았다. 하지만, 그들은 경찰을 부르지 않았다. **(B) Max가 처벌받지 않은 이유는 그가 고양이였고 Betty는 물고기였기 때문이었다.**
04 (A) James and Sue / had / a cat / whose name is Max. James와 Sue는 / 가지고 있었다 / 고양이를 / 이름이 Max인	(A) James와 Sue는 이름이 Max인 고양이를 가지고 있었다.
(B) Max / was / the cat / that teased the fish / whose name was Betty. Max는 / ~였다 / 고양이 / 물고기를 괴롭힌 / 이름이 Betty였던	(B) Max는 이름이 Betty였던 물고기를 괴롭힌 고양이였다.

Tip!

04-(A) 지문의 'Max가 처벌받지 않은 이유는 그가 고양이였고 Betty는 물고기였기 때문이었다(The reason why Max was not punished was that he was a cat and Betty was a fish)'라는 문구를 통해 James와 Sue가 이름이 Max인 고양이를 가지고 있었다는 것을 알 수 있다. 따라서 ⓐ가 정답이다.

04-(B) 지문의 '유일한 문제는 Max였는데, 그는 Betty를 가끔 괴롭혔다(The only problem was Max, who sometimes bothered Betty)'라는 문구를 통해 Max는 이름이 Betty였던 물고기를 괴롭힌 고양이였다는 것을 알 수 있다. 따라서 ⓒ가 정답이다.

Chapter 13 부가적인 정보를 나타내는 부사절 정복하기

Unit 63 시간 부사절 when / while / before / after 해석하기

p.126

01 **Before Derek left his house**, / he / locked / the door.
Derek은 그의 집을 떠나기 전에 / 그는 / 잠갔다 / 문을
Derek은 그의 집을 떠나기 전에, 문을 잠갔다.

02 Tony / didn't listen to / music / **while he was studying Chinese**.
Tony는 / 듣지 않았다 / 음악을 / 그가 중국어를 공부하고 있던 동안
Tony는 **그가 중국어를 공부하고 있던 동안** 음악을 듣지 않았다.

03 Will / you / buy / a car / **after you save more money**?
~할 거니 / 너는 / 사다 / 자동차를 / 네가 돈을 더 모은 후에
너는 **네가 돈을 더 모은 후에** 자동차를 살 거니?

04 Claire / didn't visit / me / **when I was sick**.
Claire는 / 방문하지 않았다 / 나를 / 내가 아팠을 때
Claire는 **내가 아팠을 때** 나를 방문하지 않았다.

05 All drivers / must pay / a fee / **when they use the parking lot**.
모든 운전자들은 / 지불해야 한다 / 요금을 / 그들이 주차장을 이용할 때
모든 운전자들은 **그들이 주차장을 이용할 때** 요금을 지불해야 한다.

06 **Before you eat**, / you / should wash / your hands.
네가 식사하기 전에 / 너는 / 씻는 것이 좋겠다 / 너의 손을
네가 식사하기 전에, 너는 손을 씻는 것이 좋겠다.

07 Jim / sings / his favorite songs / **while he takes showers**.
Jim은 / 부른다 / 그가 가장 좋아하는 노래를 / 그가 샤워하는 동안
Jim은 **그가 샤워하는 동안** 가장 좋아하는 노래를 부른다.

08 We / heard that / the thief / escaped / **before the police arrived**.
우리는 / ~라고 들었다 / 그 도둑이 / 달아났다 / 경찰이 도착하기 전에
우리는 **경찰이 도착하기 전에** 그 도둑이 달아났다고 들었다.

09 Albert / is / a good friend.
Albert는 / ~이다 / 좋은 친구
After Mandy lost her job, / he / helped / her / find / a new job.
Mandy가 일자리를 잃은 후에 / 그는 / 도와줬다 / 그녀가 / 찾는 것을 / 새로운 일자리를
Albert는 좋은 친구이다.
Mandy가 일자리를 잃은 후에, 그는 그녀가 새로운 일자리를 찾는 것을 도와줬다.

10 Martin / has / a great sense of humor.
Martin은 / 가지고 있다 / 뛰어난 유머 감각을
When he tells a funny story, / everybody / laughs.
그가 재미있는 이야기를 할 때 / 모두가 / 웃는다
Martin은 뛰어난 유머 감각을 가지고 있다.
그가 재미있는 이야기를 할 때, 모두가 웃는다.

Unit 64 시간 부사절 as / until / since 해석하기

p.127

01 **Since Ted hurt his knee**, / he / hasn't played / soccer.
Ted는 그의 무릎을 다친 이후로 / 그는 / 하지 않았다 / 축구를
Ted는 그의 무릎을 다친 이후로, 축구를 하지 않았다.

02 Levi / will lead / the team / **until the boss returns**.
Levi가 / 이끌 것이다 / 그 팀을 / 상관이 돌아올 때까지
상관이 돌아올 때까지 Levi가 그 팀을 이끌 것이다.

03 Lily / had / coffee and cake / **as she studied at the café**.
Lily는 / 먹었다 / 커피와 케이크를 / 그녀가 카페에서 공부하는 동안
Lily는 **그녀가 카페에서 공부하는 동안** 커피와 케이크를 먹었다.

04 Do not cross / the street / **until the light turns green.**
건너지 마라 / 길을 / **교통 신호가 초록색으로 바뀔 때까지**

교통 신호가 초록색으로 바뀔 때까지 길을 건너지 마라.

05 **As the sky became dark,** / the hikers on the mountain /
하늘이 어두워짐에 따라 / 산에 있던 등산객들은 /

became worried.
걱정되었다

하늘이 어두워짐에 따라, 산에 있던 등산객들은 걱정되었다.

06 **Since Irene moved to New York,** / I / haven't seen / her.
Irene이 뉴욕으로 이사한 이후로 / 나는 / 본 적이 없다 / 그녀를

Irene이 뉴욕으로 이사한 이후로, 나는 그녀를 본 적이 없다.

07 Some of the audience members / didn't stay /
관객 중 일부는 / 남아있지 않았다 /

until the show was over.
그 쇼가 끝날 때까지

관객 중 일부는 **그 쇼가 끝날 때까지** 남아있지 않았다.

08 **As I was watching my favorite TV show,** / the electricity /
내가 가장 좋아하는 텔레비전 프로그램을 보고 있었을 때 / 전기가 /

went out.
나갔다

내가 가장 좋아하는 텔레비전 프로그램을 보고 있었을 때, 전기가 나갔다.

09 Benny / noticed that / many people / have visited / the park /
Benny는 / ~라는 것을 알아차렸다 / 많은 사람들이 / 방문한다 / 공원을 /

since the weather became warm.
날씨가 따뜻해짐에 따라

Benny는 **날씨가 따뜻해짐에 따라** 많은 사람들이 공원을 방문하는 것을 알아차렸다.

10 I / think that / Jane / has lost weight /
나는 / ~라고 생각한다 / Jane이 / 살이 빠졌다 /

since she joined the health club.
그녀가 헬스클럽에 가입한 이후로

She / must have exercised / really hard.
그녀는 / 분명히 운동했을 것이다 / 아주 열심히

나는 Jane이 **헬스클럽에 가입한 이후로** 살이 빠졌다고 생각한다. 그녀는 분명히 아주 열심히 운동했을 것이다.

Unit 65 이유 부사절 because / as / since 해석하기

p.128

01 Becky / closed / the window / **because it was noisy outside.**
Becky는 / 닫았다 / 창문을 / **밖이 시끄러웠기 때문에**

밖이 시끄러웠기 때문에 Becky는 창문을 닫았다.

02 **As the sofa was on sale,** / Mark / decided / to buy / it.
소파가 세일 중이었기 때문에 / Mark는 / 결정했다 / 사기로 / 그것을

소파가 세일 중이었기 때문에, Mark는 그것을 사기로 결정했다.

03 **Since Jill's birthday party is tomorrow,** / we / bought /
Jill의 생일 파티가 내일이기 때문에 / 우리는 / 샀다 /

a gift for her.
그녀를 위한 선물을

Jill의 생일 파티가 내일이기 때문에, 우리는 그녀를 위한 선물을 샀다.

04 **As I don't have any eggs,** / I / can't make / pancakes.
달걀을 하나도 갖고 있지 않기 때문에 / 나는 / 만들 수 없다 / 팬케이크를

달걀을 하나도 갖고 있지 않기 때문에, 나는 팬케이크를 만들 수 없다.

05 Ian / came / to my house / **because he wanted to talk to me**.
Ian은 / 왔다 / 나의 집에 / **그가 나에게 이야기하고 싶어 했기 때문에**

나에게 이야기하고 싶어 했기 때문에 Ian은 나의 집에 왔다.

06 The meeting / will be canceled / **since the manager is sick**.
회의는 / 취소될 것이다 / **관리자가 아프기 때문에**

관리자가 아프기 때문에 회의는 취소될 것이다.

07 **Since this computer needs repairs**, / you / must use /
이 컴퓨터는 수리가 필요하기 때문에 / 너는 / 사용해야 한다 /
a different computer.
다른 컴퓨터를

이 컴퓨터는 수리가 필요하기 때문에, 너는 다른 컴퓨터를 사용해야 한다.

08 I / know that / Tim / will make / a good choice /
나는 / ~라는 것을 알고 있다 / Tim이 / 할 것이다 / 좋은 선택을 /
because he is a smart person.
그가 똑똑한 사람이기 때문에

나는 Tim이 **똑똑한 사람이기 때문에** 좋은 선택을 할 것이라는 것을 알고 있다.

09 Beyoncé / released / a new album / last week.
Beyoncé는 / 발매했다 / 새로운 앨범을 / 지난주에
As I enjoy her music, / I / listened to / her songs / online.
나는 그녀의 음악을 즐기기 때문에 / 나는 / 들었다 / 그녀의 노래를 / 온라인으로

Beyoncé는 지난주에 새로운 앨범을 발매했다.
나는 그녀의 음악을 즐기기 때문에, 그녀의 노래를 온라인으로 들었다.

10 We / got lost.
우리는 / 길을 잃었다
Because our smartphones didn't work, / we / had to ask /
우리의 스마트폰이 작동하지 않았기 때문에 / 우리는 / 물어봐야 했다 /
somebody / for directions.
누군가에게 / 방향을

우리는 길을 잃었다.
우리의 스마트폰이 작동하지 않았기 때문에, 우리는 누군가에게 방향을 물어봐야 했다.

Unit 66 양보 부사절 although / though / even though 해석하기

p.129

01 **Though William is rich**, / he / doesn't spend / much money.
William은 부자임에도 불구하고 / 그는 / 쓰지 않는다 / 많은 돈을

William은 부자임에도 불구하고, 많은 돈을 쓰지 않는다.

02 Chloe / had to / give a speech / **even though she didn't want to**.
Chloe는 / ~ 해야 했다 / 연설을 하다 / **그녀가 하기 싫었음에도 불구하고**

하기 싫었음에도 불구하고 Chloe는 연설을 해야 했다.

03 **Although the weather was not nice**, / Ava / went out.
날씨가 좋지 않았음에도 불구하고 / Ava는 / 밖에 나갔다

날씨가 좋지 않았음에도 불구하고, Ava는 밖에 나갔다.

04 Paul / got / a perfect score, / **though the test was difficult**.
Paul은 / 받았다 / 만점을 / **시험이 어려웠지만**

시험이 어려웠지만, Paul은 만점을 받았다.

05 **Even though Audrey was tired**, / she / didn't miss /
Audrey는 피곤했음에도 불구하고 / 그녀는 / 빼먹지 않았다 /
her yoga class.
그녀의 요가 수업을

Audrey는 피곤했음에도 불구하고, 그녀의 요가 수업을 빼먹지 않았다.

06 **Though Violet lives in England**, / she / has never been /
Violet은 영국에 살지만 / 그녀는 / 가본 적이 없다 /

to London.
런던에

Violet은 **영국에 살지만**, 런던에 가본 적이 없다.

07 Mary / is going to / a party / tomorrow.
Mary는 / 갈 것이다 / 파티에 / 내일

She / has decided / to wear / a dress /
그녀는 / 결정했다 / 입기로 / 원피스를 /

even though she prefers jeans.
그녀는 청바지를 더 좋아하지만

Mary는 내일 파티에 갈 것이다.
그녀는 청바지를 더 좋아하지만 원피스를 입기로 결정했다.

08 Jessica / loves / her grandfather.
Jessica는 / 좋아한다 / 그녀의 할아버지를

Although she is busy, / she / goes to see / him / every weekend.
그녀는 바쁨에도 불구하고 / 그녀는 / 보러 간다 / 그를 / 주말마다

Jessica는 그녀의 할아버지를 좋아한다.
그녀는 바쁨에도 불구하고, 주말마다 그를 보러 간다.

09 The city / started to plan / for a new subway line /
시는 / 계획을 세우기 시작했다 / 새 지하철 노선에 대한 /

even though it didn't have enough money for the project.
프로젝트를 위한 충분한 자금을 가지고 있지 않음에도 불구하고

프로젝트를 위한 충분한 자금을 가지고 있지 않음에도 불구하고 시는 새 지하철 노선에 대한 계획을 세우기 시작했다.

10 David / will visit / New York / next month.
David는 / 방문할 것이다 / 뉴욕을 / 다음 달에

Although he can stay at his friend's house, / he / has booked /
그가 친구의 집에 머물 수 있음에도 불구하고 / 그는 / 예약했다 /

a hotel room.
호텔 방을

David는 다음 달에 뉴욕을 방문할 것이다.
그가 친구의 집에 머물 수 있음에도 불구하고, 그는 호텔 방을 예약했다.

HACKERS TEST

p.130

정답

01 (A) 토머스 에디슨이 백열전구를 발명한 이래로 세상은 크게 변했다.
(B) 이것은 위험했는데, 그것들이 가끔 화재의 원인이 되었기 때문이다.

02 (A) 학교가 시작하기 전에, 나는 그에게 전화했다.
(B) 나는 Billy가 웃으며 그가 농담한 것이라고 나에게 말하기 전까지 아무것도 말하지 않았다.

03 (A) 그 나무는 그것이 다른 나무들과 달랐기 때문에 우울했다.
(B) 비록 그것은 다른 나무들처럼 아름답지는 않았지만, 그 차이가 그것의 목숨을 구했다.

04 (A) - ⓓ / (B) - ⓑ

구문해석 / 해석

01

(A) The world / has changed a lot / since / Thomas Edison / invented /
세상은 크게 변했다 ~이래로 토머스 에디슨이 발명했다

the light bulb. Before that, / people used / candles and oil lamps / at night.
백열전구를 그전에는 사람들은 사용했다 양초와 석유램프를 밤에

(B) This was dangerous, / since they / sometimes / caused fires.
이것은 위험했다 그것들이 ~ 때문이다 가끔 화재의 원인이 되었다

So, Edison's invention / made people / feel safe. Also, light bulbs / affected /
그래서 에디슨의 발명은 사람들을 ~하게 했다 안전하게 느끼도록 또한 백열전구는 영향을 미쳤다

people's daily patterns. People could / stay up late / and do the things /
사람들의 일상 패턴에 사람들은 ~할 수 있었다 늦은 시간까지 깨어있다 그리고 일들을 한다

they usually did / in the daytime. That is how / Edison's bright idea /
그들이 주로 했던 낮에 그것이 바로 ~한 방식이다 에디슨의 빛나는 아이디어가

changed people's lives.
사람들의 삶을 바꿨다

(A) 토머스 에디슨이 백열전구를 발명한 이래로 세상은 크게 변했다. 그전에는, 사람들은 밤에 양초와 석유램프를 사용했다. (B) 이것은 위험했는데, 그것들이 가끔 화재의 원인이 되었기 때문이다. 그래서, 에디슨의 발명은 사람들을 안전하게 느끼도록 했다. 또한, 백열전구는 사람들의 일상 패턴에 영향을 미쳤다. 사람들은 늦은 시간까지 깨어있고 그들이 주로 낮에 했던 일들을 할 수 있었다. 그것이 바로 에디슨의 빛나는 아이디어가 사람들의 삶을 바꾼 방식이다.

02

April Fools' Day / is / one of my favorite days. On this day, / we are allowed /
만우절은 ~이다 내가 가장 좋아하는 날 중 하나 이날에 우리는 허용된다

to lie / to people / just for fun. Last year, / I tried / to fool / my best friend Billy.
거짓말하는 것이 사람들에게 단지 재미로 작년에 나는 시도했다 속이려고 나의 가장 친한 친구인 Billy를

(A) Before school started, / I called / him. I told / him / that class was canceled.
학교가 시작하기 전에 나는 전화했다 그에게 나는 말했다 그에게 수업이 취소되었다고

Billy said, / "I know. / The school / burned down / last night." I / was shocked!
Billy는 말했다 알아 학교가 불에 탔잖아 어젯밤에 나는 충격을 받았다

(B) I didn't say / anything / until / Billy laughed / and told me /
나는 말하지 않았다 아무것도 ~하기 전까지 Billy가 웃었다 그리고 나에게 말했다

that he was joking. In the end, / I was / the April fool!
그가 농담한 것이라고 결국 내가 ~였다 만우절에 속은 사람

만우절은 내가 가장 좋아하는 날 중 하나이다. 이날에, 우리는 단지 재미로 사람들에게 거짓말하는 것이 허용된다. 작년에, 나는 나의 가장 친한 친구인 Billy를 속이려고 시도했다. (A) 학교가 시작하기 전에, 나는 그에게 전화했다. 나는 그에게 수업이 취소되었다고 말했다. Billy는 "알아. 어젯밤에 학교가 불에 탔잖아."라고 말했다. 나는 충격을 받았다! (B) 나는 Billy가 웃으며 그가 농담한 것이라고 나에게 말하기 전까지 아무것도 말하지 않았다. 결국, 내가 만우절에 속은 사람이었다!

[03~04]

Long ago, / a tree / whose trunk was twisted / lived / in a forest. The other trees /
오래전에 나무가 몸통이 뒤틀린 살았다 숲속에 다른 나무들은

were straight / and tall. 03 (A) The tree / felt bad / because it was different /
곧았다 그리고 키가 크다 그 나무는 우울했다 그것이 달랐기 때문에

from the others. One day, / two woodcutters / came / into the forest.
다른 나무들과 어느 날 두 나무꾼이 왔다 숲속으로

"We can make / nice furniture / from these trees," / one of them / said.
우리는 만들 수 있어 멋진 가구를 이 나무들로 그들 중 한 명이 말했다

"Except for / that one," / his friend / answered. He / was pointing /
~은 제외하고 말이야 저것 그의 친구가 대답했다 그는 가리키고 있었다

at the twisted tree. Suddenly, / the tree / was thankful for / its special shape.
뒤틀린 나무를 갑자기 그 나무는 감사하게 되었다 그것의 특별한 모양에

오래전에, 몸통이 뒤틀린 나무가 숲속에 살았다. 다른 나무들은 곧고 키가 컸다. (A) 그 나무는 그것이 다른 나무들과 달랐기 때문에 우울했다. 어느 날, 두 나무꾼이 숲속으로 왔다. "우리는 이 나무들로 멋진 가구를 만들 수 있어"라고 그들 중 한 명이 말했다. "저것은 제외하고 말이야"라고 그의 친구가 대답했다. 그는 뒤틀린 나무를 가리키고 있었다. 갑자기, 그 나무는 그것의 특별한 모양에 감사하게 되었다. (B) 비록 그것은 다른 나무들처럼 아름답지는 않았지만, 그 차이가 그것의 목숨을 구했다.

03 (B) **Though / it was not beautiful / like the other trees, / the difference /**
비록 그것은 아름답지 않았지만 다른 나무들처럼 그 차이가

saved / its life.
구했다 그것의 목숨을

04 (A) The woodcutters / were looking for / trees / that could be used /
나무꾼들은 / 찾고 있었다 / 나무들을 / 사용될 수 있는

for making things.
물건을 만드는 데

(A) 나무꾼들은 물건을 만드는 데 사용될 수 있는 나무들을 찾고 있었다.

(B) Its twisted trunk / saved / the tree / from becoming furniture.
그것의 뒤틀린 몸통은 / 구했다 / 그 나무가 / 가구가 되는 것으로부터

(B) 그것의 뒤틀린 몸통은 그 나무가 가구가 되는 것으로부터 구했다.

Tip!

04-(A) 지문의 '어느 날, 두 나무꾼이 숲속으로 왔다. "우리는 이 나무들로 멋진 가구를 만들 수 있어"라고 그들 중 한 명이 말했다(One day, two woodcutters came into the forest. "We can make nice furniture from these trees," one of them said)'라는 문구를 통해 나무꾼들이 물건을 만드는 데 사용될 수 있는 나무들을 찾고 있었다는 것을 알 수 있다. 따라서 ⓓ가 정답이다.

04-(B) 지문의 '비록 그것은 다른 나무들처럼 아름답지는 않았지만, 그 차이가 그것의 목숨을 구했다(Though it was not beautiful like the other trees, the difference saved its life)'라는 문구를 통해 그것의 뒤틀린 몸통이 그 나무가 가구가 되는 것으로부터 구했다는 것을 알 수 있다. 따라서 ⓑ가 정답이다.

Chapter 14 If와 가정법 정복하기

Unit 67 조건을 나타내는 If + 주어 + 현재 시제 해석하기

p.134

01 **If you try** / hard, / you / will be / successful.
만약 네가 노력한다면 / 열심히 / 너는 / ~일 것이다 / 성공한

만약 네가 열심히 **노력한다면**, 너는 성공할 것이다.

02 I / can lend / Jim / this book / **if he wants** / to read / it.
나는 / 빌려줄 수 있다 / Jim에게 / 이 책을 / 만약 그가 원한다면 / 읽기를 / 이것을

만약 그가 이것을 읽기를 **원한다면** 나는 Jim에게 이 책을 빌려줄 수 있다.

03 **If we bake** / it / too long, / the cake / will burn.
만약 우리가 굽는다면 / 그것을 / 너무 오래 / 그 케이크는 / 탈 것이다

만약 우리가 그것을 너무 오래 **굽는다면**, 그 케이크는 탈 것이다.

04 The mirror / might break / **if you drop** / it / on the ground.
거울은 / 깨질지도 모른다 / 만약 네가 떨어뜨린다면 / 그것을 / 바닥에

만약 네가 그것을 바닥에 **떨어뜨린다면** 거울은 깨질지도 모른다.

05 **If you mix** / yellow and blue, / you / will get / green.
만약 네가 섞는다면 / 노란색과 파란색을 / 너는 / 얻을 것이다 / 초록색을

만약 네가 노란색과 파란색을 **섞는다면**, 너는 초록색을 얻을 것이다.

06 Be careful.
조심해라

If the wine spills, / it / will make / a mark / on the carpet.
만약 와인이 쏟아진다면 / 그것은 / 만들 것이다 / 자국을 / 카펫 위에

조심해라.
만약 와인이 쏟아진다면, 그것은 카펫 위에 자국을 만들 것이다.

07 **If passengers don't bring** / their passports, / they / can't board / their flights.
만약 승객들이 가져오지 않는다면 / 그들의 여권을 / 그들은 / 탑승할 수 없을 것이다 / 그들의 비행기에

만약 승객들이 그들의 여권을 **가져오지 않는다면**, 그들은 그들의 비행기에 탑승할 수 없을 것이다.

08 **If the traffic is** / not bad, / it will be / a 10 minute drive.
만약 교통 상황이 ~라면 / 나쁘지 않은 / 그것은 ~일 것이다 / 차로 10분 걸리는 거리

만약 교통 상황이 나쁘지 않**다면**, 그것은 차로 10분 걸리는 거리일 것이다.

09 Victoria / woke up / late.
Victoria는 / 일어났다 / 늦게

But / **if she leaves** / soon, / she / might catch / the bus.
하지만 / 만약 그녀가 출발한다면 / 곧 / 그녀는 / 탈 수 있을지도 모른다 / 그 버스를

Victoria는 늦게 일어났다.
하지만 **만약 그녀가** 곧 **출발한다면**, 그 버스를 탈 수 있을지도 모른다.

10 **If we talk** / about the problem / together, / we / can find / a solution / quickly.
만약 우리가 이야기한다면 / 그 문제에 대해 / 함께 / 우리는 / 찾을 수 있을 것이다 / 해결책을 / 빨리

만약 우리가 그 문제에 대해 함께 **이야기한다면**, 우리는 해결책을 빨리 찾을 수 있을 것이다.

Unit 68 현재 상황을 반대로 가정하는 If + 주어 + 과거 시제 해석하기

p.135

01 **If Betty arrived** / at the airport, / she / would call / you.
만약 Betty가 도착한다면 / 공항에 / 그녀는 / 전화할 것이다 / 너에게

만약 Betty가 공항에 **도착한다면**, 그녀는 너에게 전화할 것이다.

02 **If Steven won** / the lottery, / he / would probably quit / his job.
만약 Steven이 당첨된다면 / 복권에 / 그는 / 아마 그만둘 것이다 / 그의 직장을

만약 Steven이 복권에 **당첨된다면**, 그는 아마 그의 직장을 그만둘 것이다.

03 Lauren / would swim / every day / **if she lived** / close to a beach.
Lauren은 / 수영할 것이다 / 매일 / **만약 그녀가 산다면** / 해변에 가까이

만약 그녀가 해변에 가까이 **산다면** Lauren은 매일 수영할 것이다.

04 **If vegetables tasted** / like candy, / children / would eat / them / more.
만약 채소가 ~ 맛이 난다면 / 사탕 같은 / 아이들은 / 먹을 것이다 / 그것들을 / 더 많이

만약 채소가 사탕 같은 **맛이 난다면**, 아이들은 그것들을 더 많이 먹을 것이다.

05 **If diamonds were not** / so expensive, / many people / would buy / them.
만약 다이아몬드가 ~지 않다면 / 너무 비싼 / 많은 사람들이 / 살 것이다 / 그것들을

만약 다이아몬드가 너무 비싸**지 않다면**, 많은 사람들이 그것들을 살 것이다.

06 Tony's eyesight / is not / good.
Tony의 시력은 / ~이지 않다 / 좋은

If he wore / glasses, / he / could see / well.
만약 그가 쓴다면 / 안경을 / 그는 / 볼 수 있을 것이다 / 잘

Tony의 시력은 좋지 않다.
만약 그가 안경을 **쓴다면**, 그는 잘 볼 수 있을 것이다.

07 My camera / is / old.
내 카메라는 / ~이다 / 오래된

I / could take / better pictures / **if I bought** / a new one.
나는 / 찍을 수 있을 것이다 / 더 나은 사진을 / **만약 내가 산다면** / 새것을

내 카메라는 오래되었다.
만약 내가 새것을 **산다면** 나는 더 나은 사진을 찍을 수 있을 것이다.

08 The movie / is / really scary.
그 영화는 / ~이다 / 정말 무서운

If Leo saw / it, / he / wouldn't be / able to sleep.
만약 Leo가 본다면 / 그것을 / 그는 / ~이지 않을 것이다 / 잠을 잘 수 있는

그 영화는 정말 무섭다.
만약 Leo가 그것을 **본다면**, 그는 잠을 잘 수 없을 것이다.

09 **If Jennifer got** / a prize / in a song festival, / she / would tell / her parents / right away.
만약 Jennifer가 받는다면 / 상을 / 노래 축제에서 / 그녀는 / 말할 것이다 / 그녀의 부모님께 / 즉시

만약 Jennifer가 노래 축제에서 상을 **받는다면**, 그녀는 즉시 부모님께 말할 것이다.

10 We / would not sweat / so much / in the summer / **if we had** / an air conditioner.
우리는 / 땀을 흘리지 않을 것이다 / 그렇게 많이 / 여름에 / **만약 우리가 가지고 있다면** / 에어컨을

만약 우리가 에어컨을 **가지고 있다면** 우리는 여름에 땀을 그렇게 많이 흘리지 않을 것이다.

Unit 69 과거 상황을 반대로 가정하는 If + 주어 + 과거완료 시제 해석하기

p.136

01 **If Daniel had played**, / his team / would have won.
만약 Daniel이 경기에서 뛰었다면 / 그의 팀은 / 이겼을 것이다

만약 Daniel이 경기에서 뛰었다면, 그의 팀은 이겼을 것이다.

02 **If the store had sold** / black hats, / Carol / would have bought / one.
만약 그 가게가 팔았다면 / 검은색 모자를 / Carol은 / 샀을 것이다 / 하나를

만약 그 가게가 검은색 모자를 **팔았다면**, Carol은 하나를 샀을 것이다.

03 **If Sarah had exercised** / every day, / she / could have lost / some weight.
만약 Sarah가 운동했었다면 / 매일 / 그녀는 / 뺄 수 있었을 것이다 / 조금의 살을

만약 Sarah가 매일 **운동했었다면**, 그녀는 조금의 살을 뺄 수 있었을 것이다.

04 I / could have gone / on vacation / to Hawaii / **if I had found** / a cheap flight.
나는 / 갈 수 있었을 것이다 / 휴가를 / 하와이로 / **만약 내가 찾았다면** / 싼 항공편을

만약 내가 싼 항공편을 **찾았다면** 나는 하와이로 휴가를 갈 수 있었을 것이다.

05 Rose / would not have caught / a cold / **if she had dressed** / warmly.
Rose는 / 걸리지 않았을 것이다 / 감기에 / **만약 그녀가 옷을 입었다면** / 따뜻하게

만약 그녀가 옷을 따뜻하게 **입었다면** Rose는 감기에 걸리지 않았을 것이다.

06 Joshua / wouldn't have broken / the cup / **if he had been** / careful.
Joshua는 / 깨지 않았을 것이다 / 그 컵을 / **만약 그가 ~이었다면** / 조심스러운

만약 그가 조심스러**웠다면** Joshua는 그 컵을 깨지 않았을 것이다.

07 **If Mark had gotten** / the job, / he / would have moved / to New York City.
만약 Mark가 얻었다면 / 그 일자리를 / 그는 / 이사했을 것이다 / 뉴욕시로

만약 Mark가 그 일자리를 **얻었다면**, 그는 뉴욕시로 이사했을 것이다.

08 **If the article had been written** / in time, / the editor / would not have been / angry.
만약 기사가 쓰였다면 / 늦지 않게 / 편집장은 / ~이지 않았을 것이다 / 화가 난

만약 기사가 늦지 않게 **쓰였다면**, 편집장은 화가 나지 않았을 것이다.

09 **If Rachel had listened to** / her friend's advice, / she / could have saved / money.
만약 Rachel이 귀를 기울였다면 / 그녀의 친구의 충고에 / 그녀는 / 아낄 수 있었을 것이다 / 돈을

만약 Rachel이 그녀의 친구의 충고에 **귀를 기울였다면**, 그녀는 돈을 아낄 수 있었을 것이다.

10 **If Ron had filled** / the gas tank / before, / his car / wouldn't have stopped / in the middle of the road.
만약 Ron이 채웠다면 / 연료통을 / ~ 전에 / 그의 차는 / 멈추지 않았을 것이다 / 도로 한가운데에

만약 Ron이 전에 연료통을 **채웠다면**, 그의 차는 도로 한가운데에 멈추지 않았을 것이다.

Unit 70 as if / as though 가정법과 If only 가정법 해석하기

p.137

01 Hailey / looked / surprised, / **as if she had seen** / a ghost.
Hailey는 / ~한 것 같았다 / 놀란 / **마치 그녀가 본 것처럼** / 귀신을

Hailey는 **마치 그녀가** 귀신을 **본 것처럼** 놀란 것 같았다.

02 **If only Gary realized** / how much / Linda / cared / for him.
Gary가 알기만 한다면 좋을 텐데 / 얼마나 많이 / Linda가 / 좋아한다 / 그를

Gary가 Linda가 그를 얼마나 많이 좋아하는지 **알기만 한다면 좋을 텐데.**

03 Sophie / drives / **as if she was** / the only driver / on the road.
Sophie는 / 운전한다 / **마치 그녀가 ~인 것처럼** / 유일한 운전자 / 길 위의

Sophie는 **마치 그녀가** 길 위의 유일한 운전자**인 것처럼** 운전한다.

04 **If only smartphones weren't** / too expensive.
스마트폰이 ~지만 않으면 좋을 텐데 / 너무 비싼

스마트폰이 너무 비싸**지만 않으면 좋을 텐데.**

05 Brittany / ate / **as if she hadn't eaten** / food / in days.
Brittany는 / 먹었다 / **마치 그녀가 먹지 못했던 것처럼** / 음식을 / 며칠 동안

Brittany는 **마치 그녀가** 며칠 동안 음식을 **먹지 못했던 것처럼** 먹었다.

06 **If only my one-year-old baby didn't cry** / so loudly.
내 한 살짜리 아기가 울지 않는다면 좋을 텐데 / 그렇게 크게

내 한 살짜리 아기가 그렇게 크게 **울지 않는다면 좋을 텐데.**

07 The man / looked / **as though he had been injured**.
그 남자는 / 보였다 / **마치 부상을 입었던 것처럼**

그 남자는 **마치 부상을 입었던 것처럼** 보였다.

08 Kate / is / angry, / but / she / is acting / **as though nothing were** / wrong.
Kate는 / ~이다 / 화가 난 / 하지만 / 그녀는 / 행동하고 있다 / **마치 아무것도 ~이지 않은 것처럼** / 잘못된

Kate는 화가 나지만, 그녀는 **마치 아무것도** 잘못되**지 않은 것처럼** 행동하고 있다.

09 **If only heavy rain hadn't caused** / the flood / and / **spoiled** / the crops.
폭우가 일으키지 않았다면 좋았을 텐데 / 홍수를 / 그리고 / **망치다** / 작물을

폭우가 홍수를 **일으키고** 작물을 **망치지만 않았다면 좋았을 텐데.**

10 My brother / pretends / **as though he knew** / about our father's birthday.
내 남동생은 / ~처럼 군다 / **마치 그가 아는 것처럼** / 우리 아버지의 생일에 대해

내 남동생은 **마치 그가** 우리 아버지의 생일에 대해 **아는 것처럼** 군다.

HACKERS TEST

p.138

정답

01 (A) 만약 그들이 그 프로그램을 완료하지 않으면, 그들은 비행기에서 일할 수 없을 것이다.
(B) 또한, 만약 비행 중에 화재가 발생한다면, 그들은 그것을 빨리 끌 수 있을 것이다.

02 (A) Beach Banana는 매우 가벼워서, 마치 당신의 피부 위에 아무것도 바르지 않은 것처럼 느껴집니다.
(B) 만약 당신이 6월에 Beach Banana 한 병을 산다면, 당신은 두 번째 병을 무료로 받을 것입니다!

03 (A) 그는 마음속으로 생각했다, "내가 경영대학원을 갔었더라면 좋았을 텐데!"
(B) 만약 그가 그의 자동차를 들이받지 않았다면, 그는 이 중요한 교훈을 배우지 못했을 것이다.

04 (A) - ⓒ / (B) - ⓑ

구문해석 / 해석

01

Flight attendants / receive / training / for emergency situations.
승무원들은 받는다 훈련을 비상 상황에 대한

(A) If they don't complete the program, / they / can't work / on a plane.
만약 그들이 그 프로그램을 완료하지 않으면 그들은 일할 수 없을 것이다 비행기에서

If a problem appears, / they can keep / passengers safe, / thanks to / their training.
만약 문제가 생기면 그들은 지킬 수 있다 승객들을 안전하게 ~ 덕분에 그들의 훈련

For example, / if a passenger has a medical emergency, / attendants /
예를 들어 만약 한 승객에게 의료 비상사태가 일어난다면 승무원들은

can provide / first aid. **(B) Also, / if a fire happened during a flight, /**
제공할 수 있다 응급 처치를 또한 만약 비행 중에 화재가 발생한다면

they would be able to / put it out quickly.
그들은 ~할 수 있을 것이다 그것을 빨리 끄다

승무원들은 비상 상황에 대한 훈련을 받는다. (A) **만약 그들이 그 프로그램을 완료하지 않으면, 그들은 비행기에서 일할 수 없을 것이다.** 만약 문제가 생기면, 그들의 훈련 덕분에, 그들은 승객들을 안전하게 지킬 수 있다. 예를 들어, 만약 한 승객에게 의료 비상사태가 일어난다면, 승무원들은 응급 처치를 제공할 수 있다. (B) **또한, 만약 비행 중에 화재가 발생한다면, 그들은 그것을 빨리 끌 수 있을 것이다.**

02

If you don't like / wearing sunscreen, / we have / a solution / for you!
만약 당신이 좋아하지 않는다면 자외선 차단제를 바르는 것을 저희는 가지고 있습니다 해결책을 당신을 위한

Beach Banana sunscreen / is different from / other brands, / which are too thick /
Beach Banana 자외선 차단제는 ~과는 다릅니다 다른 브랜드들 너무 끈적끈적한

and have a strong smell. **(A) Beach Banana / is very light, / so it feels /**
그리고 강한 향을 가진 Beach Banana는 매우 가볍다 그래서 그것은 느껴집니다

as if you didn't put anything / on your skin. And you'll love /
마치 아무것도 바르지 않은 것처럼 당신의 피부 위에 그리고 당신은 좋아하게 될 것입니다

the fresh banana scent. Buy it / now / during our special summer sale.
산뜻한 바나나 향기를 이것을 구매해보세요 지금 저희의 특별한 여름 판매 동안

(B) If you buy a bottle of Beach Banana in June, / you will get /
만약 당신이 6월에 Beach Banana 한 병을 산다면 당신은 받을 것입니다

a second bottle / for free!
두 번째 병을 무료로

만약 당신이 자외선 차단제를 바르는 것을 좋아하지 않는다면, 저희는 당신을 위한 해결책을 가지고 있습니다! Beach Banana 자외선 차단제는 너무 끈적끈적하고 강한 향을 가진 다른 브랜드들과는 다릅니다. (A) **Beach Banana는 매우 가벼워서, 마치 당신의 피부 위에 아무것도 바르지 않은 것처럼 느껴집니다.** 그리고 당신은 산뜻한 바나나 향기를 좋아하게 될 것입니다. 지금 저희의 특별한 여름 판매 동안 이것을 구매해보세요. (B) **만약 당신이 6월에 Beach Banana 한 병을 산다면, 당신은 두 번째 병을 무료로 받을 것입니다!**

[03~04]

Ricky was / a man / with many regrets. He had / a good job / as a dentist, /
Ricky는 ~이었다 사람 많은 후회를 가진 그는 가졌다 좋은 직업을 치과의사로서

but he / wanted / to be a businessman. 03 **(A) He said to himself, /**
그러나 그는 ~하고 싶었다 사업가가 되다 그는 마음속으로 생각했다

"If only I had gone to business school!" One day, / Ricky /
내가 경영대학원을 갔었더라면 좋았을 텐데 어느 날 Ricky는

was in a big car accident. Luckily, / he / was fine. But this event / totally changed /
큰 자동차 사고를 당했다 다행히도 그는 괜찮았다 하지만 이 사고는 완전히 바꿨다

him. He realized / he should appreciate / what he has right now.
그를 그는 깨달았다 그는 감사해야 한다는 것을 그가 지금 가지고 있는 것들에

03 **(B) If he had not crashed his car, / he would not have learned /**
만약 그가 그의 자동차를 들이받지 않았다면 그는 배우지 못했을 것이다

this important lesson.
이 중요한 교훈을

Ricky는 많은 후회를 가진 사람이었다. 그는 치과의사로서 좋은 직업을 가졌지만, 사업가가 되고 싶었다. (A) **그는 마음속으로 생각했다, "내가 경영대학원을 갔었더라면 좋았을 텐데!"** 어느 날, Ricky는 큰 자동차 사고를 당했다. 다행히도, 그는 괜찮았다. 하지만 이 사고는 그를 완전히 바꿨다. 그는 그가 지금 가지고 있는 것들에 감사해야 한다는 것을 깨달았다. (B) **만약 그가 그의 자동차를 들이받지 않았다면, 그는 이 중요한 교훈을 배우지 못했을 것이다.**

04 (A) Ricky / didn't appreciate / his work.
Ricky는 / 감사하지 않았다 / 그의 직업에

(A) Ricky는 그의 직업에 감사하지 않았다.

(B) A car accident / made / Ricky / realize / that he should be thankful / for his life.
자동차 사고는 / ~하게 했다 / Ricky가 / 깨닫게 / 그가 감사해야 한다는 것을 / 그의 삶에

(B) 자동차 사고는 Ricky가 그의 삶에 감사해야 한다는 것을 깨닫게 했다.

Tip!

04-(A) 지문의 '그는 치과의사로서 좋은 직업을 가졌지만, 사업가가 되고 싶었다(He had a good job as a dentist, but he wanted to be a businessman)'라는 문구를 통해 Ricky가 그의 직업에 감사하지 않았다는 것을 알 수 있다. 따라서 ⓒ가 정답이다.

04-(B) 지문의 '하지만 이 사고는 그를 완전히 바꿨다. 그는 그가 지금 가지고 있는 것들에 감사해야 한다는 것을 깨달았다(But this event totally changed him. He realized he should appreciate what he has right now)'라는 문구를 통해 자동차 사고는 Ricky가 그의 삶에 감사해야 한다는 것을 깨닫게 했다는 것을 알 수 있다. 따라서 ⓑ가 정답이다.

Chapter 15 동명사 정복하기

Unit 71 명사 자리에 오는 동명사 해석하기

p.142

01 **Biting your nails** / is / a bad habit.
손톱을 물어뜯는 것은 / ~이다 / 나쁜 습관

손톱을 물어뜯는 것은 나쁜 습관이다.

02 Jay's job / is / **teaching science** / to children.
Jay의 직업은 / ~이다 / **과학을 가르치는 것** / 아이들에게

Jay의 직업은 아이들에게 **과학을 가르치는 것**이다.

03 **Talking loudly** / in public / is not / polite.
큰 소리로 이야기하는 것은 / 사람들이 있는 데서 / ~이지 않다 / 예의 바른

사람들이 있는 데서 **큰 소리로 이야기하는 것**은 예의 바르지 않다.

04 Is / Stella's favorite winter sport / **skiing**?
~이니 / Stella가 가장 좋아하는 겨울 스포츠가 / **스키를 타는 것**

Stella가 가장 좋아하는 겨울 스포츠가 **스키를 타는 것**이니?

05 **Getting enough sleep** / at night / is / important / for your health.
충분한 잠을 자는 것은 / 밤에 / ~이다 / 중요한 / 당신의 건강을 위해

밤에 **충분한 잠을 자는 것**은 당신의 건강을 위해 중요하다.

06 The musician / practices / **playing the piano** / every day / at home.
그 음악가는 / 연습한다 / **피아노를 연주하는 것을** / 매일 / 집에서

그 음악가는 매일 집에서 **피아노를 연주하는 것**을 연습한다.

07 **Recycling** / benefits / the environment / in many ways.
재활용하는 것은 / 유익하다 / 환경에 / 여러모로

재활용하는 것은 여러모로 환경에 유익하다.

08 **Making an international call** / costs / a lot of money.
국제 전화를 거는 것은 / 든다 / 많은 돈이

국제 전화를 거는 것은 많은 돈이 든다.

09 After a few lessons, / Greta / thought that / she / didn't like /
몇 번의 수업 후에 / Greta는 / ~라고 생각했다 / 그녀가 / 좋아하지 않았다 /

riding horses.
말을 타는 것을

몇 번의 수업 후에, Greta는 그녀가 **말을 타는 것**을 좋아하지 않는다고 생각했다.

10 **Working out** / at the gym / regularly / makes / your muscles /
운동하는 것은 / 체육관에서 / 규칙적으로 / 만든다 / 당신의 근육을 /

strong.
튼튼하게

체육관에서 규칙적으로 **운동하는 것**은 당신의 근육을 튼튼하게 만든다.

Unit 72 동명사를 목적어로 갖는 동사 익히기

p.143

01 Owen / **finished** / **studying** / for the math test.
Owen은 / **끝냈다** / **공부하는 것을** / 수학 시험을 위해

Owen은 수학 시험을 위해 **공부하는 것을 끝냈다**.

02 Friends / **should avoid** / **hurting** / each other's feelings.
친구들은 / **피해야 한다** / **상하게 하는 것을** / 서로의 감정을

친구들은 서로의 감정을 **상하게 하는 것을 피해야 한다**.

03 Dentists / **suggest** / **brushing your teeth** / three times a day.
치과의사들은 / **제안한다** / **이를 닦는 것을** / 하루에 세 번

치과의사들은 하루에 세 번 **이를 닦는 것을 제안한다**.

04 The teacher / **didn't mind** / **answering** / **students' questions** /
그 선생님은 / **꺼리지 않았다** / **대답하는 것을** / **학생들의 질문에** /

after class.
수업 후에

그 선생님은 수업 후에 **학생들의 질문에 대답하는 것을 꺼리지 않았다.**

05 Llamas / are / social animals.
라마는 / ~이다 / 사회적인 동물

They / **enjoy** / **being together** / in a group.
그들은 / **즐긴다** / **함께 있는 것을** / 무리를 이루어

라마는 사회적인 동물이다.
그들은 무리를 이루어 **함께 있는 것을 즐긴다.**

06 After Jocelyn hurt her leg, / she / **stopped** / **playing soccer** /
Jocelyn은 그녀의 다리를 다친 후에 / 그녀는 / **그만두었다** / **축구하는 것을** /

for months.
몇 달 동안

Jocelyn은 그녀의 다리를 다친 후에, 그녀는 몇 달 동안 **축구하는 것을 그만두었다.**

07 Finally, / Jessica / **admitted** / **losing her book** / to her teacher.
마침내 / Jessica는 / **고백했다** / **그녀의 책을 잃어버린 것을** / 그녀의 선생님께

마침내, Jessica는 그녀의 선생님께 **그녀의 책을 잃어버린 것을 고백했다.**

08 You / **should quit** / **acting** / like a child / and / start /
너는 / **그만두어야 한다** / **행동하는 것을** / 어린아이처럼 / 그리고 / 시작하다 /

handling problems / like an adult.
문제를 다루는 것을 / 어른처럼

너는 어린아이처럼 **행동하는 것을 그만두**고 어른처럼 문제를 다루는 것을 시작해야 한다.

09 The boy / **denied** / **breaking** / **the vase**, / but / everyone /
그 소년은 / **부인했다** / **깬 것을** / **꽃병을** / 하지만 / 모든 사람들은 /

knew that / he / was lying.
~라는 것을 알았다 / 그가 / 거짓말하고 있다

그 소년은 **꽃병을 깬 것을 부인했**지만, 모든 사람들은 그가 거짓말하고 있다는 것을 알았다.

10 Cindy / is / a famous actress.
Cindy는 / ~이다 / 유명한 여배우

She / **doesn't mind** / **taking pictures** / with her fans.
그녀는 / **꺼리지 않는다** / **사진 찍는 것을** / 그녀의 팬들과

Cindy는 유명한 여배우이다.
그녀는 팬들과 **사진 찍는 것을 꺼리지 않는다.**

Unit 73 전치사 뒤에 오는 동명사 해석하기

p.144

01 Justin / is / talented / **at playing the violin**.
Justin은 / ~이다 / 재능이 있는 / **바이올린 연주하는 것에**

Justin은 **바이올린 연주하는 것에** 재능이 있다.

02 I / like / Clara's shop.
나는 / 좋아한다 / Clara의 가게를

She / is / an expert / **at making jewelry**.
그녀는 / ~이다 / 전문가 / **장신구를 만드는 것에**

나는 Clara의 가게를 좋아한다.
그녀는 **장신구를 만드는 것에** 전문가이다.

03 Is / Kayla / interested / **in learning Chinese**?
~이니 / Kayla는 / 관심이 있는 / **중국어를 배우는 것에**

Kayla는 **중국어를 배우는 것에** 관심이 있니?

04 Maya / didn't apologize / **for getting angry with** / her mother.
Maya는 / 사과하지 않았다 / **~께 화를 낸 것에 대해** / 그녀의 어머니

Maya는 그녀의 어머니**께 화를 낸 것에 대해** 사과하지 않았다.

05 Kate / was / proud / **of becoming** / the winner of a singing contest.
Kate는 / ~였다 / 자랑스럽게 여기는 / **~가 된 것을** / 노래 대회의 우승자

Kate는 노래 대회의 우승자**가 된 것을** 자랑스럽게 여겼다.

06 Nick / felt / sorry / **about calling his new roommate** /
Nick은 / ~라고 느꼈다 / 미안한 / **그의 새로운 룸메이트를 부른 것에 대해** /

by the wrong name.
잘못된 이름으로

Nick은 **그의 새로운 룸메이트를** 잘못된 이름으로 **부른 것에 대해** 미안하게 느꼈다.

07 The Hollywood star / was praised / **for his acting** / in the movie.
그 할리우드 스타는 / 칭찬받았다 / **그가 연기한 것에 대해** / 영화에서

그 할리우드 스타는 영화에서 **그가 연기한 것에 대해** 칭찬받았다.

08 Whether the new system will be helpful / **for reducing crime** /
새로운 시스템이 도움이 될지 안 될지는 / **범죄를 줄이는 것에** /

is / not clear.
~이다 / 분명하지 않은

새로운 시스템이 **범죄를 줄이는 것에** 도움이 될지 안 될지는 분명하지 않다.

09 Nancy / was / tired / after work.
Nancy는 / ~였다 / 피곤한 / 퇴근 후에

She / ordered / a pizza / **instead of cooking dinner**.
그녀는 / 주문했다 / 피자를 / **저녁을 요리하는 것 대신에**

Nancy는 퇴근 후에 피곤했다.
그녀는 **저녁을 요리하는 것 대신에** 피자를 주문했다.

10 Teresa / needs / advice / **about writing a résumé**.
Teresa는 / ~이 필요하다 / 조언 / **이력서를 쓰는 것에 대한**

She / has never applied for / a job / before.
그녀는 / ~에 지원해본 적이 없다 / 일자리 / ~ 전에

Teresa는 **이력서를 쓰는 것에 대한** 조언이 필요하다.
그녀는 전에 일자리에 지원해본 적이 없다.

Unit 74 동명사가 사용된 표현 익히기

p.145

01 During lunch time, / the baker / **was busy baking**.
점심시간 동안 / 제빵사는 / **빵을 굽느라 바빴다**

점심시간 동안, 제빵사는 **빵을 굽느라 바빴다**.

02 That movie / **is worth watching** / several times.
그 영화는 / **볼 가치가 있다** / 여러 번

그 영화는 여러 번 **볼 가치가 있다**.

03 Liam / **goes fishing** / once a month / with his father.
Liam은 / **낚시하러 간다** / 한 달에 한 번 / 그의 아버지와 함께

Liam은 한 달에 한 번 그의 아버지와 함께 **낚시하러 간다**.

04 On the weekends, / Tom / **spends his free time taking pictures**.
주말에 / Tom은 / **사진을 찍는 데 그의 여가 시간을 보낸다**

주말에, Tom은 **사진을 찍는 데 그의 여가 시간을 보낸다**.

05 As I get older, / I / **have difficulty remembering** /
내가 나이가 들어감에 따라 / 나는 / **기억하는 데 어려움을 겪는다** /

people's names.
사람들의 이름을

나이가 들어감에 따라, 나는 사람들의 이름을 **기억하는 데 어려움을 겪는다**.

06 I / think / this dress / **is worth buying**.
나는 / ~라고 생각해 / 이 드레스가 / **살 가치가 있다**

It / looks good / on you.
그것은 / ~와 잘 어울려 / 너

나는 이 드레스가 **살 가치가 있다**고 생각해.
그것은 너와 잘 어울려.

07 James / doesn't / **go hiking** / often / because it is tiring.
James는 / ~하지 않는다 / **하이킹하러 가다** / 자주 / 그것이 피곤하기 때문에

James는 그것이 피곤하기 때문에 **하이킹하러** 자주 **가**지 않는다.

08 Don't / **spend time worrying** / about the future.
~하지 마라 / **걱정하는 데 시간을 쓰다** / 미래에 대해

Just / take action.
그냥 / 행동에 옮겨라

미래에 대해 **걱정하는 데 시간을 쓰**지 마라.
그냥 행동에 옮겨라.

09 After having a party, / the hosts / **were busy cleaning** / their house.
파티를 한 후에 / 주인들은 / **청소하느라 바빴다** / 그들의 집을

파티를 한 후에, 주인들은 그들의 집을 **청소하느라 바빴다**.

10 Owls / don't / **have trouble seeing** / in the dark.
부엉이들은 / ~하지 않는다 / **보는 데 어려움을 겪다** / 어둠 속에서

Their large eyes / are / useful.
그들의 커다란 눈은 / ~이다 / 유용한

부엉이들은 어둠 속에서 **보는 데 어려움을 겪**지 않는다.
그들의 커다란 눈은 유용하다.

HACKERS TEST

p.146

정답

01 (A) 그는 그녀의 관심을 얻으려고 노력하는 데 많은 시간을 썼다.
(B) 너는 거꾸로 읽는 데 어려움을 겪지 않는구나!

02 (A) 라마단 동안, 사람들은 낮에 먹는 것을 스스로 멈춘다.
(B) 음식과 음료를 거부하는 것은 그들이 그들의 몸과 마음을 비우게 한다.

03 (A) 그것은 평화를 지지하고 환경을 보호하는 것에 관한 것이다.
(B) 이제, 많은 사람들이 Banksy의 작품을 보는 것을 즐기고 그것들이 볼 가치가 있다고 생각한다.

04 (A) - ⓐ / (B) - ⓓ

구문해석 / 해석

01

Harry / fell in love with / a girl / from his French class. **(A) He** / **spent a lot of time** /
Harry는 / ~에게 반했다 / 한 소녀 / 그의 프랑스어 수업의 / 그는 / 많은 시간을 썼다

trying to get / **her attention.** Finally, he / suggested / studying together /
얻으려고 노력하는 데 / 그녀의 관심을 / 마침내 그는 / 제안했다 / 함께 공부하는 것을

and she agreed. At first, / he / was nervous, / so he / pretended /
그리고 그녀는 동의했다 / 처음에 / 그는 / 긴장했다 / 그래서 그는 / ~척했다

he was busy reading / his textbook. After a few minutes, / the girl said, /
그가 읽느라 바쁘다 / 그의 교과서를 / 몇 분 후 / 소녀는 말했다

"You / must know / French / well. **(B) You** / **have no trouble** /
너는 / 아는 게 분명해 / 프랑스어를 / 잘 / 너는 / 어려움을 겪지 않는구나

reading upside down!"
거꾸로 읽는 데

Harry는 그의 프랑스어 수업의 한 소녀에게 반했다. (A) **그는 그녀의 관심을 얻으려고 노력하는 데 많은 시간을 썼다.** 마침내, 그는 함께 공부하는 것을 제안했고 그녀는 동의했다. 처음에, 그는 긴장했고, 그래서 그는 그의 교과서를 읽느라 바쁜 척했다. 몇 분 후, 소녀는 말했다, "너는 프랑스어를 잘 아는 게 분명해. (B) **너는 거꾸로 읽는 데 어려움을 겪지 않는구나!**"

02

Ramadan is / a very special month / for Muslims. It is observed / every year /
라마단은 ~이다 매우 특별한 달 이슬람교도들에게 이것은 지켜진다 매년

by over a billion people. **(A) During Ramadan, / people / stop themselves /**
10억 명이 넘는 사람들에 의해 라마단 동안 사람들은 스스로 멈춘다

from eating / in the daytime. (B) Refusing food and drink / allows them /
먹는 것을 낮에 음식과 음료를 거부하는 것은 그들이 ~하게 한다

to empty / their bodies and minds. This way, they / can focus / on God only.
비우게 그들의 몸과 마음을 이런 식으로 그들은 집중할 수 있다 신에게만

So, Muslims / believe / this practice can help / to cleanse them / and bring them /
그래서 이슬람교도들은 믿는다 이 관례가 도움이 될 수 있다고 그들을 정화한다 그리고 그들을 데려간다

close to God.
신에게 가까이

라마단은 이슬람교도들에게 매우 특별한 달이다. 이것은 매년 10억 명이 넘는 사람들에 의해 지켜진다. **(A) 라마단 동안, 사람들은 낮에 먹는 것을 스스로 멈춘다. (B) 음식과 음료를 거부하는 것은 그들이 그들의 몸과 마음을 비우게 한다.** 이런 식으로, 그들은 신에게만 집중할 수 있다. 그래서, 이슬람교도들은 이 관례가 그들을 정화하고 그들을 신에게 가까이 데려가는 데 도움이 될 수 있다고 믿는다.

[03~04]

Some artists / create artwork / on walls and sidewalks, / and this / is called /
몇몇 예술가들은 예술 작품을 창조한다 벽과 인도에 그리고 이것은 ~라고 불린다

street art. For many years, / street art / was ignored / by people. They thought /
거리 예술 오랫동안 거리 예술은 무시되었다 사람들에 의해 그들은 생각했다

it was playful / and had no meaning. So, they / didn't consider it / "real" art.
그것이 장난스럽다 그리고 의미가 없다 그래서 그들은 그것을 ~으로 여기지 않았다 '진정한' 예술

But some artists / changed / people's views. Banksy / is / one example. His art /
하지만 몇몇 예술가들은 바꾸었다 사람들의 관점을 Banksy는 ~이다 하나의 예시 그의 예술은

has / powerful social messages. **03 (A) It is about / supporting peace /**
가지고 있다 강력한 사회적인 메시지를 그것은 ~에 관한 것이다 평화를 지지하는 것

and protecting / the environment. 03 (B) Now, many people / enjoy looking /
그리고 보호하는 것 환경을 이제 많은 사람들이 보는 것을 즐긴다

at Banksy's works / and think / they are worth / seeing.
Banksy의 작품을 그리고 ~라고 생각한다 그것들이 가치가 있다 볼

몇몇 예술가들은 벽과 인도에 예술 작품을 창조하고, 이것은 거리 예술이라고 불린다. 오랫동안, 거리 예술은 사람들에 의해 무시되었다. 그들은 그것이 장난스럽고 의미가 없다고 생각했다. 그래서, 그들은 그것을 "진정한" 예술로 여기지 않았다. 하지만 몇몇 예술가들은 사람들의 관점을 바꾸었다. Banksy는 하나의 예시이다. 그의 예술은 강력한 사회적인 메시지를 가지고 있다. **(A) 그것은 평화를 지지하고 환경을 보호하는 것에 관한 것이다. (B) 이제, 많은 사람들이 Banksy의 작품을 보는 것을 즐기고 그것들이 볼 가치가 있다고 생각한다.**

04 (A) Public opinions / on street art / began changing, / thanks to / certain artists.
여론은 / 거리 예술에 대한 / 바뀌기 시작했다 / ~ 덕분에 / 특정 예술가들

(B) Seeing Banksy's art / made / many people / realize that / street art /
Banksy의 예술 작품을 보는 것은 만들었다 / 많은 사람들이 / ~라고 깨닫게 / 거리 예술을

is real art.
진정한 예술이다

(A) 특정 예술가들 덕분에, 거리 예술에 대한 여론은 바뀌기 시작했다.

(B) Banksy의 예술 작품을 보는 것은 많은 사람들이 거리 예술을 진정한 예술이라고 깨닫게 만들었다.

Tip!

04-(A) 지문의 '하지만 몇몇 예술가들은 사람들의 관점을 바꾸었다(But some artists changed people's views)'라는 문구를 통해 특정 예술가들 덕분에, 거리 예술에 대한 여론이 바뀌기 시작했다는 것을 알 수 있다. 따라서 ⓐ가 정답이다.

04-(B) 지문의 '이제, 많은 사람들이 Banksy의 작품을 보는 것을 즐기고 그것들이 볼 가치가 있다고 생각한다(Now, many people enjoy looking at Banksy's works and think they are worth seeing)'라는 문구를 통해 Banksy의 예술 작품을 보는 것은 많은 사람들이 거리 예술을 진정한 예술이라고 깨닫게 만들었다는 것을 알 수 있다. 따라서 ⓓ가 정답이다.

Chapter 16 to 부정사 정복하기

Unit 75 명사 자리에 오는 to 부정사 해석하기

p.150

01 My dream / is / **to become a famous actor**.
나의 꿈은 / ~이다 / **유명한 배우가 되는 것**

나의 꿈은 **유명한 배우가 되는 것**이다.

02 Paul / must have forgotten / **to wash the dishes**.
Paul은 / 분명히 잊어버렸을 것이다 / **설거지하는 것을**

Paul은 분명히 **설거지하는 것**을 잊어버렸을 것이다.

03 **To lie** / is / wrong / in any situation.
거짓말하는 것은 / ~이다 / 잘못된 / 어떤 상황에서도

어떤 상황에서도 **거짓말하는 것**은 잘못됐다.

04 Don't worry.
걱정하지 마라

It is normal / **to feel nervous before a test**.
정상적이다 / **시험 전에 긴장하는 것**은

걱정하지 마라.
시험 전에 긴장하는 것은 정상적이다.

05 Carrie / didn't find / it hard / **to climb the mountain**.
Carrie는 / ~라고 생각하지 않았다 / 힘들다 / **산에 오르는 것**이

Carrie는 **산에 오르는 것**이 힘들다고 생각하지 않았다.

06 It is not easy / **to understand each other perfectly**.
쉽지 않다 / **서로를 완전히 이해하는 것**은

서로를 완전히 이해하는 것은 쉽지 않다.

07 His plan / is / **to complete all of the courses** / in two years.
그의 계획은 / ~이다 / **모든 교육 과정을 완료하는 것** / 2년 안에

그의 계획은 2년 안에 **모든 교육 과정을 완료하는 것**이다.

08 **To offer your seat to old people** / shows / good manners.
노인에게 너의 자리를 권하는 것은 / 보여준다 / 좋은 예절을

노인에게 너의 자리를 권하는 것은 좋은 예절을 보여준다.

09 If the hotel staff had been nice / to us, /
만약 호텔 직원이 친절했다면 / 우리에게 /

we / might have decided / **to stay there**.
우리는 / 결정했을지도 모른다 / **그곳에서 머무는 것을**

만약 호텔 직원이 우리에게 친절했다면, 우리는 **그곳에서 머무는 것**을 결정했을지도 모른다.

10 You / shouldn't move / a person / with serious injuries.
너는 / 옮기지 않아야 한다 / 사람을 / 심각한 부상을 입은

You / need / **to wait for the ambulance**.
너는 / 필요로 한다 / **구급차를 기다리는 것을**

너는 심각한 부상을 입은 사람을 옮기지 않아야 한다.
너는 **구급차를 기다리는 것**을 필요로 한다.

Unit 76 to 부정사를 목적어로 갖는 동사 익히기

p.151

01 I / **hope** / **to visit Venice** / someday.
나는 / **바란다** / **베니스를 방문하는 것을** / 언젠가

나는 언젠가 **베니스를 방문하는 것을 바란다**.

02 Everyone / in the room / **expected** / **to hear good news**.
모두는 / 방 안에 있는 / **기대했다** / **좋은 소식을 듣는 것을**

방 안에 있는 모두는 **좋은 소식을 듣는 것을 기대했다**.

03 Susan / **wanted** / **to drink some coffee** / before work.
Susan은 / **원했다** / **약간의 커피를 마시는 것을** / 일하기 전에

Susan은 일하기 전에 **약간의 커피를 마시는 것을 원했다.**

04 Mason / **is planning** / **to open a new restaurant** / in three months.
Mason은 / **계획하는 중이다** / **새로운 식당을 여는 것을** / 석 달 안에

Mason은 석 달 안에 **새로운 식당을 여는 것을 계획하는 중이다.**

05 Baby ducks / **learn** / **to swim** / from their mothers.
아기 오리들은 / **배운다** / **수영하는 것을** / 그들의 어미로부터

아기 오리들은 그들의 어미로부터 **수영하는 것을 배운다.**

06 Bill / **chose** / **to break up with his girlfriend**.
Bill은 / **선택했다** / **그의 여자친구와 헤어지는 것을**

Bill은 **그의 여자친구와 헤어지는 것을 선택했다.**

07 Derek / thought that / he / **needed** / **to tell the boss** /
Derek은 / ~라고 생각했다 / 그가 / **필요했다** / **상사에게 말하는 것이** /

about his mistake.
그의 실수에 대해

Derek은 그의 실수에 대해 **상사에게 말하는 것이 필요하다고** 생각했다.

08 Philip / **has decided** / **to travel around the world** /
Philip은 / **결정했다** / **세계 일주를 하는 것을** /

after he saves enough money.
그가 충분한 돈을 모은 후에

Philip은 충분한 돈을 모은 후에 **세계 일주를 하는 것을 결정했다.**

09 The president / **refused** / **to answer** / the reporters' questions /
대통령은 / **거부했다** / **대답하는 것을** / 기자들의 질문에 /

directly.
직접적으로

대통령은 기자들의 질문에 직접적으로 **대답하는 것을 거부했다.**

10 It was raining, / but / Zack / didn't have / an umbrella.
비가 오고 있었다 / 하지만 / Zack은 / 가지고 있지 않았다 / 우산을

I / **offered** / **to lend him** / mine.
나는 / **제안했다** / **그에게 빌려주는 것을** / 내 것을

비가 오고 있었지만, Zack은 우산을 가지고 있지 않았다.
나는 **그에게** 내 것을 **빌려주는 것을 제안했다.**

Unit 77 명사 뒤에 오는 to 부정사 해석하기

p.152

01 Leo / has / **a lot of homework** / **to do**.
Leo는 / ~가 있다 / **많은 숙제** / **해야 할**

Leo는 **해야 할 많은 숙제**가 있다.

02 Did / Jack / buy / **a suit** / **to wear for the job interview**?
~했니 / Jack은 / ~을 사다 / **정장** / **취직 면접에서 입을**

Jack은 **취직 면접에서 입을 정장**을 샀니?

03 Sammy / baked / **some cookies** / **to eat as an afternoon snack**.
Sammy는 / ~를 구웠다 / **약간의 쿠키** / **오후 간식으로 먹을**

Sammy는 **오후 간식으로 먹을 약간의 쿠키**를 구웠다.

04 Ken and Rose / are looking for / **a movie** / **to watch tonight**.
Ken과 Rose는 / ~를 찾고 있다 / **영화** / **오늘 밤에 볼**

Ken과 Rose는 **오늘 밤에 볼 영화**를 찾고 있다.

05 On weekdays, / Melissa / doesn't have / **enough time** / **to exercise**.
평일에 / Melissa는 / ~이 없다 / **충분한 시간** / **운동할**

평일에, Melissa는 **운동할 충분한 시간**이 없다.

06 Tina / has / **some jeans / to wash**, / so / she / is going /
Tina는 / ~를 가지고 있다 / **몇 벌의 청바지** / **세탁할** / 그래서 / 그녀는 / 가고 있다 /

to the laundromat.
빨래방에

Tina는 **세탁할 몇 벌의 청바지**를 가지고 있어서, 그녀는 빨래방에 가고 있다.

07 After / Martin and Ava / jogged, / they / needed / **water / to drink**.
~ 후에 / Martin과 Ava는 / 조깅했다 / 그들은 / ~이 필요했다 / **물** / **마실**

Martin과 Ava는 조깅한 후에, **마실 물**이 필요했다.

08 These days, / people / don't get / **a chance** /
요즘에는 / 사람들이 / ~를 얻지 못한다 / **기회** /

to know their neighbors.
그들의 이웃을 알

요즘에는, 사람들이 **그들의 이웃을 알 기회**를 얻지 못한다.

09 Spain / has / **many places / to visit**, / so / lots of tourists / go to /
스페인은 / ~가 있다 / **많은 장소** / **방문할** / 그래서 / 많은 관광객들이 / 간다 /

the country / every year.
그 나라에 / 매년

스페인은 **방문할 많은 장소**가 있어서, 많은 관광객들이 매년 그 나라에 간다.

10 I / think / Sally / has / **the ability / to solve this problem** /
나는 / ~라고 생각한다 / Sally가 / ~이 있다 / **능력** / **이 문제를 해결할** /

although it is difficult.
이것이 어렵기는 하지만

이것이 어렵기는 하지만 나는 Sally가 **이 문제를 해결할 능력**이 있다고 생각한다.

Unit 78 형용사 뒤에 오는 to 부정사 해석하기 (1)

p.153

01 Julian / is / **afraid / to go to the dentist** / tomorrow.
Julian은 / ~이다 / **두려운** / **치과에 가게 되어** / 내일

Julian은 내일 **치과에 가게 되어 두렵**다.

02 Greg / was / **happy / to receive the gift** / from his parents.
Greg는 / ~였다 / **기쁜** / **선물을 받아서** / 그의 부모님으로부터

Greg는 부모님으로부터 **선물을 받아서 기뻤**다.

03 Robert / was / **surprised / to find money** / in his pocket.
Robert는 / ~였다 / **놀란** / **돈을 발견해서** / 그의 주머니에서

Robert는 그의 주머니에서 **돈을 발견해서 놀랐**다.

04 I / am / **sorry / to inform you** / that the class has been canceled.
나는 / ~이다 / **유감스러운** / **너에게 알리게 되어** / 수업이 취소됐다는 것을

나는 **너에게** 수업이 취소됐다는 것을 **알리게 되어 유감스럽**다.

05 Cindy / was / **proud / to give a speech** / at the opening event.
Cindy는 / ~였다 / **자랑스러운** / **연설을 하게 되어** / 개회식에서

Cindy는 개회식에서 **연설을 하게 되어 자랑스러웠**다.

06 Ryan / was / **afraid / to tell the truth** / about the broken vase.
Ryan은 / ~였다 / **두려운** / **진실을 말해야 해서** / 깨진 꽃병에 대해

Ryan은 깨진 꽃병에 대해 **진실을 말해야 해서 두려웠**다.

07 The farmer / was / **pleased / to see the rain** / falling from the sky.
그 농부는 / ~였다 / **기쁜** / **비를 보게 되어** / 하늘에서 내리고 있는

그 농부는 하늘에서 내리고 있는 **비를 보게 되어 기뻤**다.

08 We / are / **sorry / to let you know**, / but / all the tickets / are /
저희는 / ~이다 / **유감스러운** / **당신에게 알리게 되어** / 하지만 / 모든 티켓이 / ~입니다 /

already / sold out.
이미 / 매진된

저희는 **당신에게 알리게 되어 유감스럽**지만, 모든 티켓은 이미 매진되었습니다.

09 Jim / was / **surprised / to see Stacy** / at the party.
Jim은 / ~였다 / **놀란** / **Stacy를 보게 되어** / 파티에서

He / thought / she / couldn't come.
그는 / ~라고 생각했다 / 그녀가 / 오지 못한다

Jim은 파티에서 **Stacy를 보게 되어 놀랐**다.
그는 그녀가 오지 못할 것이라고 생각했다.

10 After / the hurricane, / my husband and I / were / **glad** /
~ 후에 / 허리케인 / 나의 남편과 나는 / ~였다 / **기쁜** /

to hear that / our friends / were / fine.
~라는 것을 듣게 되어 / 우리의 친구들이 / ~였다 / 괜찮은

허리케인 후에, 남편과 나는 우리의 친구들이 괜찮**다는 것을 듣게 되어 기뻤**다.

Unit 79 형용사 뒤에 오는 to 부정사 해석하기(2)

p.154

01 Sandwiches / are / **easy** / **to make**.
샌드위치는 / ~이다 / **쉬운** / **만들기**

샌드위치는 **만들기 쉽**다.

02 Often, / heavy rains / are / **hard** / **to forecast**.
종종 / 폭우는 / ~이다 / **어려운** / **예측하기**

종종, 폭우는 **예측하기 어렵**다.

03 These pills / are / **dangerous / to take before driving**.
이 알약들은 / ~이다 / **위험한** / **운전하기 전에 먹기**

이 알약들은 **운전하기 전에 먹기 위험하**다.

04 Usually, / beagles / are not / **easy** / **to train**.
일반적으로 / 비글은 / ~이지 않다 / **쉬운** / **훈련시키기**

일반적으로, 비글은 **훈련시키기 쉽**지 않다.

05 At most supermarkets, / instant ramen / is / **cheap** / **to buy**.
대부분의 슈퍼마켓에서 / 인스턴트 라면은 / ~이다 / **싼** / **사기에**

대부분의 슈퍼마켓에서, 인스턴트 라면은 **사기에 싸**다.

06 Bob's handwriting / is / bad, / so / his notes / are / **impossible** /
Bob의 글씨체는 / ~이다 / 형편없는 / 그래서 / 그의 필기는 / ~이다 / **불가능한** /

to read.
읽기

Bob의 글씨체는 형편없어서, 그의 필기는 **읽기 불가능하**다.

07 An ink spot / is / **hard** / **to remove** / with regular soap.
잉크 얼룩은 / ~이다 / **어려운** / **제거하기** / 일반적인 비누로

잉크 얼룩은 일반적인 비누로 **제거하기 어렵**다.

08 In New York, / hotels / are / **expensive** / **to stay in** /
뉴욕에서 / 호텔은 / ~이다 / **비싼** / **머무르기에** /

for long periods of time.
오랜 기간 동안

뉴욕에서, 호텔은 오랜 기간 동안 **머무르기에 비싸**다.

09 The spring water / is / **safe** / **to drink** / because / it / comes /
이 샘물은 / ~이다 / **안전한** / **마시기에** / ~이기 때문에 / 그것은 / 온다 /

straight / from the mountain.
곧장 / 산에서

산에서 곧장 오기 때문에 이 샘물은 **마시기에 안전하**다.

10 The professor's class / was / **difficult** / **to understand**, / so /
교수의 수업이 / ~였다 / **어려운** / **이해하기** / 그래서 /

the students / asked / a lot of questions.
학생들은 / 물어보았다 / 많은 질문을

교수의 수업이 **이해하기 어려워**서, 학생들은 많은 질문을 물어보았다.

Unit 80 목적을 나타내는 to 부정사 해석하기

01 They / went / to Cambodia / **to see the temples.**
그들은 / 갔다 / 캄보디아에 / **사원을 보기 위해**

그들은 **사원을 보기 위해** 캄보디아에 갔다.

02 Sometimes, / I / travel / alone / **in order to relieve stress.**
때때로 / 나는 / 여행한다 / 혼자 / **스트레스를 풀기 위해**

때때로, 나는 **스트레스를 풀기 위해** 혼자 여행한다.

03 **To buy movie tickets**, / we / lined up / at the ticket machine.
영화표를 사기 위해 / 우리는 / 줄을 섰다 / 표 판매기에

영화표를 사기 위해, 우리는 표 판매기에 줄을 섰다.

04 Wendy / doesn't eat / fried foods / **in order to lose weight.**
Wendy는 / 먹지 않는다 / 튀긴 음식을 / **살을 빼기 위해**

Wendy는 **살을 빼기 위해** 튀긴 음식을 먹지 않는다.

05 Helena / sat down / on the ground / **to rest** / for a minute.
Helena는 / 앉았다 / 바닥에 / **휴식을 취하기 위해** / 잠깐

Helena는 잠깐 **휴식을 취하기 위해** 바닥에 앉았다.

06 People / should not drive / over the speed limit /
사람들은 / 운전해서는 안 된다 / 제한 속도 이상으로 /

in order to be safe / on the road.
안전하기 위해 / 도로에서

사람들은 도로에서 **안전하기 위해** 제한 속도 이상으로 운전해서는 안 된다.

07 **In order to finish the report**, / Steve and Travis / worked /
보고서를 끝내기 위해 / Steve와 Travis는 / 일했다 /

until late at night.
밤늦게까지

보고서를 끝내기 위해, Steve와 Travis는 밤늦게까지 일했다.

08 **To celebrate his friend's birthday**, / John / planned /
그의 친구의 생일을 축하하기 위해 / John은 / 계획했다 /

a surprise party.
깜짝 파티를

그의 친구의 생일을 축하하기 위해, John은 깜짝 파티를 계획했다.

09 Emily / is / usually / sleepy / in the morning.
Emily는 / ~이다 / 보통 / 졸린 / 아침에

She / drinks / coffee / **to wake up.**
그녀는 / 마신다 / 커피를 / **깨기 위해**

Emily는 보통 아침에 졸리다.
그녀는 **깨기 위해** 커피를 마신다.

10 It was very hot / last night.
매우 더웠다 / 어젯밤에는

To cool his bedroom, / Carl / opened / a window.
그의 침실을 시원하게 하기 위해 / Carl은 / 열었다 / 창문을

어젯밤에는 매우 더웠다.
그의 침실을 시원하게 하기 위해, Carl은 창문을 열었다.

정답

01 (A) 실내 정원을 만드는 것은 어렵지 않다
(B) 흙에 씨앗을 심고 각각의 씨앗에 성장할 충분한 공간을 주어라.

02 (A) 당신은 이 방법들이 성공하지 못한 것을 알고 실망할지도 모른다.
(B) 그 경우, 무엇이 당신의 두통을 일으키는지 알아내기 위해 의사의 진찰을 받는 것이 좋다.

03 (A) 하지만, 아시아의 향신료는 다시 가지고 돌아오는 것이 어려웠다.
(B) 그래서, 몇몇 나라들은 해로로 새로운 길을 찾는 것을 결정했다.

04 (A) - ⓐ / (B) - ⓑ

구문해석 / 해석

01

Having a garden / in your house / is / very useful / and easy. You / can grow /
정원을 갖는 것은 / 당신의 집에 / ~이다 / 매우 유용한 / 그리고 쉬운 / 당신은 / 기를 수 있다

flowers / to give as gifts / or / grow herbs / to use in your cooking.
꽃을 / 선물로 줄 / ~이나 / 허브를 기른다 / 당신의 요리에 사용할

(A) It is not difficult / to make an indoor garden. You / just need /
어렵지 않다 / 실내 정원을 만드는 것은 / 당신은 / 단지 ~이 필요하다

some flowerpots, / soil, / and seeds. **(B) Plant / the seeds / in the soil / and give /**
몇몇 화분 / 흙 / 그리고 씨앗 / 심어라 / 씨앗을 / 흙에 / 그리고 주어라

each seed / enough space to grow. Soon, / you'll have / a beautiful garden /
각각의 씨앗에 / 성장할 충분한 공간을 / 곧 / 당신은 ~가질 것이다 / 아름다운 정원

to enjoy!
즐길 수 있는

당신의 집에 정원을 갖는 것은 매우 유용하고 쉽다. 당신은 선물로 줄 꽃을 기르거나 당신의 요리에 사용할 허브를 기를 수 있다. **(A) 실내 정원을 만드는 것은 어렵지 않다.** 당신은 단지 몇몇 화분, 흙, 그리고 씨앗이 필요하다. **(B) 흙에 씨앗을 심고 각각의 씨앗에 성장할 충분한 공간을 주어라.** 곧, 당신은 즐길 수 있는 아름다운 정원을 가질 것이다!

02

If you suffer from headaches, / you / can do / several things / to reduce your pain.
당신이 두통으로 고통받고 있다면 / 당신은 / 할 수 있다 / 여러 가지 것들을 / 당신의 고통을 줄이기 위해

Rest / is / the first thing / you need. You / should / get enough sleep.
휴식은 ~이다 / 첫 번째 것 / 당신이 필요한 / 당신은 / ~하는 것이 좋다 / 충분한 잠을 자다

It is also a good idea / to drink lots of water. **(A) You / might be disappointed /**
~도 좋은 생각이다 / 많은 물을 마시는 것 / 당신은 / 실망할지도 모른다

to find these methods / unsuccessful. (B) In that case, / you / should /
이 방법들이 ~라는 것을 알고 / 성공하지 못한 / 그 경우 / 당신은 / ~하는 것이 좋다

see a doctor / to find out / what is causing / your headache.
의사의 진찰을 받다 / 알아내기 위해 / 무엇이 일으키는지 / 당신의 두통을

당신이 두통으로 고통받고 있다면, 당신은 고통을 줄이기 위해 여러 가지 것들을 할 수 있다. 휴식은 당신이 필요한 첫 번째 것이다. 당신은 충분한 잠을 자는 것이 좋다. 많은 물을 마시는 것도 좋은 생각이다. **(A) 당신은 이 방법들이 성공하지 못한 것을 알고 실망할지도 모른다. (B) 그 경우, 무엇이 당신의 두통을 일으키는지 알아내기 위해 의사의 진찰을 받는 것이 좋다.**

[03~04]

In the 15th century, / Europeans / brought / a lot of spices / from Asia.
15세기에 유럽인들은 가져왔다 많은 향신료를 아시아로부터

Many traders / went / to the East / to buy / pepper and cinnamon.
많은 상인들이 갔다 동양에 사기 위해 후추와 계피를

03 **(A) However, / Asian spices / were difficult to bring back.** Traders /
하지만 아시아의 향신료는 다시 가지고 돌아오는 것이 어려웠다 상인들은

had to walk / thousands of kilometers / by land. 03 **(B) So, / some countries /**
걸어야 했다 수천 킬로미터를 육로로 그래서 몇몇 나라들은

decided / to find a new way / by sea. Hundreds of explorers / started sailing, /
결정했다 새로운 길을 찾는 것을 해로로 수백 명의 탐험가들이 항해하기 시작했다

but they / all failed. After years of exploring, / Vasco da Gama / finally / found /
하지만 그들은 모두 실패했다 탐험한 지 수년 후에 바스쿠 다 가마는 마침내 찾았다

a waterway / from Europe to India.
수로를 유럽에서 인도로 가는

15세기에, 유럽인들은 아시아로부터 많은 향신료를 가져왔다. 많은 상인들이 후추와 계피를 사기 위해 동양에 갔다. **(A) 하지만, 아시아의 향신료는 다시 가지고 돌아오는 것이 어려웠다.** 상인들은 육로로 수천 킬로미터를 걸어야 했다. **(B) 그래서, 몇몇 나라들은 해로로 새로운 길을 찾는 것을 결정했다.** 수백 명의 탐험가들이 항해하기 시작했지만, 그들은 모두 실패했다. 탐험한 지 수년 후에, 바스쿠 다 가마는 마침내 유럽에서 인도로 가는 수로를 찾았다.

04 (A) Europeans / wanted / to bring / spices / from Asia.
유럽인들은 / 원했다 / 가져오는 것을 향신료를 / 아시아로부터

(A) 유럽인들은 아시아로부터 향신료를 가져오는 것을 원했다.

(B) Some countries / sent / explorers / to find / a way to Asia / by sea.
몇몇 나라들은 / 보냈다 / 탐험가들을 / 찾기 위해 / 아시아에 가는 길을 / 해로로

(B) 몇몇 나라들은 해로로 아시아에 가는 길을 찾기 위해 탐험가들을 보냈다.

Tip!

04-(A) 지문의 '15세기에, 유럽인들은 아시아로부터 많은 향신료를 가져왔다(In the 15th century, Europeans brought a lot of spices from Asia)'라는 문구를 통해 유럽인들이 아시아로부터 향신료를 가져오는 것을 원했다는 것을 알 수 있다. 따라서 ⓐ가 정답이다.

04-(B) 지문의 '그래서, 몇몇 나라들은 해로로 새로운 길을 찾는 것을 결정했다(So, some countries decided to find a new way by sea)'라는 문구를 통해 몇몇 나라들이 해로로 아시아에 가는 길을 찾기 위해 탐험가들을 보냈다는 것을 알 수 있다. 따라서 ⓑ가 정답이다.

Chapter 17 분사와 분사구문 정복하기

Unit 81 명사 앞에서 명사를 꾸며주는 분사 해석하기

p.160

01 Jay / gave / the **dying** flowers / some water.
Jay는 / 주었다 / **죽어가는** 꽃에 / 약간의 물을

Jay는 **죽어가는** 꽃에 약간의 물을 주었다.

02 The **running** men / in the marathon / waved / to the crowd.
달리는 사람들은 / 마라톤에서 / 손을 흔들었다 / 군중에게

마라톤에서 **달리는** 사람들은 군중에게 손을 흔들었다.

03 The **rising** sun / turned / the sky / pink.
떠오르는 태양이 / 변하게 했다 / 하늘을 / 분홍빛으로

떠오르는 태양이 하늘을 분홍빛으로 변하게 했다.

04 David / takes notes / on **lined** paper / during class.
David는 / 필기를 한다 / **선이 그어진** 종이에 / 수업 시간에

David는 수업 시간에 **선이 그어진** 종이에 필기를 한다.

05 Sean / found / his **lost** sock / behind the sofa.
Sean은 / 찾았다 / 그의 **잃어버린** 양말을 / 소파 뒤에서

Sean은 소파 뒤에서 그의 **잃어버린** 양말을 찾았다.

06 My car / isn't working, / so / I / need / a **skilled** mechanic /
내 차가 / 작동하지 않는다 / 그래서 / 나는 / 필요하다 / **숙련된** 정비공이 /
to repair / it.
수리하기 위해 / 그것을

내 차가 작동하지 않아서, 나는 그것을 수리하기 위해 **숙련된** 정비공이 필요하다.

07 Police / watch for / **speeding** cars / and / fine / the drivers.
경찰은 / ~을 감시한다 / **과속하는** 차들 / 그리고 / 벌금을 부과한다 / 운전자들에게

경찰은 **과속하는** 차들을 감시하고 운전자들에게 벌금을 부과한다.

08 **Broken** bones / can take / several months / to heal.
부러진 뼈는 / 걸릴 수 있다 / 몇 달이 / 낫는 데

부러진 뼈는 낫는 데 몇 달이 걸릴 수 있다.

09 No one / could open / the **locked** door, / so / we / entered /
아무도 ~ 않다 / 열 수 있었다 / **잠긴** 문을 / 그래서 / 우리는 / 들어갔다 /
through the window.
창문을 통해

아무도 **잠긴** 문을 열 수 없어서, 우리는 창문을 통해 들어갔다.

10 The students / couldn't focus / on the test.
학생들은 / 집중할 수 없었다 / 시험에
The **ticking** clock / was making / them / nervous.
똑딱거리는 시계가 / 만들고 있었다 / 그들을 / 긴장하게

학생들은 시험에 집중할 수 없었다.
똑딱거리는 시계가 그들을 긴장하게 만들고 있었다.

Unit 82 명사 뒤에서 명사를 꾸며주는 분사 해석하기

p.161

01 A desk / **made of wood** / is expensive.
책상은 / **나무로 만들어진** / 비싸다

나무로 만들어진 책상은 비싸다.

02 Is / this / a book / **written for children**?
~이니 / 이것은 / 책 / **아이들을 위해 쓰인**

이것은 **아이들을 위해 쓰인** 책이니?

03 The people / **waiting in line** / must be / bored.
사람들은 / **줄을 서서 기다리고 있는** / 분명히 ~일 것이다 / 지루한

줄을 서서 기다리고 있는 사람들은 분명히 지루할 것이다.

04 The cake / **served at the party** / wasn't / very good.
케이크는 / **파티에서 제공된** / ~이지는 않았다 / 매우 맛있는

파티에서 제공된 케이크는 매우 맛있지는 않았다.

05 I / stopped / to read / the warning sign / **hanging on the door**.
나는 / 멈췄다 / 읽기 위해 / 경고 표지판을 / **문에 걸려 있는**

나는 **문에 걸려 있는** 경고 표지판을 읽기 위해 멈췄다.

06 A bird / **singing in the tree outside** / suddenly / flew away.
새가 / **바깥에 있는 나무에서 노래하고 있는** / 갑자기 / 날아가 버렸다

바깥에 있는 나무에서 노래하고 있는 새가 갑자기 날아가 버렸다.

07 The tomatoes / **growing in the garden** / are not / red / yet.
토마토들은 / **정원에서 자라고 있는** / ~이지 않다 / 빨간 / 아직

정원에서 자라고 있는 토마토들은 아직 빨갛지 않다.

08 A little boy / **hiding behind a wall** / was playing / a game /
어린 소년은 / **벽 뒤에 숨어있는** / 하고 있는 중이었다 / 게임을 /

with his friends.
그의 친구들과

벽 뒤에 숨어있는 어린 소년은 그의 친구들과 게임을 하고 있는 중이었다.

09 Some organizations / take care of / the homeless people /
몇몇 단체들은 / 돌본다 / 노숙자들을 /

living in the city.
도시에 살고 있는

몇몇 단체들은 **도시에 살고 있는** 노숙자들을 돌본다.

10 Guide dogs / are / animals / **trained to help blind people**.
안내견은 / ~이다 / 동물 / **맹인들을 돕기 위해 훈련된**

We / must not bother / them / when they are working.
우리는 / 방해하면 안 된다 / 그들을 / 그들이 일하고 있을 때

안내견은 **맹인들을 돕기 위해 훈련된** 동물이다.
우리는 그들이 일하고 있을 때 그들을 방해하면 안 된다.

Unit 83 시간을 나타내는 분사구문 해석하기

p.162

01 **Holding his breath**, / Jacob / jumped / into the pool.
숨을 참으면서 / Jacob은 / 뛰어들었다 / 수영장에

숨을 참으면서, Jacob은 수영장에 뛰어들었다.

02 Dennis / answered / many questions /
Dennis는 / 답변했다 / 많은 질문들에 /

while giving his presentation.
그의 발표를 하는 동안

Dennis는 **그의 발표를 하는 동안** 많은 질문들에 답변했다.

03 **Spraying ink all over the floor**, / the copier / broke down.
바닥 곳곳에 잉크를 뿌리면서 / 복사기는 / 고장 났다

바닥 곳곳에 잉크를 뿌리면서, 복사기는 고장 났다.

04 I / didn't hear / a knock on my door / **while talking on the phone**.
나는 / 듣지 못했다 / 내 문을 두드리는 소리를 / **전화 통화를 하는 동안**

나는 **전화 통화를 하는 동안** 내 문을 두드리는 소리를 듣지 못했다.

05 **Checking into the hotel**, / the guests / handed / their bags /
호텔에 체크인할 때 / 손님들은 / 건네줬다 / 그들의 가방을 /

to the bell boy.
벨 보이에게

호텔에 체크인할 때, 손님들은 그들의 가방을 벨 보이에게 건네줬다.

06 **Hurrying to book her flight**, / Cathy / didn't read /
항공편을 예약하기 위해 서두르면서 / Cathy는 / 읽지 않았다 /

all of the details / carefully.
모든 세부 사항을 / 주의 깊게

항공편을 예약하기 위해 서두르면서, Cathy는 모든 세부 사항을 주의 깊게 읽지 않았다.

07 **When jogging outside**, / you / should wear / running shoes.
밖에서 조깅할 때 / 너는 / 신는 것이 좋겠다 / 운동화를

Otherwise, / you / could hurt yourself.
그렇지 않으면 / 너는 / 다칠 수 있다

밖에서 조깅할 때, 너는 운동화를 신는 것이 좋겠다. 그렇지 않으면, 너는 다칠 수 있다.

08 Mr. Gregory / helped / many poor students /
Gregory 씨는 / 도왔다 / 많은 가난한 학생들을 /

while working as a teacher.
선생님으로 일하는 동안

Gregory 씨는 **선생님으로 일하는 동안** 많은 가난한 학생들을 도왔다.

09 **While waiting for the bus**, / Janet / checked / her watch /
버스를 기다리는 동안 / Janet은 / 확인했다 / 그녀의 시계를 /

several times.
여러 번

버스를 기다리는 동안, Janet은 그녀의 시계를 여러 번 확인했다.

10 **When introducing myself**, / I / always / try / to smile / and /
자기소개를 할 때 / 나는 / 항상 / 노력한다 / 미소를 지으려고 / 그리고 /

make eye contact / with them.
눈을 마주치려고 / 그들과

자기소개를 할 때, 나는 항상 미소를 짓고 그들과 눈을 마주치려고 노력한다.

Unit 84 이유를 나타내는 분사구문 해석하기

p.163

01 **Being sick**, / Eva / could not go / to school.
아파서 / Eva는 / 갈 수 없었다 / 학교에

아파서, Eva는 학교에 갈 수 없었다.

02 The rabbit / ran / fast / to escape, / **seeing wolves nearby**.
토끼는 / 달렸다 / 빠르게 / 달아나기 위해 / **가까이에서 늑대를 보아서**

가까이에서 늑대를 보아서, 토끼는 달아나기 위해 빠르게 달렸다.

03 **Working at the library**, / he / can read / a lot of books / every day.
도서관에서 일하기 때문에 / 그는 / 읽을 수 있다 / 많은 책을 / 매일

도서관에서 일하기 때문에, 그는 매일 많은 책을 읽을 수 있다.

04 We / closed / the windows, / **recognizing that a storm was coming**.
우리는 / 닫았다 / 창문을 / **폭풍우가 오고 있는 것을 알아서**

폭풍우가 오고 있는 것을 알아서, 우리는 창문을 닫았다.

05 **Feeling thirsty after the marathon**, / Hilda / drank / a lot of water.
마라톤 후에 목이 말라서 / Hilda는 / 마셨다 / 많은 물을

마라톤 후에 목이 말라서, Hilda는 많은 물을 마셨다.

06 **Having very powerful noses**, / dogs / can smell things / well.
아주 강력한 후각을 가지고 있기 때문에 / 개는 / 사물의 냄새를 맡을 수 있다 / 잘

아주 강력한 후각을 가지고 있기 때문에, 개는 사물의 냄새를 잘 맡을 수 있다.

07 Jane / called / the fire department, /
Jane은 / 전화했다 / 소방서에 /

noticing a fire across the street.
길 건너의 화재를 알아차려서

길 건너의 화재를 알아차려서, Jane은 소방서에 전화했다.

08 **Listening to loud music**, / Andrea / didn't hear /
시끄러운 음악을 듣고 있어서 / Andrea는 / 듣지 못했다 /

the phone ringing.
전화가 울리는 것을

시끄러운 음악을 듣고 있어서, Andrea는 전화가 울리는 것을 듣지 못했다.

09 **Seeing that he gained a lot of weight**, / Paul / decided /
그는 체중이 많이 늘었다는 것을 알게 되어서 / Paul은 / 결심했다 /

to go on a diet.
다이어트를 시작하기로

체중이 많이 늘었다는 것을 알게 되어서, Paul은 다이어트를 시작하기로 결심했다.

10 Nelson Mandela / worked / to end troubles / in South Africa, /
넬슨 만델라는 / 노력했다 / 분쟁을 끝내기 위해 / 남아프리카 공화국에서 /

knowing that peace was possible.
평화가 가능하다는 것을 알았기 때문에

평화가 가능하다는 것을 알았기 때문에, 넬슨 만델라는 남아프리카 공화국에서 분쟁을 끝내기 위해 노력했다.

Unit 85 분사로 시작하지 않는 분사구문 **해석하기**

p.164

01 **The movie starting**, / the audience / stopped / talking.
영화가 시작하자 / 관객들은 / 멈췄다 / 말하는 것을

영화가 시작하자, 관객들은 말하는 것을 멈췄다.

02 **His sneakers getting wet**, / Tom / moved away / from the water.
그의 운동화가 젖어서 / Tom은 / 비켜났다 / 물에서

그의 운동화가 젖어서, Tom은 물에서 비켜났다.

03 **The sun going down**, / I / took a picture / of the beautiful sunset.
해가 지는 동안 / 나는 / 사진을 찍었다 / 아름다운 일몰의

해가 지는 동안, 나는 아름다운 일몰의 사진을 찍었다.

04 The car / didn't move, / **the gas tank light showing empty**.
자동차가 / 움직이지 않았다 / **연료 탱크 표시등이 비었다고 보여주면서**

연료 탱크 표시등이 비었다고 보여주면서, 자동차가 움직이지 않았다.

05 **The soup boiling in the pot**, / the cook / began /
수프가 냄비에서 끓는 동안 / 요리사는 / 시작했다 /

preparing the salad.
샐러드를 준비하는 것을

수프가 냄비에서 끓는 동안, 요리사는 샐러드를 준비하는 것을 시작했다.

06 Plants / will die / in dark rooms, /
식물들은 / 죽을 것이다 / 어두운 방에서 /

sunlight being important to their growth.
햇빛이 그들의 성장에 중요하기 때문에

햇빛이 성장에 중요하기 때문에, 식물들은 어두운 방에서 죽을 것이다.

07 Bruno / never eats / curry, / **it tasting spicy**.
Bruno는 / 절대 먹지 않는다 / 카레를 / **그것이 매운맛이 나서**

He / prefers / mild dishes.
그는 / 더 좋아한다 / 순한 음식들을

매운맛이 나서, Bruno는 절대 카레를 먹지 않는다.
그는 순한 음식들을 더 좋아한다.

08 **The bookstore being closed**, / I / could not buy / a book.
서점이 닫혀 있어서 / 나는 / 살 수 없었다 / 책을

서점이 닫혀 있어서, 나는 책을 살 수 없었다.

09 **The male penguin protecting the eggs**, / the female /
수컷 펭귄이 알을 보호하는 동안 / 암컷은 /

goes into / the water / to hunt.
들어간다 / 물에 / 사냥하기 위해

수컷 펭귄이 알을 보호하는 동안, 암컷은 사냥하기 위해 물에 들어간다.

10 **Flight tickets being expensive**, / Sheena / couldn't buy / them.
비행기 표가 비싸서 / Sheena는 / 살 수 없었다 / 그것들을

She / chose / to go / by train.
그녀는 / 선택했다 / 가는 것을 / 기차로

비행기 표가 비싸서, Sheena는 그것들을 살 수 없었다. 그녀는 기차로 가는 것을 선택했다.

Unit 86 with + 명사 + 분사 해석하기

p.165

01 Lily / sat / **with her legs crossed**.
Lily는 / 앉았다 / **그녀의 다리를 꼰 채로**

Lily는 **그녀의 다리를 꼰 채로** 앉았다.

02 Kevin / was walking / **with his dog following**.
Kevin은 / 걷고 있었다 / **그의 개가 따라오는 채로**

Kevin은 **그의 개가 따라오는 채로** 걷고 있었다.

03 **With my finger bleeding**, / I / looked for / a bandage.
내 손가락에 피를 흘리는 채로 / 나는 / 찾았다 / 붕대를

내 손가락에 피를 흘리는 채로, 나는 붕대를 찾았다.

04 Lucy / tried / not to show / her smile /
Lucy는 / 노력했다 / 보여주지 않으려고 / 그녀의 미소를 /

with her hair hiding her face.
그녀의 머리카락으로 얼굴을 가리면서

Lucy는 **그녀의 머리카락으로 얼굴을 가리면서** 그녀의 미소를 보여주지 않으려고 노력했다.

05 **With his voice shaking**, / Jasper / couldn't speak / properly.
그의 목소리가 떨리는 채로 / Jasper는 / 말할 수 없었다 / 제대로

그의 목소리가 떨리는 채로, Jasper는 제대로 말할 수 없었다.

06 Harry / was / upset.
Harry는 / ~였다 / 화가 난

With the door locked, / he / stayed / in his room.
문을 잠근 채로 / 그는 / 계속 있었다 / 그의 방에

Harry는 화가 났다. **문을 잠근 채로**, 그는 그의 방에 계속 있었다.

07 **With one shoe untied**, / I / walked / to work.
신발 한 짝이 풀린 채로 / 나는 / 걸어갔다 / 회사까지

I / realized / this / at lunchtime.
나는 / 알아차렸다 / 이것을 / 점심시간에

신발 한 짝이 풀린 채로, 나는 회사까지 걸어갔다. 나는 점심시간에 이것을 알아차렸다.

08 Sam / arrived / at the bus stop, /
Sam은 / 도착했다 / 버스 정류장에 /

with the last bus of the day leaving.
그날의 마지막 버스가 떠났을 때

Sam은 **그날의 마지막 버스가 떠났을 때**, 버스 정류장에 도착했다.

09 The passengers / found / their seats /
승객들은 / 찾았다 / 그들의 좌석을 /

with the pilot preparing for takeoff.
조종사가 이륙을 준비할 때

조종사가 이륙을 준비할 때 승객들은 그들의 좌석을 찾았다.

10 Jeremy / went / to see a movie / **with all his homework finished.** **그의 모든 숙제를 끝내놓은 채로** Jeremy는 영화를 보러 갔다.
Jeremy는 / 갔다 / 영화를 보러 / **그의 모든 숙제를 끝내놓은 채로**

HACKERS TEST

p.166

정답

01 (A) 보통, 그것들은 갓 구운 빵과 함께 제공된다.
(B) 음식의 양이 적어서, 사람들은 보통 여러 가지 종류를 주문한다.

02 (A) 그녀의 이름을 부르면서, 우리는 그녀를 찾아 모든 곳을 보았다.
(B) 거기에 누워서, 그녀는 그녀의 눈을 감은 채 평온하게 자고 있었다.

03 (A) 춥고 마른 공기에서 형성된 눈송이는 단순해 보인다.
(B) 긴 가지와 뾰족한 끝을 가져서, 그것들은 별처럼 보인다.

04 (A) - ⓐ / (B) - ⓓ

구문해석 / 해석

01

Many bars / in Spain / serve / tapas. Tapas / are / light snacks / eaten /
많은 술집들은 스페인에 있는 제공한다 타파스를 타파스는 ~이다 가벼운 간식 먹는

before dinner. Some examples of tapas / are / fried squid, / grilled shrimp, /
저녁 식사 전에 타파스의 몇몇 예시는 ~이다 튀긴 오징어 구운 새우

and sausages / cooked in wine. **(A) Usually, they / are served /**
그리고 소시지 와인으로 요리된 보통 그것들은 제공된다

with freshly baked bread. (B) The dishes being small, / people / usually /
갓 구운 빵과 함께 음식의 양이 적어서 사람들은 보통

order / several kinds. After eating tapas / at one bar, / diners / go /
주문한다 여러 가지 종류를 타파스를 먹은 후에 한 술집에서 식사하는 사람들은 간다

to other bars / to try / different ones.
다른 술집에 시도해보기 위해 다른 것들을

스페인에 있는 많은 술집들은 타파스를 제공한다. 타파스는 저녁 식사 전에 먹는 가벼운 간식이다. 타파스의 몇몇 예시는 튀긴 오징어, 구운 새우, 그리고 와인으로 요리된 소시지이다. **(A) 보통, 그것들은 갓 구운 빵과 함께 제공된다. (B) 음식의 양이 적어서, 사람들은 보통 여러 가지 종류를 주문한다.** 한 술집에서 타파스를 먹은 후에, 식사하는 사람들은 다른 것들을 시도해보기 위해 다른 술집에 간다.

02

Our family / has / a pet poodle / named Daisy. One day, / Daisy disappeared.
우리 가족은 가지고 있다 애완견 푸들을 Daisy라는 이름의 어느 날 Daisy가 사라졌다

(A) Calling her name, / we / looked / everywhere / for her. We / were all worried /
그녀의 이름을 부르면서 우리는 보았다 모든 곳을 그녀를 찾아 우리는 모두 걱정했다

about our missing dog. Then, we / heard / a snoring sound / coming from /
우리의 사라진 개에 대해 그때 우리는 들었다 코를 고는 소리를 ~에서 나오는

a closed kitchen cabinet. I / opened / the cabinet / and found / Daisy!
닫힌 주방 수납장 나는 열었다 수납장을 그리고 찾았다 Daisy를

(B) Lying there, / she / was sleeping / calmly / with her eyes closed. I / was /
거기에 누워서 그녀는 자고 있었다 평온하게 그녀의 눈을 감은 채 나는 ~였다

우리 가족은 Daisy라는 이름의 애완견 푸들을 가지고 있다. 어느 날, Daisy가 사라졌다. **(A) 그녀의 이름을 부르면서, 우리는 그녀를 찾아 모든 곳을 보았다.** 우리는 모두 우리의 사라진 개에 대해 걱정했다. 그때, 우리는 닫힌 주방 수납장에서 나오는 코를 고는 소리를 들었다. 나는 수납장을 열었고 Daisy를 찾았다! **(B) 거기에 누워서, 그녀는 그녀의 눈을 감은 채 평온하게 자고 있었다.** 나는 너무 안도했다!

so relieved! 너무 안도하는	

[03~04]

Have you ever / looked closely / at a snowflake? If so, / you / must have noticed / ~한 적이 있는가 유심히 본 눈송이를 만약 그렇다면 당신은 알아차렸을 것이다 its shape. Its shape / depends on / the weather conditions. 03 **(A) Snowflakes /** 그것의 모양을 그것의 모양은 ~에 달려 있다 기상 상태에 눈송이는 **formed in cold and dry air / look simple.** They / are / flat and round. When / 춥고 마른 공기에서 형성된 단순해 보인다 그것들은 ~이다 납작하고 둥근 ~일 때 the weather / is warm and wet, / snowflakes / seem / complex. 날씨가 따뜻하고 습하다 눈송이는 ~것처럼 보인다 복잡한 03 **(B) Having long arms and pointy ends, / they / look like / stars.** 긴 가지와 뾰족한 끝을 가져서 그것들은 ~처럼 보인다 별 The next time / it snows, / look closely / at a snowflake. You / will see / 다음에 ~할 때 눈이 오다 유심히 보아라 눈송이를 당신은 볼 것이다 its shape / and know / the weather conditions / that caused it. 그것의 모양 그리고 안다 기상 상태를 그것을 일으켰던	눈송이를 유심히 본 적이 있는가? 만약 그렇다면, 당신은 그것의 모양을 알아차렸을 것이다. 그것의 모양은 기상 상태에 달려 있다. **(A) 춥고 마른 공기에서 형성된 눈송이는 단순해 보인다.** 그것들은 납작하고 둥글다. 날씨가 따뜻하고 습할 때, 눈송이는 복잡한 것처럼 보인다. **(B) 긴 가지와 뾰족한 끝을 가져서, 그것들은 별처럼 보인다.** 다음에 눈이 올 때, 눈송이를 유심히 보아라. 당신은 그것의 모양을 보고 그것을 일으켰던 기상 상태를 알 것이다.
04 (A) Weather / is / what makes snowflakes' shapes. 날씨는 / ~이다 / 눈송이의 모양을 만드는 것	(A) 눈송이의 모양을 만드는 것은 날씨이다.
(B) Snowflakes / look like / stars / when the air is warm and wet. 눈송이는 / ~처럼 보인다 / 별 / 공기가 따뜻하고 습할 때	(B) 눈송이는 공기가 따뜻하고 습할 때 별처럼 보인다.

Tip!

04-(A) 지문의 '그것의 모양은 기상 상태에 달려 있다(Its shape depends on the weather conditions)'라는 문구를 통해 눈송이의 모양을 만드는 것은 날씨라는 것을 알 수 있다. 따라서 ⓐ가 정답이다.

04-(B) 지문의 '날씨가 따뜻하고 습할 때, 눈송이는 복잡한 것처럼 보인다. 긴 가지와 뾰족한 끝을 가져서, 그것들은 별처럼 보인다(When the weather is warm and wet, snowflakes seem complex. Having long arms and pointy ends, they look like stars)'라는 문구를 통해 눈송이는 공기가 따뜻하고 습할 때 별처럼 보인다는 것을 알 수 있다. 따라서 ⓓ가 정답이다.

Chapter 18 비교 구문 정복하기

Unit 87 비교급 구문 **해석하기**

p.170

01 Cotton / is / **softer than** / wool.
면은 / ~이다 / **~보다 더 부드러운** / 모직

면은 모직**보다 더 부드럽**다.

02 From Korea, / Mexico / is / **farther than** / Japan.
한국에서 / 멕시코는 / ~이다 / **~보다 더 먼** / 일본

한국에서, 멕시코는 일본**보다 더 멀**다.

03 Jim / cooks / dinner / **more often than** / his wife cooks.
Jim은 / 요리한다 / 저녁을 / **~보다 더 자주** / 그의 아내가 요리하는 것

Jim은 그의 아내가 요리하는 것**보다 더 자주** 저녁을 요리한다.

04 Was / Carl's test score / **worse than** / Fred's?
~였니 / Carl의 시험 점수가 / **~보다 더 나쁜** / Fred의 것

Carl의 시험 점수가 Fred의 것**보다 더 나빴**니?

05 The trip / took / a bit / **longer than** / Jennifer planned.
여행은 / 걸렸다 / 조금 / **~보다 더 오래** / Jennifer가 계획했던 것

여행은 Jennifer가 계획했던 것**보다** 조금 **더 오래** 걸렸다.

06 In the class, / Sammy / listened / **more carefully than** / other people.
수업에서 / Sammy는 / 들었다 / **~보다 더 주의 깊게** / 다른 사람들

수업에서, Sammy는 다른 사람들**보다 더 주의 깊게** 들었다.

07 Many people / say that / writing poetry / is /
많은 사람들은 / ~라고 말한다 / 시를 쓰는 것이 / ~이다 /

more difficult than / writing novels.
~보다 더 어려운 / 소설을 쓰는 것

많은 사람들은 시를 쓰는 것이 소설을 쓰는 것**보다 더 어렵**다고 말한다.

08 Business school / was / **more expensive than** / law school.
경영대학원은 / ~였다 / **~보다 더 비싼** / 로스쿨

경영대학원은 로스쿨**보다 더 비쌌**다.

09 Jack / prefers / old movies.
Jack은 / 더 좋아한다 / 옛날 영화들을

He / thinks that / they / are / **more interesting than** /
그는 / ~라고 생각한다 / 그것들이 / ~이다 / **~보다 더 재미있는** /

new Hollywood movies.
새로운 할리우드 영화들

Jack은 옛날 영화들을 더 좋아한다.
그는 그것들이 새로운 할리우드 영화들**보다 더 재미있**다고 생각한다.

10 The company / changed / its logo / recently.
그 회사는 / 바꾸었다 / 그것의 로고를 / 최근에

Jonathan / found / it / **better than** / the old one.
Jonathan은 / ~라고 생각했다 / 그것이 / **~보다 더 나은** / 예전 것

그 회사는 최근에 그것의 로고를 바꾸었다.
Jonathan은 그것이 예전 것**보다 더 낫**다고 생각했다.

Unit 88 최상급 구문 **해석하기**

p.171

01 Morning / is / **the busiest** time / at the café.
아침은 / ~이다 / **가장 바쁜** 시간 / 카페에서

아침은 카페에서 **가장 바쁜** 시간이다.

02 Is / Felicia / **the strongest** player / on the team?
~이니 / Felicia가 / **가장 강한** 선수 / 그 팀에서

Felicia가 그 팀에서 **가장 강한** 선수니?

03 The steak / is not / **the most popular** dish / at this restaurant.
스테이크는 / ~이 아니다 / **가장 인기 있는** 음식 / 이 식당에서

스테이크는 이 식당에서 **가장 인기 있는** 음식이 아니다.

04 The hotel rooms / on the top floor / have / **the most beautiful** /
호텔 객실들은 / 맨 위층에 있는 / 가지고 있다 / **가장 아름다운** /

views.
전망을

맨 위층에 있는 호텔 객실들은 **가장 아름다운** 전망을 가지고 있다.

05 The blue whale / is / **the largest** animal / living on earth.
흰긴수염고래는 / ~이다 / **가장 큰** 동물 / 지구상에 사는

흰긴수염고래는 지구상에 사는 **가장 큰** 동물이다.

06 Professor Smith's history class / was / **the best** class /
Smith 교수님의 역사 수업은 / ~였다 / **최고의 수업** /

I have ever taken.
내가 들었던

Smith 교수님의 역사 수업은 내가 들었던 **최고의** 수업이었다.

07 **The** world's **tallest** building / is / in Dubai.
세계에서 **가장 높은** 건물은 / 있다 / 두바이에

It / is / over 800 meters high.
그것은 / ~이다 / 높이가 800미터가 넘는

세계에서 **가장 높은** 건물은 두바이에 있다.
그것은 높이가 800미터가 넘는다.

08 My trip to China / will be / **the furthest** /
중국으로 가는 나의 여행은 / ~일 것이다 / **가장 먼** /

I've ever been from my house.
내가 집으로부터 갔던

중국으로 가는 나의 여행은 내가 집으로부터 갔던 **가장 먼** 여행일 것이다.

09 Mr. Lee / drives / **the most carefully** / in his family.
Lee 씨는 / 운전한다 / **가장 조심스럽게** / 그의 가족 중에서

He / has never caused / an accident.
그는 / 한 번도 일으킨 적이 없다 / 사고를

Lee 씨는 그의 가족 중에서 **가장 조심스럽게** 운전한다.
그는 한 번도 사고를 일으킨 적이 없다.

10 Sarah / had / a bad day.
Sarah는 / 겪었다 / 안 좋은 하루를

The worst part / of her day / was / missing / her bus stop.
가장 안 좋았던 부분은 / 그녀의 하루에서 / ~였다 / 놓친 것 / 그녀의 버스 정류장을

Sarah는 안 좋은 하루를 겪었다.
그녀의 하루에서 **가장 안 좋았던** 부분은 그녀의 버스 정류장을 놓친 것이었다.

Unit 89 원급 구문 **해석하기**

p.172

01 Benny / makes / coffee / **as well as** a barista.
Benny는 / 만든다 / 커피를 / 바리스타**만큼 잘**

Benny는 바리스타**만큼** 커피를 **잘** 만든다.

02 A healthy mind / is / **as important as** a healthy body.
건강한 정신은 / ~이다 / 건강한 신체**만큼 중요한**

건강한 정신은 건강한 신체**만큼 중요하**다.

03 The day / was / **as hot as** the weather forecast had said.
그날은 / ~였다 / 일기예보가 말했던 것**만큼 더운**

그날은 일기예보가 말했던 것**만큼 더웠**다.

04 No one else / in the office / can work / **as quickly as** John.
아무도 ~ 없다 / 사무실에서 / 일할 수 있다 / John**만큼 빨리**

사무실에서 아무도 John**만큼 빨리** 일할 수 없다.

05 Some people / think that / dolphins / are / **as smart as** humans.
어떤 사람들은 / ~라고 생각한다 / 돌고래가 / ~이다 / 사람**만큼 똑똑한**

어떤 사람들은 돌고래가 사람**만큼 똑똑하**다고 생각한다.

06 The movie / wasn't / **as bad as** George told me it was.
그 영화는 / ~이지 않았다 / George가 나에게 말했던 것**만큼 나쁜**

그 영화는 George가 나에게 말했던 것**만큼 나쁘**지 않았다.

07 You / should try / this soup.
너는 / 먹어보는 것이 좋겠다 / 이 수프를

It's not / **as spicy as** I expected.
이것은 ~이 아니다 / 내가 예상한 것**만큼 매운**

너는 이 수프를 먹어보는 것이 좋겠다.
이것은 내가 예상한 것**만큼 맵**지 않다.

08 Kate's homemade cakes / were /
Kate의 집에서 만든 케이크는 / ~였다 /

as delicious as the ones at the bakery.
제과점의 것**만큼 맛있는**

Kate의 집에서 만든 케이크는 제과점의 것**만큼 맛있**었다.

09 This dress / didn't look /
이 드레스는 / (~해) 보이지 않았다 /

as beautiful as the one Natasha bought yesterday.
Natasha가 어제 산 것**만큼 아름다운**

이 드레스는 Natasha가 어제 산 것**만큼 아름다워** 보이지 않았다.

10 My mother's health problem / was not / **as serious as** we feared.
나의 어머니의 건강 문제는 / ~이지 않았다 / 우리가 염려했던 것**만큼 심각한**

She / will be / fine / in a few days.
그녀는 / ~일 것이다 / 괜찮은 / 며칠 안에

나의 어머니의 건강 문제는 우리가 염려했던 것**만큼 심각하**지 않았다.
그녀는 며칠 안에 괜찮아질 것이다.

Unit 90 원급, 비교급, 최상급이 사용된 표현 익히기

p.173

01 The cheetah / is / **one of the fastest land animals**.
치타는 / ~이다 / **가장 빠른 육지 동물 중 하나**

치타는 **가장 빠른 육지 동물 중 하나**이다.

02 **More and more** people / are shopping / online / these days.
점점 더 많은 사람들이 / 쇼핑하고 있다 / 온라인에서 / 요즘에는

요즘에는 **점점 더 많은** 사람들이 온라인에서 쇼핑하고 있다.

03 At the library, / Serena / spoke / **as quietly as possible**.
도서관에서 / Serena는 / 말했다 / **가능한 한 조용히**

도서관에서, Serena는 **가능한 한 조용히** 말했다.

04 Susan / became / **hungrier and hungrier** / as time passed.
Susan은 / ~(해)졌다 / **점점 더 배고픈** / 시간이 지날수록

Susan은 시간이 지날수록 **점점 더 배고파**졌다.

05 Surprisingly, / lemon water / is / **one of the best drinks** / for a cold.
놀랍게도 / 레몬수는 / ~이다 / **가장 좋은 음료 중 하나** / 감기에

놀랍게도, 레몬수는 감기에 **가장 좋은 음료 중 하나**이다.

06 **The higher** / the quality of silver, / **the more expensive** / it / is.
더 높을수록 / 은의 질이 / **더 비싼** / 그것은 / ~이다

은의 질이 **더 높을수록**, 그것은 **더 비싸**다.

07 I / don't like / spinach / because / it / is /
나는 / 좋아하지 않는다 / 시금치를 / 왜냐하면 / 그것은 / ~이다 /

one of the bitterest vegetables.
가장 쓴 채소 중 하나

나는 시금치를 좋아하지 않는다, 왜냐하면 그것은 **가장 쓴 채소 중 하나**이기 때문이다.

08 You / should stop / smoking.
너는 / 그만두어야 한다 / 담배 피우는 것을

The sooner, / **the better**.
더 빠를수록 / 더 좋다

너는 담배 피우는 것을 그만두어야 한다.
더 빠를수록 더 좋다.

09 Spring / is / on the way.
봄이 / ~이다 / 오는 중인

The weather / is getting / **warmer and warmer** / every day.
날씨가 / 되고 있다 / **점점 더 따뜻하게** / 날마다

봄이 오는 중이다.
날씨가 날마다 **점점 더 따뜻해**지고 있다.

10 It is a good idea / to buy flight tickets / **as early as possible**.
좋은 생각이다 / 비행기 표를 사는 것은 / **가능한 한 일찍**

They / sell out / quickly.
그것들은 / 매진된다 / 빨리

비행기 표를 **가능한 한 일찍** 사는 것은 좋은 생각이다.
그것들은 빨리 매진된다.

HACKERS TEST

p.174

정답

01 (A) 그것들은 또한 전보다 더 가벼워졌다.
(B) 스마트폰은 휴대폰 중 가장 최신 종류이다.

02 (A) 그가 19살이 되었을 때, 그는 이미 프로 선수만큼 경기에서 잘 뛰고 있었다.
(B) 이제, 그는 역대 최고의 타자 중 한 명으로 기억된다.

03 (A) 그가 태양에 더 가까이 닿을수록, 밀랍은 더 빠르게 녹았다.
(B) 그가 가능한 한 빠르게 그의 팔을 움직였지만, 그는 바다에 빠졌다.

04 (A) - ⓐ / (B) - ⓒ

구문해석 / 해석

01 Twenty years ago, / cell phones / were / big and heavy. However, technology /
20년 전에 / 휴대폰은 / ~였다 / 크고 무거운 / 하지만 기술이

has improved / over the years. Cell phones / have gotten smaller and smaller.
향상되어왔다 / 수년간 / 휴대폰은 / 점점 더 작아졌다

(A) They / **also** / **have become** / **lighter than before. (B) Smart phones** / **are** /
그것들은 / 또한 / ~(해)졌다 / 전보다 더 가벼운 / 스마트폰은 / ~이다

the latest kind / **of cell phone.** They / are / not only small and light, /
가장 최신 종류 / 휴대폰 중 / 그것들은 / ~이다 / 작고 가벼울 뿐만 아니라

20년 전에, 휴대폰은 크고 무거웠다. 하지만, 수년간 기술이 향상되어왔다. 휴대폰은 점점 더 작아졌다. **(A) 그것들은 또한 전보다 더 가벼워졌다. (B) 스마트폰은 휴대폰 중 가장 최신 종류이다.** 그것들은 작고 가벼울 뿐만 아니라, 많은 기능들도 가지고 있다. 예를 들어, 사람들은 영상 통화를 하고 인터넷에 접속할 수 있다.

but they also have many functions. For example, / people / can make video calls /
그것들은 많은 기능들도 가지고 있다 예를 들어 사람들은 영상 통화를 할 수 있다

and connect to the Internet.
그리고 인터넷에 접속한다

02

Babe Ruth / was / a famous baseball player. He / started / baseball /
베이브 루스는 ~였다 유명한 야구 선수 그는 시작했다 야구를

at seven years old. **(A) When he turned 19, / he / was / already / playing /**
7살에 그가 19살이 되었을 때 그는 ~였다 이미 경기에서 뛰다

as well as a professional. The same year, / he / was chosen / as a pitcher /
프로 선수만큼 잘 같은 해에 그는 선택되었다 투수로

for the Boston Red Sox. Later, / he / played / for the New York Yankees.
Boston Red Sox에 후에 그는 뛰었다 New York Yankees에서

At 34, / he / surprised / the world / by hitting 60 homeruns / in one year.
34살에 그는 놀라게 했다 세계를 60개의 홈런을 침으로써 한 해에

(B) Now, / he / is remembered / as one of the best hitters of / all time.
이제 그는 기억된다 최고의 타자 중 한 명으로 역대

베이브 루스는 유명한 야구 선수였다. 그는 7살에 야구를 시작했다. **(A) 그가 19살이 되었을 때, 그는 이미 프로 선수만큼 경기에서 잘 뛰고 있었다.** 같은 해에, 그는 Boston Red Sox에 투수로 선택되었다. 후에, 그는 New York Yankees에서 뛰었다. 34살에, 그는 한 해에 60개의 홈런을 침으로써 세계를 놀라게 했다. **(B) 이제, 그는 역대 최고의 타자 중 한 명으로 기억된다.**

[03~04]

You / may have heard / the Greek tale / of Daedalus and his son Icarus.
당신은 들어보았을 것이다 그리스 이야기를 다이달로스와 그의 아들 이카로스에 대한

They / were put in prison / on an island. One day, / Daedalus / made / wings /
그들은 감옥에 갇혔다 한 섬에 있는 어느 날 다이달로스는 만들었다 날개를

out of feathers and wax / to escape / with his son. Before taking off, /
깃털과 밀랍으로 탈출하기 위해 그의 아들과 함께 날아오르기 전에

Daedalus / warned / Icarus / to avoid the sun. However, Icarus / forgot /
다이달로스는 경고했다 이카로스에게 태양을 피하라고 하지만 이카로스는 잊어버렸다

this warning / and flew up high. **03 (A) The closer he got to the sun, /**
이 경고를 그리고 위쪽으로 날았다 그가 태양에 더 가까이 닿을수록

the faster the wax melted. 03 (B) Although he moved his arms /
밀랍은 더 빠르게 녹았다 그가 그의 팔을 움직였지만

as quickly as possible, / he fell into the sea.
가능한 한 빠르게 그는 바다에 빠졌다

당신은 다이달로스와 그의 아들 이카로스에 대한 그리스 이야기를 들어보았을 것이다. 그들은 한 섬에 있는 감옥에 갇혔다. 어느 날, 다이달로스는 그의 아들과 함께 탈출하기 위해 깃털과 밀랍으로 날개를 만들었다. 날아오르기 전에, 다이달로스는 이카로스에게 태양을 피하라고 경고했다. 하지만, 이카로스는 이 경고를 잊어버렸고 위쪽으로 날았다. **(A) 그가 태양에 더 가까이 닿을수록, 밀랍은 더 빠르게 녹았다. (B) 그가 가능한 한 빠르게 그의 팔을 움직였지만, 그는 바다에 빠졌다.**

04 (A) Daedalus / had / an idea / to make wings / to escape.
다이달로스는 / 있었다 / 생각이 / 날개를 만들려는 / 탈출하기 위해

(B) Icarus / fell / into the sea / when the sun caused the wax to melt.
이카로스는 / 빠졌다 / 바다에 / 태양이 밀랍을 녹게 했을 때

(A) 다이달로스는 탈출하기 위해 날개를 만들려는 생각이 있었다.

(B) 이카로스는 태양이 밀랍을 녹게 했을 때 바다에 빠졌다.

Tip!

04-(A) 지문의 '어느 날, 다이달로스는 그의 아들과 함께 탈출하기 위해 깃털과 밀랍으로 날개를 만들었다(One day, Daedalus made wings out of feathers and wax to escape with his son)'라는 문구를 통해 다이달로스가 탈출하기 위해 날개를 만들려는 생각이 있었다는 것을 알 수 있다. 따라서 ⓐ가 정답이다.

04-(B) 지문의 '그가 태양에 더 가까이 닿을수록, 밀랍은 더 빠르게 녹았다. 그가 가능한 한 빠르게 그의 팔을 움직였지만, 그는 바다에 빠졌다(The closer he got to the sun, the faster the wax melted. Although he moved his arms as quickly as possible, he fell into the sea)'라는 문구를 통해 이카로스는 태양이 밀랍을 녹게 했을 때 바다에 빠졌다는 것을 알 수 있다. 따라서 ⓒ가 정답이다.

Chapter 19 독해에 자주 나오는 필수구문 정복하기

Unit 91 there be + 명사 해석하기

p.178

01 **There are / two children** / in the classroom.
~이 있다 / 두 명의 아이들 / 교실에

교실에 **두 명의 아이들이 있다.**

02 Last week, / **there was / a large fire** / in the forest.
지난주에 / **~가 있었다 / 큰 화재** / 숲에

지난주에, 숲에 **큰 화재가 있었다.**

03 **There is / broken glass** / everywhere.
~가 있다 / 깨진 유리 / 곳곳에

We / should be / careful.
우리는 / ~인 것이 좋겠다 / 조심하는

곳곳에 **깨진 유리가 있다.**
우리는 조심하는 것이 좋겠다.

04 Joseph / said that / **there was not / enough time** /
Joseph은 / ~라고 말했다 / **~이 없었다 / 충분한 시간** /

to finish his report.
그의 보고서를 끝낼

Joseph은 그의 보고서를 끝낼 **충분한 시간이 없었다**고 말했다.

05 The egg / burned / because / **there was no / oil** / in the frying pan.
계란이 / 탔다 / ~ 때문에 / **~이 없었다 / 기름** / 프라이팬에

프라이팬에 **기름이 없었기** 때문에 계란이 탔다.

06 **There were / five buttons** / on the shirt, / but / two of them /
~가 있었다 / 다섯 개의 단추 / 그 셔츠에는 / 하지만 / 그 중 두 개가 /

are missing.
없어졌다

그 셔츠에는 **다섯 개의 단추가 있었**지만, 그 중 두 개가 없어졌다.

07 I / don't think that / **there are / many ways** /
나는 / ~라고 생각하지 않는다 / **~이 있다 / 많은 방법** /

to solve this problem.
이 문제를 해결하기 위한

나는 이 문제를 해결하기 위한 **많은 방법이 있다**고 생각하지 않는다.

08 **There were / a lot of people** / waiting in line /
~이 있었다 / 많은 사람들 / 줄을 서서 기다리고 있는 /

to see the famous singer.
유명한 가수를 보기 위해

유명한 가수를 보기 위해 줄을 서서 기다리고 있는 **많은 사람들이 있었다.**

09 The professor / was / late / for the lecture / because / **there was** /
그 교수는 / ~였다 / 늦은 / 강의에 / ~ 때문에 / **~이 있었다** /

a traffic jam / on the highway.
교통 체증 / 고속도로에

고속도로에 **교통 체증이 있었기** 때문에 그 교수는 강의에 늦었다.

10 Ken / is observing / the stars / through his telescope.
Ken은 / 관측하고 있다 / 별들을 / 그의 망원경을 통해

There are / millions of them / in the sky.
~이 있다 / 수많은 그것들 / 하늘에

Ken은 그의 망원경을 통해 별들을 관측하고 있다.
하늘에 **수많은 별이 있다.**

Unit 92 (a) few / little + 명사 **해석하기**

p.179

01 Alice / keeps / **a little cash** / in her wallet.
Alice는 / 가지고 있다 / **현금이 조금 있는** / 그녀의 지갑에

Alice는 그녀의 지갑에 **현금을 조금** 가지고 **있**다.

02 **Few people** / owned / cell phones / in the 1990s.
사람들이 거의 없는 / 소유했다 / 휴대폰을 / 1990년대에는

1990년대에는 휴대폰을 소유한 **사람들이 거의 없**었다.

03 Sophie / has / **a little work** / to do / this weekend.
Sophie는 / 있다 / **일이 조금 있는** / 해야 할 / 이번 주말에

Sophie는 이번 주말에 해야 할 **일이 조금 있**다.

04 There is / **little proof** / that the diet really works.
~가 있다 / **증거가 거의 없는** / 그 다이어트가 실제로 효과가 있다는

그 다이어트가 실제로 효과가 있다는 **증거가 거의 없**다.

05 Bell / had / **a few things** / to do / before her trip.
Bell은 / 있었다 / **일이 조금 있는** / 해야 할 / 그녀의 여행 전에

Bell은 그녀의 여행 전에 해야 할 **일이 조금 있**었다.

06 Jim / has / **little energy** / when he is stressed.
Jim은 / 있다 / **에너지가 거의 없는** / 그가 스트레스를 받을 때

Jim은 그가 스트레스를 받을 때 **에너지가 거의 없**다.

07 **Few students** / passed / the test / because / it / was / too difficult.
학생들이 거의 없는 / 통과했다 / 그 시험을 / ~ 때문에 / 그것은 / ~였다 / 너무 어려운

너무 어려웠기 때문에 그 시험을 통과한 **학생들이 거의 없**었다.

08 The book / had / **little information** / about Shakespeare's life.
그 책에는 / 있었다 / **정보가 거의 없는** / 셰익스피어의 삶에 관한

그 책에는 셰익스피어의 삶에 관한 **정보가 거의 없**었다.

09 The professor / said / there were / **a few mistakes** / in my paper.
그 교수님은 / ~라고 말씀하셨다 / ~가 있었다 / **실수가 조금 있는** / 나의 논문에

I / have to fix / them.
나는 / 고쳐야 한다 / 그것들을

그 교수님은 나의 논문에 **실수가 조금 있**었다고 말씀하셨다.
나는 그것들을 고쳐야 한다.

10 Before the notice, / **few employees** / knew that / Lina /
공지 전에 / **직원들이 거의 없는** / ~라는 것을 알았다 / Lina가 /

was going to leave / her job.
떠날 예정이다 / 그녀의 직장을

공지 전에, Lina가 그녀의 직장을 떠날 예정이라는 것을 알았던 **직원들이 거의 없**었다.

Unit 93 -thing / -body / -one + 형용사 **해석하기**

p.180

01 **Someone smart** / can solve / this problem.
똑똑한 누군가는 / 해결할 수 있다 / 이 문제를

똑똑한 누군가는 이 문제를 해결할 수 있다.

02 Does / Alex / put / **everything valuable** / in his drawer?
~하니 / Alex는 / 넣다 / **귀중한 모든 것**을 / 그의 서랍에

Alex는 **귀중한 모든 것**을 그의 서랍에 넣니?

03 To win the race, / the team / needs / **somebody fast**.
경주에서 이기기 위해 / 그 팀은 / 필요하다 / **빠른 누군가**가

경주에서 이기기 위해, 그 팀은 **빠른 누군가**가 필요하다.

04 Carter / didn't want / **anything bad** / to happen / to Kate.
Carter는 / 원하지 않았다 / **어떤 나쁜 것**도 / 일어나기를 / Kate에게

Carter는 Kate에게 **어떤 나쁜 것**도 일어나기를 원하지 않았다.

05 The guard / didn't see / **anyone strange** / coming into the building.
경비원은 / 보지 못했다 / **수상한 누군가**를 / 건물로 들어오는

경비원은 건물로 들어오는 **수상한 누군가**를 보지 못했다.

06 Kelly / likes / dessert / so / she / always / eats / **something sweet** /
Kelly는 / 좋아한다 / 후식을 / 그래서 / 그녀는 / 항상 / 먹는다 / **달콤한 무언가**를 /

after dinner.
저녁 식사 후에

Kelly는 후식을 좋아해서 그녀는 저녁 식사 후에 항상 **달콤한 무언가**를 먹는다.

07 The professor / noticed / **everything incorrect** /
교수는 / 알아차렸다 / **틀린 모든 것**을 /

on the student's paper.
그 학생의 논문에서

교수는 그 학생의 논문에서 **틀린 모든 것**을 알아차렸다.

08 **Anybody interested in modern history** / should visit / this place.
현대사에 관심이 있는 누구든지 / 방문해야 한다 / 이곳을

현대사에 관심이 있는 누구든지 이곳을 방문해야 한다.

09 During her speech, / Janine / said / **something funny** / and /
그녀의 연설 중에 / Janine은 / 말했다 / **재미있는 무언가**를 / 그리고 /

everyone / laughed.
모두가 / 웃었다

그녀의 연설 중에, Janine은 **재미있는 무언가**를 말했고 모두가 웃었다.

10 When the doctor checked on the patient, / she / couldn't find /
그 의사가 환자를 살펴봤을 때 / 그녀는 / 찾을 수 없었다 /

anything wrong / with him.
어떤 잘못된 것도 / 그에게서

그 의사가 환자를 살펴봤을 때, 그녀는 그에게서 **어떤 잘못된 것**도 찾을 수 없었다.

Unit 94 too + 형용사 / 부사 + to 부정사 **해석하기**

p.181

01 The meat / was / **too burnt to eat**.
그 고기는 / ~였다 / **너무 타서 먹을 수 없는**

그 고기는 **너무 타서 먹을 수 없**었다.

02 Those boxes / were not / **light enough to carry**.
그 상자들은 / ~지 않았다 / **운반하기에 충분히 가벼운**

그 상자들은 **운반하기에 충분히 가볍**지 않았다.

03 Some dinosaurs / were / **too large to run fast**.
어떤 공룡들은 / ~였다 / **너무 커서 빨리 달릴 수 없는**

어떤 공룡들은 **너무 커서 빨리 달릴 수 없**었다.

04 Nuclear bombs / are / **powerful enough to destroy entire cities**.
핵폭탄은 / ~이다 / **도시 전체를 파괴하기에 충분히 강력한**

핵폭탄은 **도시 전체를 파괴하기에 충분히 강력하**다.

05 The wealth gap / is / **too serious to ignore any longer**.
부의 격차는 / ~이다 / **너무 심각해서 더 이상 무시할 수 없는**

부의 격차는 **너무 심각해서 더 이상 무시할 수 없**다.

06 On New Year's Day, / Ben / woke up /
새해 첫날에 / Ben은 / 일어났다 /

early enough to see the sunrise.
일출을 보기에 충분히 일찍

새해 첫날에, Ben은 **일출을 보기에 충분히 일찍** 일어났다.

07 Sarah's computer / is / **too old to use**.
Sarah의 컴퓨터는 / ~이다 / **너무 오래돼서 사용할 수 없는**

It / breaks down / every day.
그것은 / 고장 난다 / 매일

Sarah의 컴퓨터는 **너무 오래돼서 사용할 수 없**다. 그것은 매일 고장 난다.

08 Karen / felt that / the sofa / was /
Karen은 / ~라고 느꼈다 / 그 소파가 / ~였다 /

too large to put in her living room.
너무 커서 그녀의 거실에 놓을 수 없는

Karen은 그 소파가 **너무 커서 그녀의 거실에 놓을 수 없**다고 느꼈다.

09 Tom / is / a talented swimmer.
Tom은 / ~이다 / 재능 있는 수영 선수

He / swam / **quickly enough to win first place** / in the contest.
그는 / 수영했다 / **일등을 하기에 충분히 빨리** / 대회에서

Tom은 재능 있는 수영 선수이다. 그는 대회에서 **일등을 하기에 충분히 빨리** 수영했다.

10 You / shouldn't look / at the sun / directly / since / it / is /
너는 / 보지 않는 것이 좋겠다 / 태양을 / 직접적으로 / ~이기 때문에 / 그것은 / ~이다 /

bright enough to hurt your eyes.
너의 눈을 다치게 하기에 충분히 밝은

그것은 **너의 눈을 다치게 하기에 충분히 밝**기 때문에 너는 태양을 직접적으로 보지 않는 것이 좋겠다.

Unit 95 so + 형용사 / 부사 + that ~ 해석하기

p.182

01 The movie / was / **so sad that** / I / cried / a lot.
영화가 / ~였다 / **너무 슬퍼서 ~하다** / 나는 / 울었다 / 많이

영화가 **너무 슬퍼서** 나는 많이 울었**다**.

02 John / saved / money / **so that** / he / could buy / a nice car.
John은 / 저축했다 / 돈을 / **~하도록** / 그가 / 살 수 있다 / 좋은 자동차를

John은 그가 좋은 자동차를 살 수 **있도록** 돈을 저축했다.

03 Luke / spoke / **so quietly that** / few people / could hear /
Luke는 / 말했다 / **너무 조용하게 ~해서 ~하다** / 사람들이 거의 없는 / 들을 수 있었다 /

his speech.
그의 연설을

Luke가 **너무 조용하게** 말**해서** 그의 연설을 들을 수 있는 사람들이 거의 없었**다**.

04 Dominic / was / **so sleepy that** / he / couldn't keep / his eyes open.
Dominic은 / ~였다 / **너무 졸려서 ~하다** / 그는 / 버틸 수 없었다 / 그의 눈을 뜬 채로

Dominic은 **너무 졸려서** 눈을 뜬 채로 버틸 수 없었**다**.

05 The room / was / **so dark that** / I / couldn't see / anything.
방이 / ~였다 / **너무 어두워서 ~하다** / 나는 / 볼 수 없었다 / 아무것도

방이 **너무 어두워서** 나는 아무것도 볼 수 없었**다**.

06 Molly / eats / an orange / every day / **so that** / she / can get /
Molly는 / 먹는다 / 오렌지 하나를 / 매일 / **~하도록** / 그녀가 / 섭취할 수 있다 /

enough vitamin C.
충분한 비타민 C를

Molly는 그녀가 충분한 비타민 C를 섭취할 수 **있도록** 매일 오렌지 하나를 먹는다.

07 Ants / collect / food / in the summer / **so that** / they / can eat / it /
개미들은 / 모은다 / 식량을 / 여름에 / **~하도록** / 그들이 / 먹을 수 있다 / 그것을 /

in the winter.
겨울에

개미들은 겨울에 먹을 수 **있도록** 여름에 식량을 모은다.

08 The dance floor / was / **so full that** / no one / could move.
무도장은 / ~였다 / **너무 가득 차서 ~하다** / 아무도 ~ 없다 / 움직일 수 있었다

그 무도장은 **너무 가득 차서** 아무도 움직일 수 없었다.

09 Our teacher / explained / the problem / **so clearly that** /
우리 선생님은 / 설명했다 / 그 문제를 / **매우 알기 쉽게 ~해서 ~하다** /

everyone / could understand / her.
모두가 / 이해할 수 있었다 / 그녀를

우리 선생님은 그 문제를 **매우 알기 쉽게** 설명**해서** 모두가 그녀를 이해할 수 있었다.

10 This coffee / is / **so hot that** / you / should drink / it / carefully.
이 커피는 / ~이다 / **매우 뜨거워서 ~하다** / 너는 / 마셔야 한다 / 그것을 / 조심해서

Or / you / will burn / your tongue.
그렇지 않으면 / 너는 / 델 것이다 / 너의 혀를

이 커피는 **매우 뜨거워서** 너는 그것을 조심해서 마셔야 한다. 그렇지 않으면 너는 혀를 델 것이다.

Unit 96 It ~ that … 강조 구문 **해석하기**

p.183

01 **It** is my gift / **that** my mother liked the best.
바로 내 선물**이다** / 나의 어머니께서 가장 좋아하셨던 **것은**

나의 어머니께서 가장 좋아하셨던 **것은 바로** 내 선물**이다**.

02 **It** was steak / **that** Jane ordered, / not fish.
바로 스테이크**였다** / Jane이 주문한 **것은** / 생선이 아니라

Jane이 주문한 **것은** 생선이 아니라, **바로** 스테이크**였다**.

03 The kitchen / is no longer / dirty.
주방은 / 더 이상 ~지 않다 / 더러운

It was Sarah / **who** cleaned it.
바로 Sarah**였다** / 그곳을 청소했던 **사람은**

주방은 더 이상 더럽지 않다.
그곳을 청소했던 **사람은 바로** Sarah**였다**.

04 **It** was a difficult and boring book / **that** they had to read /
바로 어렵고 지루한 책**이었다** / 그들이 읽어야 했던 **것은** /

for the test.
시험을 위해

그들이 시험을 위해 읽어야 했던 **것은 바로** 어렵고 지루한 책**이었다**.

05 Few people / know that / **it** is Julie / **who** Michael is dating.
사람들은 거의 없는 / ~라는 것을 안다 / **바로** Julie**이다** / Michael이 데이트하는 **사람이**

Michael이 데이트하는 **사람이 바로** Julie**라는** 것을 아는 사람들은 거의 없다.

06 **It** is the lead dancer / **who** broke her leg /
바로 주연 무용수**이다** / 그녀의 다리가 부러진 **사람은** /

during the last performance.
지난 공연 중에

지난 공연 중에 다리가 부러진 **사람은 바로** 주연 무용수**이다**.

07 **It** is either dramas or comedies / **that** Sue prefers to watch.
바로 드라마나 코미디 둘 중 하나**이다** / Sue가 보기 더 좋아하는 **것은**

Sue가 보기 더 좋아하는 **것은 바로** 드라마나 코미디 둘 중 하나**이다**.

08 **It** was Descartes / **who** said / "I think, therefore I am."
바로 데카르트**였다** / ~라고 말했던 **사람은** / '나는 생각한다, 그러므로 나는 존재한다.'

"나는 생각한다, 그러므로 나는 존재한다."라고 말했던 **사람은 바로** 데카르트**였다**.

09 I / heard that / **it** was an 18-year-old boy in France /
나는 / ~라고 들었다 / **바로** 프랑스의 18살 소년**이었다** /

that found the cave art.
동굴 벽화를 발견한 **사람은**

나는 그 동굴 벽화를 발견한 **사람은 바로** 프랑스의 18살 소년**이었다**고 들었다.

10 **It** was Marge's cake / **that** everyone at the party loved.
바로 Marge의 케이크**였다** / 파티에 있던 모든 사람들이 좋아했던 **것은**

It / was / really delicious.
그것은 / ~였다 / 정말 맛있는

파티에 있던 모든 사람들이 좋아했던 **것은 바로** Marge의 케이크**였다**.
그것은 정말 맛있었다.

HACKERS TEST

p.184

정답

01 (A) 누군가가 너무 소심해서 말할 수 없는 것처럼 보일 때, 당신은 "고양이가 너의 혀를 잡았니?"라고 말할 수 있다.
(B) 그래서, 당신은 딱딱한 분위기를 깨기 위해 이것과 같이 재미있는 무언가를 말할 수 있다.

02 (A) 이것을 고치기 위해, 그는 다른 의사들을 조금 만났지만, 그들은 잘못된 어떤 것도 찾지 못했다.
(B) 그는 건강해지기에 충분히 규칙적으로 운동했고 매일 비타민을 먹었다.

03 (A) 중국의 야생에는 자이언트 판다가 거의 없다.
(B) 또 하나의 문제는 사람들이 판다를 너무 자주 사냥해서 많이 남아 있지 않다는 것이다.

04 (A) - ⓑ / (B) - ⓓ

구문해석 / 해석

01

(A) When / someone / seems / too shy to speak, / you can say, / "Cat / got /
~할 때 / 누군가가 / ~것처럼 보이다 / 너무 소심해서 말할 수 없는 / 당신은 말할 수 있다 / 고양이가 잡았니

your tongue?" It means, / "Why are you not talking?" Imagine / a cat /
너의 혀를 / 그것은 의미한다 / 너는 왜 말을 안 하고 있니 / 상상해보아라 / 고양이를

holding your tongue. You / would not / be able to talk / at all! It is / a funny situation.
당신의 혀를 잡고 있는 / 당신은 / ~할 수 없을 것이다 / 말할 수 있는 / 전혀 / 그것은 ~이다 / 재미있는 상황

(B) So, you / could say / something funny / like this / to break the ice. It /
그래서 당신은 / ~를 말할 수 있다 / 재미있는 무언가 / 이것과 같이 / 딱딱한 분위기를 깨기 위해 / 그것은

will lighten / the mood / so that / people / start talking.
편하게 할 것이다 / 분위기를 / ~하도록 / 사람들이 / 말을 시작하다

(A) **누군가가 너무 소심해서 말할 수 없는 것처럼 보일 때, 당신은 "고양이가 너의 혀를 잡았니?"라고 말할 수 있다.** 그것은 "너는 왜 말을 안 하고 있니?"를 의미한다. 당신의 혀를 잡고 있는 고양이를 상상해보아라. 당신은 전혀 말할 수 없을 것이다! 그것은 재미있는 상황이다. (B) **그래서, 당신은 딱딱한 분위기를 깨기 위해 이것과 같이 재미있는 무언가를 말할 수 있다.** 그것은 사람들이 말을 시작하도록 분위기를 편하게 할 것이다.

02

Every day for a month, / Philip / was / so tired that / he couldn't focus on anything.
한 달 동안 매일 / Philip은 / ~였다 / 너무 피곤해서 ~하다 / 그는 어떤 것에도 집중할 수 없었다

(A) To fix this, / he / saw / a few different doctors, / but they / found /
이것을 고치기 위해 / 그는 / 만났다 / 다른 의사들이 조금 있는 / 하지만 그들은 / 찾지 못했다

nothing wrong. (B) He / exercised / regularly enough to be healthy /
잘못된 어떤 것도 / 그는 / 운동했다 / 건강해지기에 충분히 규칙적으로

and took vitamins / every day. So what / was / the problem? Finally, /
그리고 비타민을 먹었다 / 매일 / 그럼 무엇이 / ~였다 / 문제 / 마침내

한 달 동안 매일, Philip은 너무 피곤해서 어떤 것에도 집중할 수 없었다. (A) **이것을 고치기 위해, 그는 다른 의사들을 조금 만났지만, 그들은 잘못된 어떤 것도 찾지 못했다.** (B) **그는 건강해지기에 충분히 규칙적으로 운동했고 매일 비타민을 먹었다.** 그럼 무엇이 문제였을까? 마침내, 한 의사가 그 수수께끼를 풀었다. 약국이 실수했었다. 그 알약은 비타민이 아니라, 수면제였다!

one doctor / solved / the mystery. The pharmacy / had made a mistake. The pills / 한 의사가 풀었다 그 수수께끼를 약국이 실수했었다 그 알약은 were not vitamins, but sleeping pills! 비타민이 아니라 수면제였다	

[03~04]

| 03 (A) **There are / few giant pandas / in the wild / in China.** One reason /
~가 있다 자이언트 판다가 거의 없는 야생에는 중국의 한 가지 이유는
is that / many panda babies / die young. 03 (B) **Another problem / is that /**
~라는 것이다 많은 새끼 판다들이 어릴 때 죽는다 또 하나의 문제는 ~라는 것이다
people / hunted / pandas / so often that / there are not many left.
사람들이 사냥했다 판다를 너무 자주 ~해서 ~하다 많이 남아 있지 않다
It was the Chinese government / that first tried / to protect / the animals. It / built /
바로 중국 정부였다 처음으로 노력했던 보호하려고 그 동물을 그것은 지었다
special homes / for pandas / known as reserves. Reserves / are / places /
특별한 집을 판다를 위한 보호 구역으로 알려진 보호 구역은 ~이다 장소
where pandas can live safely enough / to reproduce. Although / the government /
판다가 충분히 안전하게 살 수 있는 번식하기에 ~이긴 하지만 정부가
is trying / to save / them, / pandas / are / still / in danger of disappearing.
노력하고 있다 구하기 위해 그들을 판다는 ~이다 여전히 사라질 위험에 처해 있는 | **(A) 중국의 야생에는 자이언트 판다가 거의 없다.** 한 가지 이유는 많은 새끼 판다들이 어릴 때 죽는다는 것이다. **(B) 또 하나의 문제는 사람들이 판다를 너무 자주 사냥해서 많이 남아 있지 않다는 것이다.** 그 동물을 보호하려고 처음으로 노력했던 것은 바로 중국 정부였다. 그것은 보호 구역으로 알려진 판다를 위한 특별한 집을 지었다. 보호 구역은 판다가 번식하기에 충분히 안전하게 살 수 있는 장소이다. 정부가 그들을 구하기 위해 노력하고 있긴 하지만, 판다는 여전히 사라질 위험에 처해 있다. |
| 04 (A) Not many / young panda bears / succeed / in becoming adults.
많지 않은 / 어린 판다 곰들이 / 성공한다 / 다 자란 동물이 되는 데
(B) Despite / the government's efforts, / pandas / are still rare / in China.
~에도 불구하고 / 정부의 노력 / 판다는 / 여전히 희귀하다 / 중국에서 | (A) 많지 않은 어린 판다 곰들이 다 자란 동물이 되는 데 성공한다.
(B) 정부의 노력에도 불구하고, 판다는 중국에서 여전히 희귀하다. |

Tip!

04-(A) 지문의 '한 가지 이유는 많은 새끼 판다들이 어릴 때 죽는다는 것이다(One reason is that many panda babies die young)'라는 문구를 통해 많지 않은 어린 판다 곰들이 다 자란 동물이 되는 데 성공한다는 것을 알 수 있다. 따라서 ⓑ가 정답이다.

04-(B) 지문의 '정부가 그들을 구하기 위해 노력하고 있긴 하지만, 판다는 여전히 사라질 위험에 처해 있다(Although the government is trying to save them, pandas are still in danger of disappearing)'라는 문구를 통해 정부의 노력에도 불구하고, 판다가 중국에서 여전히 희귀하다는 것을 알 수 있다. 따라서 ⓓ가 정답이다.

Chapter 20 전치사와 함께 쓰이는 독해 필수구문 정복하기

Unit 97 전치사 to와 함께 쓰이는 구문

p.188

01 Todd / **is devoted to** / being a good husband.
Todd는 / **~에 전념했다** / 좋은 남편이 되는 것

Todd는 좋은 남편이 되는 것**에 전념했다**.

02 Drivers / **object to** / the high price of gas / these days.
운전자들은 / **~에 반대한다** / 높은 석유 가격 / 오늘날

운전자들은 오늘날 높은 석유 가격**에 반대한다**.

03 Abigail / **contributed to** / improving / the lives of poor children.
Abigail은 / **~에 공헌했다** / 개선하는 것 / 가난한 아이들의 삶을

Abigail은 가난한 아이들의 삶을 개선하는 것**에 공헌했다**.

04 **Is** / Jack / **accustomed to** / traveling alone?
~이니 / Jack은 / **~에 익숙하다** / 혼자 여행하는 것

Jack은 혼자 여행하는 것**에 익숙하니**?

05 Hannah / doesn't **look forward to** / starting / the new school year.
Hannah는 / **~을 고대하**지 않는다 / 시작하는 것 / 새로운 학년을

Hannah는 새로운 학년을 시작하는 것**을 고대하**지 않는다.

06 Most people in the country / **object to** / raising taxes.
그 나라의 대부분의 사람들은 / **~에 반대한다** / 세금을 올리는 것

그 나라의 대부분의 사람들은 세금을 올리는 것**에 반대한다**.

07 The mayor / **is dedicated to** / the city's development.
시장은 / **~에 전념한다** / 도시의 발전

시장은 도시의 발전**에 전념한다**.

08 Jeremy / goes to work / at 7 a.m., / so / he / **is used to** /
Jeremy는 / 출근한다 / 오전 7시에 / 그래서 / 그는 / **~에 익숙하다** /
waking up early.
일찍 일어나는 것

Jeremy는 오전 7시에 출근해서, 그는 일찍 일어나는 것**에 익숙하다**.

09 Laura / **is looking forward to** / seeing / her old friend.
Laura는 / **~을 고대하고 있다** / 보는 것 / 그녀의 오랜 친구를
They / haven't met / for 10 years.
그들은 / 만나지 않았다 / 10년 동안

Laura는 그녀의 오랜 친구를 보는 것**을 고대하고 있다**.
그들은 10년 동안 만나지 않았다.

10 The time the sisters spent together / **contributed to** /
자매가 함께 보낸 시간은 / **~에 공헌했다** /
a strong relationship / between them.
강한 감정적 유대 / 그들 사이의

자매가 함께 보낸 시간은 그들 사이의 강한 감정적 유대**에 공헌했다**.

Unit 98 전치사 from과 함께 쓰이는 구문

p.189

01 Bad weather / **prevented** us **from** leaving.
궂은 날씨는 / 우리**가** 떠나**지 못하게 했다**

궂은 날씨는 우리**가** 떠나**지 못하게 했다**.

02 Only their mother / could **tell** one twin **from** the other.
그들의 어머니만이 / 한 쌍둥이를 다른 아이**와 구별할** 수 있었다

그들의 어머니만이 한 쌍둥이를 다른 아이**와 구별할** 수 있었다.

03 Loud music / **kept** Julian **from** writing / his essay.
시끄러운 음악은 / Julian**이** 쓰**지 못하게 했다** / 그의 에세이를

시끄러운 음악은 Julian**이** 그의 에세이를 쓰**지 못하게 했다**.

04 The museum / doesn't **prohibit** tourists **from** taking photos.
그 박물관은 / 관광객들**이** 사진 찍**는 것을 금지하**지 않는다

그 박물관은 관광객들**이** 사진을 찍**는 것을 금지하**지 않는다.

05 More than fifty years ago, / schools / **separated** boys **from** girls.
50년도 더 전에는 / 학교가 / 남자아이들**을** 여자아이들**과 분리했다**

50년도 더 전에는, 학교가 남자아이들**을** 여자아이들**과 분리했다**.

06 A sudden snowstorm / couldn't **discourage** Sam **from** going out.
갑작스러운 눈보라는 / Sam**이** 외출하**는 것을 단념시킬** 수 없었다

갑작스러운 눈보라는 Sam**이** 외출하**는 것을 단념시킬** 수 없었다.

07 Effort and passion / are /
노력과 열정은 / ~이다 /

what **distinguish** successful people **from** others.
성공한 사람들**을** 다른 사람들**과 구별하는** 것

노력과 열정은 성공한 사람들**을** 다른 사람들**과 구별하는** 것이다.

08 Caleb's wife / **stopped** him **from** complaining / to the hotel manager.
Caleb의 아내는 / 그**가** 항의하**지 못하게 했다** / 호텔 지배인에게

Caleb의 아내는 그**가** 호텔 지배인에게 항의하**지 못하게 했다**.

09 You / should **separate** colorful clothing **from** white clothing /
너는 / 알록달록한 옷들**을** 흰옷들**과 분리하**는 것이 좋겠다 /

when you do your laundry.
너는 빨래할 때

너는 빨래할 때 알록달록한 옷들**을** 흰옷들**과 분리하**는 것이 좋겠다.

10 Kayla / is / sensitive / to caffeine.
Kayla는 / ~이다 / 민감한 / 카페인에

Drinking coffee / late at night / **keeps** her **from** falling asleep.
커피를 마시는 것은 / 밤늦게 / 그녀**가** 잠들**지 못하게 한다**

Kayla는 카페인에 민감하다.
밤늦게 커피를 마시는 것은 그녀**가** 잠들**지 못하게 한다**.

Unit 99 전치사 of와 함께 쓰이는 구문

p.190

01 A gardener / comes / weekly / to **clear** the yard **of** leaves.
정원사는 / 온다 / 매주 / 마당**에서** 나뭇잎**을 치우**기 위해

정원사는 마당**에서** 나뭇잎**을 치우**기 위해 매주 온다.

02 A sign / **notified** drivers **of** work on the highway.
표지판은 / 운전자들**에게** 고속도로의 공사**를 알렸다**

표지판은 운전자들**에게** 고속도로의 공사**를 알렸다**.

03 The tall building / **deprived** the house next door **of** sunlight.
높은 건물은 / 옆집**에서** 햇빛**을 빼앗았다**

높은 건물은 옆집**에서** 햇빛**을 빼앗았다**.

04 Talking with her mom / couldn't **relieve** Emily **of** her worries.
그녀의 엄마와 이야기하는 것은 / Emily**에게서** 걱정**을 덜어줄** 수 없었다

엄마와 이야기하는 것은 Emily**에게서** 걱정**을 덜어줄** 수 없었다.

05 The salesman's presentation /
그 판매원의 설명은 /

convinced us **of** his product's usefulness.
우리**에게** 그의 제품의 유용성**을 납득시켰다**

그 판매원의 설명은 우리**에게** 그의 제품의 유용성**을 납득시켰다**.

06 Some bad people / use / the Internet / to **rob** people **of** their money.
몇몇 나쁜 사람들은 / 이용한다 / 인터넷을 / 사람들**에게서** 그들의 돈**을 빼앗기** 위해

몇몇 나쁜 사람들은 사람들**에게서** 그들의 돈**을 빼앗기** 위해 인터넷을 이용한다.

07 The doctor / **informed** Ken **of** his health checkup result.
의사는 / Ken**에게** 그의 건강 검진 결과**를 알렸다**

의사는 Ken**에게** 그의 건강 검진 결과**를 알렸다**.

08 Someone / should call / a waiter / to **clear** the table **of** dishes.
누군가는 / 불러야 한다 / 종업원을 / 테이블**에서** 접시**를 치우기** 위해

누군가는 테이블**에서** 접시**를 치우기** 위해 종업원을 불러야 한다.

09 The other team / **robbed** us **of** a win / by scoring a late goal.
상대 팀은 / 우리**에게서** 승리**를 빼앗았다** / 뒤 늦은 골을 득점함으로써

상대 팀은 뒤 늦은 골을 득점함으로써 우리**에게서** 승리**를 빼앗았다**.

10 Janine's amazing performance /
Janine의 놀라운 공연은 /

convinced everyone **of** her singing talent.
모두**에게** 그녀의 노래 재능**을 확신시켰다**

Janine의 놀라운 공연은 모두**에게** 그녀의 노래 재능**을 확신시켰다**.

Unit 100 전치사 with와 함께 쓰이는 구문

p.191

01 William / **filled** the cup **with** hot water.
William은 / 컵**에** 뜨거운 물**을 채웠다**

William은 컵**에** 뜨거운 물**을 채웠다**.

02 We / **supply** car companies **with** all kinds of parts.
우리는 / 자동차 회사들**에** 모든 종류의 부품들**을 공급한다**

우리는 자동차 회사들**에** 모든 종류의 부품들**을 공급한다**.

03 Mountain climbers /
등산가들은 /

must **equip** themselves **with** special safety tools.
그들 스스로**에게** 특별한 안전 도구들**을 갖추어**야 한다

등산가들은 그들 스스로**에게** 특별한 안전 도구들**을 갖추어**야 한다.

04 The airline / doesn't **provide** passengers **with** free alcohol /
그 항공사는 / 승객들**에게** 무료 주류**를 제공하**지 않는다 /

any more.
더 이상

그 항공사는 더 이상 승객들**에게** 무료 주류**를 제공하**지 않는다.

05 The soccer team / raised / money /
축구팀은 / 모았다 / 기금을 /

to **equip** its players **with** new uniforms.
선수들**에게** 새 유니폼**을 갖춰주**기 위해

축구팀은 선수들**에게** 새 유니폼**을 갖춰주**기 위해 기금을 모았다.

06 Oxygen tanks / **supply** divers in the deep ocean **with** air.
산소통은 / 깊은 바다에 있는 잠수부들**에게** 공기**를 공급한다**

산소통은 깊은 바다에 있는 잠수부들**에게** 공기**를 공급한다**.

07 Ava / **provided** her team leader **with** good ideas /
Ava는 / 그녀의 팀장**에게** 좋은 아이디어**를 제공했다** /

during the meeting.
회의 중에

Ava는 회의 중에 그녀의 팀장**에게** 좋은 아이디어**를 제공했다**.

08 After she came back from her trip, / Sharon /
그녀가 그녀의 여행에서 돌아온 후에 / Sharon은 /

presented Mike **with** a nice gift.
Mike**에게** 멋진 선물**을 주었다**

그녀가 여행에서 돌아온 후에, Sharon은 Mike**에게** 멋진 선물**을 주었다**.

09 Barbie's hobby / is / collecting / dolls.
Barbie의 취미는 / ~이다 / 수집하는 것 / 인형을

She / has already **filled** three shelves **with** them.
그녀는 / 이미 선반 세 개**에** 그것들**을 채웠다**

Barbie의 취미는 인형을 수집하는 것이다. 그녀는 이미 선반 세 개**에** 그것들**을 채웠다**.

10 The city / **presented** the man **with** an award / for saving the life /
시는 / 그 남자**에게** 상**을 주었다** / 생명을 구한 것으로 /

of a young girl.
어린 소녀의

시는 어린 소녀의 생명을 구한 것으로 그 남자**에게** 상**을 주었다**.

HACKERS TEST

p.192

정답

01 (A) 어떤 사람들은 그것들이 불필요하다고 말하면서, 제한 속도에 반대한다.
(B) 그들에게, 제한 속도가 있는 것은 사람들이 너무 빠르게 운전하지 못하게 하는 유일한 방법이다.

02 (A) 그의 생애 동안, 그는 인도의 독립을 위한 투쟁에 전념했다.
(B) 영국이 인도인에게서 그들의 자유를 빼앗았다고 보았기 때문에, 그는 그의 나라를 해방시키기를 바랐다.

03 (A) 코를 고는 것은 당신에게서 숙면을 빼앗고 낮 동안 당신을 피곤하게 만든다.
(B) Snore No More는 당신에게 숙면을 제공할 것이다.

04 (A) - ⓐ / (B) - ⓑ

구문해석 / 해석

01 Speed limits / are / laws / made / to prevent car accidents from happening.
제한 속도는 / ~이다 / 법 / 만들어진 / 자동차 사고가 일어나지 못하게 하기 위해

(A) Some people / object to / speed limits, / saying / they are unnecessary.
어떤 사람들은 / ~에 반대한다 / 제한 속도 / ~라고 말하면서 / 그것들이 불필요하다

They / believe / drivers / can control / themselves. However, / those /
그들은 / 믿는다 / 운전자들이 / 통제할 수 있다 / 그들 스스로 / 그러나 / 사람들은

who support the law / say that / not / everyone / has / self-control. **(B) For them, /**
그 법을 지지하는 / ~라고 말한다 / 아니다 / 모든 사람들에게 / 있다 / 자제력이 / 그들에게

having speed limits / is / the only way / to keep people from driving too fast.
제한 속도가 있는 것은 / ~이다 / 유일한 방법 / 사람들이 너무 빠르게 운전하지 못하게 하는

제한 속도는 자동차 사고가 일어나지 못하게 하기 위해 만들어진 법이다. **(A) 어떤 사람들은 그것들이 불필요하다고 말하면서, 제한 속도에 반대한다.** 그들은 운전자들이 그들 스스로 통제할 수 있다고 믿는다. 그러나, 그 법을 지지하는 사람들은 모든 사람들에게 자제력이 있는 것은 아니라고 말한다. **(B) 그들에게, 제한 속도가 있는 것은 사람들이 너무 빠르게 운전하지 못하게 하는 유일한 방법이다.**

02

Mahatma Gandhi / was / one of the greatest leaders / in history. 마하트마 간디는 ~였다 가장 위대한 지도자 중 한 사람 역사상 **(A) During his life, / he / was devoted to / India's fight for independence.** 그의 생애 동안 그는 ~에 전념했다 인도의 독립을 위한 투쟁 **(B) Seeing the British rob Indians of their freedom, / he / wanted to free /** 영국인이 인도인에게서 그들의 자유를 빼앗았다고 보았기 때문에 그는 해방시키기를 바랐다 **his country.** The way / he achieved / his goal / was / by being respected / 그의 나라를 방법은 그가 달성했던 그의 목표를 ~였다 존경받음으로써 by the people. They / loved / that he believed in peace / and avoided violence. 사람들로부터 그들은 ~을 좋아했다 그가 평화를 옳다고 생각했다는 것 그리고 폭력을 피했다 That is why / they / call him Mahatma. It is / a name / given to / 그것이 이유이다 그들이 그를 마하트마라고 부르는 그것은 ~이다 이름 ~에게 주어지는 a holy and wise person. 신성하고 지혜로운 사람	마하트마 간디는 역사상 가장 위대한 지도자 중 한 사람이었다. **(A) 그의 생애 동안, 그는 인도의 독립을 위한 투쟁에 전념했다. (B) 영국인이 인도인에게서 그들의 자유를 빼앗았다고 보았기 때문에, 그는 그의 나라를 해방시키기를 바랐다.** 그가 그의 목표를 달성했던 방법은 사람들로부터 존경받음으로써였다. 그들은 그가 평화를 옳다고 생각하고 폭력을 피했던 것을 좋아했다. 그것이 그들이 그를 마하트마라고 부르는 이유이다. 그것은 신성하고 지혜로운 사람에게 주어지는 이름이다.

[03~04]

Do / you / snore / at night? If so, / your health / is in danger. **03 (A) Snoring /** ~하는가 당신은 코를 골다 밤에 만약 그렇다면 당신의 건강은 위기에 처해 있다 코를 고는 것은 **deprives you of deep sleep / and makes you tired / during the day.** 당신에게서 숙면을 빼앗는다 그리고 당신을 피곤하게 만든다 낮 동안 However, / don't worry, / because we have the Snore No More. It / holds / 그러나 걱정하지 마라 왜냐하면 우리에게 Snore No More가 있기 때문이다 그것은 잡는다 your lower jaw / in position / and stops you from snoring. 당신의 아래턱을 바른 위치에 있는 그리고 당신이 코를 골지 못하게 한다 **03 (B) The Snore No More / will / provide you with a good night's sleep.** Snore No More는 ~할 것이다 당신에게 숙면을 제공한다 You / can try / it / for free / for 30 days. If you're not happy with it, / 당신은 써볼 수 있다 그것을 무료로 30일 동안 만약 그것이 당신의 마음에 들지 않는다면 you can return it. You / have nothing to lose / – except the snoring! 당신은 그것을 반납할 수 있다 당신은 잃을 것이 없다 코를 고는 것을 제외하고는	당신은 밤에 코를 고는가? 만약 그렇다면, 당신의 건강은 위기에 처해 있다. **(A) 코를 고는 것은 당신에게서 숙면을 빼앗고 낮 동안 당신을 피곤하게 만든다.** 그러나, 걱정하지 마라, 왜냐하면 우리에게 Snore No More가 있기 때문이다. 그것은 당신의 아래턱을 바른 위치에 있도록 잡고 당신이 코를 골지 못하게 한다. **(B) Snore No More는 당신에게 숙면을 제공할 것이다.** 당신은 30일 동안 그것을 무료로 써볼 수 있다. 만약 그것이 당신의 마음에 들지 않는다면, 당신은 그것을 반납할 수 있다. 당신은 코를 고는 것을 제외하고는 잃을 것이 없다.
04 (A) Snoring / deprives people of a good night's sleep. 코를 고는 것은 / 사람들에게서 숙면을 빼앗는다 (B) The Snore No More / is / a device / that provides people with a solution / for snoring. Snore No More는 / ~이다 / 기기 / 사람들에게 해결책을 제공하는 코를 고는 것에 대한	(A) 코를 고는 것은 사람들에게서 숙면을 빼앗는다. (B) Snore No More는 사람들에게 코를 고는 것에 대한 해결책을 제공하는 기기이다.

Tip!

04-(A) 지문의 '코를 고는 것은 당신에게서 숙면을 빼앗고 낮 동안 당신을 피곤하게 만든다(Snoring deprives you of deep sleep and makes you tired during the day)'라는 문구를 통해 코를 고는 것이 사람들에게서 숙면을 빼앗는다는 것을 알 수 있다. 따라서 ⓐ가 정답이다.

04-(B) 지문의 '그것은 당신의 아래턱을 바른 위치에 있도록 잡고 당신이 코를 골지 못하게 한다(It holds your lower jaw in position and stops you from snoring)'라는 문구를 통해 Snore No More가 사람들에게 코를 고는 것에 대한 해결책을 제공하는 기기라는 것을 알 수 있다. 따라서 ⓑ가 정답이다.

합격의 모든 것

해커스편입 교재

해커스 편입영어 교재

해커스편입
기출 보카

해커스편입
영문법 사전

해커스편입
문법 800제

해커스 편입영어
기출 문법
930제

헤커스 편입영어
기출 논리
920제

헤커스 편입영어
기출 독해
440제 [유형편]

헤커스 편입영어
기출 독해
930제 [주제편]

해커스 편입수학 교재

해커스 편입수학 기초편
[집합-삼각함수 / 미적분학 기초]

해커스 편입수학 미분학 I,
해커스 편입수학 적분학 I,
해커스 편입수학 미적분학 II

해커스 편입수학 선형대수학,
해커스 편입수학 공업수학

해커스 편입수학 유형 100제편,
해커스 편입수학
최종마무리 1100제

해커스 편입수학 공식집,
해커스 편입수학
기출문제집

해커스 편입수학
연고대편

해커스 기초영어 교재

그래머
게이트웨이
베이직

그래머 게이트웨이
베이직
Light Version

그래머
게이트웨이
인터미디엇

해커스
그래머
스타트

해커스
구문독해
100